COLEÇÃO ARGONAUTAS

CLAUDE LÉVI-STRAUSS
ANTROPOLOGIA ESTRUTURAL DOIS

tradução Beatriz Perrone-Moisés

ubu

Perspectivas

Organização social

Mitologia e ritual

Humanismo e humanidades

Aos membros do Laboratoire d'Anthropologie Sociale

Vos quoque pectoribus nostris haeretis, amici,
dicere quos cupio nomine quemque suo.

OVÍDIO, *Tristia*, III, iv.

Perspectivas

I. O CAMPO DA ANTROPOLOGIA

Sr. administrador,
Caros colegas,
Senhoras, senhores,

Foi há pouco mais de um ano, em 1958, que o Collège de France criou uma cadeira de antropologia social.[1] Por tratar-se de uma ciência por demais atenta às formas de pensamento que chamamos de supersticiosas quando as encontramos entre nós, permito-me prestar à superstição uma homenagem liminar. Não é próprio dos mitos, que ocupam um lugar tão importante em nossas investigações, evocar um passado acabado, aplicando-o como uma grade à dimensão do presente, de modo a nele decifrar um sentido em que coincidem as duas faces – a histórica e a estrutural – a que a realidade confronta o homem? Que também me seja permitido, nesta ocasião em que todas as características do mito encontram-se para mim reunidas, seguir-lhe o exemplo, buscando discernir o sentido e a lição da honra que me é feita em certos eventos passados. A própria data de sua deliberação, caros colegas, atesta – pelo curioso retorno do número 8, já ilustrado pela aritmética de Pitágoras, pela tabela periódica dos corpos químicos e pela lei de simetria dos polvos – que, proposta em 1958, a criação de uma cadeira

---

1. Aula inaugural da cadeira de antropologia social, dada no Collège de France, na terça-feira 5 de março de 1960. Publicada inicialmente sob os auspícios do Collège de France, em sua coleção de aulas inaugurais, com o número 31 (Lévi-Strauss 1960d).

de antropologia social renova uma tradição da qual não poderia escapar este que vos fala, ainda que o desejasse.

Cinquenta anos antes da decisão inicial aqui tomada, Sir James George Frazer proferia na Universidade de Liverpool a aula inaugural da primeira cadeira no mundo a receber o nome de antropologia social. Cinquenta anos antes – acaba de completar-se um século – nasciam, em 1858, dois homens, Franz Boas e Émile Durkheim, que a posteridade confirmará como fundadores, ou pelo menos mestres de obra que edificaram, um nos Estados Unidos e o outro na França, a antropologia tal como a conhecemos hoje.

Convinha evocar aqui esses três aniversários e esses três nomes. Os de Frazer e de Boas proporcionam-me a oportunidade de lembrar, ainda que brevemente, tudo o que a antropologia deve ao pensamento anglo-americano e o que eu pessoalmente lhe devo, pois foi junto com ele que concebi e elaborei meus primeiros trabalhos. Não há de surpreender, contudo, que Durkheim tenha maior espaço nesta aula: ele encarna o essencial da contribuição da França à antropologia social, apesar de seu centenário, festejado com pompa em vários outros países, ter passado quase despercebido entre nós e ainda não ter sido ocasião de nenhuma cerimônia oficial.[2]

Como explicar tal injustiça para com ele, e inclusive para com nós mesmos, se não como efeito colateral da insistência que nos faz esquecermos nossa própria história, e até termos "horror" dela – nas palavras de Charles de Rémusat –, uma tendência que hoje ameaça a antropologia social de perder Durkheim, como já perdeu Gobineau e Démeunier?

E no entanto, caros colegas, alguns de vocês, que compartilham comigo velhas lembranças, poderão confirmar que por volta de 1935, quando nossos amigos brasileiros queriam nos explicar o que os tinha levado a escolher missões francesas para formar suas primeiras universidades, citavam sempre dois nomes. O primeiro, evidentemente, era Pasteur. O outro era Durkheim.

Mas, reservando para Durkheim essas breves reflexões, cumpro outro dever. A ninguém tocaria mais do que ao próprio Marcel Mauss uma homenagem que se dirige a ele ao mesmo tempo que ao mestre de quem foi aluno e, mais tarde, continuador. Entre

---

2. Uma comemoração ocorreu na Sorbonne, em 30 de janeiro de 1960.

1931 e 1942, Marcel Mauss ocupou no Collège de France uma cadeira dedicada ao estudo da sociedade. E tão breve foi a passagem por esta casa do pobre Maurice Halbwachs, que parece ser legítimo supor que, ao criarem uma cadeira de antropologia social, foi a de Mauss que os senhores quiseram restaurar. Este que vos fala, pelo menos, deve demais ao pensamento de Mauss para não acalentar tal suposição.

É bem verdade que a cadeira de Mauss se intitulava "Sociologia", pois ele, que tanto trabalhou, em colaboração com Paul Rivet, para fazer com que a etnologia se tornasse uma ciência de pleno direito, ainda não tinha chegado a conseguir isso por volta de 1930. Contudo, para comprovar a ligação entre nossos ensinamentos bastará lembrar que, no de Mauss, a etnologia ocupava um lugar cada vez maior; que, já em 1924, ele proclamava que o "lugar da sociologia" era "dentro da antropologia"; e que, salvo engano, Mauss foi o primeiro, em 1938, a introduzir as palavras "antropologia social" na terminologia francesa. E não as teria renegado hoje.

* * *

Mesmo em suas reflexões mais ousadas, Mauss nunca sentiu que se afastava da linha durkheimiana. Talvez hoje percebamos melhor do que ele como, sem trair uma fidelidade constantemente reafirmada, ele soube simplificar e nuançar a doutrina de seu grande antecessor. Esta ainda hoje nos impressiona, por suas proporções imponentes, pela solidez de sua construção lógica e pelas perspectivas que abre para horizontes em que há tanto ainda por explorar. A missão de Mauss foi dar acabamento ao prodigioso edifício surgido do solo na passagem do demiurgo. Era preciso exorcizar dele alguns fantasmas metafísicos que continuavam arrastando suas correntes, colocá-lo ao abrigo dos ventos glaciais da dialética, do trovejar dos silogismos, do relampejar das antinomias... Mas Mauss protegeu a escola durkheimiana de outros perigos.

Durkheim foi provavelmente o primeiro a introduzir nas ciências do homem a exigência de especificidade que possibilitaria uma renovação de que a maior parte delas – notadamente a linguística – foi beneficiada no início do século XX. Para qualquer forma de pensamento e atividade humanos, não se pode colocar nenhuma questão de natureza ou de origem sem ter antes identificado e analisado os fenômenos, e descoberto em que medida as relações que os unem bastam para explicá-los. É impossível discutir acerca de um objeto, reconstituir a história de seu nascimento, sem antes saber *o que ele é*; em outras palavras, sem ter antes esgotado o inventário de suas determinações internas.

Contudo, quando relemos hoje *As regras do método sociológico*, não podemos evitar pensar que Durkheim foi um tanto parcial na aplicação desses princípios. Invocou-os para constituir o social como categoria independente, mas sem se dar conta de que essa nova categoria, por sua vez, abarcava todas as sortes de especificidades, correspondentes aos diversos aspectos sob os quais a apreendemos. Antes de afirmar que a lógica, a linguagem, o direito, a arte ou a religião são projeções do social, não teria sido conveniente esperar que ciências particulares tivessem aprofundado o modo de organização e a função diferencial de cada um desses códigos, possibilitando assim a compreensão da natureza das relações que há entre eles?

Sob pena de ser acusado de paradoxo, parece-me que, na teoria do "fato social total" (depois tão festejada e tão malcompreendida), a noção de totalidade é menos importante do que o modo muito particular como Mauss a concebe: folhada, diríamos, formada por múltiplos planos distintos e conectados. Em vez de surgir como um postulado, a totalidade do social se manifesta na experiência: instância privilegiada que é possível apreender no nível da observação, em ocasiões bem precisas, quando se "põem em ação [...] a totalidade da sociedade e de suas instituições" ([1924a] 2003: 309). Ora, essa totalidade não suprime o caráter específico dos fenômenos, que seguem sendo "ao mesmo tempo jurídicos, econômicos, religiosos, e mesmo estéticos e morfológicos", diz Mauss no *Ensaio sobre a dádiva* (loc. cit.); tanto que ela consiste, finalmente, na rede de inter-relações funcionais entre todos esses planos.

Essa atitude empírica de Mauss explica que ele tenha tão rapidamente superado a repugnância que Durkheim sentia no início em relação à pesquisa etnográfica. "O que interessa", dizia Mauss, "é o melanésio dessa ou daquela ilha [...]" (id. ibid.: 311). Contra o teórico, o observador deve sempre ter a última palavra; e contra o observador, o indígena. Enfim, por trás das interpretações racionalizadas do indígena – que em muitos casos se faz observador e mesmo teórico da própria sociedade – buscar-se-ão as "categorias inconscientes" que, escrevia Mauss em uma de suas primeiras obras, são determinantes "em magia, como em religião, e em linguística" (Hubert & Mauss [1902-03] 2003: 150). Bem, tal análise aprofundada permitiria a Mauss, sem contradizer Durkheim (pois que haveria de ser em outro plano), restabelecer, com as demais ciências do homem, pontes que haviam sido cortadas por imprudência em alguns casos: com a história, já que a etnografia se assenta no particular; e também com a biologia e a psicologia, uma vez que se reconhecia que os fenômenos sociais são "primeiramente sociais, mas [...] também, simultaneamente, fisiológicos e psicológicos" (Mauss [1924b] 2003: 332). Bastará aprofundar a análise até atingir um nível em que, como diz ainda Mauss, "tudo aqui se mistura, corpo, alma, sociedade" (id. ibid.: 336).

Essa sociologia bem encarnada considera os homens descritos por viajantes e etnógrafos que partilharam suas existências por breves ou longos períodos. Ela os mostra engajados em seu devir histórico próprio e situados num espaço geográfico concreto. Ela tem, diz Mauss "como princípio e fim [...] perceber o grupo inteiro e seu comportamento inteiro" (Mauss [1924a] 2003: 312).

A sociologia durkheimiana corria o risco de desencarnação e também outro, de que Mauss a protegeu, com igual sucesso: o automatismo. Frequentemente, desde Durkheim – e mesmo em autores que se consideravam livres de sua ascendência doutrinal – a sociologia apareceu como produto de um saque apressado à história, à psicologia, à linguística, à ciência econômica, ao direito e à etnografia. Contentava-se em acrescentar aos frutos dessa pilhagem suas receitas: qualquer que fosse o problema que se lhe colocasse, podia-se ter a certeza de que receberia uma solução "sociológica" pré-fabricada.

Se as coisas mudaram, devemo-lo em grande parte a Mauss, a cujo nome devemos associar o de Malinowski. Ao mesmo tempo – e certamente auxiliados um pelo outro – eles mostraram, Mauss como teórico e Malinowski como experimentador, o que pode ser a apresentação de uma prova nas ciências etnológicas. Foram eles os primeiros a compreender claramente que não basta decompor e dissecar. Os fatos sociais não são meros fragmentos esparsos, são vividos por homens e essa experiência subjetiva, tanto quanto suas características objetivas, é uma forma da realidade deles.

Enquanto Malinowski instaurava a participação intransigente da etnografia na vida e no pensamento indígenas, Mauss afirmava que o essencial é "o movimento do todo, o aspecto vivo, o instante fugaz em que a sociedade toma, em que os homens tomam consciência sentimental de si mesmos e de sua situação frente a outrem" (Mauss [1924a] 2003: 311). Tal síntese empírica e subjetiva fornece a única garantia de que a análise prévia, levada até as categorias inconscientes, nada deixou escapar.

E, sem dúvida, a prova permanecerá largamente ilusória: jamais saberemos se o outro, com o qual não podemos apesar de tudo nos confundir, opera, a partir dos elementos de sua existência social, uma síntese exatamente correspondente àquela que elaboramos. Mas não é preciso ir tão longe. Basta – e para isso o sentimento interno é suficiente – que a síntese, ainda que aproximativa, pertença à experiência humana. Devemos ter certeza disso, pois que estudamos homens. E como nós mesmos somos homens, isso nos é possível. O modo como Mauss coloca e soluciona a questão no *Ensaio sobre a dádiva* leva a ver, na intersecção de duas subjetividades, o mais próximo da verdade a que as ciências do homem possam pretender quando enfrentam a integralidade de seu objeto.

Não nos enganemos: tudo isso, que parece tão novo, estava implicitamente presente em Durkheim. Este foi muitas vezes criticado por ter formulado, na segunda parte das *Formas elementares*, uma teoria da religião tão vasta e tão geral que parecia tornar supérflua a minuciosa análise das religiões australianas que a precedia e – esperava-se – a preparava.

A questão é saber se o homem Durkheim teria chegado a tal teoria se não se tivesse esforçado, antes, em sobrepor às representações religiosas provenientes de sua própria sociedade as de homens que evidências históricas e geográficas garantiam ser "outros", não cúmplices ou acólitos insuspeitados. É esse efetivamente o procedimento do etnógrafo quando vai a campo, pois – por mais escrupuloso e objetivo que queira ser – nunca é nem ele, nem o outro, que encontra no final de sua investigação. No máximo ele pode pretender, pela aplicação de si sobre o outro, deduzir o que Mauss chamava de fatos de funcionamento geral, os quais ele mostrou serem mais universais e mais reais.

Completando desse modo a intenção durkheimiana, Mauss liberava a antropologia da falsa oposição, introduzida por pensadores como Dilthey e Spengler, entre a explicação nas ciências físicas e a explicação nas ciências humanas. A busca pelas causas se conclui na assimilação de uma experiência, mas esta é ao mesmo tempo externa e interna. A famosa regra de "considerar os fatos sociais como coisas" (Durkheim [1895] 2003: 15) corresponde ao primeiro procedimento, que o segundo apenas verifica. Percebe-se desde logo a originalidade da antropologia social: em vez de opor explicação causal e compreensão, ela consiste em descobrir um objeto que seja ao mesmo tempo objetivamente muito afastado e subjetivamente muito concreto, e cuja explicação causal possa fundar-se nessa compreensão que não é, para nós, senão uma forma suplementar de prova. Uma noção como a de empatia nos inspira muita desconfiança, naquilo que implica de irracionalismo e misticismo acrescentados. Ao formularmos uma exigência de prova suplementar, imaginamos a antropologia mais a partir do modelo do engenheiro, que concebe e constrói máquinas mediante uma série de operações racionais – mas é preciso que funcionem, a certeza lógica não basta. A possibilidade de testar em si mesmo a experiência íntima do outro é apenas um dos meios disponíveis para obter essa última satisfação empírica, de que sentem necessidade igualmente as ciências físicas e as ciências humanas – menos uma prova, talvez, do que uma garantia.

* * *

O que é, afinal, a antropologia social?

Parece-me que ninguém chegou mais perto de defini-la – ainda que por preterição – do que Ferdinand de Saussure, quando, ao apresentar a linguística como parte de uma ciência ainda por vir, reserva-lhe o nome de *semiologia*, e lhe atribui como objeto o estudo da vida dos signos no seio da vida social. Ele próprio, aliás, não antecipava nossa adesão quando, naquela ocasião, comparava a linguagem "à escrita, ao alfabeto dos surdos-mudos, aos ritos simbólicos, às formas de cortesia, aos sinais militares etc."? Todos hão de concordar que a antropologia engloba em seu campo particular pelo menos alguns desses sistemas de signos, aos quais devem ser acrescentados vários outros: linguagem mítica, signos verbais e gestuais que compõem o ritual, regras de casamento, sistemas de parentesco, regras costumeiras, certas modalidades de trocas econômicas.

Concebemos a antropologia, portanto, como ocupante legítimo desse campo da semiologia que a linguística ainda não reivindicou para si; até que, para pelo menos alguns setores desse campo, ciências específicas se constituam no seio da antropologia.

Cumpre, entretanto, precisar essa definição de dois modos.

Antes de tudo, reconheçamos rapidamente que alguns dos fatos que acabam de ser mencionados são também da alçada de certas ciências específicas, como a ciência econômica, o direito e a ciência política. Contudo, tais disciplinas consideram sobretudo os fatos que estão mais próximos de nós e que, portanto, são de nosso especial interesse. Digamos que a antropologia social os apreende ou em suas manifestações mais longínquas, ou da perspectiva de sua expressão mais geral. Deste último ponto de vista, ela nada pode fazer de útil sem colaborar estreitamente com as ciências sociais específicas; mas estas, por sua vez, não podem pretender à generalidade senão graças à colaboração do antropólogo, o único capaz de lhes fornecer informações e inventários que procura tornar completos.

A segunda dificuldade é mais séria. Pois podemos nos perguntar se todos os fenômenos pelos quais a antropologia social se interessa possuem de fato o caráter de signos. Isso está suficientemente claro no que diz respeito às questões que estudamos mais frequentemente. Quando consideramos um sistema de crença – o totemismo, digamos – ou uma forma de organização social – clãs unilineares, casamento bilateral –, a pergunta que nos fazemos é exatamente "o que isso significa?"; e, para a respondermos, procuramos *traduzir* em nossa linguagem regras que são primariamente dadas numa linguagem diferente.

Ocorreria o mesmo quanto a outros aspectos da realidade social, tais como o instrumental, as técnicas, os modos de produção e de consumo? Trata-se, aparentemente, de objetos e não de signos, uma vez que o signo é, segundo a célebre definição de Peirce, "o que substitui algo para alguém". O que, afinal, um machado substitui, e para quem?

A objeção vale até certo ponto, e explica a relutância de alguns em admitir no campo da antropologia social fenômenos da alçada de outras ciências, como a geografia e a tecnologia. A expressão antropologia cultural convém, assim, para distinguir essa parte de nossos estudos e ressaltar sua originalidade.

Não obstante, bem sabemos – e a Mauss cabe o mérito de tê-lo estabelecido em acordo com Malinowski – que, principalmente nas sociedades de que tratamos, mas também nas demais, esses domínios são como que impregnados de significação. E, por esse aspecto, já nos concernem.

E, finalmente, a intenção de exaustividade que inspira nossas investigações transforma muito seu objeto. Consideradas isoladamente, técnicas podem se apresentar como um dado bruto, herança histórica ou resultado de um compromisso entre as necessidades do homem e as contingências do meio. Porém, quando as situamos nesse inventário geral das sociedades que a antropologia se esforça por constituir, aparecem sob uma nova luz, já que as imaginamos como equivalendo a escolhas que cada sociedade parece fazer (linguagem cômoda, que é preciso livrar de seu antropomorfismo) entre muitas possíveis, cujo quadro estabeleceremos. Nesse sentido, concebe-se que certo tipo de machado de pedra possa ser um signo: num determinado contexto, ocupa, para o observador capaz de compreender seu uso, o lugar de um instrumento diferente que outra sociedade utiliza com os mesmos fins.

A partir de então, até as técnicas mais simples de qualquer sociedade primitiva adquirem caráter de sistema, analisável nos termos de um sistema mais geral. O modo como determinados elementos desse sistema foram selecionados, e outros excluídos, permite conceber o sistema local como um conjunto de escolhas significativas, compatíveis ou incompatíveis com outras escolhas, e que cada sociedade, ou cada período de desenvolvimento de uma sociedade, foi levada a fazer.

* * *

Ao postular a natureza simbólica de seu objeto, a antropologia social não tem a intenção de se desligar das *realia*. E como poderia, uma vez que a arte, em que tudo é signo, utiliza meios materiais? Não se pode estudar deuses ignorando suas imagens, ou ritos sem analisar as substâncias fabricadas ou manipuladas pelo oficiante, ou regras sociais independentemente das coisas que lhes correspondem. A antropologia social não se limita a uma parte do domínio da etnologia, não separa cultura material e cultura espiritual. Na perspectiva que lhe é própria – e que nos caberá situar – tem por ambas igual interesse. Os homens comunicam por meio de símbolos e de signos. Para a antropologia, que é uma conversa do homem com o homem, tudo o que se coloca como intermediário entre dois sujeitos é símbolo e signo.

Por essa deferência em relação aos objetos e às técnicas, tanto quanto pela certeza de trabalhar com significações, nossa concepção da antropologia social nos afasta sensivelmente de Radcliffe-Brown, que tanto fez – até sua morte, em 1955 – para dar autonomia às nossas pesquisas.

Segundo as visões sempre maravilhosamente límpidas do mestre inglês, a antropologia social seria uma ciência indutiva que, como as demais ciências desse tipo, observa fatos, formula hipóteses e as submete ao controle da experiência, para descobrir as leis gerais da natureza e da sociedade. Distingue-se, assim, da etnologia, que busca reconstituir o passado das sociedades primitivas, mas com meios e métodos tão precários que não pode fornecer à antropologia social ensinamento algum.

Na época em que foi formulada, por volta de 1920, essa concepção, inspirada na distinção durkheimiana entre *circumfusa* e *praeterita*, marcava uma reação salutar aos abusos da escola difusionista. Mas desde então a "história conjectural", como dizia Radcliffe-Brown, não sem desprezo, aperfeiçoou e refinou seus métodos, notadamente graças às escavações estratigráficas, à introdução da estatística em arqueologia, à análise dos pólens, à utilização do carbono 14 e, sobretudo, graças à colaboração cada vez mais estreita que se instaura entre etnólogos e sociólogos de um lado, arqueólogos e pré-historiadores, do outro. De modo que podemos nos perguntar se a desconfiança de Radcliffe-Brown quanto às reconstituições históricas não corresponderia a uma etapa do desenvolvimento científico que em breve será ultrapassada.

Por outro lado, vários de nós têm, quanto ao futuro da antropologia social, uma visão mais modesta do que aquelas que as grandes ambições de Radcliffe-Brown alimentavam. Concebem a antropologia social não segundo o modelo das ciências indutivas tais como eram pensadas no século XIX, e mais ao modo de uma sistemática cujo objetivo é identificar e repertoriar tipos, analisar suas partes constitutivas e estabelecer correlações entre elas. Sem esse trabalho preliminar – que, é preciso reconhecer, mal começou a ser feito – o método comparativo, preconizado por Radcliffe-Brown, de fato corre o risco de não sair do lugar: ou os dados que se propõe comparar são tão próximos geográfica ou historicamente que jamais se terá certeza de que se trata de fenômenos distintos, ou são heterogêneos demais, e a aproximação deixa de ser legítima, porque junta coisas que não se pode comparar.

Até alguns poucos anos atrás, admitia-se que as instituições aristocráticas da Polinésia eram fatos de introdução recente, de uns poucos séculos, por grupos de conquistadores vindos de alhures. Mas eis que a medição da radioatividade residual de vestígios orgânicos provenientes da Melanésia e da Polinésia revela que a distância entre as datas de ocupação dessas duas regiões é menor do que se supunha e é preciso, diante disso, modificar as concepções quanto à natureza e unidade do sistema feudal, pois, pelo menos nessa parte do mundo, já não se exclui – desde os belos estudos de Guiart – que ele seja anterior à chegada dos conquistadores e que certas formas de feudalismo possam surgir em humildes sociedades de horticultores.

A descoberta, na África, da arte de Ifé, tão refinada e culta quanto a do Renascimento europeu mas talvez anterior a esta de três ou quatro séculos, e precedida, na própria África, há muito tempo, pela arte da civilização chamada de Nok, influencia a ideia que podemos ter quanto às artes recentes da África negra e das culturas correspondentes, nas quais hoje tendemos a *ver* réplicas empobrecidas e um tanto rústicas de formas de arte e de civilizações elevadas.

O encurtamento da pré-história do Velho Mundo e o alongamento da do Novo Mundo – que o carbono 14 permite considerar – talvez levem à conclusão de que as civilizações que se desenvolveram dos dois lados do Pacífico foram ainda mais aparentadas do que parece, e, tomando-as cada qual em si, a entendê-las de outro modo.

É preciso debruçar-se sobre fatos desse tipo antes de empreender qualquer classificação ou comparação. Pois postular apressadamente a homogeneidade do campo social e alimentar a ilusão de que ele é imediatamente comparável em todos os seus aspectos e em todos os seus níveis é deixar escapar o essencial. Significa não perceber que as coordenadas necessárias para definir dois fenômenos aparentemente muito semelhantes nem sempre são as mesmas, nem de mesmo número. E leva a crer que se formula leis de natureza social, quando não se faz mais do que descrever propriedades superficiais ou enunciar tautologias.

Desdenhar a dimensão histórica, sob pretexto de que os meios são insuficientes para avaliá-la, a não ser de modo aproximado, leva a satisfazer-se com uma sociologia rarefeita, na qual os fenômenos são como que descolados de seu suporte. Regras e instituições, estados e processos parecem flutuar num vazio no qual se insiste em tentar traçar uma rede tênue de relações funcionais. A tarefa consome toda a atenção, e esquece-se os homens, em cujo pensamento tais relações se estabelecem, e deixa--se de lado sua cultura concreta. Não se sabe mais de onde eles vêm, nem o que são.

Não basta, com efeito, que fenômenos possam ser ditos sociais para que a antropologia os reivindique para si. Espinas, outro desses mestres que nos damos ao luxo de esquecer, certamente tinha razão, do ponto de vista da antropologia social, quando contestava que as formações desprovidas de raízes biológicas tivessem o mesmo coeficiente de realidade que as outras: "A administração de uma grande companhia ferroviária", escrevia ele em 1901 (p. 470), "não é uma realidade social [...] um exército tampouco".

A fórmula é exagerada, visto que as administrações são objeto de estudos aprofundados, em sociologia, em psicologia social e em outras ciências específicas, mas ajuda-nos a ter mais clareza quanto à distância entre a antropologia e essas disciplinas: os fatos sociais que estudamos se manifestam em sociedades que são, cada uma delas, *um ser total, concreto e conectado*. Nunca perdemos de vista o fato de que as sociedades existentes resultam de grandes transformações advindas na espécie humana em determinados momentos da pré-história e em certos pontos da Terra, e que uma cadeia ininterrupta de eventos reais liga tais fatos àqueles que podemos observar.

Essa continuidade cronológica e espacial entre a ordem da natureza e a ordem da cultura, na qual Espinas tanto insistiu, numa linguagem que já não é a nossa (e que por isso temos às vezes dificuldade em entender), também fundamenta o historicismo de Boas. Ela explica por que a antropologia, mesmo social, declara-se solidária da antropologia física, cujas descobertas espreita com certa avidez. Pois ainda que os fenômenos sociais devam ser provisoriamente isolados do resto e tratados como se pertencessem a um nível específico, bem sabemos que, de fato e até de direito, a emergência da cultura permanecerá para o homem um mistério enquanto ele não conseguir determinar, no nível biológico, as modificações na estrutura e no funcionamento do cérebro de que a cultura foi simultaneamente o resultado natural e o modo social de apreensão, enquanto criava o meio intersubjetivo indispensável para o prosseguimento de transformações, anatômicas e fisiológicas, claro, mas que não podem ser nem definidas nem estudadas referindo-se apenas ao indivíduo.

* * *

Tal profissão de fé histórica poderá surpreender, posto que sofremos algumas críticas de ser avessos à história e de lhe dar pouco espaço em nossos trabalhos. Não a praticamos de modo algum, mas fazemos questão de lhe reconhecer seus direitos. Apenas acreditamos que, neste período de formação em que a antropologia social se encontra, nada seria mais perigoso do que um esboço de ecletismo, tentando dar a ilusão de uma ciência acabada confundindo as tarefas e misturando os programas.

Ocorre que, em antropologia, a experimentação precede tanto a observação como a hipótese. Uma das originalidades das pequenas sociedades que estudamos está em que cada uma delas constitui uma experiência feita, em razão de sua relativa simplicidade e do número restrito de variáveis necessárias para explicar seu funcionamento. Por outro lado, porém, essas sociedades estão vivas, e não temos nem tempo nem meios de agir sobre elas. Em comparação com as ciências naturais, gozamos de uma vantagem e sofremos um inconveniente: encontramos nossas experiências já preparadas, mas elas são incontroláveis. É normal, assim, que tentemos substitui-las por modelos, isto é, sistemas de símbolos que salvaguardem as propriedades características da experiência mas que, diferentemente da experiência, podemos manipular.

A ousadia do procedimento é, no entanto, compensada pela humildade – quase se poderia dizer servilismo – da observação tal como praticada pelo antropólogo. Deixando seu país, sua casa, por longos períodos, expondo-se à fome, à doença, ao perigo às vezes, entregando seus hábitos, suas crenças e suas convicções a uma profanação da qual se torna cúmplice quando assume, sem restrições mentais nem preconceitos, as formas de vida de uma sociedade estrangeira, o antropólogo pratica a observação integral, aquela depois da qual não há nada a não ser a absorção definitiva – e este é um risco – do observador pelo objeto de sua observação.

Essa alternância de ritmo entre dois métodos – o dedutivo e o empírico – e a intransigência com que os praticamos ambos, de forma extrema e como que purificada, distinguem a antropologia social dentre os ramos do conhecimento. De todas as ciências, ela é certamente a única que faz da subjetividade mais íntima um meio de demonstração objetiva. Pois é objetivo o fato de o mesmo espírito que se entregou à experiência e deixou-se moldar por ela tornar-se palco de operações mentais que não abolem as precedentes e contudo transformam a experiência em modelo, possibilitando outras operações mentais. No fim das contas, a coerência lógica destas últimas se assenta na sinceridade e na honestidade daquele que, como o pássaro explorador da fábula, pode dizer "Estive lá, isso aconteceu comigo – É como se vocês lá estivessem", e consegue, de fato, comunicar tal convicção.

Mas essa constante oscilação entre a teoria e a observação requer que se distingam sempre os dois planos. Para voltar à história, parece-me que é também o caso de estudos voltados para a estática ou a dinâmica, para a ordem da estrutura ou para a ordem do evento. A história dos historiadores não precisa que a defendam, e tampouco é atacá-la dizer (como admite Braudel) que ao lado de um tempo curto existe um tempo longo, que certos fatos pertencem a um tempo estatístico e irreversível, e outros a um tempo mecânico e reversível, e que a ideia de uma história estrutural nada tem que possa chocar os historiadores. Uma e outra andam juntas, e não é contraditório que uma história de símbolos e signos gere desenvolvimentos imprevisíveis, apesar de operar combinações estruturais cujo número é limitado. Num caleidoscópio, a combinação de elementos idênticos sempre produz novos resultados. Isso porque a história dos historiadores está aí presente – ainda que na sucessão de piparotes que provocam as reorganizações de estrutura – e as chances de que o mesmo arranjo apareça mais de uma vez são praticamente nulas.

Não é nossa intenção, portanto, retomar em sua forma primeira a distinção introduzida no *Curso de linguística geral* entre ordem sincrônica e ordem diacrônica, ou seja, o aspecto da doutrina saussuriana do qual, com Trubetskoi e Jakobson, o estruturalismo moderno justamente mais se afastou. Aspecto em relação ao qual, aliás, documentos recentes mostram como os redatores do *Curso* às vezes forçaram e esquematizaram o pensamento do mestre.

Para os redatores do *Curso de linguística*, há uma oposição absoluta entre duas categorias de fatos: de um lado, a gramática, o sincrônico, o consciente, e, do outro, a fonética, o diacrônico, o inconsciente. Apenas o sistema consciente é coerente; o infrassistema inconsciente é dinâmico e desequilibrado, feito ao mesmo tempo de legados do passado e de tendências de futuro ainda não realizadas.

Na verdade, é porque Saussure ainda não tinha descoberto a presença de elementos diferenciais por trás do fonema. Em outro plano, sua posição prefigura indiretamente a de Radcliffe-Brown, convencido de que a estrutura é da ordem da observação empírica, quando ela se situa além. Esse desconhecimento das realidades ocultas acarreta, em cada um deles, conclusões opostas. Saussure parece negar a existência de uma estrutura onde ela não é dada de imediato; Radcliffe-Brown a afirma, mas vendo-a onde não está, tira da noção de estrutura sua força e seu alcance.

Em antropologia como em linguística sabemos, hoje, que o sincrônico pode ser tão inconsciente quanto o diacrônico. Já nesse sentido a distância entre eles diminui.

Por outro lado, o *Curso de linguística geral* postula relações de equivalência entre o fonético, o diacrônico e o individual, que constituem o campo da fala; e entre o gramatical, o sincrônico e o coletivo, que são do âmbito da língua. Mas aprendemos com Marx que o diacrônico também pode estar no coletivo e, com Freud, que o gramatical pode se realizar dentro do indivíduo.

Nem os redatores do *Curso* nem Radcliffe-Brown deram-se suficientemente conta de que a história dos sistemas de signos engloba evoluções lógicas, relacionadas a níveis de estruturação diferentes, que primeiro é preciso isolar. Se existe um sistema consciente, este só pode resultar de uma espécie de "média dialética" entre uma multiplicidade de sistemas inconscientes, cada um deles relativo a um aspecto ou nível da realidade social. Ora, tais sistemas não coincidem nem em suas estruturas lógicas, nem quanto a suas aderências históricas. São como que difratados numa dimensão temporal cuja espessura fornece à sincronia sua consistência, e na ausência da qual ela se dissolveria numa essência tênue e impalpável, um fantasma de realidade.

Não seria, portanto, ousadia demais sugerir que, em sua expressão oral, o ensinamento de Saussure não devia se afastar muito destas profundas observações de Durkheim que, publicadas em 1900, parecem ter sido escritas hoje:

> Não há dúvida de que os fenômenos que concernem à estrutura tem algo de mais estável do que os fenômenos funcionais; mas, entre as duas ordens de fatos, há apenas diferenças de grau. A própria estrutura está no devir [...] Ela se forma e se recompõe incessantemente; ela é a vida em certo grau de consolidação, e distingui-la da vida de que ela deriva, ou da vida que ela determina, equivale a dissociar coisas inseparáveis. (1900: 190)

* * *

Na verdade, é a natureza dos fatos que estudamos que nos leva a distinguir neles o que diz respeito à estrutura e o que pertence ao evento. Por mais importante que seja a perspectiva histórica, só poderemos atingi-la após longas pesquisas que – a medida da radioatividade e o estudo dos pólens são prova disso – nem sempre são de nossa alçada. Em compensação, a diversidade das sociedades humanas e seu número – ainda vários milhares no fim do século XIX – fazem com que elas nos apareçam como que espalhadas no presente. Nada de surpreendente no fato de adotarmos, respondendo a essa solicitação do objeto, um método mais de *transformações* do que de *fluxos*.

Existe, com efeito, uma relação muito estreita entre as noções de transformação e de estrutura, que ocupa um lugar tão importante em nossos trabalhos. Radcliffe-Brown introduziu-a na antropologia social, inspirando-se em Montesquieu e Spencer; utilizava-a para designar o modo duradouro como os indivíduos e os grupos estão ligados no interior do corpo social. Para ele, consequentemente, a estrutura é da ordem do fato; é dada na observação de cada sociedade particular. Tal visão procede, certamente, de determinada concepção das ciências naturais, mas já não era aceitável, por exemplo, para Cuvier.

Nenhuma ciência pode, hoje, considerar as estruturas pertinentes a seu campo como se reduzindo a um arranjo qualquer de partes quaisquer. Para que um arranjo seja estruturado, é preciso que satisfaça duas condições: que seja um sistema, regido por uma coesão interna, e que tal coesão, impossível de perceber num sistema isolado, se revele no estudo das transformações, graças às quais podem ser encontradas propriedades similares em sistemas aparentemente diferentes. Como escreveu Goethe: "Todas as formas se parecem, e nenhuma é igual às demais, /de modo que seu cerne conduz a uma lei oculta".

Tal convergência de perspectivas científicas é muito reconfortante para as ciências semiológicas, de que faz parte a antropologia social, visto que os signos e os símbolos só podem desempenhar seu papel na medida em que pertencem a sistemas regidos por leis internas de implicação e exclusão; e visto que o que caracteriza um sistema de símbolos é o ser transformável, em outras palavras, *traduzível* na linguagem de outro sistema mediante substituições. O fato de essa concepção ter-se originado na paleontologia leva a antropologia social a nutrir um sonho secreto: ela pertence às ciências humanas, seu nome proclama isso suficientemente, mas, se fica conformada com seu purgatório junto às ciências sociais, é porque não deixa de ter esperança de acordar entre as ciências naturais na hora do juízo final.

Trataremos de mostrar, com dois exemplos, como a antropologia social trabalha para fazer justiça a seu programa.

É sabida a função desempenhada pela proibição do incesto nas sociedades primitivas: projetando, por assim dizer, irmãs e filhas para fora do grupo consanguíneo e alocando-lhes esposos provenientes de outros grupos, ela tece entre esses grupos naturais laços de aliança, os primeiros que se possa qualificar de sociais. A proibição do incesto funda, assim, a sociedade humana e, em certo sentido, ela é a sociedade.

O procedimento que justifica essa interpretação não foi indutivo. E como poderia, posto tratar-se de fenômenos cuja correlação é universal, mas entre os quais as diferentes sociedades inventam toda sorte de conexões heteróclitas? De resto, não se trata de fatos, mas de significados. A pergunta que nos colocávamos dizia respeito ao *sentido* da proibição do incesto (aquilo que, no século XVIII, teriam chamado seu "espírito"), e não a seus *resultados*, reais ou imaginários. Era portanto preciso estabelecer o caráter de sistema de cada terminologia de parentesco e de suas regras de casamento correspondentes. O que só era possível mediante um esforço suplementar, de elaboração de um sistema desses sistemas, colocando-os em relação de transformação entre si. Feito isso, o que até então se apresentava como uma enorme desordem se organizava em forma de gramática: enunciado forçoso de todos os modos concebíveis de instaurar e manter um sistema de reciprocidade.

Estamos nesse ponto. E agora, como devemos proceder para responder à questão seguinte, que é a da universalidade dessas regras no conjunto das sociedades humanas, incluindo as sociedades contemporâneas? Ainda que não definamos a proibição do incesto ao modo dos australianos ou dos ameríndios, ela também existe entre nós. Mas teria a mesma função? Talvez a tivéssemos conservado por razões muito diferentes, tal como a descoberta tardia das consequências nocivas das uniões consanguíneas. Ou talvez – como pensava Durkheim – a instituição não mais desempenhe entre nós um papel positivo, e só subsista como vestígio de crenças antiquadas, arraigadas no pensamento coletivo. Mas não seria antes porque nossa sociedade, caso particular num gênero mais vasto, depende, como todas as outras, para sua coerência e para sua própria existência, de uma rede – que se tornou entre nós infinitamente instável e complicada – de laços entre famílias consanguíneas? Se for esse o caso, deveríamos admitir que a rede é homogênea em todas as suas partes, ou perceber nela tipos de estruturas, diferentes conforme os meios, as regiões, e variáveis em função das tradições históricas locais?

Essas questões são essenciais para a antropologia, uma vez que a resposta que lhes dermos decidirá quanto à natureza íntima do fato social e seu grau de plasticidade. Ora, é impossível decidir com o auxílio de métodos emprestados à lógica de Stuart Mill. Não podemos fazer variar as complexas ligações que uma sociedade contemporânea supõe – nos planos técnico, econômico, profissional, político, religioso e *biológico*; não podemos interrompê-las e refazê-las à vontade, na esperança de descobrir quais delas são indispensáveis à existência da sociedade enquanto tal e de quais ela poderia, a rigor, prescindir.

Mas poderíamos escolher, dentre os sistemas matrimoniais cuja função de reciprocidade está mais bem demonstrada, os mais complexos e os menos estáveis. Poderíamos construir modelos deles em laboratório, para determinar como funcionariam se envolvessem um número cada vez maior de indivíduos; poderíamos também deformar nossos modelos, com vistas a obter modelos do mesmo tipo, porém mais complexos e ainda mais instáveis... E compararíamos os ciclos de reciprocidade assim obtidos com os mais simples que possam ser observados em campo, nas sociedades contemporâneas, por exemplo nas regiões caracterizadas por isolados de pequena dimensão. Mediante idas e vindas sucessivas entre o laboratório e o campo, buscaríamos ir preenchendo progressivamente a lacuna entre as duas séries, uma conhecida e a outra desconhecida, intercalando uma série de formas intermediárias. No final, não teríamos feito senão elaborar uma linguagem, cujos únicos méritos seriam o ser coerente, como qualquer linguagem, e explicar com um número reduzido de regras fenômenos até então considerados muito díspares. Na falta de uma inacessível verdade factual, teríamos atingido uma verdade racional.

* * *

O segundo exemplo remete a questões do mesmo tipo, abordadas num outro nível. Trata-se ainda da proibição do incesto, mas não mais em sua forma regulamentar, e sim como tema de reflexão mítica.

Os índios Iroqueses e Algonkin contam a história de uma moça que era objeto das investidas amorosas de um visitante noturno que ela achava que era seu irmão. Tudo parecia indicar o culpado: aparência física, roupas e face arranhada, provando a virtude da heroína. Ela acusa o irmão formalmente, e ele revela que tem um sósia, ou mais precisamente um duplo; a ligação entre eles é tão forte que tudo o que acontece com um deles se transmite automaticamente para o outro, o que explica a roupa rasgada e o ferimento no rosto. Para convencer a irmã, incrédula, o rapaz mata seu duplo diante dela. Porém, ao fazê-lo, declara sua própria condenação à morte, já que os destinos dos dois estão ligados.

A mãe da vítima quer então vingar o filho. É uma feiticeira poderosa, dona dos mochos. O único meio de enganá-la é a irmã se unir ao irmão, que se faz passar pelo duplo que ele matou. O incesto é tão inconcebível que a velha não poderá desconfiar da tramoia. Mas os mochos não se deixam enganar e denunciam os dois, que no entanto conseguem escapar.

Nesse mito, o ouvinte ocidental percebe facilmente um tema consagrado pela lenda de Édipo: as precauções tomadas para evitar o incesto acabam por torná-lo inevitável; em ambos os casos, o lance teatral resulta da identificação de personagens inicialmente apresentados como distintos. Seria uma simples coincidência – causas diversas em cada caso explicariam que os mesmos motivos se encontrem arbitrariamente unidos? Ou a analogia tem razões mais profundas? Ao fazermos a aproximação, não pusemos a mão num fragmento de conjunto significante?

Se a resposta fosse afirmativa, o incesto do mito iroquês entre irmão e irmã, constituiria uma permutação do incesto edipiano entre mãe e filho. A conjuntura que torna o primeiro inevitável – dupla personalidade do herói masculino – seria uma permutação da dupla identidade de Édipo, tido por morto e contudo vivo, criança condenada e herói triunfante. Para completar a demonstração, seria preciso descobrir nos mitos americanos uma transformação do episódio da esfinge, que é o único elemento faltante da lenda de Édipo.

E nesse caso específico (que por isso foi escolhido em lugar de outros) a prova seria verdadeiramente crucial. Como Boas foi o primeiro a observar (1891, 1925), as charadas ou enigmas, assim como os provérbios, são um gênero quase totalmente ausente entre os índios da América do Norte. Caso se encontrassem enigmas no entorno semântico do mito americano, não poderia resultar do acaso – seria a prova de uma necessidade.

Em toda a América do Norte, conhecem-se apenas duas ocorrências "com enigmas" cuja origem é incontestavelmente indígena. Entre os Pueblo do sudoeste dos Estados Unidos, existe uma família de bufões cerimoniais que propõem enigmas aos espectadores e que, segundo os mitos, originam-se de uma união incestuosa. Por outro lado, lembramos que a feiticeira do mito resumido há pouco, que ameaça a vida do herói, é dona dos mochos; pois bem, entre os Algonkin, precisamente, foram registrados mitos em que os mochos, ou o ancestral dos mochos, propõem enigmas ao herói, de cuja solução depende sua vida. Consequentemente, também na América, os enigmas apresentam um duplo caráter edipiano: pela via do incesto, de um lado e, do outro, pelo mocho, em quem somos levados a *ver* uma esfinge americana por transposição.

Parece existir, portanto, entre povos separados pela história, pela geografia, pela língua e pela cultura, a mesma correlação entre o enigma e o incesto. Para permitir a comparação, elaboremos um modelo do enigma, o que melhor expresse suas propriedades constantes nas diversas mitologias, para defini-lo, deste ponto de vista, como *uma pergunta que, postula-se, não será respondida*. Não vamos considerar aqui todas as transformações possíveis desse enunciado e, a título de experiência, contentemo-nos com inverter-lhe os termos, o que dá: *uma resposta para a qual a pergunta não foi feita*.

Eis, em aparência, uma fórmula completamente desprovida de sentido. Porém, salta aos olhos que existem mitos, ou fragmentos de mitos, cujo eixo dramático é essa estrutura, simétrica e inversa da outra. Faltaria tempo para contar os exemplos americanos. Limitar-me-ei, assim, a evocar a morte de Buda, que se torna inevitável porque um discípulo deixa de fazer a pergunta esperada e, mais perto de nós, os velhos mitos remanejados no ciclo do Graal, cuja ação está atrelada à timidez do herói diante do recipiente mágico, ao qual não ousa perguntar "quem é servido nele".

Esses mitos possuem existência independente ou devem ser considerados, por sua vez, como uma espécie de um gênero mais vasto, sendo os mitos de tipo edipiano apenas outra espécie? Repetindo o procedimento anterior, investiguemos se e em que medida os elementos característicos de um dos grupos podem ser reduzidos a transformações (que aqui serão inversões) dos elementos característicos do outro. E, de fato, é o que ocorre: de um herói que abusa da sexualidade, a ponto de chegar ao incesto, passamos para um casto que se abstém dela; um personagem esperto, que sabe todas as respostas, dá lugar a um inocente, que nem sabe fazer perguntas. Nas variantes americanas deste segundo tipo e no ciclo do Graal, o problema a ser resolvido é o da "terra estragada" isto é, do verão terminado. E todos os mitos americanos do primeiro tipo, isto é, "edipiano", falam de um eterno inverno que o herói termina quando resolve enigmas, e assim determina a chegada do verão. Simplificando bastante, Percival surge como um Édipo invertido – hipótese que não teríamos ousado conceber se tivesse sido necessário aproximar uma fonte grega de uma fonte celta, mas que se impõe num contexto americano em que os dois tipos estão presentes nas mesmas populações.

Entretanto, não chegamos ao final da demonstração. Tendo verificado que, no interior de um campo semântico, a castidade tem com a "resposta sem pergunta" uma relação homóloga àquela entre "a pergunta sem resposta" e a relação incestuosa, devemos também admitir que os dois enunciados de forma sociobiológica, por sua vez, estão em relação de transformação com os dois enunciados de forma gramatical. Entre a solução do enigma e o incesto, existe uma relação, não externa e de fato, mas interna e de razão, e é por isso que civilizações tão diferentes como a da Antiguidade clássica e a da América indígena podem associá-los independentemente. Como o enigma solucionado, o incesto aproxima termos destinados a permanecer separados: o filho se une à mãe, o irmão à irmã, *assim como o faz a resposta que consegue, contra todas as expectativas, juntar-se à sua pergunta.*

Na lenda de Édipo, o casamento com Jocasta não segue a vitória sobre a Esfinge de modo arbitrário. Além de os mitos de tipo edipiano (a que damos assim uma definição precisa) sempre associarem a descoberta do incesto à solução de um enigma vivo personificado pelo herói, seus diversos episódios se repetem. E fornecem a mesma demonstração que encontramos nos antigos mitos do Graal em forma invertida: a união audaciosa de palavras ocultas ou de consanguíneos ocultos a si mesmos gera o apodrecimento e a fermentação, o descontrole das forças naturais – pensemos na peste tebana – como a impotência em matéria sexual (ou de travar um diálogo proposto) extingue a fecundidade animal e vegetal.

Às duas perspectivas que poderiam seduzir sua imaginação, de um verão ou um inverno igualmente eternos, mas que seriam, um desenfreado até a corrupção, e o outro puro até a esterilidade, o homem deve resignar-se a preferir o equilíbrio e a periodicidade do ritmo das estações. Na ordem natural, este desempenha a mesma função que, no plano social, a troca de mulheres no casamento ou a troca de palavras na conversação, contanto que sejam ambas praticadas com a sincera intenção de comunicar, isto é, sem artimanha nem perversidade e, sobretudo, sem dissimulação.

* * *

Aqui apenas esboçamos em grandes linhas uma demonstração – que será retomada com vagar em curso num próximo ano (cf. Lévi--Strauss 1961b: 200-03) – para ilustrar a *questão da invariância* que a antropologia busca enfrentar, assim como outras ciências, mas que, nela, se apresenta como forma moderna da pergunta que ela sempre se colocou: da universalidade da natureza humana.

Mas não estaríamos dando as costas para essa natureza humana quando, para extrair nossas invariantes, substituímos os dados da experiência por modelos que então submetemos a operações abstratas, como o algebrista com suas equações? Fomos acusados disso. Porém, além de a objeção ter pouco peso para o prático – que sabe com que fidelidade obsessiva à realidade concreta ele paga a liberdade que oferece a si mesmo de sobrevoá-la por breves instantes – eu gostaria de lembrar que, ao fazê-lo, a antropologia social apenas recupera para si uma parte esquecida do programa que Durkheim e Mauss lhe haviam traçado.

No prefácio da segunda edição das *Regras do método sociológico*, Durkheim se defende da acusação de ter abusivamente separado o coletivo do individual. A separação, diz ele, é necessária, mas ele não exclui a possibilidade de, "no futuro, chegar-se a conceber a possibilidade de uma psicologia formal, que seria uma espécie de terreno compartilhado pela psicologia individual e a sociologia [...] O que seria preciso fazer", prossegue Durkheim, "seria buscar, pela comparação dos temas míticos e das tradições populares, das línguas, de que modo as representações sociais se atraem e se excluem, fundem-se umas nas outras ou se distinguem [...]" (Durkheim [1895] 1950: xxv). Essa investigação, observa ele para concluir, diz antes respeito à lógica abstrata. É curioso notar o quão próximo de Lévy-Brühl teria estado esse programa, se ele não tivesse começado por resolver relegar as representações míticas à antecâmara da lógica, e se não tivesse tornado a separação irremediável ao renunciar, mais tarde, à noção de pensamento pré-lógico. Não fazia senão jogar o bebê com a água do banho, como dizem os ingleses, negando à "mentalidade primitiva" o caráter cognitivo que lhe concedia no início e rejeitando-a completamente para dentro da afetividade.

Mais fiel à concepção durkheimiana de uma "obscura psicologia" subjacente à realidade social, Mauss orienta a antropologia "para a busca do que é comum aos homens [...] Os homens comunicam-se por símbolos [...] porém, mais precisamente, eles só podem ter esses símbolos e se comunicar por eles, porque possuem os mesmos instintos" ([1924b] 2003: 329).

Essa concepção, que é também a nossa, pode dar margem a outra crítica. Se seu objetivo final, dirão, é atingir certas formas universais de pensamento e de moralidade (pois o *Ensaio sobre a dádiva* encerra com conclusões de moral), por que privilegiar as sociedades que vocês chamam de primitivas? Por hipótese, não deveríamos chegar aos mesmos resultados partindo de quaisquer sociedades? Essa é a última questão que pretendo considerar, antes de terminar esta já longa aula.

Isso é ainda mais necessário na medida em que alguns dentre os etnólogos e os sociólogos que me escutam, que estudam sociedades em rápida transformação, poderão contestar a concepção que pareço ter implicitamente das sociedades primitivas. As supostas características distintivas destas, poderão pensar, não passam de ilusão, efeito de nossa ignorância quanto ao que se passa realmente nelas; objetivamente, não correspondem à realidade.

Não há dúvida de que o caráter da pesquisa etnográfica se modifica à medida que as pequenas tribos selvagens que outrora estudávamos desaparecem, fundindo-se em conjuntos mais amplos onde as questões tendem a se assemelhar às nossas. Mas se é verdade que, como nos ensinou Mauss, a etnologia é mais um modo original de conhecimento do que uma fonte de conhecimentos específicos, concluiremos apenas que, atualmente, a etnologia é administrada de dois modos: em estado puro e em estado diluído. Buscar localizar onde seu método se mescla a outros métodos, onde seu objeto se confunde com outros objetos não é próprio de uma sã atitude científica. Esta cadeira será, pois, consagrada à etnologia pura, o que não significa que seu ensinamento não possa ser aplicado para outros fins, nem que deixará de se interessar pelas sociedades contemporâneas que, em certos níveis e certos aspectos, incumbem diretamente ao método etnológico.

Quais são, então, as razões de nossa predileção por essas sociedades que, na falta de termo melhor, chamamos primitivas, embora não o sejam de modo algum?

A primeira, confessemo-lo francamente, é de ordem filosófica. Como escreveu Merleau-Ponty, "toda vez que o sociólogo [*mas é no antropólogo que ele está pensando*] volta às fontes vivas de seu saber, àquilo que nele opera como meio de compreender as formações culturais mais afastadas dele, pratica espontaneamente filosofia" ([1960] 1991: 118-19). Com efeito, a pesquisa de campo, pela qual começa toda carreira em etnologia, é mãe e ama da dúvida, atitude filosófica por excelência. Essa "dúvida antropológica" não consiste apenas em saber que nada se sabe, mas em expor claramente o que se acreditava saber e sua própria ignorância aos insultos e desmentidos que infligem às ideias e aos hábitos mais caros que podem contradizê-los mais radicalmente. Ao inverso do que indica a aparência, é, cremos, por seu método estritamente filosófico que a etnologia se distingue da sociologia. O sociólogo objetiva, temendo ser enganado. O etnólogo não tem esse temor, porque a sociedade distante que estuda não é nada para ele, e porque ele não se vê de saída condenado a extirpar dela todas as nuances e detalhes, até mesmo os valores; ou, resumindo, tudo aquilo em que o observador de sua própria sociedade corre o risco de se *ver* implicado.

Ao escolher sujeitos e objetos radicalmente distanciados, o antropólogo corre, no entanto, um risco, o de que a consciência que se toma do objeto não atinja suas propriedades intrínsecas, limitando-se a exprimir sua posição relativa e sempre cambiante do sujeito em relação a ele. É bem possível, efetivamente, que o suposto conhecimento etnológico esteja condenado a permanecer tão bizarro e inadequado quanto o que um visitante exótico poderia ter de nossa própria sociedade. O índio kwakiutl que Boas às vezes recebia em Nova York, para lhe servir de informante, não ligava para o espetáculo dos arranha-céus e das ruas repletas de automóveis. Concentrava toda a sua curiosidade intelectual nos anões, gigantes e mulheres barbadas que eram então exibidos em Times Square, nas distribuidoras automáticas de comida pronta e nas bolas de latão a ornar o começo dos corrimões de escadaria. Por razões que não posso aqui evocar, tudo isso colocava em causa a sua própria cultura, e era a sua cultura, apenas, que ele tentava reconhecer em certos aspectos da nossa.

A seu modo, os etnólogos poderiam estar cedendo à mesma tentação quando se permitem – como fazem com frequência – reinterpretar costumes e tradições indígenas com o objetivo não declarado de melhor enquadrá-los nas teorias em voga. A questão do totemismo, que vários de nós consideram diáfana e insubstancial, pesou durante anos na reflexão etnológica, e hoje compreendemos que essa importância decorria de certo gosto pelo obsceno e pelo grotesco que é como uma doença infantil da ciência da religião, a projeção negativa de um medo incontrolável do sagrado, de que o próprio observador não tinha conseguido se livrar. Assim, a teoria do totemismo constituiu-se "para nós", não "em si", e nada garante que, na forma atual, não continue sendo gerada por uma ilusão comparável.

Os etnólogos de minha geração ficam confusos diante da repulsa que Frazer (1936: vi) sentia pelas pesquisas a que tinha dedicado toda a vida: "Crônica trágica", escrevia ele, "dos erros humanos: loucuras, esforços vãos, tempo perdido, esperanças frustradas". Não nos surpreende menos saber, pelos *Carnets*, o que alguém como Lévy-Brühl achava dos mitos que, segundo ele, "não têm mais efeito algum sobre nós [...] narrativas [...] estranhas, para não dizer absurdas e incompreensíveis [...] é preciso fazer um esforço para interessar-se por elas [...]" (p. 200). É claro que obtivemos um conhecimento direto das formas de vida e pensamento exóticos que faltava a nossos antecessores. Mas não seria também porque o surrealismo – isto é, um desenvolvimento interno à nossa sociedade – transformou nossa sensibilidade, e devemos a ele a possibilidade de ter descoberto ou redescoberto, em nossos estudos, lirismo e probidade?

Resistamos, pois, à sedução de um objetivismo ingênuo, mas sem deixar de perceber que, precisamente por sua precariedade, nossa posição de observador nos oferece brindes inesperados de objetividade. É na medida em que as sociedades primitivas estão muito afastadas da nossa que podemos atingir, nelas, os "fatos de funcionamento generalizado" de que falava Mauss ([1924a] 2003: 311), que têm chance de ser "mais universais" e de possuir "uma vantagem de realidade". Nessas sociedades, cito ainda Mauss (loc. cit.), "apreendemos homens, grupos e seus comportamentos [...] vemo-los moverem-se como em mecânica se movem massas e sistemas". Essa observação privilegiada, porque distanciada, implica certamente algumas diferenças de natureza entre essas sociedades e a nossa: a astronomia não exige apenas que os corpos celestes estejam distantes, é também preciso que o tempo não passe neles no mesmo ritmo, ou a Terra teria deixado de existir muito tempo antes de a astronomia surgir.

* * *
É claro que as sociedades ditas primitivas estão na história; seu passado é tão antigo quanto o nosso, pois que remonta às origens da espécie. No decorrer dos milênios, elas sofreram todas as espécies de transformações, atravessaram períodos de crise e de prosperidade, viveram guerras, migrações, aventuras. Mas se especializaram em caminhos diferentes daqueles que nós escolhemos. Talvez tenham permanecido próximas de condições de vida muito antigas, em certos aspectos; o que não exclui que, em outros, tenham-se afastado delas mais do que nós.

Mesmo estando na história, essas sociedades parecem ter elaborado ou conservado uma sabedoria particular, que as impele a resistir desesperadamente a qualquer modificação de sua estrutura capaz de permitir que a história irrompa em seu seio. Aquelas que, ainda recentemente, haviam protegido melhor suas características distintivas se apresentam a nós como sociedades cuja principal preocupação é perseverar em seu ser. O modo como exploram o meio garante, ao mesmo tempo, um nível de vida modesto e a proteção dos recursos naturais. Apesar de sua diversidade, as regras de casamento que elas aplicam apresentam, no *ver* dos demógrafos, a característica comum de limitar ao extremo e manter constante a taxa de natalidade. Finalmente, uma vida política fundada no consenso, e que só admite decisões tomadas em unanimidade, parece ter sido concebida para excluir o emprego do motor da vida coletiva que utiliza afastamentos diferenciais entre poder e oposição, maioria e minoria, exploradores e explorados.

Numa palavra, essas sociedades que poderíamos chamar "frias", porque seu meio interno está próximo do zero de temperatura histórica, se distinguem, por suas populações reduzidas e seu modo mecânico de funcionamento, das sociedades "quentes", surgidas em diversos pontos do globo após a revolução neolítica, onde diferenciações entre castas e classes são constantemente solicitadas para gerar devir e energia.

Essa distinção tem um alcance sobretudo teórico, pois não há provavelmente sociedade concreta alguma que, no conjunto e em cada uma de suas partes, corresponda exatamente a um tipo ou ao outro. E, também noutro sentido, a distinção permanece relativa,

O campo da antropologia **37**

se for verdade, como cremos, que a antropologia social responde a uma dupla motivação: retrospectiva, visto que os gêneros de vida primitivos estão à beira do desaparecimento e precisamos nos apressar em registrar suas lições; e prospectiva, na medida em que, tomando consciência de uma evolução cujo ritmo está se acelerando, já nos sentimos os "primitivos" de nossos bisnetos, e buscamos validar a nós mesmos, aproximando-nos daqueles que foram – e ainda são, por pouco tempo – tais como parte de nós persiste em permanecer.

Por outro lado, as sociedades que eu chamava de "quentes" tampouco possuem tal caráter no absoluto. Quando, logo após a revolução neolítica, as grandes cidades-estado da bacia mediterrânea e do Extremo Oriente impuseram a escravidão, construíram um tipo de sociedade em que os afastamentos diferenciais entre os homens – uns dominadores, outros dominados – podiam ser utilizados para produzir cultura num ritmo até então inconcebível e insuspeitado. Em relação a essa fórmula, a revolução maquinária do século XIX representa menos uma evolução orientada no mesmo sentido do que o esboço impuro de uma solução diferente, por muito tempo ainda fundada nos mesmos abusos e injustiças, enquanto possibilitava a transferência para a *cultura* da função dinâmica de que a revolução proto-histórica incumbira a *sociedade*.

Se – Deus nos livre – fosse esperado de um antropólogo que pressagiasse o futuro da humanidade, ele certamente não o conceberia como um prolongamento ou uma superação das formas atuais, mas antes ao modo de uma integração, unificando progressivamente as características próprias das sociedades frias e quentes. Sua reflexão reataria com o velho sonho cartesiano de colocar, como autômatos, as máquinas a serviço dos homens; seguiria seu rastro na filosofia social do século XVIII, e até Saint-Simon. Pois este, anunciando a passagem "do governo dos homens para a administração das coisas", antecipava ao mesmo tempo a distinção antropológica entre cultura e sociedade e a conversão cuja possibilidade os progressos da teoria da informação e da eletrônica nos permitem ao menos entrever, de um tipo de civilização que inaugurou outrora o devir histórico, mas à custa da transformação dos homens em máquinas, para uma civilização ideal que conseguisse transformar as máquinas em homens. Então, tendo a cultura sido incumbida integralmente da fabricação do progresso, a sociedade estaria livre de uma maldição milenar que a obrigava a sujeitar os homens para que houvesse progresso. Doravante, a história se faria sozinha, e a sociedade, situada fora e acima da história, poderia assumir, novamente, a estrutura regular e como que cristalina que não contradiz, como nos ensinam as sociedades primitivas mais bem preservadas, a humanidade. Nesse panorama, ainda que utópico, a antropologia social encontraria sua mais alta justificação, pois que as formas de vida e pensamento que estuda não mais teriam um interesse meramente histórico e comparativo. Corresponderiam a uma chance permanente do homem, sobre a qual a antropologia social, sobretudo nas horas mais sombrias, teria por missão velar.

Nossa ciência não poderia montar essa guarda vigilante – e nem mesmo teria concebido a importância e a necessidade disso – se, em regiões longínquas da terra, homens não tivessem resistido obstinadamente à história e não tivessem permanecido como prova viva do que queremos salvar.

* * *

Para concluir esta aula, eu gostaria, senhor administrador, caros colegas, de evocar brevemente a emoção excepcional que o antropólogo sente ao entrar numa casa cuja tradição, ininterrupta por quatro séculos, remonta ao reinado de Francisco I. Principalmente se for um americanista, tantos são os laços que o ligam a essa época, que foi aquela em que a Europa recebeu a revelação do Novo Mundo e se abriu para o conhecimento etnográfico. Ele teria gostado de viver nessa época; não, vive nela em pensamento todos os dias. E porque, muito especialmente, os índios do Brasil, onde me iniciei no ofício, poderiam ter adotado como lema "eu manterei", seu estudo possui uma dupla qualidade, a de uma viagem a terras distantes e a – ainda mais misteriosa – de uma exploração do passado.

Mas, também por essa razão – e lembrando que a missão do Collège de France sempre foi a de ensinar a ciência que está sendo feita – sentimos aflorar certo pesar. Por que esta cadeira demorou tanto a ser criada? Como é possível que a etnografia não tenha tido o devido lugar quando ainda era jovem e os fatos conservavam sua riqueza e frescor? Gostamos de imaginar esta cadeira sendo criada em 1558, quando Jean de Léry, de volta do Brasil, redigia sua primeira obra[3] e eram publicadas *As singularidades da França Antártica*, de André Thevet.

A antropologia social teria hoje mais respeito e segurança, certamente, se tivesse recebido reconhecimento oficial no momento em que começava a delinear seus projetos. Contudo, se assim tivesse ocorrido, ela não seria o que é hoje, uma busca inquieta e fervorosa, que atormenta o investigador com questionamentos morais tanto quanto científicos. Talvez fosse da natureza de nossa ciência o surgir simultaneamente como esforço por compensar um atraso e meditação acerca de uma defasagem à qual seus traços fundamentais devem ser atribuídos.

Se a sociedade está na antropologia, a própria antropologia está na sociedade, pois a antropologia foi capaz de alargar progressivamente seu objeto de estudo, até abarcar a totalidade das sociedades humanas. Contudo, ela surgiu num período tardio da história destas, e num pequeno setor da terra habitada. Mais do que isso, as circunstâncias de seu aparecimento têm um sentido, que só se pode compreender devolvendo-as ao contexto de um desenvolvimento social e econômico particular. Pode-se então imaginar que vieram acompanhando uma crise de consciência, quase um remorso, de que a humanidade tenha podido permanecer alienada de si mesma por tanto tempo e, principalmente, de que a fração da humanidade que produziu a antropologia seja precisamente a mesma que fez de tantos outros homens objeto de execração e desprezo. Dizem alguns que nossa pesquisa é uma sequela do colonialismo. As duas coisas com certeza estão ligadas, mas nada seria mais equivocado do que tomar a antropologia como o último avatar do espírito colonial, uma ideologia vergonhosa, que lhe daria a chance de sobreviver.

O que chamamos de Renascimento foi, para o colonialismo e para a antropologia, um verdadeiro nascimento. Entre ambos, confrontados desde sua origem comum, travou-se durante quatro séculos um diálogo equívoco. Se o colonialismo não tivesse exis-

---

3. Jean de Léry relata ter iniciado a escrita sobre sua experiência na costa brasileira, entre março de 1557 e janeiro de 1558, ainda em terras americanas; por conta de extravios das duas primeiras versões, contudo, o livro só foi publicado vinte anos após a viagem, em 1578. *Ver* Léry [1578] 2009. [N.E.]

tido, o surgimento da antropologia teria sido menos tardio; mas talvez a antropologia não tivesse sido incitada – o que veio a ser seu papel – a colocar o homem inteiro em causa em cada um de seus exemplos particulares. Nossa ciência atingiu a maturidade no dia em que o homem ocidental começou a entender que jamais entenderia a si mesmo enquanto na face da terra uma raça, ou um só povo sequer, continuasse sendo tratado por ele como objeto. Somente então a antropologia pode se afirmar no que ela é: um esforço, renovando e expiando o Renascimento, de estender o humanismo à medida da humanidade.

Permitam-me pois, caros colegas, depois de ter prestado homenagem aos mestres da antropologia social no início desta aula, dirigir minhas últimas palavras aos selvagens, cuja obscura tenacidade nos permite ainda atribuir aos fatos humanos sua verdadeira dimensão. Homens e mulheres que, no momento em que vos falo, a milhares de quilômetros daqui, nalguma savana comida por queimadas ou numa floresta banhada de chuva, retornam ao acampamento para compartilhar o exíguo alimento e evocar juntos seus deuses. Esses índios dos trópicos e seus semelhantes que me ensinaram seu parco saber, o qual no entanto contém o essencial dos conhecimentos que fui incumbido por vocês de transmitir a outros; que em breve, lamentavelmente, estarão a caminho da extinção, sob o choque das doenças e dos modos de vida – para eles mais horríveis ainda – que levamos a eles. Para com quem contraí uma dívida da qual jamais serei liberado, mesmo que no lugar onde vocês me colocaram, eu pudesse fazer justiça à ternura que me inspiram e ao meu reconhecimento para com eles, continuando a me mostrar tal como fui entre eles e não gostaria de deixar de ser entre vocês: seu aprendiz, e testemunha.

II. JEAN-JACQUES ROUSSEAU, FUNDADOR DAS CIÊNCIAS DO HOMEM

O convite para esta celebração[1] não é, para um etnólogo, apenas uma enorme honra, pela qual agradeço pessoalmente: permite a uma jovem ciência dar testemunho do gênio de um homem cujos aspectos uma coorte já numerosa, incluindo a literatura, a poesia, a filosofia, a história, a moral, a ciência política, a pedagogia, a linguística, a música e a botânica, só para mencionar algumas, teria aparentemente bastado para glorificar. Pois, além disso, Rousseau não foi apenas um observador agudo da vida camponesa, um leitor apaixonado de livros de viagem, um analista avisado de costumes e crenças exóticos. Pode-se afirmar, sem temer contestação, que ele concebeu, desejou e anunciou a etnologia, que ainda não existia, um século antes de seu surgimento, situando-a imediatamente em seu lugar ao lado das ciências naturais e das ciências humanas já constituídas. E tinha até adivinhado como, em termos práticos – graças ao mecenato individual ou coletivo – ela daria seus primeiros passos.

Essa profecia, que é ao mesmo tempo um pleito e um programa, ocupa uma longa nota do *Discurso sobre a origem da desigualdade*, da qual peço licença para citar alguns excertos, nem que seja apenas para justificar a presença de minha disciplina na cerimônia de hoje.

---

1. Discurso proferido em Genebra, em 28 de junho de 1962, por ocasião da celebração do 250º aniversário de nascimento de Jean-Jacques Rousseau. O texto foi inicialmente incluído em *Jean-Jacques Rousseau*, publicado pela Universidade Operária e pela Faculdade de Letras da Universidade de Genebra, Neuchâtel, La Baconnière, 1962 (Lévi-Strauss 1962a).

Tenho dificuldade em entender, escrevia Rousseau, que, num século que se quer cheio de belos conhecimentos, não haja dois homens, [...] um que sacrifique 20 mil escudos de seus bens e o outro, dez anos de sua vida, a uma celebrada viagem ao redor do mundo, para estudar, não pedras ou plantas como sempre, mas uma vez os homens e os costumes, ao menos [...]

Mais adiante, ele exclamava:

A terra inteira está coberta de nações das quais apenas sabemos os nomes, e nos intrometemos a julgar o gênero humano! Suponhamos que homens do porte de um Montesquieu, de um Buffon, de um Diderot, de um D'Alembert, de um Condillac, viajando para instruir seus compatriotas, observando e descrevendo, como sabem fazer, a Turquia, o Egito, a Berbéria, o império do Marrocos, a Guiné, o país dos Cafres, o interior da África e suas costas orientais, as Malabares, o Mogol, as margens do Ganges, os reinos de Sião, de Pegu e de Ava, a China, a Tartária, e sobretudo o Japão: depois, no outro hemisfério, o México, o Peru, o Chile, as terras Magelânicas, sem esquecer os Patagãos, verdadeiros ou falsos, o Tucumã, o Paraguai, se possível o Brasil, e enfim o Caribe, a Flórida e todos os rincões selvagens, viagem a mais importante de todas e que seria preciso fazer com muito cuidado, suponhamos que esses novos Hércules, retornando dessas memoráveis perambulações, em seguida fizessem à vontade história natural, moral e política do que teriam visto, nós mesmos veríamos surgir de seus escritos um mundo novo e aprenderíamos assim a conhecer o nosso [...] (*Discurso sobre a origem da desigualdade*, nota 10).

É a etnologia contemporânea, seus programas e seus métodos, que vemos delinear-se aí, ao mesmo tempo que os nomes ilustres mencionados por Rousseau continuam sendo os mesmos que os etnógrafos de hoje têm como modelo, sem pretenderem igualá-los, mas convencidos de que somente se seguirem seus exemplos conseguirão fazer com que sua ciência seja merecedora do respeito que lhe foi por muito tempo negado.

Rousseau não apenas previu a etnologia, ele fundou-a. Primeiro em termos práticos, ao escrever esse *Discurso sobre a origem e os fundamentos da desigualdade entre os homens*, que coloca a questão das relações entre a natureza e a cultura, e que podemos considerar o primeiro tratado de etnologia geral. Em seguida, no plano teórico, ao distinguir com memorável clareza e concisão, o objeto próprio do etnógrafo, dos do moralista e do historiador: "Para estudar os homens, deve-se olhar perto de si; mas, para estudar o homem, é preciso aprender a dirigir o olhar para longe; é preciso primeiro observar as diferenças, para descobrir as propriedades" (*Ensaio sobre a origem das línguas*, cap. VIII).

Essa regra de método que Rousseau fixa para a etnologia, e que marca o seu surgimento, permite também superar o que poderia parecer, à primeira vista, um duplo paradoxo: que Rousseau tenha simultaneamente preconizado o estudo dos homens mais distantes, mas tenha-se dedicado principalmente ao estudo do homem particular, aparentemente mais próximo, isto é, ele mesmo; e que, em toda a sua obra, a vontade sistemática de identificação com o outro acompanhe uma recusa obstinada de identificação consigo mesmo. Pois essas duas aparentes contradições, que se resolvem numa única e recíproca implicação, têm de ser superadas, mais cedo ou mais tarde, na carreira de todo etnólogo. E a dívida da etnologia para com Rousseau aumenta na medida em que, não contente em ter situado com extrema precisão uma ciência ainda por surgir no quadro dos conhecimentos humanos, ele preparou para o etnólogo, com sua obra, pelo temperamento e caráter nela expressos, o reconforto fraterno de uma imagem na qual ele mesmo pode se reconhecer e que o auxilia a melhor entender a si mesmo, não como pura inteligência contemplativa, mas como agente involuntário de uma transformação que se opera através dele; e na medida que em Jean-Jacques Rousseau, a humanidade inteira aprende a sentir.

A cada vez que está em campo, o etnólogo se vê à mercê de um mundo em que tudo lhe é estranho, quando não hostil. Ele tem apenas o eu, a seu dispor, para permitir que sobreviva e faça sua pesquisa, mas um eu fisicamente e moralmente mortificado pelo cansaço, pela fome, o desconforto, a afronta a hábitos adquiridos, o surgimento de preconceitos de que ele nem suspeitava, e que descobre a si mesmo, nessa conjuntura estranha, tolhido e estropiado por todos os solavancos de uma história pessoal responsável pelo despertar de sua vocação e que, ainda por cima, afetará doravante seu curso. Assim, na experiência etnográfica, o observador se percebe como seu próprio instrumento de observação; torna-se evidente a necessidade, para ele, de aprender a se conhecer, de conseguir um *eu* que se revele como um *outro* para o *eu* que dele se vale, uma avaliação que irá se tornar parte integrante da observação de outros *eus*. Toda carreira etnográfica é movida por "confissões", escritas ou não reveladas.

Certamente, se podemos lançar luz sobre tal experiência a partir da de Rousseau, é porque seu temperamento, sua história particular, as circunstâncias colocaram-no espontaneamente numa situação cujo caráter etnográfico é claramente visível. Uma situação da qual ele logo tira consequências pessoais: "Ei-los pois", diz acerca de seus contemporâneos "estranhos, desconhecidos, enfim, um nada para mim, já que assim quiseram! Mas eu, desligado deles e de tudo, que sou eu mesmo? É o que me resta buscar" (*Devaneios de um caminhante solitário*, Primeira caminhada). Um etnógrafo poderia exclamar para si mesmo, parafraseando Rousseau, ao encontrar pela primeira vez os selvagens de sua predileção: "Ei-los pois: estranhos, desconhecidos, enfim, um nada para mim, já que *eu* assim quis! E eu, desligado deles e de tudo, que sou eu mesmo? É isso o que *preciso começar por* buscar".

Pois, para poder se aceitar nos outros, objetivo que o etnólogo atribui ao conhecimento do homem, é preciso antes recusar-se em si mesmo.

É a Rousseau que devemos a descoberta desse princípio, o único em que podem se fundar as ciências humanas, mas que permaneceria inacessível e incompreensível enquanto a filosofia, partindo do Cogito, seguisse prisioneira das pretensas provas do eu, sem poder almejar fundar uma física se não renunciasse a fundar uma sociologia, e mesmo uma biologia. Descartes crê passar diretamente da interioridade de um homem para a exterioridade do mundo, sem *ver* que entre esses dois extremos estão as sociedades, as civilizações, ou seja, mundos de homens. Rousseau, que com tanta eloquência fala de si mesmo na terceira pessoa (chegando inclusive, nos *Diálogos*, a desdobrá-la), antecipando assim a famosa fórmula "eu é um outro" (que a experiência etnográfica deve verificar, antes de proceder à demonstração que lhe cabe, de que o outro é um eu), afirma-se como grande inventor dessa objetivação radical, quando define seu objetivo. Este, indica ele na primeira caminhada, é "perceber as modificações de minha alma e suas sucessões"; e prossegue: "Farei comigo, em certo sentido, as operações que os físicos fazem com o ar para determinar seu estado, dia a dia". O que Rousseau expressa, portanto – verdade surpreendente, ainda que a psicologia e a etnologia a tenha tornado mais familiar –, é que existe um "ele" que se pensa em mim mesmo e que me faz duvidar de saída se sou eu mesmo quem pensa. Descartes achava que podia responder ao "que sei eu?" de Montaigne (de onde isso tudo veio) afirmando que sei quem eu sou, já que penso, ao que retorque Rousseau um "que sou eu?". Pergunta sem saída óbvia, na medida em que supõe que outra, mais essencial – "eu sou?" – tenha sido resolvida, quando a experiência íntima fornece apenas esse "ele" que Rousseau descobriu e tratou de explorar com lucidez.

Cumpre notar que nem mesmo a intenção conciliadora do Vigário saboia no consegue dissimular que, para Rousseau, a noção de identidade pessoal é obtida por inferência, e permanece marcada de ambiguidade: "Eu existo [...] essa é a primeira verdade que me atinge e com a qual *sou obrigado a aquiescer* [itálico nosso] [...] Tenho eu um sentimento próprio de minha existência, ou só a sinto por minhas sensações? Eis minha primeira dúvida, por enquanto impossível de resolver". Mas é no ensinamento propriamente antropológico de Rousseau – o do *Discurso sobre a origem da desigualdade* – que se descobre o fundamento da dúvida, que reside numa concepção do homem que põe o outro antes de si e numa concepção da humanidade que, antes dos homens, põe a vida.

Pois só é possível crer que com o surgimento da sociedade tenha-se produzido uma tripla passagem, da natureza à cultura, do sentimento ao conhecimento, da animalidade à humanidade – demonstração que constitui o objeto do *Discurso* –, atribuindo ao homem, já em sua condição primitiva, uma faculdade essencial que o impila a superar esses três obstáculos; que possua, por conseguinte, originária e imediatamente, atributos contraditórios, a não ser, justamente, nela; que seja ao mesmo tempo natural e cultural, afetiva e racional, animal e humana; e que, com a única condição de que se torne consciente, possa se converter de um plano para o outro.

Tal faculdade, Rousseau não se cansou de repetir, é a piedade, decorrente da identificação a um outrem que não um parente, um amigo ou um compatriota, mas a um homem qualquer porque é homem, ou bem mais que isso: a um ser vivente qualquer, porque vive. O homem começa, pois, por sentir-se idêntico a todos os seus semelhantes, e jamais esquecerá essa experiência primitiva, nem mesmo quando o crescimento demográfico (que, no pensamento antropológico de Rousseau, desempenha o papel de evento contingente, que poderia não ter ocorrido, mas que, temos de admitir, ocorreu, já que a sociedade existe) o tiver obrigado a diversificar seus modos de vida para se adaptar a diferentes ambientes para os quais o aumento da população irá obrigá-lo a se deslocar, e a saber distinguir a si mesmo, mas somente na medida em que um penoso aprendizado o tiver ensinado a distinguir os outros – os animais segundo a espécie, a humanidade e a animalidade, meu eu dos outros eus. A apreensão global dos homens e dos animais como seres sensíveis, em que consiste a identificação, precede a consciência das oposições, primeiro entre as propriedades comuns, e só depois entre humano e não humano.

É mesmo o fim do Cogito que Rousseau proclama, aventando essa solução audaciosa. Pois até então tratava-se, sobretudo, de não colocar o homem em questão, isto é, de garantir, com o humanismo, uma "transcendência redobrada". Rousseau pode permanecer teísta – era afinal o mínimo que exigiam sua educação e sua época, mas arruína definitivamente a tentativa, recolocando o homem em questão.

Se essa interpretação estiver correta, se, pelas vias da antropologia, Rousseau abala tanto quanto cremos a tradição filosófica, podemos compreender melhor a unidade profunda de uma obra de múltiplas formas e o lugar verdadeiramente essencial de preocupações para ele imperiosas, embora fossem à primeira vista alheias ao labor do filósofo e do escritor; quero dizer, a linguística, a música e a botânica.

Tal como Rousseau o descreve no *Ensaio sobre a origem das línguas*, o movimento da linguagem reproduz, a seu modo e em seu plano, o da humanidade. O primeiro estágio é o da identificação, aqui entre o sentido próprio e o sentido figurado; o nome verdadeiro se desprende progressivamente da metáfora, que confunde cada ser com os demais. Quanto à música, nenhuma forma de expressão parece mais apta a recusar a oposição cartesiana entre material e espiritual, alma e corpo. A música é um sistema abstrato de oposições e relações, alterações dos modos da extensão, cuja operação acarreta duas consequências: primeiro, a inversão da relação entre o eu e o outro, uma vez que, quando *ouço* música, eu *me escuto* através dela, e, por uma inversão da relação entre alma e corpo, a música *vive* em mim. "Cadeia de relações e combinações" (*Confissões*, livro XII), mas que a natureza nos apresenta encarnadas em "objetos sensíveis" (*Devaneios*, Sétima caminhada), é nesses termos que, finalmente, Rousseau define a botânica, confirmando que, por esse viés, aspira também atingir a união entre o sensível e o inteligível, porque ela constitui para o homem um estado primeiro, que acompanha o despertar da consciência; e que não deveria sobreviver-lhe, exceto em raras e preciosas ocasiões.

O pensamento de Rousseau brota portanto a partir de um duplo princípio, o da identificação a outrem e até ao mais "outrem" de todos os outrens, até um animal; e o da recusa da identificação a si mesmo, ou seja, a recusa de tudo o que pode tornar o eu "aceitável". Essas duas atitudes se completam, e a segunda inclusive funda a primeira: na verdade, eu não sou "eu", e sim o mais fraco, o mais humilde, dos "outros". É essa a descoberta das *Confissões*...

O que escreve o etnólogo senão confissões? Primeiro em seu próprio nome, como mostrei, pois é esse o móvel de sua vocação e de sua obra. E, nessa mesma obra, em nome da sociedade, que por intermédio do etnólogo seu emissário, escolhe outras sociedades, outras civilizações, e justamente aquelas que lhe parecem ser as mais fracas e humildes, mas para verificar a que ponto ela mesma é "inaceitável": forma de modo algum privilegiada, apenas uma dentre as sociedades "outras" que se sucederam ao longo dos milênios, ou cuja precária diversidade atesta ainda que, também em seu ser coletivo, o homem deve se reconhecer como um "ele" antes de ousar pretender ser um "eu".

A revolução rousseauísta, prefigurando e abrindo o caminho da revolução etnológica, consiste em recusar as identificações obrigatórias, sejam elas a de uma cultura à própria cultura, ou a de um indivíduo, membro de uma cultura, a um personagem ou função social que essa mesma cultura procura lhe impor. Em ambos os casos, a cultura ou o indivíduo reivindicam o direito a uma identificação livre, que só pode se realizar *além* do homem, com tudo o que vive e, portanto, sofre; e também *aquém* da função ou do personagem, com um ser ainda não modelado, mas dado. Então, o eu e o outro, alforriados de um antagonismo que só à filosofia interessa excitar, recuperam sua unidade. Uma aliança original renovada permite-lhes fundar juntos o *nós* contra o *ele*, isto é, uma sociedade inimiga do homem, e que o homem se sente ainda mais preparado para recusar na medida em que Rousseau, com seu exemplo, ensina-lhe como eludir as insuportáveis contradições da vida civilizada. Pois, se é verdade que a natureza expulsou o homem e que a sociedade persiste em oprimi-lo, o homem pode ao menos inverter os polos do dilema *e buscar a sociedade da natureza para aí meditar sobre a natureza da sociedade*. É essa, creio, a indissolúvel mensagem do *Contrato social*, das *Cartas sobre a botânica* e dos *Devaneios*.

Não se deve de modo algum *ver* nisso o resultado de uma vontade tímida, alegando a busca da sabedoria como pretexto para sua demissão. Os contemporâneos de Rousseau não se enganaram, menos ainda seus sucessores. Uns perceberam que esse pensamento altivo, essa existência solitária e ferida, irradiavam uma força subversiva cujo poder nenhuma sociedade tinha ainda sentido. Outros fizeram desse pensamento, e do exemplo dessa vida, alavancas capazes de sacudir a moral, o direito, a sociedade.

Mas é hoje, para nós que sentimos, como prenunciava Rousseau a seu leitor, "o pavor daqueles que terão a infelicidade de viver depois de ti" (*Discurso sobre a origem da desigualdade*), que seu pensamento adquire seu alcance máximo. Neste mundo, talvez mais cruel com o homem do que jamais foi, em que proliferam todos os métodos de extermínio, massacres e tortura, que certamente nunca deixaram de ser reconhecidos, mas que nos confortávamos em pensar que não contavam mais, simplesmente porque eram reservados a populações distantes que os sofriam, segundo se alegava, em nosso proveito e, em todo caso, em nosso nome; nos dias de hoje, aproximados por efeito de um povoamento mais denso, que encolhe o universo e não deixa nenhuma porção da humanidade ao abrigo de uma abjeta violência; nos dias de hoje, digo, o pensamento de Rousseau, que expõe as taras de um humanismo decididamente incapaz de fundar no homem o exercício da virtude, pode nos ajudar a rejeitar uma ilusão cujos funestos efeitos, infelizmente, podem ser medidos pela observação em nós mesmos e sobre nós mesmos. Não foi, afinal, o mito da dignidade exclusiva da natureza humana que fez a própria natureza sofrer a primeira mutilação, à qual viriam inevitavelmente seguir-se outras mutilações?

Começou-se por cortar o homem da natureza e constituí-lo como um reino supremo. Supunha-se apagar desse modo seu caráter mais irrecusável, qual seja, ele é primeiro um ser vivo. E permanecendo cegos a essa propriedade comum, deixou-se o campo livre para todos os abusos. Nunca antes do termo destes últimos quatro séculos de sua história, o homem ocidental percebeu tão bem que, ao arrogar-se o direito de separar radicalmente a humanidade da animalidade, concedendo a uma tudo o que tirava da outra, abria um ciclo maldito. E que a mesma fronteira, constantemente empurrada, serviria para separar homens de outros homens, e reivindicar em prol de minorias cada vez mais restritas o privilégio de um humanismo, corrompido de nascença por ter feito do amor-próprio seu princípio e noção.

Rousseau foi o único a se insurgir contra esse egoísmo. Só ele, que na nota ao *Discurso* que citei acima, preferia admitir que os grandes símios da África e da Ásia, canhestramente descritos por viajantes, fossem homens de alguma raça desconhecida a correr o risco de contestar a natureza humana a seres que a possuíssem. De fato, o primeiro erro era menos grave, já que o respeito por outrem tem unicamente um fundamento natural, imune à reflexão e aos seus sofismas porque anterior a ela, que Rousseau percebe, no homem, na "repugnância inata diante do sofrimento do semelhante" (*Discurso*), mas cuja descoberta obriga a *ver* um semelhante em todo ser passível de sofrimento e, por isso, portador de um título imprescritível à comiseração. Pois a única esperança, para cada um de nós, de não ser tratado como bicho por seus semelhantes é que todos os seus semelhantes, a começar por ele, sintam uns aos outros imediatamente como seres sofredores e cultivem, em seu foro interior, essa aptidão à piedade que, no estado de natureza, faz as vezes de "lei, maneiras e virtude", e sem o exercício da qual começamos a perceber que, no estado de sociedade, não pode haver nem lei, nem maneiras, nem virtude.

Longe de se oferecer ao homem como um refúgio nostálgico, a identificação com todas as formas de vida, a começar pelas mais humildes, propõe à humanidade de hoje, pela voz de Rousseau, o princípio de toda a sabedoria e de toda a ação coletivas. O único capaz, num mundo atulhado, em que vão-se tornando mais difíceis – e tão mais necessários! – os *respeitos* mútuos, de permitir que os homens vivam juntos e construam um futuro harmonioso. Talvez esse ensinamento já estivesse contido nas grandes religiões do Extremo Oriente; mas quem, a não ser Rousseau, veio dispensá-lo a nós, diante de uma tradição ocidental que, desde a Antiguidade, julgou que fosse possível jogar em dois tabuleiros e burlar a evidência de que o homem é um ser vivo e sofredor, igual a todos os outros, antes de se distinguir deles por critérios subordinados? "Sinto uma profunda aversão", escrevia ele na quarta carta a Malesherbes, "por Estados que dominam outros. Odeio os Grandes, odeio seu Estado." A declaração não se aplicaria, primeiramente, ao homem, que pretendeu dominar os demais seres e que pretendeu gozar de um estado separado, deixando assim o campo livre para que os menos dignos dentre os homens se arrogassem o mesmo privilégio em relação a outros homens, desviando em proveito próprio um raciocínio tão desmedido nessa forma particular quanto na forma geral? Numa sociedade refinada,[2] não pode haver desculpa para o único crime realmente imperdoável do homem, o de se achar superior, eterna ou temporariamente, e tratar homens como objetos – quer seja em nome da raça, da cultura, da conquista, da missão ou simplesmente de sua própria astúcia.

Sabe-se que houve na vida de Rousseau um minuto, um segundo talvez, que, embora muito tênue, se impôs, por sua significação, a todo o resto, a ponto de, no ocaso de seus dias, ter se tornado a sua maior obsessão, objeto de uma longa descrição em sua última obra e lembrança constantemente evocada em suas caminhadas. E o que foi esse instante, contudo, senão o simples recobrar da consciência após um desmaio que se seguiu a uma queda? Mas certamente o sentimento de existir é um "sentimento precioso" entre outros por ser tão raro, e tão contestável: "Parecia que eu preenchia com minha tênue existência todos os objetos que percebia [...] eu não tinha nenhuma noção da minha individualidade [...] sentia em todo o meu ser uma calma exultante que, sempre que dela me lembro, simplesmente incomparável aos efeitos de qualquer um dos prazeres conhecidos". Uma passagem da sétima caminhada ecoa esse célebre texto da segunda, e dá ainda sua razão: "Sinto êxtases, ímpetos indescritíveis de me fundir, por assim dizer, no sistema dos seres, de me identificar com a natureza inteira".

---

2. No original *policé*, termo sinônimo de *civilisé*, que designa refinamento das maneiras. [N.E.]

Essa identificação primitiva, que o estado de sociedade nega ao homem e que este, levado a esquecer sua virtude essencial, não consegue mais sentir, a não ser de modo fortuito e por força de circunstâncias derrisórias, nos dá acesso ao âmago da obra de Rousseau. Se a ela atribuímos um lugar à parte nas grandes produções do gênero humano, é porque seu autor não apenas descobriu na identificação o verdadeiro princípio das ciências humanas e o único fundamento possível da moral. Ele também nos devolveu seu ardor, depois de dois séculos ainda fervente nesse cadinho em que se unem seres que o amor-próprio dos políticos e dos filósofos insiste em incompatibilizar por toda parte: o eu e o outro, minha sociedade e as outras sociedades, a natureza e a cultura, o sensível e o racional, a humanidade e a vida.

[N.E.: A editora agradece ao Prof. Dr. Pedro Paulo Pimenta pela revisão cuidadosa dos textos citados de Rousseau]

III. O QUE A ETNOLOGIA DEVE A DURKHEIM

No momento em que escrevia *As regras*, Durkheim desconfiava da etnologia.[1] Opunha "as observações confusas e rápidas dos viajantes [aos] textos precisos da história" ([1895] 2003, 136); como fiel discípulo de Fustel de Coulanges, era com esta última que contava para dar à sociologia uma base experimental. O sociólogo, afirma ainda,

> deverá tomar por objeto principal de suas induções as sociedades cujas crenças, tradições, costumes e direito se materializaram em monumentos escritos e autênticos. Certamente, ele não desdenhará as informações da etnografia (não há fatos que possam ser desdenhados pelo cientista), mas irá colocá-las em seu verdadeiro lugar. Em vez de fazer delas o centro de gravidade de suas pesquisas, só as utilizará em geral como complemento daquelas que deve à história, ou pelo menos se esforçará por confirmá-las através destas últimas (id. ibid.).

1. *Annales de l'Université de Paris*, n. 1, 1960, pp. 45-50 (Lévi-Strauss 1960a). A celebração do centenário de nascimento de Émile Durkheim ocorreu com dois anos de atraso, em 30 de junho de 1960, no grande anfiteatro da Sorbonne, por iniciativa da Universidade de Paris. Não pude participar dela a não ser como espectador, uma vez que Georges Gurvitch, então professor na Sorbonne, vetou minha participação. Este texto me foi pedido pelo decano Georges Davy, para ser publicado na sequência dos que foram efetivamente proferidos. Renovo-lhe aqui meus agradecimentos, por ter-me assim permitido juntar minha homenagem àquelas feitas ao fundador da escola sociológica, à memória de quem eu tinha pouco antes, no próprio ano do centenário, dedicado meu livro, *Antropologia estrutural*.

Alguns anos depois, em 1899, Hubert e Mauss expressavam a mesma opinião: "É [...] impossível" – escreveram no *Ensaio sobre a natureza e a função do sacrifício*, publicado no tomo II da *Année Sociologique* – "demandar somente da etnografia o esquema das instituições primitivas. Geralmente truncados por uma observação apressada ou falseados pela precisão de nossas línguas, os fatos registrados pelos etnógrafos só adquirem valor quando cotejados com documentos mais precisos e completos" (Hubert & Mauss [1899] 2005: 14).

Fica evidente que algo mudou entre o período de formação, que cobre a última década do século XIX, e a adesão entusiasta à etnografia expressa na introdução às *Formas elementares da vida religiosa*, em 1912. Nesta, a observação dos fenômenos é definida como simultaneamente "histórica e etnográfica" – pela primeira vez, os dois métodos são igualados. Um pouco mais adiante, Durkheim proclama que "as observações dos etnógrafos foram com frequência verdadeiras revelações que renovaram o estudo das sociedades humanas". Quase invertendo as afirmações anteriores, afasta-se dos historiadores: "Assim, nada mais injusto que o desdém que muitos historiadores conservam ainda pelos trabalhos dos etnógrafos. É certo, ao contrário, que a etnografia determinou muitas vezes, nos diferentes ramos da sociologia, as mais fecundas revoluções" (Durkheim [1912] 2003: IX, XII).

A atitude de Durkheim e de seus colaboradores diante da etnografia mudou, portanto, entre 1892 e 1912. O que explica a conversão?

Sua causa principal reside, certamente, na flexão que a fundação da *Année Sociologique* provocou nos métodos de trabalho e nas leituras de Durkheim. A partir do momento em que resolveu, em nome de sua doutrina, julgar e comentar tudo o que se publicava em termos de literatura sociológica, não podia deixar de entrar em contato com os trabalhos dos etnógrafos ditos "de campo". Boas, Preuss, Wilken, Hill-Tout, Fison e Howitt, Swanton, Roth, Cushing, Hewitt, Strehlow, Spencer e Gillen etc. foram-lhe assim revelados; sua desconfiança inicial era inspirada por compilações ou teóricos como Wundt, Mannhardt, Hartland e Tylor. Em verdade, Durkheim não mudou de atitude para com a etnografia, já que a que tinha inicialmente criticado não era etnografia ou, pelo menos, não aquela à qual se associaria. O primeiro e maior serviço prestado por ele à teoria etnológica foi, talvez, o ter-lhe ensinado que, na falta dos fatos em si, só há reflexão válida a respeito das fontes, investigadas com o mesmo rigor, a mesma atenção escrupulosa, que um experimentador trabalhando com seus protocolos. Além das obras propriamente etnológicas – *A proibição do incesto*, o *Ensaio sobre algumas formas primitivas de classificação* – Durkheim deu à etnologia uma contribuição capital com suas resenhas, espalhadas ao longo da *Année Sociologique*. Estas demonstram tamanha lucidez na escolha das obras, o espírito que as inspira é tão moderno que gostaríamos, ainda hoje, de vê-las reunidas numa publicação.

Pois bem, quando chega às fontes, Durkheim faz uma descoberta, a de que a oposição inicialmente imaginada por ele entre história e etnografia é largamente ilusória, ou melhor, ele a tinha mal situado. Na verdade, ele criticara os teóricos da etnologia não por ignorarem a história, mas por inventarem eles mesmos um método histórico que não chegava aos pés do dos verdadeiros historiadores. Quanto a esse ponto, num momento decisivo da evolução da doutrina durkheimiana, Hubert e Mauss esclarecem o pensamento do mestre quando, no *Ensaio sobre o sacrifício*, eles começam a substituir a oposição entre história e etnografia por uma oposição subjacente entre duas concepções da história: de um lado, a dos historiadores, e, do outro, a que Radcliffe-Brown, sempre fiel à inspiração durkheimiana, qualificaria de "história conjectural" um quarto de século depois.

> O erro de R. Smith – escrevem Hubert e Mauss – foi sobretudo um erro de método. Em vez de analisar o sistema do ritual semítico em sua complexidade originária, ele se dedicou a agrupar genealogicamente os fatos conforme as relações de analogia que acreditava perceber entre eles. Aliás, esse é um traço comum aos antropólogos ingleses [...] nessa ordem de fatos qualquer pesquisa puramente histórica é vã. A antiguidade dos textos ou dos fatos relatados, a relativa barbárie dos povos e a aparente simplicidade dos ritos são indicadores cronológicos enganadores (Hubert & Mauss, [1899] 2005: 13-14).

A verdadeira oposição se encontra, portanto, entre duas maneiras de fazer história, a que se apoia em documentos diretos, "redigidos pelos próprios atores, em suas línguas" (ibid.: 14) ou em monumentos figurados, e a que praticavam, na época, quase todos os teóricos da etnologia – história ideológica, que consiste no ordenamento cronológico das observações de qualquer modo, contanto que seja satisfatório para o espírito.

Mas eis o ponto capital. Uma vez libertada de suas pretensões, a etnografia, reconduzida aos dados particulares da observação, revela sua verdadeira natureza. Pois se esses dados não são reflexos de uma falsa história, projeções dispersas no presente de "estágios" hipotéticos da evolução do espírito humano, se não são da ordem do evento, o que podem eles nos ensinar? Protegido por seu racionalismo da tentação (que devia ao menos seduzir Frazer em suas últimas obras) de *ver* neles delírio, Durkheim foi quase necessariamente levado à interpretação que avança na introdução às *Formas elementares*: "As civilizações primitivas constituem [...] casos privilegiados, por serem casos simples [...] as relações entre os fatos são também mais aparentes". Desse modo, elas nos fornecem "um meio de discernir as causas, sempre presentes, de que dependem as formas mais essenciais do pensamento e da prática religiosa" (Durkheim [1912] 2003: XII, XIII, XIV).

É bem verdade que hoje nos colocamos a questão – que não preocupava minimamente Durkheim – de saber se esse caráter privilegiado do conhecimento etnográfico decorre de propriedades do objeto ou se, antes, não se explica pela simplificação relativa que afeta todo modo de conhecimento que se dedica a um objeto muito distante. A verdade, aliás, estará a meio caminho entre as duas interpretações. A que escolheu Durkheim não é, portanto, incorreta, ainda que os argumentos por ele propostos não sejam os que utilizaríamos hoje em dia. Seja como for, com Durkheim o objetivo e os métodos da pesquisa etnográfica são radicalmente modificados. Ela pode, a partir de então, escapar da alternativa em que estava presa, entre meramente satisfazer uma curiosidade de antiquário – e ser avaliada conforme a estranheza de seus achados – ou ser chamada a ilustrar *a posteriori*, com exemplos escolhidos a dedo, hipóteses especulativas acerca da origem e da evolução da humanidade. O papel da etnografia deve ser definido em outros termos: de modo absoluto ou relativo, cada uma de suas observações possui valor de experiência e permite extrair verdades gerais.

Nada mais comovente ou mais convincente do que decifrar essa mensagem na obra de Radcliffe-Brown, a quem – ao mesmo tempo que Boas, Malinowski e Mauss – a etnologia deve o fato de ter conquistado a autonomia, na virada do primeiro quarto deste século. Embora inglês, e consequentemente herdeiro de uma tradição intelectual com a qual se confunde a própria história da etnologia, foi para a França, e para Durkheim, que o jovem Radcliffe-Brown se voltou quando começou a propor a etnologia, até então uma ciência histórica ou filosófica, como uma ciência experimental comparável às demais ciências naturais. Uma concepção que, como ele escrevia em 1923, "não é de modo algum nova. Durkheim e a grande escola da *Année Sociologique* têm-na defendido desde 1895" (apud Radcliffe-Brown 1958: 16).

E se, em 1931, ele indagava por que os novos métodos de trabalho de campo não tinham surgido na França, era porque "a França abriu a via para o desenvolvimento dos estudos teóricos em sociologia comparada" (id. ibid.: 69-70).

O paradoxo apontado por Radcliffe-Brown é mais aparente do que real. A primeira geração formada por Durkheim teria dado etnógrafos de campo, se não tivesse sido dizimada pela Primeira Guerra Mundial. A geração seguinte dedicou-se largamente à observação direta. E apesar de o próprio Durkheim nunca a ter praticado, *As formas elementares da vida religiosa* não pararam de fornecer inspiração teórica para os pesquisadores australianos. É porque ali, pela primeira vez, observações etnográficas, metodicamente analisadas e classificadas, deixavam de aparecer como um punhado de curiosidades ou aberrações, ou como vestígios do passado, e fazia-se o esforço de situá-las numa tipologia sistemática de crenças e condutas. A etnografia, que se mantinha postada à distância, foi assim trazida para o centro da cidade científica. Todos os que, desde então, contribuíram para mantê-la ali declararam expressamente ser durkheimianos.

IV. A OBRA DO BUREAU OF AMERICAN ETHNOLOGY E SUAS LIÇÕES

De todas as lembranças que guardo de minha vida nos Estados Unidos,[1] poucas deixaram-me uma impressão tão profunda quanto a descoberta fortuita, num dia de 1941, em Nova York, no começo da Broadway, de um sebo especializado na venda de publicações oficiais. Ali era possível comprar, por dois ou três dólares a peça, a maior parte dos relatórios anuais do Bureau of American Ethnology, num estado bastante gasto, devo dizer. Esse encontro me abalou, pois eu jamais imaginara que esses volumes sacrossantos, em que está depositado o essencial de nosso conhecimento a respeito dos índios americanos, fossem da mesma essência que os livros comuns que estão à venda. Em meu pensamento, eles pertenciam a um passado prestigioso, no qual se confundiam com as crenças e os costumes desaparecidos das sociedades que tinham estudado. E eis que de repente as culturas ameríndias, como que ressuscitadas, se me eram apresentadas, e quase tornadas tangíveis, graças ao contato físico que aqueles livros, escritos e publicados antes de sua extinção definitiva, restabeleciam entre o tempo deles e eu. Meus recursos, na época, eram mais do que modestos, e três dólares representavam o montante total do que eu podia gastar em alimentação durante o mesmo número de dias. Mas a soma ficava insignificante comparada às esplêndidas obras

[1]. Texto livremente traduzido do discurso proferido em inglês, a 17 de setembro de 1965, em Washington, por ocasião das cerimônias pelo segundo centenário do nascimento de James Smithson, fundador da Smithsonian Institution. Com a permissão de Simon and Schuster, Inc. (*Knowledge among Men*, © 1966, Lévi-Strauss 1966c).

ilustradas que permitia adquirir, como os *Pictographs* de Mallery (1893), o *Mountain Chant*, de Matthews (1887), os *Hopi Katcinas*, de Fewkes (1903), ou os tesouros de conhecimento que são *Zuni Indians*, de Stevenson (1904), *Tsimshian Mythology*, de Boas (1916), *Guiana Indians*, de Roth (1915, 1924), *Seneca Legends*, de Curtin e Hewitt (1918).

Foi assim que, volume após volume, e não sem me infligir algumas privações, consegui reconstituir uma série quase completa dos relatórios anuais, do volume 1 ao volume 48, que cobrem o período mais glorioso da vida do Bureau of American Ethnology. Mal podia imaginar que, alguns meses depois, eu seria chamado a Washington, por esse mesmo Bureau, para colaborar em outro grande projeto, os sete volumes do *Handbook of South American Indians*.

Os anos passaram, mas, apesar do tempo transcorrido e de minha participação temporária em seus trabalhos, a obra do Bureau of American Ethnology nada perdeu, para mim, de seu prestígio. Continuo sentindo por ela o respeito e a admiração compartilhados, aliás, por nossos colegas do mundo todo. Considerando que o ano que marca o segundo centenário do nascimento de James Smithson é justamente o mesmo em que o Bureau vai desaparecer (ainda que sua obra deva prosseguir sob uma nova denominação), parece ser esta uma ocasião propícia para homenagear simultaneamente a memória do fundador da Smithsonian Institution e o Bureau, que foi uma das grandes criações desse ilustre estabelecimento.

Fundado em 1879, o Bureau, em primeiro lugar, emancipou a etnologia da tutela da geografia e da geologia, sob cuja égide era até então colocada. Mas, sobretudo, soube tirar pleno proveito da conjuntura prodigiosa propiciada pela presença de dezenas de tribos indígenas a alguns dias, às vezes horas, de viagem das grandes cidades. E o fez de um modo que permitiu a um etnólogo contemporâneo escrever que "as descrições dos costumes e das culturas publicadas pelo Bureau são de uma solidez e de uma riqueza de observação que em nada fica a dever aos trabalhos etnológicos mais modernos" (Lienhardt 1964: 24). Devemos, consequentemente, ao Bureau por ter elevado a pesquisa a um nível que continuamos todos tendo como parâmetro, embora raramente consigamos atingi-lo.

Há mais ainda. Os quarenta e oito "grandes" *Relatórios* e alguns dos seguintes, as duas centenas de *Bulletins* e as *Miscellaneous*

Publications congregam uma massa tão fantástica de textos indígenas e de observações de campo que quase um século depois ainda mal começamos a explorá-la. Diante disso, como explicar que esses documentos de valor inestimável sejam atualmente deixados de lado? Aproxima-se o dia em que a última das culturas que chamamos de primitivas terá desaparecido da superfície da terra, quando perceberemos, mas tarde demais, que o conhecimento do homem está privado de suas bases experimentais. Como ocorreu com o passado de nossa própria civilização, então inúmeros pesquisadores, durante séculos, irão dedicar-se a examinar, analisar e comentar as publicações do Bureau of American Ethnology, que conseguiram preservar das culturas ameríndias muito mais do que o que dispomos acerca de qualquer outra civilização desaparecida, sem contar a quantidade de manuscritos inéditos que o Bureau se encarrega de conservar. Se um dia conseguirmos alargar nosso humanismo tacanho, para incluir nele todas as formas de expressão de que a natureza humana é ou foi capaz – única esperança de um futuro menos sombrio para a humanidade – será graças a empreendimentos tais como o do Bureau of American Ethnology. Mas longe de mim a ideia de que sua obra pertença ao passado; com o Office of Anthropology, que herda as funções e prerrogativas do Bureau, devemos, ao contrário, todos unidos num esforço conjunto, nos inspirar nos grandes sucessos deste para nos lançarmos às tarefas seguintes.

Está na moda, em certos meios, falar de modo condescendente da antropologia, como uma ciência em declínio, porque os povos ditos primitivos, que são o que ela tradicionalmente estuda, estão em via de desaparecimento acelerado. Diz-se que, para sobreviver, a antropologia deveria renunciar à ciência fundamental e tornar-se uma ciência aplicada, que se dedicaria então aos problemas dos países ditos subdesenvolvidos, bem como aos que são colocados pelos aspectos patológicos da vida de nossas próprias sociedades. Sem negar o interesse desses novos tipos de pesquisa, parece-me, ao contrário, que muito resta e restará por longo tempo a ser feito na linha tradicional. Pois é justamente porque os povos ditos primitivos estão ameaçados de extinção num prazo relativamente curto que seu estudo deve receber prioridade absoluta.

Ora, não é tarde demais para continuar nessa via. Já em 1908, em sua aula inaugural na universidade de Liverpool, Frazer anunciava que a antropologia clássica estava chegando ao fim. E o que se constata desde então? Duas grandes guerras e o desenvolvimento científico que as acompanhou sacudiram o mundo, causando a destruição física ou moral de numerosas culturas exóticas. Mas esses desastres não tiveram consequências de um único tipo. Obrigando Malinowski a compartilhar a vida dos indígenas das ilhas Trobriand por mais tempo e de modo mais íntimo do que o previsto, a primeira guerra mundial contribuiu indiretamente para fazer a antropologia entrar numa nova era. Outra consequência, tão indireta quanto essa, foi a de abrir para a pesquisa antropológica esse novo mundo que é o interior da Nova Guiné, com uma população da ordem de 600 a 800 mil almas, cujas instituições colocam para os antropólogos novos problemas, obrigando-os a reconsiderar suas visões teóricas que consideravam as mais assentes. Do mesmo modo, a transferência da capital federal para o coração do Brasil, a construção de rodovias e pistas de pouso nas regiões mais recuadas do país revelaram a existência de pequenas tribos isoladas mesmo onde se acreditava que não houvesse nenhuma vida indígena.

Trata-se certamente das derradeiras ocasiões e, mais importante, elas não devem de modo algum contrabalançar os sentimentos de horror e indignação que provoca a extinção, direta ou indiretamente provocada por tais acontecimentos, dos povos ditos primitivos no mundo inteiro. Eram 250 mil no início do século XIX, hoje são 40 mil indígenas sobreviventes na Austrália, a grande maioria, se não a totalidade, sofrendo de fome e acometida por doenças, ameaçada até em seus desertos pela mineração, pelos polígonos de testes atômicos e pelos campos de lançamento de foguetes. Entre 1900 e 1950, mais de noventa tribos foram riscadas do mapa do Brasil. Menos de trinta vivem ainda, precariamente, num relativo isolamento; durante o mesmo período, quinze línguas sul-americanas se extinguiram. Poderíamos multiplicar os exemplos.

Apesar disso, a antropologia não deve se deixar desanimar. É verdade que a matéria de nossos estudos míngua, mas sabemos aproveitá-la melhor, graças a conhecimentos ampliados em relação aos de nossos antecessores, a uma reflexão teórica que se beneficia das lições do passado e a técnicas de observação mais finas. Temos cada vez menos para estudar, mas o estudo desse resto levará mais tempo e dará resultados mais ricos do que o que ocorreu no passado. Aprendemos a buscar e reconhecer esses "nichos" culturais em que os saberes tradicionais se refugiam e encontram abrigo temporário contra os golpes da civilização industrial: língua, parentesco, etnobotânica, etnozoologia etc.

De todo modo, o futuro da antropologia está hoje ameaçado pelo desaparecimento físico das últimas sociedades que permaneceram fiéis a seu modo de vida tradicional até o fim. Mas outro gênero de evolução, que se observa em partes do mundo como a Ásia, a África e a América andina, que até agora pertenciam ao seu campo de estudo, constitui para ela uma ameaça talvez ainda mais imediata. Trata-se de regiões com grande densidade populacional, nas quais esses números, em vez de diminuir, tendem a aumentar. A ameaça que representam para nossos estudos é portanto de outra ordem, qualitativa mais do que quantitativa: essas grandes populações se transformam em ritmo acelerado e sua cultura se aproxima da cultura do mundo ocidental, escapando assim de nossa alçada. Não é só isso: esses povos toleram cada vez menos ser submetidos à investigação etnográfica, como se desconfiassem, estudando o modo como seus costumes e crenças diferem dos nossos, de que queremos dar valor positivo a essas diferenças, frear sua evolução e congelá-los no estado atual.

A situação da antropologia contemporânea se apresenta, assim, algo paradoxal. Um profundo sentimento de respeito para com as culturas mais diferentes da nossa lhe tinha inspirado a doutrina dita do relativismo cultural. E eis que ela é denunciada veementemente pelos próprios povos em respeito aos quais acreditávamos tê-la formulado. E mais, esses povos adotam as teses do velho evolucionismo unilinear, como se para participar mais depressa dos benefícios da industrialização eles preferissem considerar a si mesmos como provisoriamente atrasados mais do que permanentemente diferentes.

Isso explica a desconfiança em relação à antropologia tradicional que se observa em certos países da África e da Ásia. Economistas e sociólogos são neles recebidos de braços abertos, mas os etnólogos mal são tolerados, quando não são simplesmente postos para fora. Perguntam-se para que perpetuar, ainda que seja apenas por pô-los por escrito, velhos usos e costumes que de todo modo estão condenados. Quanto menos prestarmos atenção a eles, mais depressa desaparecerão. E mesmo que não viessem a desaparecer, melhor não falar deles, para que ninguém de fora perceba que a cultura local não está tão completamente sincronizada com a civilização moderna quanto alguns de seus membros gostariam de crer ou de fazer crer. Nós mesmos não cedemos, em certos períodos de nossa história, às mesmas ilusões, e tivemos mais tarde de multiplicar os esforços para reatar com um passado cujas raízes tínhamos querido cortar? Esperemos que pelo menos essa lição, aprendida a duras penas, seja aproveitada por outros: salvaguardar o próprio passado é uma responsabilidade de cada povo, não apenas para consigo mesmo, mas para com toda a humanidade. Ninguém deve deixá-lo morrer antes de ter tomado plena consciência de sua originalidade e valor, e antes de ter-lhe fixado a memória. Isso é verdade de modo geral, mas mais ainda no caso desses povos que se encontram na situação privilegiada de viver ainda no seu passado no exato instante em que se delineia para eles um futuro diferente.

Para tornar a antropologia mais tolerável para suas vítimas, foi proposta algumas vezes a inversão de papéis: nós nos deixaríamos "etnografar" – por assim dizer – justamente por aqueles de quem tínhamos apenas sido etnógrafos, alternaríamos no melhor papel. E como ninguém o teria o tempo todo, ninguém mais teria razão para se sentir em posição de inferioridade. Nós mesmos ganharíamos com isso o benefício complementar de aprendermos a melhor nos conhecer através do olhar de outrem, e essa reciprocidade de perspectivas seria proveitosa para toda a ciência.

Por bem-intencionada que seja, essa solução parece ingênua e difícil de pôr em prática de modo sistemático. Pois o problema a que somos confrontados não é nem tão simples nem tão superficial como o que crianças briguentas, ainda não habituadas a brincar juntas, sabem resolver aplicando a regra elementar: "Você me empresta a sua boneca e eu lhe empresto a minha". Trata-se de algo completamente diferente no caso de povos que alienam uns dos outros não apenas a aparência física e modos de vida de cada qual, mas sobretudo a desigualdade que marca suas relações.

Ainda que aspire a tal posição, a antropologia jamais conseguirá ser uma ciência tão desinteressada quanto a astronomia, cuja própria existência está relacionada ao fato de contemplar de longe seus objetos. A antropologia nasceu de um devir histórico no decorrer do qual a maior parte da humanidade foi sujeitada por outra parte, quando milhões de vítimas inocentes viram seus recursos pilhados, suas crenças e instituições destruídas, antes de serem elas mesmas barbaramente massacradas, reduzidas à servidão ou contaminadas por doenças contra as quais seus organismos não tinham defesas. A antropologia é filha de uma era de violência; e, se veio a ser capaz de uma visão mais objetiva do que se tinha antes dos fenômenos humanos, deve tal vantagem epistemológica a uma situação concreta em que parte da humanidade arrogou-se o direito de tratar a outra como objeto.

Tal conjuntura não será rapidamente esquecida e não podemos agir como se nunca tivesse existido. Não é em razão de suas capacidades intelectuais específicas que o mundo ocidental deu origem à antropologia, mas porque culturas exóticas, que tratávamos como meras coisas, podiam consequentemente ser estudadas como coisas. Não nos afetavam, mas não podemos fazer como se hoje nós mesmos não as afetássemos, e do modo mais direto possível. Entre nossa atitude para com elas e a atitude delas para conosco não há, e não pode haver, paridade.

Resulta daí o seguinte. Para que as culturas ainda ontem chamadas de indígenas possam *ver* na antropologia uma investigação legítima e não uma sequela da era colonial ou da dominação econômica que a prolonga, não bastará que os jogadores troquem de campo enquanto o jogo antropológico continua o mesmo. A antropologia como um todo terá de se transformar profundamente se quiser prosseguir sua obra nas culturas cujo estudo foi sua razão de ser, porque a história destas permanecia inacessível na ausência de documentos escritos.

Em vez de rodear essa lacuna, como no passado, com o auxílio de métodos especiais de investigação, o problema agora será preenchê-la. Praticada pelos próprios membros da cultura que se propõe a estudar, a antropologia abandona suas características distintivas e se aproxima da arqueologia, da história e da filologia. Pois a antropologia é a ciência da cultura vista de fora, e povos que atingem a independência e tomam consciência de sua originalidade podem normalmente invocar o direito de estudarem eles mesmos suas culturas, isto é, de dentro. Num mundo que também passa por grandes transformações, a antropologia só sobreviverá se concordar em morrer para renascer sob outro aspecto.

Atualmente, a antropologia se vê, portanto, diante de tarefas que podem parecer contraditórias, mas que só o seriam se precisassem ser enfrentadas juntas por toda parte. Onde as culturas indígenas tendem a desaparecer fisicamente, embora permaneçam intactas no plano moral ou pelo menos em parte, a pesquisa antropológica prosseguirá segundo os moldes tradicionais; e, diante da urgência, não lhe serão regateados os meios para fazê-lo. Em compensação, onde as populações são grandes, ou até crescem, enquanto suas culturas se infletem rapidamente para a nossa, a antropologia, gradativamente assumida por especialistas locais, deverá adotar metas e métodos comparáveis aos que têm sido comprovados, desde o Renascimento, no estudo de nossa própria cultura, tal como o temos praticado.

Ora, desde os primórdios, o Bureau of American Ethnology teve de enfrentar essa dupla necessidade, em razão da condição particular dos índios norte-americanos, distantes pela cultura mas geograficamente próximos, e movidos por uma poderosa vontade de viver, apesar de todas as provações que lhes foram infligidas. Enquanto desenvolvia suas próprias pesquisas, o Bureau encorajava indígenas a se tornarem seus próprios linguistas, filólogos e historiadores. Os tesouros culturais da África, da Ásia e da Oceania só serão salvos se, seguindo esse exemplo, conseguirmos despertar dezenas de vocações (que por sua vez despertem centenas) entre homens do calibre de Francis La Flesche (filho de um chefe omaha), James Murie (skidi pawnee), George Hunt (kwakiutl), entre outros, dos quais alguns – como La Flesche e Murie – fizeram parte dos quadros do Bureau. Não há melhor modo de homenagear a maturidade e a visão de futuro desse punhado de homens e mulheres que foram capazes de lançar as bases dos estudos americanistas do que trabalhar para espalhar seu exemplo pelo resto do mundo.

Isso não quer dizer que devamos nos contentar em acrescentar, indefinidamente, novos documentos do mesmo tipo daqueles que já temos. Há tanto ainda para ser salvo e essa é uma tarefa tão urgente que poderíamos nos deixar absorver por ela, sem perceber o quanto nossa ciência evolui – a antropologia se transforma qualitativamente ao mesmo tempo que, do ponto de vista quantitativo, cresce a massa do material acumulado por ela. Essa evolução nos faz crer no futuro de nossos estudos. Novos problemas surgiram, aos quais não se deu nenhuma atenção até agora, embora seja preciso resolvê-los, tais como o rendimento desigualmente elástico das colheitas tropicais e, em relação a cada uma delas, a relação entre a quantidade de trabalho exigida e o rendimento. Pois de fato não poderíamos compreender a importância social e religiosa que tem o cultivo do inhame de uma ponta à outra da Melanésia, sem levar em conta a excepcional elasticidade do rendimento: o agricultor, que sempre corre o risco de colher menos do que precisa, deve plantar muito mais, para ter uma chance razoável de ter o suficiente. Em compensação, uma colheita abundante pode ultrapassar as previsões a tal ponto que é impossível consumi-la inteiramente; ela fica disponível para outros fins, como exibições de prestígio e trocas cerimoniais. Nesse caso, como em muitos outros, os fenômenos observados ganham um significado mais rico, por serem simultaneamente traduzidos nos termos de códigos mais numerosos e diversificados do que aquele ou aqueles com que outrora tínhamos de nos contentar.

Desse modo, toda uma rede de equivalências emerge entre as verdades às quais só a antropologia pode pretender e aquelas que atingem outras disciplinas, que trilharam caminhos paralelos ao seu: não apenas a ciência econômica, a que acabo de me referir, mas também a biologia, a demografia, a sociologia, a psicologia, a lógica formal... Pois é no decorrer desses confrontos e ajustes recíprocos que a originalidade de nossas pesquisas será mais realçada.

Debateu-se muito, recentemente, para saber se a antropologia pertence mais às humanidades ou às ciências naturais. Falsa questão, parece-me. Pois o próprio da antropologia é ser avessa a essa distinção. Ela opera com a mesma matéria que a história, mas como falta-lhe a perspectiva temporal, não pode utilizar os mesmos métodos. Seus métodos se aproximam, por isso, dos de ciências também orientadas para a sincronia, mas que não necessariamente estudam o homem. Como em toda proposta que se quer científica, tais métodos tendem a descobrir propriedades invariantes por detrás da particularidade e da diversidade aparentes dos fenômenos observáveis.

Alguém poderá dizer que esse objetivo desvia a antropologia de uma perspectiva humanista e histórica. Bem ao contrário. Dentre todos os ramos de nossa disciplina, a antropologia física tem mais afinidade com as ciências naturais; é significativo, portanto, que ao aperfeiçoar seus métodos e suas técnicas ela tenha-se aproximado – e não se afastado – de uma perspectiva humanista.

Para a antropologia física, a busca de características invariantes se reduzia tradicionalmente à dos fatores desprovidos de qualquer valor adaptativo. De fato, eram os únicos cuja presença ou ausência podiam nos ensinar algo a respeito das fronteiras raciais que, segundo o que se acreditava naquele momento, dividem a humanidade. Ora, nossos colegas parecem estar cada vez menos seguros da existência de tais fatores. O gene da anemia falciforme, que foi por muito tempo considerado um deles, não pode mais sê--lo na medida em que, conforme se admite atualmente de modo geral, ele confere relativa imunidade a uma forma perniciosa de malária. Ora, Livingstone (1958) demonstrou brilhantemente que renunciando a um grande trunfo no plano de uma história conjectural de longo prazo, a antropologia física ganhou outro no plano da história concreta e de curto prazo, a mesma praticada pelos historiadores. Pois é justamente porque o gene da anemia falciforme possui valor adaptativo que o mapa de sua distribuição pela África permite ler a história da África, por assim dizer, em processo, e determinar uma série de correlações entre esse mapa genético e mapas de distribuição das línguas ou outros traços culturais. O que podemos concluir desse exemplo? Que propriedades invariantes, ocultas sob o nível superficial em que se supôs encontrá-las, ressurgem num nível mais profundo, e dotado de maior rendimento funcional, de modo que, longe de perderem nesse processo seu valor de informação, ganham em valor de significação.

Por toda parte, em todo o campo da antropologia, ocorrem atualmente evoluções do mesmo tipo. Foster (1959) deu recentemente novo alento a uma questão que todos julgavam esgotada – a da origem do torno de olaria – mostrando que essa invenção não se reduz nem a um novo procedimento mecânico nem a um engenho material particular que se possa descrever objetivamente e de fora. Trata-se, antes, de um esquema dinâmico ou de um princípio, capaz de gerar um grande número de dispositivos diferentes, alguns mais rudimentares, outros mais refinados do que outros. Num plano completamente diferente, o dos estudos de parentesco, eu mesmo procurei mostrar que não se deve descrever os sistemas em função de suas características externas, como o número de termos que utilizam ou o modo como os classificam, para confundir, ou distinguir, todas as relações possíveis entre os indivíduos. Fazendo isso, só conseguiríamos chegar a uma enumeração árida de tipos e subtipos, sem nenhum valor explicativo. Deve-se antes buscar saber de que modo esses sistemas agem para instituir determinadas formas de solidariedade no interior do grupo social; percebe-se, então, que a multiplicidade aparente dos sistemas recobre um pequeno número de princípios essenciais e carregados de significação.

Também no campo da religião e da mitologia deve ser feito um esforço, para ir além das características externas, que só se pode descrever, e que cada pesquisador classifica segundo sua vontade em função de ideias preconcebidas. Por trás da desconcertante diversidade de inúmeros motivos mitológicos, chega-se então a alguns poucos esquemas a que eles podem ser reduzidos e cujo valor operatório aparece claramente, à diferença do que acontecia com os primeiros. Ao mesmo tempo, o estudo de cada cultura permite extrair um conjunto de regras graças às quais mitos que poderiam parecer totalmente diferentes uns dos outros tomam seus lugares no mesmo grupo de transformação.

Esses poucos exemplos, a que poderíamos acrescentar muitos outros, demonstram que os problemas tradicionais da antropologia ganham novas formas, mas nenhum deles pode ser considerado resolvido. No conjunto das ciências humanas, a antropologia sempre teve como característica distintiva investigar o homem para além dos limites que os homens, em cada período da história, atribuíam à humanidade. Para a Antiguidade e a Idade Média, esse ponto era próximo demais para possibilitar a antropologia, pois cada cultura ou sociedade o situava na própria porta, excluindo seus vizinhos imediatos. E em menos de um século, quando a última cultura indígena autêntica tiver desaparecido da superfície da terra, e nós só dialogarmos com o computador, esse ponto ficará tão distante que é duvidoso que pesquisas mereçam ainda o nome de antropologia, por mais que se queiram fiéis à inspiração primeira. Entre esses dois pontos extremos situa-se a única chance que o homem teve ou jamais terá de considerar a si mesmo nas formas concretas de sua existência histórica, e resolver os problemas que elas lhe colocam e que ele coloca a si mesmo, na certeza de que esses problemas podem ser resolvidos, pois que já sabemos que as diferenças superficiais entre os homens recobrem uma unidade profunda.

Imaginemos que os astrônomos nos avisem de que um planeta desconhecido se aproxima da terra e que permanecerá perto de nós por uns vinte ou trinta anos, e depois partirá para sempre. Ninguém pouparia esforços ou fundos para construir telescópios e satélites especialmente destinados a essa grande ocasião. Não deveríamos ter o mesmo empenho quando metade da humanidade, que ainda ontem nós recusávamos a reconhecer como tal, se encontra tão perto da outra metade e que, não fosse pela insuficiência no número de investigadores (que temos de desencorajar atualmente) e pela falta de fundos, seu estudo só é dificultado pelo pouco tempo? Se encarássemos assim o futuro da antropologia, nenhuma pesquisa poderia parecer mais importante e urgente. Pois as culturas indígenas se desintegram mais depressa do que corpos radioativos e a Lua, Marte e Vênus continuarão à mesma distância da Terra quando esse espelho que outras civilizações nos oferecem tiver se afastado tanto de nossos olhos que nenhum instrumento que se possa inventar, por mais complexo e caro que seja, poderá nos permitir examinar, nem mesmo ver, essa imagem de nós mesmos, temporariamente oferecida a nossos olhos e que terá sumido para sempre.

V. RELIGIÕES COMPARADAS DOS POVOS SEM ESCRITA

1888	20 de outubro	Criação de um curso livre intitulado *Religiões dos povos não civilizados*, a cargo de Léon Marillier.
1890	13 de março	Transformação desse curso livre em disciplina, a cargo de Léon Marillier, professor responsável, com o mesmo título, *Religiões dos povos não civilizados*.
1901	15 de outubro	Falecimento de Léon Marillier.
	5 de dezembro	Marcel Mauss é nomeado professor responsável no lugar de Marillier.
1907	20 de agosto	Marcel Mauss é nomeado diretor adjunto.
1940	31 de outubro	Aposentadoria de Marcel Mauss, professor orientador.
1941	22 de março	Maurice Leenhardt é nomeado professor orientador, no lugar de Marcel Mauss.
1950	30 de setembro	Aposentadoria de Leenhardt.
1951	25 de janeiro	Claude Lévi-Strauss é nomeado professor orientador, no lugar de Leenhardt.
1954	9 de fevereiro	A disciplina passa a ter o título atual.

O fato de eu ter me sentido compelido a modificar o título desta cadeira logo após ter sido convidado a ocupá-la não implica desrespeito ou infidelidade para com a memória de ilustres predecessores: Léon Marillier, Marcel Mauss, Maurice Leenhardt.[1] Contudo, por um sinal dos tempos ao qual eu não podia permanecer insensível, o fato é que desde meu primeiro ano de docência minhas exposições, bem como as de pesquisadores recém-chegados de uma missão, inspiravam observações, comentários ou críticas por parte de ouvintes de além-mar, preocupados em declarar que eles mesmos pertenciam à população de que havíamos falado, e que não concordavam com uma ou outra interpretação.

Diante disso, teria sido paradoxal cultivar uma colaboração tão preciosa à sombra de um título que atribuía as religiões que estudávamos a "povos não civilizados", ainda que o qualificativo não tivesse a menor importância há cinquenta anos, visto que nenhum dos interessados estava ali para dar a ele um tom pejorativo, com ou sem razão, ou simplesmente para defender que não se deve definir uma cultura, qualquer que seja, por algo que julgamos faltar-lhe, mas antes por aquilo que nela reconhecemos como merecedor da atenção que lhe damos. É verdade que o novo título, que se refere aos povos sem escrita, também apresenta um caráter privativo. Porém, além de se tratar de uma constatação de fato, que não supõe nenhum julgamento de valor, parece-nos que a ausência de escrita nas sociedades que estudamos – e que é inclusive um dos temas essenciais de nossa reflexão – exerce sobre tradições que têm de permanecer orais uma espécie de influência reguladora. Tais tradições se prestam melhor do que as nossas, cuja transformação é acelerada pela massa cada vez maior de saber acumulado nos livros, a uma pesquisa experimental, que requer relativa estabilidade de seu objeto.

Uma docência de dezoito anos pode ser considerada como já tendo história. Olhando retrospectivamente para o meu, distingo três fases, de duração praticamente igual. Durante a primeira, um curso dedicado ao tema anunciado no cartaz ocupou uma das duas horas semanais; a outra era reservada, desde o início, para

---

1. *Problèmes et méthodes d'histoire des religions. Mélanges publiés par la section des sciences religieuses à l'occasion du centenaire de l'École Pratique des Hautes Études.* Paris: PUF, 1968, pp. 1-7 (Lévi-Strauss 1968b).

seminários, geralmente na forma de apresentações feitas por colaboradores, alunos ou convidados, seguidas de debate. Esses cursos permitiram elaborar progressivamente – e testar, por assim dizer, numa audiência benévola – os princípios e os métodos de análise a que vários livros publicados depois têm submetido representações míticas e práticas religiosas. A segunda fase marcaria a evolução do curso em direção ao formato de um verdadeiro seminário, e também a uma ampliação, permitindo incluir questões aparentemente marginais. Mas a importância crescente que se reconhece à etnologia entre as ciências do homem a proíbe de se desinteressar de questões atuais como as modernas técnicas de documentação que se tornam indispensáveis, também para ela, ou os posicionamentos da filosofia contemporânea diante dela. Assim, os anos 1959-62 foram largamente dedicados à discussão acerca do emprego de códigos analíticos, cartões perfurados e calculadoras em nossas disciplinas, e também das relações entre etnologia e filosofia, à luz de obras recentes. Não se pode esquecer a importância capital que tiveram naquele momento jovens e brilhantes pesquisadores, como Jean-Claude Gardin, que fundaria pouco depois, e dirigiria, a Seção de Automação Documental do CNRS,[2] e o saudoso Lucien Sebag, cujo trágico desaparecimento não apagará tão cedo a lembrança das promessas que trazia em si. Minha nomeação para o Collège de France em 1959 levou-me, finalmente, a concentrar a matéria de ensino propriamente dita nos cursos, e reservar as sessões da École para os seminários, geralmente na forma de relatos de pesquisa de campo por parte de pesquisadores do Laboratório de Antropologia Social (fundado em 1960) ou de instituições semelhantes. Desde o início desta terceira fase, por volta de 1962, tomamos a decisão de reduzir o número de ouvintes, de modo que nossa reunião semanal pudesse ser o local de encontro de uma equipe, permitindo que seus membros, já unidos por outros laços, mantenham-se informados a respeito dos respectivos trabalhos e comparem seus resultados. É evidente que tal colaboração supõe uma certa unidade de perspectiva que, por sinal, não exclui a mais plena independência doutrinária. A unidade resulta do fato de que, quer seja para inspirar-

---

2. Conseil National de Recherche Scientifique [Conselho Nacional de Pesquisa Científica], França. [N.T.]

-se nelas ou para combatê-las, os participantes concordam em tomar como ponto de referência as ideias que tenho desenvolvido nos cursos do Collège e nos debates, frequentemente acalorados, que ocupam a última parte de cada seminário. Cabe, portanto, resumir os temas.

Minhas primeiras pesquisas no Brasil tinham-me levado a recusar a noção de "primitivo". Mas, se as sociedades que o etnógrafo observa não são mais "primitivas" do que as demais, e se, portanto, seu estudo não permite conhecer estágios arcaicos do desenvolvimento da humanidade, para que serve estudá-las? Não, com certeza, para revelar o primitivo por detrás do civilizado. Mas justamente na medida em que essas sociedades oferecem ao homem uma imagem de sua vida social, em escala reduzida, de um lado (devido às pequenas populações), e, do outro, em equilíbrio (devido ao que poderíamos chamar de sua entropia, resultante da ausência de classes sociais e de um verdadeiro, ainda que ilusório, repúdio à história por parte dessas mesmas sociedades), elas constituem casos privilegiados: no campo dos fatos sociais, permitem perceber o modelo por detrás da realidade ou, mais precisamente, de construir o modelo com o menor esforço, *a partir* da realidade.

Contudo, esse caráter de caso privilegiado resulta menos de propriedades inerentes às sociedades ditas primitivas do que da situação particular em que nos encontramos diante delas. São as sociedades que apresentam os afastamentos mais consideráveis em relação à do observador. O etnólogo se encontra, portanto, *vis-à-vis* as outras ciências humanas, numa posição bastante semelhante à do astrônomo nas ciências físicas e naturais. A astronomia ficou limitada, durante muito tempo, a um conhecimento grosseiro e superficial, em razão do afastamento dos corpos celestes, de sua ordem de grandeza incomensurável com a do observador, e da imperfeição de seus meios de observação. Não terá sido por acaso que ela descortinou o campo em que as ciências exatas dariam seus primeiros passos.

Analogamente, os obstáculos que o conhecimento etnológico enfrenta podem propiciar um meio de acesso à realidade. Basta admitir que o objetivo último não é saber o que são, cada qual em si mesma, as sociedades que estudamos, e sim descobrir em que diferem umas das outras. Como em linguística, a busca dos *afastamentos diferenciais* constitui o objeto da antropologia.

Mas ainda assim os fatos pertinentes, porque consistem de relações, escapariam de uma investigação que pretendesse limitar-se aos fatos empiricamente observados. Em minhas aulas, tanto na École Pratique des Hautes Études quanto no Collège de France, trata-se essencialmente de estender o método dos modelos a um campo pouco explorado, ao qual me levava a orientação etnográfica: o da mitologia, mais especificamente a das Américas.

A partir do primeiro ano e mais tarde (1950-51, 1958-59) mostrei que os comportamentos cerimoniais marcados pela desmedida ostensiva se repartem, na América e também noutras partes do mundo, por três polos, ilustrados pelos personagens do "guloso", do "doido" e do "canibal". Pois bem, cada uma dessas funções e todas as formas intermediárias parecem correlativas de certas atitudes para com os mortos. A sociedade dos vivos se esforça por manter, com eles, relações pacíficas ou agressivas, mas igualmente ideais; ou então reais, mas nesse caso transpostas para o plano das relações entre concidadãos e inimigos.

Em seguida acrescentei a essa tipologia dos comportamentos rituais uma tipologia das representações da alma (1956-57), que se situam entre dois polos. Um polo "sociológico" no qual as almas, formadas em sociedade a exemplo dos vivos, geralmente se mantêm afastadas e são periodicamente convidadas a reatar os laços com estes. E um polo "naturalista", em que a alma, encarada do ponto de vista do indivíduo, se decompõe numa sociedade orgânica de almas funcionais, cada qual presidindo a determinada atividade vital. Simétrico e inverso do anterior, o problema agora consiste em conjurar sua permanente tendência à dispersão. Essa organização de grandes conceitos míticos instigou-me a retomar a interpretação teórica de certos ritos controversos, como a *couvade*, a iniciação, as duplas exéquias (1954-55, 1958-60).

Em 1951-53, dedicamo-nos a uma análise das funções complexas ilustrada pelos panteões das tribos pueblo do sudoeste dos Estados Unidos. Esses panteões parecem remeter a uma tipologia que inclui séries localizáveis alhures, e seu estudo prometia ser fecundo do ponto de vista da mitologia comparada. Determinamos assim o caráter pré-colombiano de um mediador geralmente considerado como importação recente. Esse deus fálico, consagrado às cinzas e ao lixo, mestre dos animais selvagens, do nevoeiro, do orvalho e das vestes preciosas, registrado desde o México até o

Canadá, em que pese uma inversão sistemática de todos os termos que exclui o empréstimo, apresenta uma correspondência regular até nos menores detalhes com um personagem reduzido a um papel menor nas cenas europeias e asiáticas: Cinderela.

Contanto que as funções e os termos sejam previamente definidos de modo inequívoco (tema dos cursos de 1959-61), parece, portanto, que a análise estrutural, longe de prender no formalismo, abre perspectivas no campo da geografia e da história. Mesmo em suas fases mais abstratas, essa convicção sempre guiou minhas investigações posteriores acerca das representações míticas.

Em vez de nos lançarmos em comparações apressadas e especulações quanto a origens, mais vale proceder a uma análise metódica dos mitos, definindo cada um deles pelo conjunto de suas variantes registradas, e afastando qualquer ideia preconcebida. Só assim poderemos ter esperança de um dia atingir o estágio em que o homem e suas obras tomarão seu lugar entre os objetos passíveis de conhecimento positivo. Para tanto, convém aplicar um método bastante estrito, contido em três regras:

1) Um mito nunca deve ser interpretado num único nível. Não existe explicação privilegiada, já que todo mito consiste no *relacionamento* entre vários níveis de explicação.

2) Um mito nunca deve ser interpretado isoladamente, mas sim em sua relação com outros mitos que, tomados em conjunto, constituem um grupo de transformação.

3) Um grupo de mitos nunca deve ser interpretado isoladamente, mas sim em referência a: a) outros grupos de mitos; b) a etnografia da sociedade de onde provêm. Pois, se os mitos transformam uns aos outros, o mesmo tipo de relação une, num eixo transversal ao deles, os diferentes planos em que transcorre toda vida social, das formas de atividade tecnoeconômica aos sistemas de representações, passando pelos intercâmbios econômicos, as estruturas políticas e familiares, as expressões estéticas, as práticas rituais e as crenças religiosas.

Chega-se, assim, a estruturas relativamente simples, cujas transformações geram mitos de diversos tipos. Neste aspecto, a antropologia colabora modestamente na elaboração da *lógica do concreto* que parece ser uma das maiores preocupações do pensamento moderno, e que mais nos aproxima do que distancia de formas de pensamento aparentemente muito diferentes da nossa.

Estas últimas não podem ser descritas como pré-lógicas. São diferentemente lógicas, mas apenas na medida em que o pensamento ocidental foi por muito tempo dominado por uma lógica demasiado estreita. Sem pretender participar diretamente no desenvolvimento da matemática dita qualitativa, que alargou nossa lógica ao fazer prevalecer o rigor sobre a medida, o antropólogo pode submeter ao lógico e ao matemático materiais de um tipo original o bastante para prender-lhes a atenção.

Na mesma perspectiva, procurei também integrar o estudo do mito e o do ritual. A teoria corrente, segundo a qual haveria entre as duas ordens uma correspondência termo a termo (seja o rito a encenação do mito ou o mito a explicação fundante do rito), não passa de caso particular de uma relação mais geral: o estudo de casos precisos mostra mitos e ritos como transformações de elementos idênticos (curso dos anos 1954-55 e 1959-60). A mitologia dos Pawnee, que são índios das Planícies, por exemplo, apresenta uma imagem simétrica e inversa de seu ritual, e a simetria direta só se encontra na relação com o ritual de tribos vizinhas.

Por conseguinte, o mito e o rito nem sempre se replicam. Em compensação, pode-se afirmar que eles se completam em domínios que já possuem um caráter complementar. O valor significante do ritual parece estar restrito aos instrumentos e aos gestos: trata-se de uma *paralinguagem*. O mito, por sua vez, se manifesta como *metalinguagem*: utiliza plenamente o discurso, mas situando as oposições significantes que lhe são próprias num grau mais alto de complexidade do que o requerido pela língua quando funciona para fins corriqueiros.

Nosso método consiste, consequentemente, em postular uma analogia de estrutura entre várias ordens de fatos sociais e a linguagem, fato social por excelência. Todos eles se nos apresentam como fenômenos do mesmo tipo, e chegamos a nos perguntar (cursos de 1955-56 e 1958-59) se os sistemas de parentesco ou as representações míticas de duas populações vizinhas não teriam entre eles o mesmo tipo de relação que as diferenças dialetais.

Estudos paralelos, conduzidos em vários níveis, deixam entrever os contornos de uma teoria geral da sociedade: vasto sistema de comunicação entre indivíduos e grupos, dentro do qual são discerníveis muitos planos, como o do parentesco, que se perpetua por trocas de mulheres entre grupos de aliados; o das atividades econômicas, em que bens e serviços são trocados entre produtores e consumidores; e o da linguagem, que permite a troca de mensagens entre sujeitos falantes. Na medida em que os fatos religiosos se situam num tal sistema, vê-se que um aspecto de nossa tentativa consiste em tirar-lhes a especificidade.

Com efeito, os mitos e os ritos também podem ser tratados como modos de comunicação: dos deuses com os homens (mito), ou dos homens com os deuses (rito). Com a diferença, entretanto, de que os interlocutores divinos não são parceiros como os outros, no interior de um mesmo sistema de comunicação. São representados pelos homens como imagens ou projeções (totais ou parciais) do sistema, o que introduz na teoria mais uma limitação, mas não lhe altera nem o funcionamento nem os princípios.

Os etnógrafos se dão por demais satisfeitos quando acreditam ter conseguido atingir, para além de suas próprias ideias preconcebidas, as dos indígenas. As descrições não passam, muitas vezes, de fenomenologia. Desejamos introduzir em nossas disciplinas uma exigência suplementar, a de descobrir, por detrás da ideia que os homens têm de sua sociedade, os mecanismos do "verdadeiro" sistema. Ou seja, levar a investigação para além dos limites da consciência.

Chega-se finalmente a tratar as diversas modalidades da vida social no seio de uma mesma população, e as modalidades do mesmo nível, em populações diferentes, como elementos de uma vasta combinatória submetida a regras de compatibilidade e incompatibilidade, que possibilita certos arranjos e exclui outros, e acarreta uma transformação do equilíbrio geral a cada vez que uma alteração ou substituição afeta qualquer um de seus elementos. Um projeto que, em certo sentido, pode ter seu início creditado a Marcel Mauss, desde que ele veio ocupar esta cadeira, em 1902, até quando a deixou, em 1940. Pelo menos parte da obra de Maurice Leenhardt preserva a mesma orientação. Realizada ininterruptamente desde quase três quartos de século na mesma instituição, e muitas vezes na mesma sala de aula, diante dos resultados atingidos e de tudo o que ainda resta por fazer, a tarefa, pode-se prever com segurança, ainda ocupará por muito tempo nossos sucessores.

Organização social

VI. SENTIDO E USO DA NOÇÃO DE MODELO

Num artigo interessante, Maybury-Lewis me faz dois tipos de crítica: eu teria, pelo menos duas vezes, tomado liberdade com os fatos etnográficos e, no geral, teria seguido um método julgado por ele como "moralmente" repreensível.[1] As primeiras censuras não têm fundamento real, ou resultam de uma confusão entre a realidade empírica e o modelo dela que eu pretendia apresentar. Quanto ao julgamento de valor, enquanto tal é irrefutável por definição, e a única réplica possível será refazer as sucessivas etapas de meu raciocínio, para torná-las mais claras.

Considere-se inicialmente o que, para simplificar, chamarei de contradição winnebago (Lévi-Strauss [1956a] 2008: 148-50). Como supor que seja possível superá-la admitindo que uma categoria de informantes – os da metade de baixo – simplesmente omitiram a divisão em metades, porque do ponto de vista deles, não valia a pena levá-la em conta? Mas eles não fazem apenas deixar de mencioná-la. Ao mesmo tempo que a eliminavam de sua descrição da antiga aldeia, introduziam outro dualismo, não sociológico, de fato, mas que tampouco é de ordem simplesmente ecológica, já que vem substituir o outro e aparece, portanto, como uma transformação daquele.

---

1. Este texto é uma tradução livre do original inglês "On Manipulated Sociological Models", *Bijtragen tot de Taal-, Land- en Volkenkunde*, Deel 116, 1.º Aflevering, 1960, pp. 45-54 (Lévi-Strauss 1960e). O artigo respondia ao de D. Maybury-Lewis, publicado nesse mesmo número, "The Analysis of Dual Organisations: a Methodological Critique" (pp. 17-44), dirigido contra meu artigo intitulado "As organizações dualistas existem?" (id. ibid., Deel 112, 2.º Aflevering, 1956, pp. 99-128), republicado em *Antropologia estrutural*, cap. VIII.

Para reconstituir o plano da aldeia, não bastaria, consequentemente, sobrepor dois diagramas, como se cada um deles apresentasse, a seu modo, uma imagem verídica ainda que incompleta. Tal procedimento seria exatamente o que sou criticado por fazer, isto é, "manipulação" dos modelos. Os únicos dados empíricos de que dispomos sobre a antiga aldeia winnebago são duas plantas desenhadas, cuja complementaridade se expressa de modo completamente diferente daquele que se costuma sugerir. Eles não são apenas ilustrações parciais de uma configuração global, de sorte que bastaria recorrer a um deles para suprir as lacunas do outro. Os dois planos se opõem, e essa contradição também é um dado etnográfico; não se pode fazer como se simplesmente não existisse.

Em outros termos, se a distinção entre aldeia habitada e área desmatada (bem como aquela entre área desmatada e mata circundante) não é pertinente num dos diagramas, por que torna-se pertinente no outro? Esbarramos aqui num enigma cuja solução definitiva é provável que nunca venhamos a atingir; razão a mais para seguirmos todas as pistas capazes de nos aproximar dela. A que eu escolhi apresenta no mínimo a vantagem de ser nova: quais seriam as implicações teóricas de uma hipótese segundo a qual a divisão sociológica em metades, de um lado, e a distinção ecológica (mas também filosófica) entre área desmatada, pertencente à cultura, e mata selvagem, pertencente à natureza, do outro, remeteriam a códigos diferentes, empregados para transmitir a mesma mensagem, mas uma mensagem que cada um dos códigos submeteria a distorções complementares?

Recapitulemos brevemente o procedimento. Em primeiro lugar, uma tribo cuja organização social e pensamento religioso são fortemente marcados por um princípio de divisão em metades, deixa transparecer outra forma de dualismo, não mais diametral, mas, por assim dizer, concêntrico. Em segundo lugar, esse dualismo concêntrico se manifesta abertamente e de maneira isolada em sociedades como a das ilhas Trobriand, onde pode ser observado independentemente do outro tipo. Objetar que a população de Trobriand não possui organização dualista no sentido estrito do termo significaria passar ao largo da questão: pois é precisamente a presença exclusiva do dualismo concêntrico que permite identificá-lo e defini-lo como fenômeno etnográfico. Num terceiro momento, eram examinados exemplos em que se manifesta de modo particularmente claro a coexistência dos dois tipos, como os dos Bororo, dos Timbira e das sociedades indonésias, numerosas demais para serem consideradas uma a uma, de modo que era mais cômodo apresentar um modelo sincrético delas. Chegávamos a três conclusões: 1) onde os dois tipos coexistem, observa-se entre eles uma relação funcional; 2) do ponto de vista lógico, a fórmula concêntrica prevalece sobre a forma diametral; 3) e porque a fórmula concêntrica recobre um sistema de três termos, este deve, por conseguinte, existir ao menos em estado latente na fórmula diametral.

Seria portanto inútil tentar estabelecer uma oposição empírica entre os dois tipos de dualismo, como se um deles se reduzisse a valores simbólicos refletidos pela estrutura da aldeia, ao passo que o outro, o único "verdadeiro", afetaria os segmentos reais do grupo social. Pois este último tipo também possui valor simbólico, e o primeiro acarreta tantos direitos e obrigações quanto ele. Ao contrário, eu tinha-me proposto a superar essas visões parciais de uma única e mesma realidade, buscando uma linguagem comum que permitisse traduzi-las. Tratava-se, portanto, de transcender o plano da observação empírica, para atingir uma interpretação que poderíamos chamar de geral, de todos os fenômenos que chamamos de dualismo. Espero ter mostrado não apenas que tal interpretação é possível – já que, apesar de sua heterogeneidade aparente, todos os exemplos de dualismo que eu havia considerado podiam ser reduzidos a cinco oposições binárias diversamente combinadas (Lévi-Strauss [1956a] 2008: 176) –, mas que, traduzida nessa linguagem única, ela ilumina um fato importante, que havia passado despercebido até então: o dualismo sociológico não existe apenas na forma como foi descrito, ele supõe e recobre um sistema de três termos, do qual cada exemplo particular de dualismo (entendido no sentido amplo, mas implicando, entre outros, as organizações ditas dualistas) constitui ao mesmo tempo uma simplificação e um limite.

De fato, e como eu tive o cuidado de observar (Lévi-Strauss [1956a] 2008: 165-66), essa concepção se afasta um pouco daquela que inspirara meu livro sobre as *Estruturas elementares do parentesco*. Mas não abole de modo algum a distinção entre estruturas binárias e estruturas ternárias, que tinha um lugar tão importante naquela obra, pois do ponto de vista prático ela conserva toda a sua eficácia. Parece apenas que, quando se passa a tratar os sistemas binários como casos particulares de um sistema ternário, pode-se simplificar muito a teoria geral da reciprocidade, como confirmaram os matemáticos com quem o problema foi discutido. Além disso, esse modo de formular o problema parece favorecer mais as tentativas de reconstrução histórica, pois, ao menos em certos casos, o "núcleo" ternário poderia não ser apenas mais simples do ponto de vista lógico, como também mais antigo do que "a embalagem" binária que o recobre.

Falemos agora das pretensas deformações da realidade etnográfica, a começar pela questão do eixo norte-sul entre os Bororo.[2] Se sua presença contradissesse tanto quanto se afirma as observações dos salesianos, eu poderia temer ter compreendido mal meus informantes, embora eles fossem bastante explícitos quanto a esse ponto em particular. Mas, 1) essas observações procedem de outra parte do território bororo, onde as aldeias não necessariamente eram estruturadas do mesmo modo; 2) as primeiras publicações de Colbacchini contêm indicações no mesmo sentido; 3) as descrições mais recentes de Albisetti deixam transparecer algo que se assemelha ao eixo norte-sul, e de dois modos diferentes: primeiro dentro da casa dos homens, onde um verdadeiro eixo norte-sul separa os setores atribuídos a cada uma das metades e, além disso, um eixo norte-sul idealmente presente dentro de cada clã, e que resulta da correlação independentemente verificada entre "inferior" e oeste e "superior" e leste. Tendo isso em mente, a discrepância entre as duas descrições significa reconhecer, num caso, a existência real do eixo norte-sul na casa dos homens e sua existência relativa fora dela, ao passo que, no outro caso, o eixo norte-sul estaria objetivamente presente, tanto dentro quanto fora.

Para *ver* nisso uma contradição insuperável seria preciso poder afirmar que os Bororo possuíam em toda a extensão de seu vasto território uma estrutura social perfeitamente homogênea

---

2. Os parágrafos que seguem atualmente parecem supérfluos, uma vez que a controvérsia em torno do eixo norte-sul, que eu havia sido acusado de inventar, foi definitivamente resolvida quando J. C. Crocker, trabalhando trinta anos mais tarde na região do São Lourenço, encontrou-o independentemente, em 1965: *"My informants corroborated those of Lévi-Strauss in saying that for some purposes the village was formerly divided into 'upper' and 'lower' halves on a north-south axis running through the middle of the village. This division is certainly not utilised among contemporary Bororo"* (Crocker 1969).

e que, além disso, o eixo norte-sul, tal como definido pelos informantes na região do rio Vermelho, separava os clãs em função de suas posições hierárquicas.

Quanto ao primeiro ponto, uma tal homogeneidade não parece nada plausível. Os Bororo habitavam antigamente um território equivalente a metade da França e que na época histórica ainda representava um quarto da antiga superfície. As taxas de crescimento e de extinção não podiam ser as mesmas em todos os clãs de todas as aldeias, principalmente se considerarmos as perdas causadas por guerras contra tribos vizinhas, às vezes provocadas por elas. Cada aldeia tinha seus próprios problemas demográficos, que deviam acarretar variações consideráveis no efetivo ou até no número dos clãs, e também em sua repartição em torno do pátio da aldeia. Os salesianos não poderiam ter relatado uma situação que, em algum momento da história, fosse generalizada por toda a extensão do território; afinal, ela não se realizava nem no local onde eles se estabeleceram inicialmente, como revelam suas descrições antigas de espírito mais francamente empírico. Um árduo e paciente trabalho, ao longo de anos, permitiu-lhes, antes, elaborar uma fórmula ideal, um modelo teórico capaz de integrar todas as sortes de variação no plano local. Nada de surpreendente, portanto, no fato de a estrutura de uma aldeia observada em determinada época diferir, por pouco que seja, da de aldeias observadas em outras épocas e lugares distantes. Finalmente, ninguém terá deixado de perceber que quando se trabalha com os documentos inestimáveis que os salesianos nos deram, após terem feito reconstruções que se estendem por décadas, não se destrincha material bruto: manipula-se um modelo sociológico. Quer queiramos ou não, é o que fazemos todos quando nos envolvemos nesse tipo de discussão.

O argumento é que as duas descrições são incompatíveis, e teríamos de escolher uma delas, em vez de utilizá-las simultaneamente? Incompatibilidade haveria apenas se os termos *xobbuguiugue* e *xebbeguiugue* tivessem o mesmo sentido nas descrições mais antigas dos salesianos, nas mais recentes e nas minhas; isto é, se tais termos significassem sempre "superior" e "inferior" e conotassem diferenças absolutas. Nesse caso, em vez de cada clã conter famílias "inferiores" e "superiores", os clãs do oeste seriam absolutamente inferiores e os do leste absolutamente superiores – os dois aspectos não poderiam ser integrados.[3] Não era o que ocorria nem no rio Vermelho nem no rio das Garças, segundo o testemunho mais antigo de Colbacchini. Para ele, como para mim, os termos indígenas em questão remetiam à topografia e significavam "do alto" e "do baixo", segundo os informantes de Colbacchini, e "de rio acima" e "de rio abaixo", segundo os meus. Ocorre apenas que em bororo, como em outras línguas, as mesmas palavras podem ter as três conotações. E era muito fácil para os Bororo evitar os equívocos, já que dispunham de dois pares de termos contrastados para expressar diferenças de status: "grande/pequeno" e "preto/vermelho".

Sou acusado de ter errado ao escrever que, para os Bororo, dois clãs representam os heróis lendários em cada metade. É bem verdade que dois clãs de uma metade fazem-no hoje em dia e que, no passado, foram dois clãs da outra metade. Mas se é erro etnográfico integrar análise sincrônica a análise diacrônica, meu crítico não estaria cometendo o mesmo erro quando, para afastar a contradição winnebago, invoca um relato mítico segundo o qual a metade de baixo teria outrora detido ou dividido a chefia? Uma história, por sinal, exatamente do mesmo tipo daquela contada pelos Bororo em que eu tinha me baseado.

Isso não é tudo. Em nenhum dos dois casos trata-se de oposição entre a ordem sincrônica e a ordem diacrônica. O passado a que se faz referência aí não é histórico, mas mítico; e como mito, seu conteúdo está presente em ato na consciência indígena. Quando o mito bororo evoca um tempo em que dois clãs Tugare, em lugar de dois clãs Cera, eram associados aos heróis culturais, é possível que se refira a acontecimentos remotos que jamais conheceremos em sua materialidade. Em compensação, sabemos muito bem que, no momento presente, percebe-se efetivamente uma relação entre os clãs despossuídos e os heróis culturais.

Agora falemos dos Winnebago. Engana-se quem me atribui a ideia de que sua aldeia seria antigamente formada por doze clãs repartidos em três grupos. Essa forma de representação não pretendia ser uma descrição etnográfica da aldeia tal como teria realmente existido no passado. Tratava-se de um diagrama teórico destinado a reorganizar os dados etnográficos que, tomados no

---

3. Tal é o erro de interpretação que comete a esse respeito a *Enciclopédia Bororo* (Albisetti & Venturelli 1962-69, v. 1: 443-44).

nível empírico, não deixam transparecer tais propriedades; se assim não fosse, o procedimento não teria propósito.

Ninguém pode afirmar que a aldeia winnebago foi outrora formada por três grupos de quatro clãs cada um. Nossa sugestão era totalmente diferente: a de que um procedimento puramente indutivo permitia, sob determinadas condições, tratar três exemplos, provenientes de sociedades distintas, como estados de um mesmo grupo de transformação; uma dessas condições era, precisamente, a de analisar a aldeia winnebago desse modo.

Ainda mais encorajadora nesse sentido é a constatação de que dados etnográficos corroboram de modo independente uma inferência obtida por tal raciocínio. As observações de Radin mostram que pelo menos alguns indígenas compartilhavam nossa interpretação da estrutura aldeã. Esta, portanto, não existia apenas na mente do antropólogo. Quando o conteúdo manifesto dos dados etnográficos impõe uma interpretação, nada há a demonstrar, basta descrever o que se vê ou o que os informantes relatam. Em compensação, uma interpretação que se afasta desses dados é reforçada quando o conteúdo latente dos mitos, representações religiosas etc., revela um paralelismo entre as categorias indígenas e aquelas a que se chega ao cabo de uma análise teórica. No caso dos Winnebago, Radin indica (1923: 241): "Um informante [...] disse [...] que os clãs eram repartidos em três grupos, dirigidos respectivamente pelo clã do pássaro-trovão, o clã do espírito das águas e o clã do urso". Isso prova que o sistema ternário existia, pelo menos em estado latente. O que supera nossas expectativas, sobretudo em se tratando de uma região do mundo em que a presença de sistemas ternários jamais havia sido assinalada.

O argumento de que o sistema ternário não desempenha papel algum em relação às regras de casamento winnebago passa ao largo da questão, já que a construção do diagrama revela que, mesmo em caso de sistema ternário, a regra dualista de casamento não seria afetada. Na verdade, o diagrama é interessante sobretudo porque permite-nos "ver" a estrutura tanto sob seu aspecto ternário (céu, água, terra) quanto sob seu aspecto binário (alto e baixo). Do mesmo modo, o eixo noroeste-sudeste que, objeta-se, fornece a referência espacial do dualismo winnebago, não está ausente do diagrama, pois que este faz aparecer claramente que o casamento só é possível entre alto (= céu) e baixo (= água + terra).

Quanto ao círculo da aldeia, cuja pertinência é contestada num diagrama representando relações de aliança, convém fazer duas observações. Em primeiro lugar, e contrariamente ao que se afirma, os diagramas não concernem apenas relações de aliança. Servem para mostrar como as relações de aliança, a estrutura social, a organização espacial da aldeia, as representações religiosas etc. formam um sistema, e como cada exemplo difere dos demais apenas pelas funções atribuídas em cada caso a determinado aspecto; o que os diagramas traduzem permutando as funções em diversas posições topológicas. Em outras palavras, o que uma sociedade "diz" em termos de relações de aliança outra sociedade "diz" em termos de organização espacial da aldeia, outra em termos de representações religiosas, e assim por diante.

Em segundo lugar, e para nos limitarmos aos fatos winnebago, que sou acusado de ter manipulado, basta remeter o leitor às instrutivas reflexões de Radin sobre as relações entre estrutura aldeã e organização clânica. Se mitos winnebago descrevem a tribo inteira na forma de uma grande aldeia, a estrutura social global não pode ser concebida como totalmente independente da unidade de residência. Radin, com razão, levanta a questão de saber se a fórmula do "bando" ou aldeia, "opondo cada grupo a um outro" não representaria a organização antiga; nesse caso, como em outros na América do Norte, a organização aldeã teria precedido a estrutura clânica (id. ibid.: 184-85).

Não vale a pena nos demorarmos nas críticas dirigidas contra os outros diagramas. Como as precedentes, elas confundem os modelos construídos tendo em vista a análise teórica e a interpretação dos dados etnográficos (reduzindo-os a um pequeno número de fatores comuns), com uma descrição dos fatos empíricos tal como a teria feito o observador em campo. Para várias sociedades do sudeste asiático, é cômodo e muitas vezes verdadeiro dizer que as mulheres circulam, e não os homens. Mas isso não contradiz o fato – de que um modelo generalizado dá conta perfeitamente – de que a estrutura do sistema permaneceria inalterada se a regra fosse formulada no outro sentido, tal como preferem, aliás, outras populações. O tríscele das figuras 13 a 15 (Lévi-Strauss [1956a] 2008: 171-74) expressa apenas o fato de que, tanto em sistemas de casamento assimétrico como de casamento simétrico, opera uma regra de exogamia, ainda que a oposição sociológica que ela acarreta se manifeste, no primeiro caso, entre os sexos, independentemente do grupo a que pertençam e, no segundo, entre os grupos, sem distinção dos sexos que incluem.

Não menos equivocada é a afirmação de que o eixo leste-oeste estaria ausente do diagrama relativo aos Bororo. Não aparece, evidentemente, no lugar onde os informantes o colocam, já que mostramos que esse procedimento faz com que eles se deixem mistificar pelo próprio sistema. Para recuperar a situação real, é preciso representar o eixo leste-oeste na forma de um tríscele cujos braços dividem três grupos, de resto plenamente endógamos. A hipótese segundo a qual o eixo norte-sul constituiria o elemento unificador do sistema é frágil, não há dúvida. Não porque eu tenha cometido algum erro etnográfico ao afirmar a existência desse eixo (pois essa acusação já foi devidamente esvaziada, *supra*, p. 84, nota 2), mas porque eu mesmo assim a apresentei, acrescentando que, antes de acatá-la, seria preciso verificá-la em campo.

O diagrama relativo aos Bororo não dá uma representação exaustiva de seu sistema social. Nenhum diagrama poderia fazê-lo, e não é esse o seu propósito. Mas ele representa ao menos o essencial, isto é, como nos foi pedido, um par de metades e uma tríade de grupos endogâmicos. Diagramas não pretendem mostrar tudo, basta que ilustrem funções também presentes em exemplos ilustrados por outros diagramas, a despeito do fato de tais funções se manifestarem em domínios diferentes conforme o caso considerado.

E é aqui que o principal desacordo se revela claramente. Se meu estudo tivesse tipo por único resultado mostrar que elementos aparentemente heteróclitos, provenientes de sociedades diferentes, podem ser organizados segundo um único modelo, tal demonstração não seria desprovida de interesse do ponto de vista sociológico. Ao contrário, teria contribuído para definir um método que permite demonstrar que elementos aparentemente disparatados não o são necessariamente e que, por detrás da desnorteante diversidade dos fatos que se oferecem à observação empírica, podem se ocultar algumas propriedades invariantes diferentemente combinadas.

À guisa de conclusão, peço permissão para enfatizar a que ponto as críticas que me são dirigidas deixam patente os preconceitos naturalistas que aprisionaram a escola antropológica inglesa por muito tempo. Afirma-se ser estruturalista; chega-se até a defender o método estrutural contra meus pretensos abusos; mas permanece-se estruturalista à la Radcliffe-Brown, isto é, buscando a estrutura no nível da realidade empírica, como se fizesse parte desta. Basta o modelo se afastar um pouco dessa realidade empírica e tem-se a confusa sensação de ter sido enganado e lesado. Concebe-se a análise estrutural a partir do modelo do jogo de paciência, no qual basta descobrir como as peças se ajustam umas às outras. Mas, se as peças tiverem sido arbitrariamente recortadas, não haverá estrutura alguma. Em compensação, se, como ocorre às vezes, elas tiverem sido cortadas por uma serra mecânica cujo eixo de distribuição deforma regularmente o percurso, o quebra-cabeças terá uma estrutura, mas ela não existirá no nível empírico, já que há todos os tipos de maneiras diferentes para reconhecer as peças que se encaixam. A chave da estrutura estará na fórmula matemática que exprime a relação entre a forma de cada peça do eixo de distribuição e sua respectiva velocidade de rotação. Informações que não possuem nenhuma correspondência perceptível com o quebra-cabeça tal como se apresenta ao jogador, embora só elas possam tornar o jogo inteligível e fornecer um método lógico de resolvê-lo.

Não obstante, Maybury-Lewis escreve: "Não se pode representar relações sociais por símbolos formais, como se faz com relações matemáticas. Consequentemente, os modelos sociológicos não são manipuláveis como equações matemáticas". O que se quer dizer aí com relações sociais? Caso se trate de relações concretas, tal como as apreende a observação empírica, não temos como discordar, mesmo porque aprendemos já no primário que não se pode somar laranjas e bananas. Porém, se aceitarmos fazer uma distinção entre as observações empíricas e os símbolos que escolhermos para substituí-las, não se percebe por que o tratamento algébrico desses símbolos – os que exprimem regras de casamento, por exemplo – não poderia, contanto que sejam corretamente manipulados, ensinar-nos muito acerca do modo de funcionamento de um sistema matrimonial, revelando propriedades que não eram imediatamente acessíveis à observação.

Não há dúvida de que a experiência sempre deve ter a palavra final. Mas a experiência sugerida e guiada pelo raciocínio não será a mesma que a experiência bruta dada de saída; esta permanecerá sempre irredutível à análise que procura superá-la. A prova definitiva de que a matéria possui uma estrutura molecular está no microscópio eletrônico, cuja lente permite *ver* moléculas reais; nem por isso as moléculas irão tornar-se visíveis a olho nu. Do mesmo modo, não se pode esperar da análise estrutural que mude o modo como apreendemos as relações sociais tais como se manifestam concretamente – ele apenas permite compreendê-las melhor. E caso se consiga atingir sua estrutura, não será jamais no nível empírico, em que elas se apresentavam a nós no início, mas num nível mais profundo, que até então passara desapercebido: o das categorias inconscientes, que podemos esperar atingir aproximando domínios que, à primeira vista, não pareciam ter relação uns com os outros. Tais domínios incluem as instituições sociais, tais como funcionam na prática, e também as diversas maneiras pelas quais os homens tentam, em seus mitos e suas representações religiosas, velar ou justificar as contradições entre a sociedade real em que vivem e a imagem ideal que têm dela.

Partir de uma distinção clara entre os dois domínios seria, portanto, incorrer numa petição de princípio; pois é precisamente o valor absoluto de tal distinção que meu estudo sobre as organizações dualistas (Lévi-Strauss 1956a) colocava em questão. O problema posto era o de saber se tais organizações envolvem invariavelmente segmentos da sociedade real ou se, às vezes, elas não seriam apenas transfigurações simbólicas dessa realidade. Se as descrições de que dispomos da sociedade bororo estiverem corretas, conclui-se, como mostrei alhures (Lévi-Strauss 1952a), que a divisão da aldeia em metades exogâmicas pertence a uma ordem simbólica, já que sua eficácia prática se vê de certo modo anulada por uma endogamia de fato. Por outro lado, o dualismo concêntrico da aldeia bororo, que opõe circunferência profana a centro sagrado, merece ter reconhecida uma maior realidade objetiva, visto que nada no sistema o contradiz e que ele é capaz de desenvolver todas as suas decorrências ao mesmo tempo no plano da vida social e no do pensamento religioso.

Contudo, nem todos os exemplos de organização dualista se prestam necessariamente às mesmas constatações. Resulta daí que segmentos da sociedade real e representações simbólicas não são de natureza tão diferente quanto se diz. Uns e outros constituem, em larga medida, códigos cujas funções e campos de aplicação podem ser permutados. É possível, portanto, tratá-los como aspectos de um sistema subjacente, dotado de maior capacidade explicativa, ainda que – talvez devêssemos dizer – pela razão de que a observação empírica, reduzida a seus próprios recursos, jamais o apreenderá enquanto tal.

VII. REFLEXÕES SOBRE O ÁTOMO DE PARENTESCO

Uma obra recente de Luc de Heusch, *Pourquoi l'épouser? [Por que casar com alguém?*, 1971], retoma o texto de um estudo anteriormente publicado em *Critique* (Heusch 1965), que renova e reforça com um novo exemplo as objeções que nosso colega já formulava desde 1958 contra a noção de átomo de parentesco, introduzida em 1945 por um artigo que mais tarde tornou-se o capítulo II de meu livro *Antropologia estrutural*.[1] Absorvido por outras tarefas, não pude, nem em 1958, nem em 1965, dar a seus argumentos a atenção que merecem. Mas ainda não é tarde demais para fazê-lo, e a publicação deste livro constitui uma boa ocasião. Tentarei aqui mostrar que – salvo uma inexatidão material apontada por ele e que levei em conta (Lévi-Strauss [1945] 2008: 59, n. 13) – as objeções de Luc de Heusch se baseiam em mal-entendidos, e que também podem ser explicadas pela omissão momentânea de uma regra fundamental da análise estrutural que, em outras circunstâncias, ele mostra ser mais do que capaz de usar, a saber, que a análise nunca pode se contentar em considerar os termos e deve atingir, para além dos termos, as relações que os unem. Apenas essas relações constituem seu verdadeiro objeto.

O que propunha meu artigo de 1945? Contra Radcliffe-Brown e a maior parte dos etnólogos de sua geração, tratava-se de mostrar que uma estrutura de parentesco, por mais simples que seja,

---

1. Este texto foi publicado em *L'Homme – Revue Française d'Anthropologie*, XIII, 3, 1973 (Lévi-Strauss 1973). O artigo a que se refere Lévi-Strauss é "A análise estrutural em linguística e em antropologia" (Lévi-Strauss [1945] 1958). [N.E.]

nunca pode ser construída a partir da família biológica, composta de pai, mãe e seus filhos. Sempre implica uma relação de aliança, dada de saída. Esta resulta de um fato praticamente universal nas sociedades humanas: para que um homem tenha uma esposa, é preciso que ela lhe seja direta ou indiretamente cedida por outro homem, que, nos casos mais simples, está na posição de pai ou irmão em relação a ela. Essa dupla eventualidade já deveria bastar para fazer compreender que o tio materno das crianças geradas pelo casamento, irmão da mulher inicialmente cedida, aparecia em meus esquemas na função de doador de mulher, e não em razão de seu lugar particular dentro de uma genealogia. Isso foi novamente enfatizado num texto posterior: "Uma estrutura de parentesco realmente elementar – um átomo de parentesco, digamos – consiste de um marido, uma mulher, uma criança e um representante do grupo de que o primeiro recebeu a segunda" (Lévi-Strauss [1953a] 2008: 84). Longe de afirmar, como Leach (1961: 56), que o destino matrimonial de uma moça é sempre e por toda parte controlado por seus agnatos, mostrei, n'*As estruturas elementares do parentesco* (Lévi-Strauss [1949] 1967: 301-02, 346-50, 503-04), que o controle geralmente é detido pelo irmão da mãe, um representante da linhagem materna, portanto. Esse fenômeno, cujos significado estrutural e alcance eu havia exposto, foi mais tarde descrito na Austrália por autores (Meggitt, Hiatt, Shapiro) que achavam tratar-se de uma novidade, que justificaria, inclusive, chegou-se a dizer (Shapiro 1969: 71, 75), uma distinção radical entre os sistemas australianos e os do sudeste asiático, onde eu o tinha justamente detectado pela primeira vez.

Mesmo nas sociedades em que o controle matrimonial cabe aos agnatos, é concebível que o pai da mulher o assuma no lugar do irmão, ou um parente menos próximo, se o sistema for mais complexo do que aqueles escolhidos para fundamentar a demonstração, precisamente em razão da estrutura muito simples que certas sociedades permitem ilustrar. Fatos como o de tais estruturas simples existirem e de se traduzirem imediatamente em atitudes formalizadas entre irmã e irmão, marido e mulher, pai e filho, tio e sobrinho – atitudes que formam pares e que podem ser expressas como duas relações positivas e duas relações negativas – formavam um feixe de argumentos particularmente fortes em favor da tese. É concebível, portanto, que nos limites de um artigo de revista, eu me tenha me restringido a esses exemplos. Mas eu reservava expressamente o caso de sistemas mais complexos, e pedia que, diante de cada caso particular, fossem consideradas duas hipóteses:

> a de que o sistema de parentesco em foco procede por justaposição simples de estruturas elementares, nos quais, consequentemente, a relação avuncular permanece sempre aparente; e a de que a unidade de construção do sistema já é de ordem mais complexa [...] Numa estrutura de tal ordem, a relação avuncular [...] já não é predominante. Em estruturas de complexidade ainda maior, ela pode desaparecer ou se confundir com outras. (Lévi-Strauss [1945] 2008: 62)

O que eu propunha chamar de átomo de parentesco, isto é, o sistema quadrangular de relações entre irmão e irmã, marido e mulher, pai e filho, tio materno e sobrinho, era, em meu pensamento, a estrutura mais simples que se possa conceber e por vezes até mesmo observar. Mas eu tomava o cuidado de antecipar o caso de outras estruturas, deriváveis do caso simples mediante determinadas transformações. Um pouco como – se me permitem, e para conservar a metáfora – o átomo de hidrogênio, que é o mais simples que se possa observar no mundo físico porque se compõe de um único elétron gravitando em torno de um único próton, não exclui a existência de átomos mais pesados que, como tais, serão reconhecidos com a única condição de que suas partículas sejam de mesma natureza e de que existam entre elas as mesmas ligações. Duas razões me levavam a começar por considerar uma estrutura rudimentar. Em primeiro lugar, era a única implicada na questão do avunculado, tal como havia sido formulada por Radcliffe-Brown, e que eu me propunha debater. Em segundo lugar, e numa perspectiva mais ampla, essa estrutura permitia, do modo mais econômico possível, articular as três relações constitutivas do parentesco: "Isto é, uma relação de consanguinidade, uma relação de aliança e uma relação de filiação" (Lévi-Strauss [1945] 2008: 59).[2] Essas relações devem estar sempre presentes, mas os termos

---

2. O que permite avaliar a pouca seriedade dos ataques de Leach que, armado com uma tradução equivocada e sem dar-se ao trabalho de verificá-la (a edição americana traduz erradamente a palavra "filiação" da frase acima por *descent*,

que unem podem mudar ou se multiplicar. Ora, dos três exemplos invocados por Luc de Heusch, diria que o primeiro – o dos Lambumbu – não é probante e que, se o fosse, mais confirmaria do que infirmaria minha tese. Os outros dois exemplos, provenientes dos Mundugumor e dos Lele, ilustram esses casos complexos cuja existência eu tomara o cuidado de não esquecer. Assim, é particularmente interessante investigar se, e como, para essas sociedades, é possível construir o átomo de parentesco respeitando as propriedades fundamentais que eu havia enunciado.

* * *

Como observa Luc de Heusch (1958: 234), não se sabe grande coisa acerca dos Lambumbu, população do centro da ilha Malekula, nas Novas Hébridas. As indicações deixadas por Deacon (1934) são tão sumárias que nem vale a pena discutir o caso. Seja como for, podemos admitir, como primeira aproximação, concordando com Luc de Heusch, que "a relação pai-filho é de familiaridade, já que o filho tem o direito de desobedecer a seu pai, ao passo que a relação tio materno-sobrinho é rígida, e este deve estrita obediência àquele" (ibid.: 236). A dificuldade começa quando se quer qualificar em suas relações recíprocas as atitudes predominantes entre irmão e irmã e entre marido e mulher.

Todos hão de concordar que a relação irmão-irmã é negativa: Deacon opõe a rigorosa reserva entre os germanos aqui à amizade livre e familiaridade que se observa ao sul, entre os Seniang. Um lambumbu não entra numa casa em que sua irmã se encontra sozinha, fala com ela do umbral da porta. Seria considerado impróprio para um irmão e uma irmã passearem juntos. Quando têm

---

isto é, "descendência" em francês), acusa-me, entre outras coisas – e isso é "a seu *ver* o mais importante" (sic) – de ter confundido as duas noções! Ele prossegue, afirmando que minha tese "pressupõe que os sistemas unilineares de descendência são universais, o que – acrescenta – é totalmente falso" (1970: 101-02). Desconsiderando completamente que eu tinha escrito: "[...] primeiro, o avunculado não está presente em todos os sistemas matrilineares e patrilineares e pode ser encontrado em sistemas que não são nem um nem outro" (Lévi-Strauss [1945] 2008: 54). Não surpreende que hoje em dia jovens pesquisadores, autorizados por tal exemplo, considerem normal refutar textos sem se reportarem ao original, baseados em traduções inexatas e resenhas falaciosas.

de passar pelos mesmos caminhos, sentem-se envergonhados e temem ser vistos. Mas o irmão é, até um certo ponto, responsável pela irmã e, em caso de morte do pai, é ele que decide o casamento dela (Deacon 1934: 101-02).

Sendo assim, as atitudes entre marido e mulher valem como um teste. Se, como se afirma, elas forem igualmente negativas, o sistema que postulei não será aplicável, já que requer dois pares de atitudes, um positivo e outro negativo, correlativos e opostos, que mantêm a estrutura em equilíbrio. Mas, antes de avançarmos, é preciso abrir um parêntese.

Ao acusar-me (id. ibid.: 236-37) de enfeitar com um sinal positivo ou negativo relações frequentemente marcadas por ambivalências, Luc de Heusch ignora os alertas nesse sentido que eu mesmo havia formulado:

> os símbolos, positivo e negativo, que utilizamos nos esquemas anteriores representam uma simplificação excessiva, aceitável apenas como etapa da demonstração. [...] Em muitos sistemas, a relação entre dois indivíduos frequentemente se expressa não por uma única atitude, mas por várias delas, formando um pacote, por assim dizer [...] (Lévi-Strauss [1945] 2008: 62-63).

Nesse caso como em outros, os conteúdos associados a determinadas atitudes contam menos do que as relações de oposição que se percebe entre pares de atitudes acopladas. O que tais atitudes são em si, os conteúdos afetivos que envolvem, não apresentam nenhuma significação intrínseca do ponto de vista em que a discussão nos coloca. No limite, nem mesmo precisaríamos saber que conteúdos são esses, bastaria que entre eles fosse direta ou indiretamente perceptível uma relação de oposição, relação essa que os sinais + e – bastam para conotar.

Pois bem, entre os Lambumbu, nota-se uma clara oposição entre a relação irmã-irmã e a relação marido-mulher. Sabemos que a primeira se caracteriza por uma marcada reserva, a ponto de irmão e irmã temerem serem vistos juntos. Pode-se dizer, com Luc de Heusch, que a relação entre marido e mulher também é negativa, baseando-se, de um lado, no ciúme violento do marido e, de outro, na proibição do nome entre cônjuges, menos estrita entre os Lambumbu, contudo, do que entre os Seniang. Mas a relação conjugal é marcada sobretudo por uma *ausência de reserva*, e é nesse sentido que forma um par de oposição com a relação irmão--irmã. Uma jovem enamorada de um homem pode tomar a dianteira, mandando o pai ou o irmão sentir o terreno junto à irmã do homem em questão. Se a mulher for viúva, o intermediário torna-se dispensável e cabe aos interessados tomar atitudes. Certos homens têm sentimentos tão intensos e absorventes por uma ou duas mulheres que se proíbem de ter outras esposas. Mesmo quando há mais esposas, diz-se que uma delas é "bem próxima" (*close up* na linguagem do informante) do marido. Se ele for polígamo, tem de se dividir equitativamente entre todas as esposas. Se descuidar de alguma delas, ela sairá proclamando sua indignação por toda parte, lembrando que homens capazes de satisfazê--la não faltam. As mulheres são violentamente ciumentas umas das outras e não têm vergonha de expor suas desavenças íntimas em público. Também é comum *ver* maridos obcecados pelo ciúme fazerem cenas e serem ridicularizados pelos companheiros (Deacon 1934: 103-04, 159-71). As relações entre cônjuges são, portanto, dominadas por um ciúme intenso e recíproco, que eles manifestam por qualquer motivo e sem a menor discrição: "É comum uma mulher açoitar a genitália do marido com urtigas muito dolorosas, se ele a deixar de lado" (id. ibid.: 170; e não "flagelar a própria genitália [...] em sinal de protesto", cf. Heusch 1958: 235).

Vê-se que as relações irmão-irmã e marido-mulher podem ser definidas, a primeira por grande reserva, e a segunda pela total falta de reserva. As duas outras relações, que se estabelecem entre homens, caracterizam-se uma pela rigidez, a outra por ausência de rigidez, ou ainda pela dependência ou independência mútuas. Estas últimas características correspondem melhor à descrição de Deacon:

> Enquanto o tio materno for vivo, o rapaz pode pegar todos os bens dele que desejar, mas deve a ele, em compensação, estrita obediência. À diferença do que ocorre entre os Seniang, um homem tem liberdade quase total de obedecer ou desobedecer ao pai, mas as ordens do irmão da mãe são lei. Se ele disser ao sobrinho "vamos para a guerra", este irá segui-lo, mesmo que seu próprio pai se oponha. Para impedir um filho de seguir o irmão da esposa, um homem terá de recorrer aos meios mais enérgicos. E, se um homem quiser

que o filho o acompanhe na guerra e o tio proibir, o rapaz acatará a decisão deste e ficará na aldeia. Contudo, apesar de os rapazes deverem completa obediência aos irmãos de suas mães, suas relações se definem mais pela amizade mútua do que pela autoridade de um e subordinação do outro. O sobrinho considera que deve obedecer ao tio, mas também acha que ele é um "cara legal" (*a good sport*) (id. ibid.: 101).

Revela-se, assim, que num registro afetivo a relação entre irmão e irmã está para a relação entre marido e mulher assim como – talvez em outro registro afetivo (mas nada garante que seja diferente) – a relação entre pai e filho está para a relação entre tio materno e sobrinho. Tendo em mente as ressalvas já formuladas para evitar simplificações apressadas, o sistema das atitudes pode ser representado por um esquema conforme à hipótese inicial:

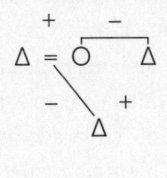

***

O caso dos Mundugumor do rio Yuat, afluente do Sepik no noroeste da Nova Guiné, coloca outras questões. Segundo Luc de Heusch, as relações irmão-irmã, marido-mulher e pai-filho seriam todas negativas, sendo a relação entre tio materno e sobrinho a única positiva. No entanto, basta seguir passo a passo as descrições de Margaret Mead, admirável etnógrafa de campo, para constatar que os Mundugumor ilustram um caso de estrutura complexa, cuja possibilidade eu havia levado em conta, pensando precisamente neles (Lévi-Strauss [1945] 2008: 54, n. 11): agrega-se a irmã do pai ao lado deste, desdobra-se os filhos do casamento em filho e filha na geração seguinte (ibid.: 62), e aparecem os avós na geração acima. Apenas quando se considera a estrutura total, em vez de mutilá-la para reduzi-la, revela-se sua arquitetura e tornam-se perceptíveis duas propriedades.

Sabe-se que os Mundugumor possuem um sistema de descendência original, no qual um homem pertence à mesma linha (os

Mundugumor dizem "corda") que a mãe, o pai da mãe, a mãe do pai da mãe etc., ao passo que a mulher pertence à mesma linha que o pai, a mãe do pai, o pai da mãe do pai etc. Ou seja, a regra de descendência é matrilinear para os meninos e patrilinear para as meninas, de modo que irmão e irmã têm estatutos genealógicos diferentes. Em consequência disso, laços especialmente íntimos ligam pai e filha, de um lado, e mãe e filho, do outro, a ponto de cada um dos genitores poder dormir com o filho do sexo oposto no cesto-mosquiteiro em que os Mundugumor se recolhem para passar a noite.

O casamento normal é por troca. A mãe, solidária do filho, vê na filha um meio de conseguir uma esposa para ele. Mas como o pai quer manter as filhas, para conseguir em troca delas esposas suplementares para si mesmo, desenvolve-se entre ele e o filho um sentimento de rivalidade acirrada que beira a hostilidade; sentimento que a mãe trata de atiçar dizendo coisas para o filho. A mesma rivalidade existe entre irmãos, pois cada um procura manter o controle sobre as irmãs para conseguir esposas. Num sistema assim, desde a infância irmão e irmã se sentem separados um do outro, o filho se sente separado do pai e a filha, da mãe. Os cônjuges, por sua vez, acalentam projetos contraditórios para o futuro de seus filhos, que se traduzem nos esforços de cada um deles para alimentar na criança de sexo oposto ao seu (mas que está diretamente ligado a ele ou ela pela regra de descendência) sentimentos de desconfiança em relação ao outro genitor.

Ao contrário, um rapaz tem relações cordiais com o irmão da mãe, e se refugia na casa dele em caso de conflito com o pai. De modo que, diante de várias relações negativas – entre pai e filho, mãe e filha, irmão e irmã, marido e mulher –, parece que, com exceção das relações mãe-filho e pai-filha, que não tinham lugar em nossos primeiros diagramas, só seja possível detectar uma única relação positiva, entre tio materno e sobrinho. Tal raciocínio, no entanto, implica desconsiderar outras relações, que as descrições de Margaret Mead colocam em evidência e que não podem ser ignoradas.

Em primeiro lugar, a relação entre tio materno e sobrinho não apresenta um caráter rigorosamente normativo: "Entre um rapaz e o irmão de sua mãe as relações costumam ser amigáveis. Embora eles não pertençam à mesma corda, nem a um grupo detentor de direitos fundiários, o irmão da mãe sempre está disposto a oferecer abrigo ao sobrinho se ele tiver dificuldades com o pai" (Mead 1935: 132). Essa solidariedade ocasional resulta, continua nossa autora, da tensão que reina entre os cunhados: "Ajudando o filho contra o pai, marido de sua própria irmã, o tio materno se comporta de modo coerente. O verdadeiro irmão da mãe de um menino é considerado como um parente muito próximo dele, tão próximo que irá executar os ritos de escarificação sem receber por isso" (id. ibid.). A relação entre tio materno e sobrinho possui, portanto, um caráter derivado; é do mesmo tipo, mas menos definida, do que a que se instaura às vezes entre tio materno e sobrinha:

> Às vezes, um homem que tem muitos filhos, mas nenhuma filha, e cuja mulher não quer que ele recorra a procedimentos de adoção, pode ficar com a filha de uma de suas irmãs mediante uma participação em seu sustento. Porém, como é teoricamente muito difícil conseguir uma filha assim, a solicitação costuma ser apresentada desde antes do nascimento da criança. O solicitante passa então a enviar regularmente alimentos para a irmã grávida. Mas na metade dos casos a criança não será do sexo desejado e o homem, já pai de muitos filhos, acabará na posição desconfortável de ter assumido uma responsabilidade quase paterna para com mais um menino (Mead 1935: 138).

Note-se desde já que esse menino, cujo nascimento frustra as esperanças do tio e se apresenta para ele como uma espécie de desastre, é o filho de sua irmã, ou seja, aquele sobrinho com quem, em circunstâncias normais, ele teria relações amigáveis. Nada demonstra melhor que essas relações ocupam um lugar subsidiário diante das que se estabelecem entre o tio materno e sua sobrinha "reservada", já que esta será como sua filha e os laços entre pai e filha são os mais íntimos entre os Mundugumor. Nesse sistema, a relação tio materno-sobrinha é portanto do mesmo tipo, mas mais importante, do que a relação tio materno-sobrinho.

Em segundo lugar, não é possível incluir no sistema as relações entre tio e sobrinho a não ser que se incluam também as relações com a irmã do pai, que a descrição etnográfica coloca exatamente no mesmo plano:

Uma criança mundugumor aprende que toda pessoa que se situa, em relação a ela, numa posição de irmão da mãe, irmã do pai, filho de irmã (para um homem), filho de irmão (para uma mulher), e seus cônjuges, é um parente com quem se brinca e se troca provocações, que se acusa de comportamento irregular ou inconveniente, se ameaça, se finge agredir etc. (Mead 1935: 143; cf. também p. 146)

O paralelismo entre a irmã do pai e o irmão da mãe é ainda reforçado pelo fato de que, no caso examinado acima, em que um homem reserva a filha da irmã, desde antes do nascimento, na intenção de fazer dela sua própria filha, sua esposa conivente será a irmã do pai dessa mesma menina se, como é teoricamente a regra entre os Mundugumor, os casamentos resultaram de uma troca de irmãs entre dois homens. Vimos que o tio materno verdadeiro realiza as escarificações rituais no sobrinho sem exigir os pagamentos consideráveis que são de regra quando o oficiante é um parente mais afastado. A irmã do pai desempenha uma função simétrica para com seus sobrinho e sobrinha, pois cabe a ela suspender, no curso de uma cerimônia, os tabus alimentares impostos às crianças até aproximadamente a idade de dois anos (Mead 1935: 141).[3]

Finalmente, tampouco podemos deixar de considerar o testemunho de Margaret Mead a respeito dos laços particularmente estreitos que existem entre membros afastados da mesma "corda": a mãe do pai, para uma menina, e o pai da mãe, para um menino. Cada um desses netos leva o nome do avô ou avó na corda; é "socialmente idêntico" a ele e, quando se dirige aos membros da própria geração, emprega os mesmos termos de parentesco que seu ascendente usaria. O sistema terminológico apresenta uma forma cíclica: completa um ciclo a cada três gerações. Sendo assim, a mãe do pai e o pai da mãe têm seu lugar marcado no átomo de parentesco mundugumor, assim como a irmã do pai em relação à mãe e a filha em relação ao filho. Chega-se, então, ao esquema a seguir:

---

3. Em correspondência pessoal, Margaret Mead especifica: dádiva de um crânio por parte do irmão da mãe, perfuração de orelhas pela irmã do pai e entrega de um porco em retribuição para cada um deles.

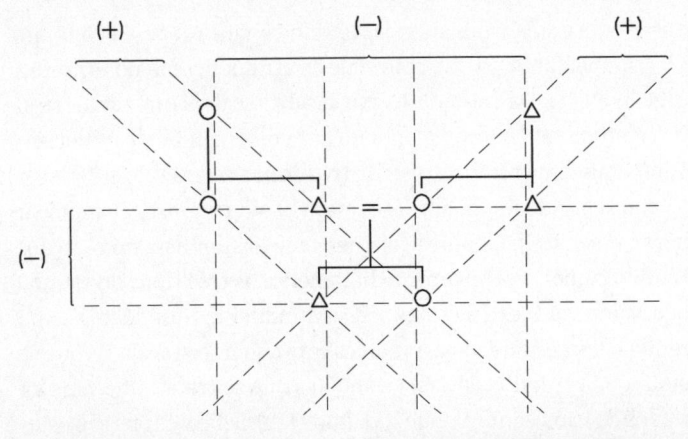

Nesse diagrama, as ligações verticais e horizontais são todas negativas: entre pai e filho, entre mãe e filha (entre as primeiras), entre irmão e irmã, entre marido e mulher, entre cunhados (entre as segundas). Todas as ligações oblíquas, em compensação, são positivas: correspondem às cordas, que ligam a mãe do pai à filha do filho e o pai da mãe ao filho da filha, e também às relações que, sem ser cordas, unem a irmã do pai ao filho do irmão e o irmão da mãe à filha da irmã. Como vimos, esses dois tipos de relações podem se aproximar e até mesmo se confundir, já que o tio materno tem o direito de reservar a sobrinha por nascer para lhe servir de filha, e a irmã do pai cumpre os ritos de suspensão dos tabus alimentares impostos tanto à sobrinha como ao sobrinho, do mesmo modo que o tio materno, candidato ao papel de pai para a sobrinha se não tiver filhas, cumpre gratuitamente os ritos de escarificação na pessoa do sobrinho e tem com ele relações de afeto, réplica enfraquecida dos sentimentos que o unem à irmã do menino quando esta se torna sua filha.

Esse modo de analisar e representar o sistema apresenta duas vantagens. Em primeiro lugar, a regra de descendência mundugumor, qualificada de "teratológica e aberrante" (Heusch 1958: 240-41) torna-se mais clara quando é reposta dentro de uma estrutura global, na qual forma, com o sistema de atitudes, um conjunto lógico e coerente, bem como, aliás, com a regra mundugumor segundo a qual os casamentos só podem unir cônjuges pertencentes ao mesmo nível geracional (Mead 1935: 145). Isso, com efeito, é indispensável para que as ligações retas permaneçam distintas das ligações oblíquas; pois, ao final das contas, é sobre a oposição entre esses dois tipos de ligação que repousa toda a economia do sistema, tanto no que concerne às atitudes como no tocante à descendência. Na verdade, bastaria saber se dois indivíduos se situam numa reta ou numa oblíqua para determinar o caráter fundamentalmente positivo ou negativo de sua relação.

Em segundo lugar, a interpretação aqui proposta permite superar esse dualismo que seria demasiado simplista no caso dos Mundugumor e explicar imediatamente os três tipos de atitude que Margaret Mead distingue: "Os Mundugumor dividem sua parentela em três categorias: aqueles com quem se graceja, os que se evita por vergonha (*shame*) e aqueles que se trata com graus variados de franca intimidade" (id. ibid.: 142). Sabemos que são estes últimos os sentimentos que prevalecem entre membros da mesma corda, e que a reserva distante expressa a tensão, podendo atingir a hostilidade, que caracteriza as ligações retas, entre irmãos e cunhados principalmente, mas também entre marido e mulher, pai e filho, mãe e filha. E quanto ao terceiro tipo? Como vimos, ele compreende as relações de sobrinho e sobrinha com a irmã do pai ou o irmão da mãe, parentes unidos por ligações obliquas como as cordas, paralelas a estas, embora não sejam cordas – pseudocordas, poderíamos dizer, considerando apenas suas propriedades formais, as quais, desse ponto de vista, ocupam um lugar intermediário (assim como as atitudes correspondentes) entre as verdadeiras cordas e as ligações retangulares, que poderíamos então chamar de anticordas, porque implicam atitudes diametralmente opostas às que vigem entre membros da mesma corda.

Uma única dificuldade parece se opor a nossa interpretação. Duas mulheres, trocadas por seus irmãos para se tornarem esposas, estão unidas por uma relação horizontal; entre elas reina, contudo, certa intimidade: "Dizem que uma é a 'retribuição' da outra e suas relações estão isentas do espírito de rivalidade e queixas mútuas tão comum entre cunhados" (Mead 1935: 147-48). Esse caso particular constituiria, portanto, uma exceção à teoria indígena segundo a qual "prevalece uma hostilidade natural entre todos os indivíduos de mesmo sexo" (Mead 1935: 127). Contradiria também a regra, evidenciada por nosso diagrama, que atribui um coeficiente negativo a todas as relações horizontais.

Faremos duas observações. Primeiro, nenhum sistema jamais é rigorosamente simétrico para os dois sexos, pois suas posições respectivas não são, em nenhuma sociedade, comutáveis. A própria Margaret Mead nota que entre os Mundugumor as relações entre mulheres são, no conjunto, menos difíceis do que as relações entre homens (1935: 147-48). Além disso e principalmente, as relações que se estabelecem entre duas mulheres trocadas por seus irmãos derivam de dois tipos de relação antecedentes: entre irmão e irmã, de um lado, e entre homens que, tendo trocado irmãs, tornaram-se cunhados um do outro. Ora, esses dois tipos de relações são negativos e é concebível que, como em aritmética, seu produto tenha valor positivo. De todo modo, saímos aqui dos limites da estrutura elementar considerada em sua dimensão sincrônica. O mesmo ocorre remontando o eixo temporal (já que nesse caso nos colocamos antes da realização da aliança e não depois), se levarmos em conta as brincadeiras grosseiramente escatológicas que os rapazes solteiros trocam com suas "irmãs" classificatórias, primas de primeiro ou segundo grau com quem, em princípio, ele não pode se casar (id. ibid.: 146).

Resulta das considerações acima que, numa tabela periódica dos sistemas de parentesco e de atitudes, os Mundugumor ilustrariam um caso de átomo "pesado". Um átomo que, de todo modo, continua satisfazendo as três condições exigidas por nossa hipótese inicial, a saber: 1) que uma estrutura elementar de parentesco se assenta numa relação de aliança tanto quanto em relações de consanguinidade; 2) que o conteúdo da relação avuncular é independente da regra de descendência; e 3) que, no interior dessa estrutura, as atitudes que se opõem entre si (e que se pode, para simplificar, qualificar de positivas ou negativas) compõem um conjunto equilibrado.

* * *

Consideremos agora um terceiro exemplo, o dos Lele do Kasai, estudados por Mary Douglas, e que Luc de Heusch considera não comprovar, como os anteriores, a tese que eu tinha avançado: "O sistema de parentesco lele apresenta três relações negativas (irmão/irmã, pai/filho, tio materno/filho de irmã) e apenas uma única relação positiva (marido/mulher). A única relação masculina positiva está situada fora do elemento de parentesco: a solidariedade e grande proximidade entre avô e neto" (1971: 20).

É fácil concordar com que a relação entre irmão e irmã é negativa, com base nas observações de Mary Douglas: "A mulher devia aprender a evitar seus irmãos, a não permanecer na mesma casa que eles, a não falar com eles cara a cara, a depositar respeitosamente no solo, diante deles, o alimento que destinava a eles; e, finalmente, a jamais tocá-los" (1963: 124). Admitir-se-á também que a relação entre marido e mulher é positiva: "A relação deles não tinha nada de incerto ou de ambíguo. Os Lele reconhecem que a colaboração entre cônjuges está na base da vida social. Falavam em tom de aprovação de um casal feliz que tinha feito seu casamento dar certo [...] Marido e mulher deviam permanecer juntos [...] e cuidar um do outro caso um deles adoecesse" (1963: 120-21).

Em compensação, a afirmação de que a relação entre pai e filho é negativa parece ser particularmente arriscada, quando se lê a descrição que Mary Douglas faz dela e que não traduzirei, para afastar qualquer suspeita de ter forçado o tom do original, que, aliás, não precisa disso:

> Between Lele father and son there is a close personal tie. The talk of young men and boys suggests a highly emotional attitude to their fathers. Orphaned men love to recall their father's companionship and teaching. They have no word which correspond to "respect" as Professor Radcliffe-Brown uses it. Heki is to show honour, and it is significant that it is supposed to be a reciprocal attitude between father and son. Each honours the other, with generosity and consideration. This close tie between father and son is supposed to endure throughout life. In the father's old age, the son has a duty to live with and cherish him, and this duty conflicts effectively with the interest which the boy has in joining his mother's brothers, who can pay blood compensations for his crimes and allocate him a wife. It is remarkable how many men do not leave their natal village to join their maternal uncles until after the father's death. Whatever light discipline the father may have exercised in the childhood of his son is sanctioned in adult life only by his power to curse his disobedient child. There is no other ritual sanction he can employ, and no way of disinheriting or otherwise enforcing his authority over his grown son (1952: 61-62).[4]

---

4. Entre pai e filho Lele, a relação é de grande proximidade. A fala de rapazes e meninos indica uma atitude altamente emotiva para com seus pais. Homens

Mais adiante, a autora sublinha "a ausência manifesta de qualquer disciplina estrita exercida pela geração dos genitores [...] O pai mostra ter muito pouca autoridade sobre os filhos pequenos, e menos ainda quando são adultos" (id. ibid.: 62). Ainda segundo Mary Douglas, essa relação feita de ternura e indulgência por parte do pai, de amor e piedade da parte do filho, contrasta radicalmente com a que prevalece entre o filho da irmã e seus tios maternos:

> A autoridade que um grupo de irmãos da mãe exerce sobre um homem não se compara à estreita intimidade[5] (close intimacy) que existe entre um pai e seu filho. São os irmãos da mãe que dispõem das sanções importantes, pois têm o poder de negociar as dívidas de sangue e as alocações de esposas. Sua autoridade, no entanto, apresenta um caráter difuso. Os tios maternos comprometem sua solidariedade competindo entre si para *ver* quem consegue mais esposas para seu ou seus sobrinhos favoritos. Um homem pode facilmente transferir sua fidelidade de um tio materno para outro ou para um membro de seu clã, parente mais afastado, porque os laços pessoais resultantes de corresidência ou serviços recíprocos contam mais do que os laços genealógicos no sentido estrito (Douglas 1952: 62).

A autora observa adiante que os direitos preferenciais ao casamento com mulheres de outros clãs, transmitidos de irmão da mãe para filho da irmã, são a melhor ilustração entre os Lele

---

órfãos gostam de lembrar do companheirismo e dos ensinamentos do pai. Não possuem nenhuma palavra que corresponda a "respeito", tal como a emprega o professor Radcliffe-Brown. *Heki* é demonstrar honra, e é significativo que seja a atitude recíproca esperada entre pai e filho. Cada qual honra o outro, com generosidade e consideração. Esse elo forte entre pai e filho deve perdurar por toda a vida. Na velhice do pai, o filho tem o dever de viver com ele e cuidar dele, dever esse que efetivamente entra em conflito com o interesse que o rapaz tem de ir juntar-se aos irmãos de sua mãe, que podem pagar compensações de sangue por seus crimes e designar-lhe uma esposa. É notável a quantidade de homens que só deixam sua aldeia natal para juntar-se aos tios maternos uma vez morto o pai. Caso o pai tenha frouxamente disciplinado o filho durante a infância, na vida adulta, possui apenas o poder de amaldiçoar o filho desobediente. Não existe nenhuma outra sanção ritual que ele possa empregar, e nenhum meio de deserdar ou de outro modo impor autoridade sobre um filho adulto (1952: 61-62).

5. *Étroite intimité*, no original em francês. [N.T.]

daquilo que, noutros contextos, chamaríamos de direito sucessório (id. ibid.: 64).

Essas análises permitem *ver* que as atitudes entre pai e filho e entre tio materno e sobrinho estão em oposição diametral, e que o elemento de parentesco lele, se fosse reduzido a irmão, irmã, marido, mulher, pai e filho, manifestaria de modo ao mesmo tempo simples e típico um sistema de atitudes bem conhecido em sociedades de descendência matrilinear: negativa entre irmão e irmã, positiva entre marido e mulher, positiva entre pai e filho e negativa entre tio materno e sobrinho devido ao fato de que nessas sociedades – acabamos de *ver* com os Lele – são os homens do clã da mãe que detêm jurisdição sobre os filhos de suas irmãs, membros dos mesmos clãs que eles.

Diante de tal situação, como pode Luc de Heusch definir o sistema de modo completamente diferente? É porque ele deu mais atenção a outros aspectos, que eram deixados em segundo plano no estudo publicado por Mary Douglas em 1952, mas que seu livro de 1963 põe em foco.

No tocante à relação pai-filho, o livro confirma, porém, o artigo. Prova disso são passagens como: "Eles (os Lele) não paravam de falar sobre o que um homem devia fazer por seu pai, o que um pai devia fazer por seu filho" (1963: 73). E mais adiante: "Os Lele honravam a paternidade. Ensinavam aos meninos que seu pai era como um deus [...] que a dívida que tinham para com ele, pelos cuidados recebidos na primeira infância, era tão imensa que nunca poderiam pagá-la" (id. ibid.: 114). Mas a autora acrescenta uma nuance ao quadro: "Era extremamente vergonhoso para um homem faltar com o respeito para com seu pai. Era esperado que o pai evitasse o filho depois de adulto, para que este não se sentisse oprimido pelo peso do respeito que teria de demonstrar pelo pai" (id. ibid.: 114). Essa indicação é corroborada por outra observação: "*Cin*, que significa 'evitar', era o modo de demonstrar respeito. Um homem devia evitar seus irmãos mais velhos, e por implicação, seus irmãos mais novos, e também o irmão da mãe, o pai, e ainda o pai, a mãe e o irmão da mãe de sua esposa. Essa era uma séria obrigação" (id. ibid.: 103).

A afirmação de Luc de Heusch de que a relação pai-filho é negativa parece ignorar as observações que citamos acima e baseia-se exclusivamente nos dois últimos trechos citados no parágrafo precedente.[6] É pouco, convenhamos, mas nem por isso devem ser desconsiderados. Antes de voltarmos a isso, no entanto, convém considerarmos outros motivos que poderiam levar à mesma interpretação.

Em seu artigo de 1952, Mary Douglas enfatiza a posição especial dos tios maternos como doadores de esposas. Já mencionamos exemplos disso. Não obstante, evidencia-se numa passagem (p. 64), que explica que um homem atribui a mulher sobre a qual possui direito preferencial "a um dos filhos de suas irmãs, isto é, um dos jovens de seu clã" (*clan juniors*, opostos na mesma página aos *senior clansmen*), que com "irmão da mãe" e "filho da irmã" a autora não pretende designar exclusivamente os ocupantes de determinadas posições genealógicas. Provavelmente seguindo o uso indígena, ela designa de modo mais livre homens pertencentes a níveis geracionais diferentes dentro de um clã. O livro de 1963 é ainda mais explícito quanto a isso, na medida em que exclui a possibilidade, na prática, de um verdadeiro tio materno dar uma esposa ao filho da irmã. Os homens lele se casam em média quinze ou vinte anos mais tarde que suas irmãs, o que gera um claro descompasso entre a idade de homens e mulheres pertencentes à mesma geração:

> um homem podia reivindicar o direito sobre a filha da filha. Podia casar-se ele mesmo com ela se quisesse [...] ou dá-la a um irmão [...] ou ao filho da filha da irmã. Dá-la ao filho da própria irmã estava fora de questão, embora este pudesse eventualmente vir a herdá-la,

---

6. O próprio Luc de Heusch, contudo, sentiu um problema, como demonstram as dúvidas que se revelam na seguinte passagem: "Numa tribo matrilinear do Kasai, os Lele, o termo *heki* (honrar) caracteriza a relação pai-filho e "é significativo que se suponha que a atitude seja recíproca" (Douglas 1952: 61); o termo exprime menos respeito do que reserva. Ora, o mesmo termo, *heki*, aplica-se igualmente à relação avuncular; segundo uma comunicação pessoal de Mrs. Douglas, prevalece a evitação (*avoidance*) entre tio materno e sobrinho, e entre pai e filho. As duas relações parecem ser homólogas e não inversas. Contudo, essa reserva é aliviada por profunda ternura na relação pai-filho, o que não aparece tão claramente no caso da relação tio materno-sobrinho. A polaridade sentimental inversa notada por Radcliffe-Brown não funciona bem aqui. Porém, do ponto de vista estrutural, atribui-se ao tio materno e ao pai sinais contrários nas culturas matrilineares e patrilineares e coloca-se claramente uma questão nova" (Heusch 1958: 212-13).

se ela ficasse viúva. Nos tempos antigos, antes de a prática cristã do casamento monogâmico limitar o número de cônjuges permitidos, um homem não podia esperar se casar com uma moça de idade tão próxima da sua quanto a filha do irmão de sua mãe. (Mead 1963: 115)

De todo modo, evidencia-se claramente pelo contexto que nas trocas matrimoniais não é o irmão da mãe, mas o irmão da mãe da mãe, que desempenha o papel determinante. Sendo assim, é surpreendente que Luc de Heusch escreva que "a única relação masculina positiva [...] determina a solidariedade e grande proximidade entre avô e neto" (1971: 20). Ele deveria ter acrescentado: e entre o irmão da mãe da mãe e o filho da filha da irmã, o que o teria posto no bom caminho.

Com efeito, Mary Douglas dá essa relação como exemplo de relação entre parentes que estão em pé de igualdade e se tratam com intimidade:

Assim, a relação entre um homem e o velho irmão da mãe de sua mãe se traduzia na terminologia de parentesco como se, num certo sentido, eles fossem irmãos e, em outro, companheiros de idade. Um menino pequeno podia chamar o irmão da mãe de sua mãe de "meu irmão mais velho", sem ter de evitá-lo como a seus irmãos maiores, e podia também chamá-lo de mbai, companheiro de idade (1963: 104),

ou seja, o termo que conota uma das relações mais íntimas e calorosas entre os Lele (id. ibid.: 73).

Com que direito se pretenderia reduzir o elemento de parentesco, sempre e por toda parte, às formas mais simples que é passível de assumir em certas sociedades? Contrariamente ao que alguns querem nos fazer dizer, jamais sugerimos que essas formas simples fossem universais, mas apenas que os casos em que aparecem são numerosos o bastante para que a frequência tenha um significado (Lévi-Strauss [1945] 2008: 52; Lévi-Strauss 1972a). Nossos críticos deixam de *ver* que o elemento de parentesco, tal como o descrevemos, não consiste em *posições* definidas de uma vez por todas, mas num sistema das únicas *relações* pertinentes. A escolha do tio materno (irmão da esposa do pai) se justifica quando permite definir a função de doador de mulher com a maior economia de meios. Não há razão para querer recorrer a ele no caso dos Lele, em que o tio materno não pode desempenhar tal papel, que cabe ao irmão da mãe da mãe, com o qual, como vimos, se restabelece a relação avuncular.

Começaremos, pois, por instalar solidamente o irmão da mãe da mãe em sua posição de doador de mulher. Essa função se encontra parcialmente obscurecida por duas ordens de fatos. Em primeiro lugar, existem entre os Lele dois tipos principais de tomadores e, em segundo lugar, cada um desses tomadores pode operar com três fórmulas diferentes de casamento.

De acordo com a fórmula forte empregada por Mary Douglas, toda a filosofia de vida dos Lele se baseia na premissa de uma identidade: *wife, life* (1963: 36). Para esse povo ostensivamente matrilinear, o nascimento de uma filha, que mais tarde dará à luz outras filhas, garante a perpetuação do clã. Resulta daí que se um homem, esposo de uma mulher do clã, der origem a uma filha, terá o direito de reivindicar a filha nascida dessa filha em benefício de seu próprio clã; e o direito de reivindicar a própria filha, não para seu próprio clã, mas para o de seu pai.

Podemos nos perguntar por que os Lele formulam essas duas pretensões rivais de modo tão diferente, incumbindo num caso o pai da mãe de fazê-la valer em benefício direto de seu próprio clã e, no outro, encarregando o próprio pai da moça, que então age não em prol de seu clã, mas em prol do clã de seu pai, a que ele mesmo não pertence. Há duas razões para isso, uma prática e a outra teórica.

Em primeiro lugar, o pai sempre está perto, o que não acontece necessariamente com o pai do pai, devido à grande liberdade de residência, patrilocal em princípio, que é comumente praticada entre os Lele (id. ibid.: 88). Em segundo lugar e principalmente, as duas pretensões não podem ser colocadas em pé de igualdade. Apenas no primeiro caso aplica-se plenamente o argumento de que um homem que deu uma filha ao clã da esposa pode reivindicar outra filha desse clã (sua neta, no caso) em benefício de seu próprio clã. Logicamente, o pai só poderia fazer valer a pretensão sobre sua segunda filha – já deu uma, pede outra; a primeira filha parece ainda menos exigível na medida em que serve de causa jurídica para uma reivindicação subsequente. Mas como o homem, nesse caso, age em nome do clã do pai, avô paterno da moça em questão, pode-se dizer que o verdadeiro tomador é o pai do pai, assim como, no primeiro caso, o tomador era oficialmente o pai da mãe. Os dois avôs são portanto os tomadores de mulher entre os Lele.

Como vimos, eles podem dispor dessas mulheres, que são suas netas, de três modos: podem casar-se com elas, ou cedê-las a um irmão mais novo ou ainda a um filho da filha da irmã, membro de seu clã e do mesmo nível geracional que a moça casadoira. Se aqui, como em toda parte, a relação entre doador e tomador de mulher faz parte integrante do elemento de parentesco, cumpre reduzir esses três tipos de casamento a um só, para que a posição de doador seja definida sem ambiguidade.

O primeiro tipo parece ter-se tornado mais raro (Douglas 1963: 118). Mas vemos uma razão ainda melhor para eliminá-lo do sistema: um avô materno não pode ter uma neta se não tiver antes tido uma filha, e não pode ter uma filha se não tiver casado. Ora, esse casamento deve necessariamente ser de um tipo diferente do casamento com uma neta, ou se ficaria preso num círculo. Esse argumento não se aplica ao segundo tipo, em que o avô cede o privilégio a um irmão caçula. Mas, do ponto de vista estrutural, este ocupa no sistema a mesma posição que seu irmão mais velho, em virtude do princípio da equivalência dos germanos, bem conhecido em teoria do parentesco, segundo o qual uma só posição basta para representar o conjunto de irmãos ou o conjunto de irmãs, salvo na hipótese às vezes verificada de a distinção dos germanos em mais velhos e mais novos implicar, para eles mesmos ou para terceiros, estatutos matrimoniais diferentes. Não pode ser esse o caso quando o irmão caçula contrai o tipo de casamento a que o mais velho renuncia em seu proveito. No plano formal, o único que nos interessa aqui, o segundo tipo de casamento é, portanto, redutível ao primeiro, que a lógica já tinha levado a eliminar, de modo que, para representar diagramaticamente o sistema, apenas o terceiro tipo se mostra pertinente.

Isso posto, voltemos ao problema colocado pela interpretação de Luc de Heusch. Ela desconsidera, como dissemos, indicações bastante ricas em favor de uma relação íntima e afetuosa entre pai e filho, selecionando das análises de Mary Douglas apenas duas breves referências à evitação mútua. Vindo de uma observadora dessa qualidade, as informações não podem se contradizer, de modo que é preciso que se completem, e o fazem de modo tão mais claro quanto correspondem a fases sucessivas da vida individual.

Os primeiros dados que utilizamos opõem a atitude para com o pai e a atitude para com os irmãos da mãe; os segundos, a atitude (aparentemente invertida de positiva em negativa) para com o pai e para com o irmão da mãe da mãe, em outras palavras, considerada num momento em que a relação entre sobrinho-neto e tio-avô prevalece sobre a relação entre sobrinho e tio, porque o rapaz, uma vez adulto, se preocupa em obter uma esposa e só pode esperar isso do primeiro, já que o segundo, como vimos, está excluído como possível doador de mulher. Estaríamos diante de dois "estados de excitação" do sistema, um correspondendo à infância e juventude de Ego, de tipo rigorosamente clássico, e o outro, que se manifesta quando Ego atinge a idade de se casar, e constitui uma transformação do anterior:

No curso dessa transformação, a relação pai-filho vira de positiva para negativa, ao mesmo tempo que a relação negativa filho da irmã-irmão da mãe cede lugar a uma relação positiva entre filho da filha da irmã e pai da mãe da mãe, também um "tio materno", mas de uma geração acima. A respeito dos Ashanti, Meyer Fortes bem mostrou (1949: 54-84) como um modelo estrutural pode evoluir no decorrer da existência dos indivíduos, em função dos status sucessivos que cada um é chamado a ocupar.

No presente caso, o primeiro estado do sistema não coloca nenhum problema. É para o segundo, portanto, que devemos voltar nossa atenção.

Acabamos de *ver* que esse estado se caracteriza por uma atitude negativa entre irmão e irmã, positiva entre marido e mulher, negativa entre pai e filho, positiva entre irmão da mãe da mãe e filho da filha da irmã (Douglas 1963: 52, 69, 88, 104, 120-21, 124).[7] O elemento de parentesco permanece sendo comparável àqueles cujas formas mais simples havíamos destacado, bastando um alongamento vertical na escala de duas gerações. Esse alongamento corresponde, entre os Lele, ao princípio segundo o qual o antagonismo reina entre gerações consecutivas e a solidariedade entre gerações alternadas, um princípio imediatamente perceptível na organização da aldeia, já que os membros das gerações I e III residem lado a lado e uma fronteira ideal traçada na diagonal os separa dos membros das gerações II e IV, igualmente agrupados, do outro lado (id. ibid.: 78-79). Resulta daí que os elementos se imbricam uns nos outros, e se sobrepõem parcialmente, sempre defasados um em relação ao outro de uma geração, um pouco como as telhas de um telhado:

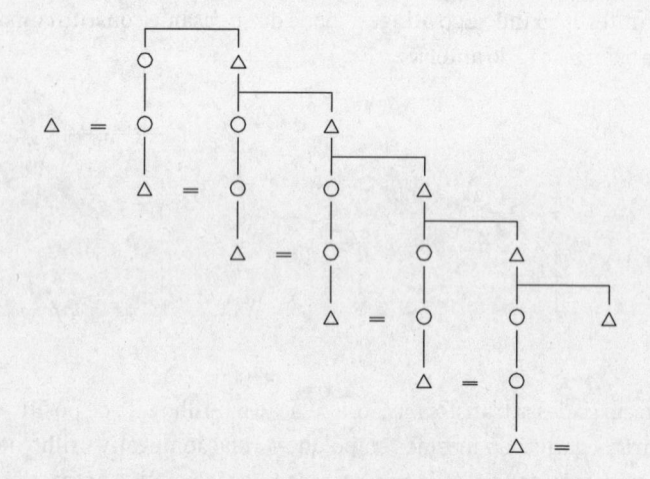

Isso no caso em que o tomador de mulher, agindo em nome de seu sobrinho-neto, é o pai da mãe da moça. Como vimos, trata-se de outro caso quando o pai da filha age como tomador em nome do clã de seu próprio pai. Enfatizamos (*supra*, pp. 111-12) que este último caso não pode ser posto em pé de igualdade com o outro, mas mesmo assim forneceremos seu diagrama, para mostrar que

---

7. Se quisermos introduzir as relações mãe-filha na geração superior e mãe-filho na geração inferior, notaremos que elas também se opõem: intimidade e colaboração no segundo caso, distância marcada e deveres assimétricos no primeiro (Douglas 1963: 35, 52; e 52, 57, 74-75).

ele não o contradiz, visto que o diagrama assume a mesma forma, a não ser pelo surgimento de uma ligação suplementar – porque essa solução implica quatro clãs em vez de três – na pessoa do pai agindo em prol de um clã diferente do seu e cujo papel se encontra assim explicado, do ponto de vista funcional:

Esses diagramas estão longe de esgotar a complexidade do sistema, que Luc de Heusch bem evidenciou, com base nas indicações dadas por Mary Douglas. Apenas procuram mostrar que uma representação do sistema exclusivamente por meio de "átomos de parentesco" não entra em contradição com os fatos relatados.

Se me objetassem que o traçado dos diagramas não leva regularmente em conta a descendência matrilinear, começaria por responder que se trata apenas de uma simplificação de escrita. Diagramas mais meticulosos nesse sentido seriam mais difíceis de ler, mas seu aspecto geral permaneceria inalterado. Além disso, a liberdade que tomei era justificada pelo artigo de 1945, cuja intenção era provar que o modo de descendência não intervém para determinar a estrutura do elemento de parentesco (Lévi-Strauss [1945] 2008: 54-55). O artigo buscava mostrar que a relação com o tio materno se evidencia imediatamente em tal estrutura, apreendida na forma mais simples que pode assumir, sem que seja necessário invocar, como Radcliffe-Brown, uma regra patrilinear ou matrilinear de descendência. Parecem esquecer-se disso Adler e Cartry quando escrevem (Adler & Cartry 1971: 11): "Lévi-Strauss, se considera a filiação como não pertinente, no entanto faz dela o critério para designar os sistemas que toma como exemplo". Não só as regras de descendência existem como propriedades objetivas desses sistemas, como eu devia me colocar no campo dos autores que pretendia discutir (Lévi-Strauss 1972a). O mesmo ocorre com Pierre Étienne que, num artigo de resto bastante interessante, declara que "o conceito de átomo de parentesco, elaborado por Claude Lévi-Strauss, a despeito da confiança que sua coerência interna inspira, não me foi de grande ajuda para a interpretação dos fenômenos concretos que tinha diante de mim" (Étienne 1970: 35), acrescentando mais adiante, numa nota: "Entretanto, subscrevemos inteiramente o ponto de vista de Lévi-Strauss quando afirma que o tio uterino é um dado imediato da estrutura de parentesco e aliança" (ibid.: 37, n. 5). Mas a noção de átomo de parentesco, "falsa síntese" nas palavras de Étienne, tinha como único objetivo fundar essa afirmação, nova na época, e só posso me alegrar se há quem agora se refira a essa passagem como se fosse óbvia.

* * *

No caso dos Lele, parece ser significativo em outros aspectos que as ligações matrilineares não sejam pertinentes – ou que não o sejam regularmente – para representar o sistema de aliança adequadamente, e gostaria de terminar este estudo apresentando algumas rápidas considerações a esse respeito. Se as análises acima tiverem fundamento, decorre daí que Luc de Heusch concebe de modo demasiado estreito os sistemas mundugumor e lele. Todavia, pode ser que um duplo equívoco esteja baseado numa verdade compartilhada, e que a mesma interpretação indevidamente restritiva de sistemas aparentemente muito diferentes um do outro se explique pelo fato de terem, num nível mais profundo, propriedades que são suficientemente parecidas para levantar dificuldades do mesmo tipo, e que por isso incitam o analista com muita pressa de concluir a lhes dar a mesma solução errada.

Vimos que o sistema mundugumor implica laços particularmente íntimos e afetuosos entre pai e filha, de um lado, e mãe e filho, do outro, em virtude de um modo original de descendência que põe na mesma "corda" pai, filha, filho da filha, filha do filho da filha etc., e, em outra "corda", mãe, filho, filha do filho, filho da filha do filho etc.

Vimos que, também entre os Lele, existem laços íntimos e afetuosos, mas entre pai e filho (*supra*, pp. 106-07). Mary Douglas destaca igualmente os laços, ainda mais estreitos, entre mãe e filha:

Uma filha não deveria ter segredos para a mãe, e os homens se espantavam com a falta de reserva entre elas. Mãe e filha iam juntas para o rio tomar banho, viam-se nuas e esfregavam as costas uma da outra. Qualquer uma das duas podia pedir à outra para raspar-lhe a cabeça, depilar suas sobrancelhas, besuntá-la, lavá-la, serviços tão íntimos que homens de gerações diferentes nem conceberiam em prestar uns aos outros (1963: 126).

Tais atitudes não fazem senão levar ao extremo as que costumam prevalecer entre irmãs e, de modo geral, entre pessoas do sexo feminino: "As mulheres passavam a maior parte do tempo com outras mulheres e eram muito apegadas às mães, irmãs e filhas" (id. ibid.: 124). Por outro lado, essas atitudes femininas não eram exatamente comparáveis às que prevaleciam entre pai e filho, que "honravam" um ao outro; ou entre irmãos, também unidos por laços muito fortes, mas fundados na abstenção voluntária de qualquer espécie de concorrência "que pudesse prejudicar seu afeto mútuo" (id. ibid.: 100), na responsabilidade do mais velho pelo mais novo, a quem devia ajuda e proteção em qualquer circunstância, e no respeito do mais novo pelo mais velho, que se traduzia em ofertas de alimento e de objetos manufaturados (id. ibid.: 99). As relações masculinas pertenciam, portanto, à cultura, ao passo que as relações femininas – pelo menos do ponto de vista dos homens – pertenciam mais à natureza: "O decoro estava a tal ponto ausente das relações femininas que estas adquiriam um aspecto instintivo. Os homens ficavam embasbacados diante disso e comparavam as mulheres aos animais, porque se comportavam umas com as outras sem a formalidade característica das relações masculinas, mesmo em família" (id. ibid.: 126-27). Em que pesem tais diferenças, o fato é que, entre os Lele, as relações mais carregadas de afetividade são as relações entre pai e filho e as entre mãe e filha.

Tudo se passa, portanto, como se os Lele, que pensavam sua regra de descendência no modo matrilinear, vivessem-na, na verdade, num modo diferente, reunindo na mesma linha, do ponto de vista sentimental, filho e pai e, em outra linha, filha e mãe. Um sistema simétrico ao dos Mundugumor e, como ele, caracterizado pelo reconhecimento, implícito ou explícito, de duas linhas de descendência, mas – na forma de duas filiações privilegiadas – uma inteiramente feminina e a outra inteiramente masculina, ao passo que entre os Mundugumor os sexos se alternam em cada linha ao longo das gerações. Na prática, essa dualidade se manifestava no reconhecimento da linhagem patrilinear do pai, tanto quanto da linhagem matrilinear da mãe: "A ênfase bilateral do parentesco lele resultava da importância dada à paternidade, como é inevitável numa sociedade de homens competindo uns com os outros para dispor de mais mulheres" (Douglas 1963: 114).

Consideremos agora outro aspecto. Um homem mundugumor só pode conseguir uma mulher trocando sua irmã pela irmã de outro homem: "Teoricamente" – escreve Margaret Mead (1935: 128) – "é o único meio de obter uma esposa", condição essa reforçada pela regra teórica de que os casamentos só podem acontecer entre membros da mesma geração. As trocas matrimoniais sempre se efetuam, por conseguinte, num eixo horizontal, em oposição à doutrina lele que adota como modelo o casamento com a filha da filha, fundado no princípio de que um homem que gera uma filha e a dá, portanto, ao clã de sua mulher, tem o direito de exigir a filha dessa filha em troca: "Esse costume de devolver as moças, para que se casem no clã do pai de suas mães é uma instituição-chave da sociedade lele [...] É aquela de que os Lele mais se orgulham e que se esforçam para honrar sempre que possível" (Douglas 1952: 64). De modo que aqui, ao inverso do costume mundugumor, trata-se de trocas efetuadas num eixo vertical:

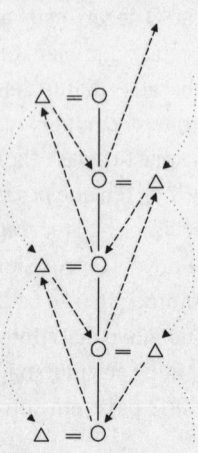

Isso não é tudo; pois os Lele, que fundam teoricamente seu sistema de aliança na troca vertical, derivam daí, na prática, um sistema de troca horizontal: o tio-avô materno costuma ceder seu direito conjugal à neta em favor do filho da filha de sua irmã, ou seja, um homem que pertence à mesma geração que a neta. Quando o avô tomador de mulher é o pai da mãe do beneficiário, o casamento acontece entre filho da filha da irmã e filha da filha; quando o avô em questão é o pai do pai, entre filho da filha da irmã e filha do filho. Segundo a fórmula da troca generalizada, em lugar da troca restrita, na realidade esses casamentos são realizados por troca horizontal de filhos e filhas de primos cruzados.

Entre os Mundugumor, onde o pertencimento de irmãos e irmãs a linhagens diferentes sempre ameaça comprometer o mecanismo das trocas, observa-se uma inversão simétrica do sistema, que neste caso pende da horizontal para a vertical. Margaret Mead observa uma rede de obrigações recíprocas entre os descendentes de dois irmãos que trocaram irmãs: o filho da irmã escarificava ritualmente o neto do irmão, que por sua vez escarificava o neto de seu escarificador e, na quarta geração, os filhos e filhas das duas linhas deviam casar-se (1935: 131):

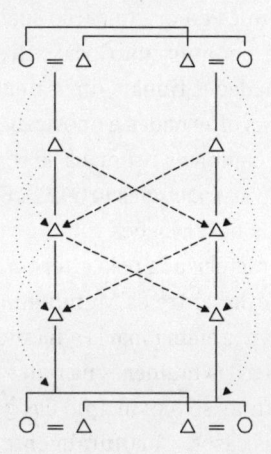

Embora o sistema fosse complicado demais para funcionar na prática, ele reconstitui o modelo da troca vertical, pois o direito de escarificar ritualmente um rapaz – bem como o de furar as orelhas de uma moça, transmitido entre mulheres pela mesma regra – trazia benefícios consideráveis na forma de pagamentos em porcos e ornamentos. Para permitir a comparação com o sistema de casamento lele, o ponto comum a reter é que entre duas linhagens já aliadas por um casamento, a devolução feita por uma delas na geração seguinte à da união acarreta dever análogo por parte da outra linha, a ser cumprido uma geração depois. No caso dos Lele, esse dever se materializa na geração de meninas; no dos Mundugumor, não se materializa na geração de meninos, mas em sua iniciação, que é um segundo nascimento. E em ambos os casos esse entrelaçamento de obrigações em espiral ao longo de um eixo vertical acarreta, no eixo horizontal, o retorno periódico de aliança entre as duas linhas, renovando a aliança inicial a cada três gerações entre os Lele, a cada cinco entre os Mundugumor. Em suma, a oposição lele entre gerações consecutivas e gerações alternadas equivale à que é formulada pelos Mundugumor em termos, digamos, de "sexos consecutivos" e "sexos alternados".

Seria possível mencionar outros pontos de comparação entre as duas sociedades, ora semelhantes, ora contrastantes. Os Mundugumor não tinham clãs, os dos Lele não tinham nenhuma consistência: "Coleção amorfa de indivíduos que nunca se reuniam e não faziam nada juntos [...] nem mesmo se conheciam" (Douglas 1963: 85). Em ambos os casos, a unidade de residência, aldeia ou cabana, era a base única da organização social. Não havia culto clânico entre os Lele, nenhum culto local entre os Mundugumor.

Ora, as duas sociedades tinham um sistema fundado na identificação das gerações alternadas e oposição das gerações consecutivas. Em ambas, os nomes próprios se repetiam a cada duas gerações (Mead 1935: 144; Douglas 1952: 63). Em tais condições, e considerando nossas observações sobre a regra de descendência, oficialmente caracterizada pela alternância entre homem e mulher em cada "corda" entre os Mundugumor e – de maneira implícita, ou pelo menos embrionária – na sucessão contínua dos homens numa linha e das mulheres na outra linha entre os Lele, podemos nos perguntar se o princípio das gerações alternadas não estaria, nos dois casos, estruturalmente ligado a um modo de filiação que, em ambos, atribui ao irmão e à irmã estatutos diferentes. Na verdade, é graças ao princípio das gerações alternadas que as duas linhas podem se reunir periodicamente, ainda que para simplesmente se cruzarem antes de divergirem, até um novo retorno. Nesse aspecto, a diferença entre os Mundugumor e os Lele residiria essencialmente no fato de que o sistema de parentesco tem um grande rendimento funcional entre os primeiros, ao passo que entre os últimos, como nota Mary Douglas em diversas ocasiões, "a organização do parentesco é fraca e instável; sofre ao competir com outras formas de agrupamento social" (1952: 61; cf. ibid.: 64, em que se enfatiza *the weakness of the kinship structures*"). A autora insiste também sobre "a falta de interesse por reconstruções genealógicas, o desconhecimento geral quanto às relações entre os membros da geração dos avós e até da dos pais" (id. ibid.: 62). Não há de surpreender, portanto, que um sistema cujo rendimento é tão baixo, e no qual três tipos de casamentos possíveis geram complicações nos laços de parentesco localizáveis entre dois indivíduos a ponto de torná-los praticamente indecifráveis (Douglas 1963: 112), se mostre resistente a esforços de formalização.

Por outro lado, a eventual correlação entre o princípio das gerações alternadas e a atribuição de situações diferentes aos germanos de sexo diferente mereceria aprofundamento. Sabe-se que este último fenômeno recebeu o nome de *sex affiliation* de F. E. Williams (1932), que teve o mérito de identificá-la como instituição original entre os Idutu-bia do golfo de Papua, onde seus traços característicos estão longe de se manifestar claramente. No entanto, a noção de geração alternada permanece envolta por uma grande confusão, porque houve uma tendência a estendê-la a todos os sistemas que aplicam o mesmo termo de parentesco a indivíduos que ocupam posições simétricas e separadas por um intervalo de duas ou mais gerações. Não parece que tal noção se aplique à terminologia de parentesco dobu, que vem acompanhada, aliás, de uma proibição de casamento entre primos cruzados. O fato de todos os membros masculinos e femininos da segunda geração ascendente e descendente serem designados pelo mesmo termo, *tubuna*, parece apenas assinalar um limite do sistema, o grau a partir do qual as distinções terminológicas deixam de ser pertinentes, sem que por isso os netos e avós sejam considerados "socialmente idênticos" como entre os Mundugumor, ou o avô se reproduza misticamente na pessoa do neto, ou a avó na neta, na ausência, notada por Fortune (1932: 127, n. 1) de crenças relativas à reencarnação. O mesmo pode ser dito a respeito do sistema de parentesco kapauku, no qual termos específicos reúnem os parentes das quarta, terceira e segunda gerações em ordem ascendente e descendente (Pospisil 1959-60). Nesses casos, trata-se não de gerações alternadas, mas de uma representação do parentesco na forma de círculos concêntricos a partir de Ego.

Em compensação, as gerações alternadas e a afiliação por sexo parecem estar estruturalmente ligadas no Brasil, entre as populações da família linguística jê. Os Kayapó possuem um sistema complexo de transmissão dos nomes próprios, passados de avô ou irmão da mãe para neto ou filho de irmã, e de avó para neta ou filha de irmão. Pois bem, os morfemas que compõem o termo *tab-djuo*, que designa, entre outras coisas, os filhos de irmã e os netos, parecem implicar que esses indivíduos são socialmente idênticos a quem assim os chama (Turner 1966: 170-76 e Appendix II: XXXV). Os Timbira, que alternam as classes de idade num eixo leste-oeste, dão às meninas nomes da linhagem paterna e aos meninos nomes da linhagem materna (Nimuendaju 1946: 78, 90-91). Entre os Apinayé, os nomes são transferidos de tio materno para filho de irmã e de tia materna para filha de irmã (Nimuendaju 1939: 22), mas nesse caso são as regras de pertencimento aos grupos chamados *kiyê* que seguem a afiliação por sexo, de pai para filho e de mãe para filha (id. ibid.: 31). Entre os Xerente, por fim, as regras de transmissão dos nomes masculinos e femininos diferem, pois a transmissão ocorre seja no âmbito das metades, seja no das associações; além disso, o princípio das gerações alternadas rege tanto a transferência de nomes masculinos como o pertencimento às associações masculinas (Nimuendaju 1942: 43-44, 52, 59-64). Consequentemente, em todos esses casos, encontra-se em operação um princípio de alternância de geração, não necessariamente na terminologia de parentesco, mas em instituições paralelas, e parece estar direta ou indiretamente ligado ao princípio de afiliação por sexo, também em operação nas mesmas instituições ou em outras.

As mesmas observações podem ser feitas na África. Os Ashanti têm um sistema de gerações alternadas, com identificação mística entre avô e neto, na pessoa do qual o primeiro pode eventualmente reencarnar, e testemunhos antigos sugerem que as proibições alimentares, chamadas *tcina*, são transmitidas de pai para filho entre os homens e de mãe para filha entre as mulheres (cf. Lévi-Strauss [1949] 1967: 131).

Se essas indicações rápidas, aqui apresentadas apenas como sugestão, viessem a ser corroboradas por outros exemplos, concluir-se-ia que, independentemente das funções subjetivas que desempenham em cada sociedade, os sistemas de gerações alternadas poderiam, numa primeira aproximação, ser efeito de um fenômeno de convergência. Em certos casos, resultariam de uma dupla dicotomia, de metades patrilineares e metades matrilineares; em outros, do casamento preferencial com a prima cruzada patrilateral (Lévi-Strauss [1949] 1967, capítulo XXVII); ou ainda, de um modo de transmissão de certos elementos da posição pessoal que separa irmãos de irmãs e liga cada qual a um ou outro de seus ascendentes. Nos três casos, o sistema garante que, no tocante à posição pessoal ou a determinados entre os seus elementos, as linhas oriundas respectivamente de um irmão e de uma irmã, por menos que a troca matrimonial represente um modelo ideal, só poderão se cruzar passadas duas gerações.

Perceberíamos ainda, entre essas três origens possíveis dos sistemas de gerações alternadas, uma relação estrutural. De ambos os lados da fórmula do casamento patrilateral, lugar em que a oposição das duas outras fórmulas se anula, a dupla dicotomia das metades obrigaria as linhas de descendência a respeitar um princípio de dualidade que constitui um quadro geral, uma propriedade do sistema, imposta de fora a todas; a afiliação por sexo, por sua vez, garantiria o respeito automático do mesmo princípio, mas agindo no seio de cada linha e, por assim dizer, de dentro:

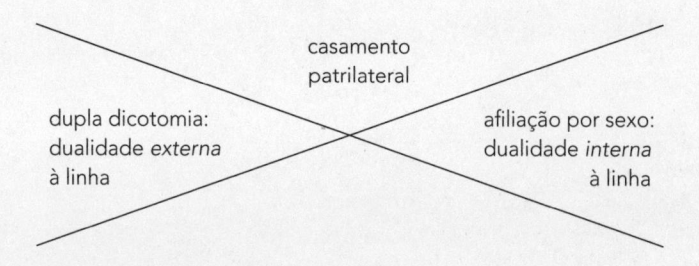

dupla dicotomia:
dualidade *externa*
à linha

casamento
patrilateral

afiliação por sexo:
dualidade *interna*
à linha

As três fórmulas representariam, então, estados de um mesmo grupo de transformação, e o casamento patrilateral marcaria o ponto de equilíbrio precário em que se neutralizam os traços diferenciais dos outros dois estados, simétricos e inversos entre si.

Mitologia e ritual

VIII. A ESTRUTURA E A FORMA
REFLEXÕES ACERCA DE UMA OBRA DE VLADIMIR PROPP

Os defensores da análise estrutural em linguística e antropologia costumam ser acusados de formalismo: desconsidera-se o fato de que o formalismo existe como doutrina independente, da qual o estruturalismo se afasta, sem renegar o que lhe deve, em razão das atitudes muito diferentes que as duas escolas adotam diante do concreto.[1] Ao contrário do formalismo, o estruturalismo recusa a oposição entre concreto e abstrato e a valorização deste em relação àquele. A *forma* se define por oposição a uma matéria que lhe é estranha, mas a *estrutura* não possui conteúdo específico: ela é o próprio conteúdo, apreendido numa organização lógica concebida como propriedade do real.

A diferença merece ser aprofundada por intermédio de um exemplo. Podemos atualmente fazê-lo, graças à publicação da tradução em inglês de uma obra já antiga de Vladimir Propp, cujo pensamento permaneceu bem próximo ao da escola formalista

---

1. "Cahiers de l'Institut de science économique appliquée", n. 9, mar. 1960 (Série M, n. 7), *ISEA*, Paris, pp. 3-36. Este artigo foi publicado simultaneamente, com o título "L'Analyse morphologique des contes russes", no *International Journal of Slavic Linguistics and Poetics*, 3, 1960 (Lévi-Strauss 1960c).

O artigo foi escrito por ocasião da primeira edição em inglês do livro de Propp, *Morfologia do conto maravilhoso* (Propp [1928] 1958), e a presente versão traduz as citações transpostas por Lévi-Strauss do inglês para o francês. O leitor poderá consultar uma tradução direta do russo em *Morfologia do conto maravilhoso*. Rio de Janeiro: Forense Universitária, 2006. [Edições francesas indicadas no original: *Morphologie du conte*. Paris: Gallimard, 1970 e Ed. du Seuil, 1970.] [N.E.]

russa durante seu breve período de florescimento, entre 1915 e 1930 aproximadamente.[2]

Svatava Pirkova-Jakobson, autora da introdução, bem como o tradutor, Laurence Scott e o Research Center da Universidade de Indiana, prestaram um enorme serviço às ciências humanas com essa publicação, numa língua acessível a novos leitores, de uma obra praticamente esquecida. Na verdade, em 1928, ano da edição russa, a escola formalista se encontrava em plena crise, condenada oficialmente por dentro e sem comunicação com o exterior. Em suas obras seguintes, Propp abandonaria ele mesmo o formalismo e a análise morfológica, para se dedicar a estudos históricos e comparativos acerca das relações entre a literatura oral e os mitos, ritos e instituições.

Apesar disso, a mensagem da escola formalista russa não se perdeu. Na Europa, o Círculo Linguístico de Praga a retomou e difundiu; a partir de 1940 aproximadamente, a influência pessoal e as aulas de Roman Jakobson levaram-na para os Estados Unidos. Não pretendo insinuar que a linguística estrutural, e o estruturalismo moderno na linguística e fora dela, sejam meros prolongamentos do formalismo russo. Como já foi mencionado, afastam-se dele pela convicção de que se um pouco de estruturalismo afasta do concreto, muito leva de volta a ele. Contudo – e embora sua doutrina não possa de modo algum ser chamada de "formalista" – Roman Jakobson não perdeu de vista o papel histórico da escola russa e sua importância intrínseca. Sempre que expunha os antecedentes do estruturalismo reservava a ela um lugar especial. Aqueles que o escutaram, desde 1940, ficaram indiretamente marcados por essa influência remota. Se, como escreve Pirkova-Jakobson, o autor destas linhas parece ter "aplicado e desenvolvido o método de Propp" (: VII), não haverá de ter sido de modo consciente, visto que só tive acesso ao livro de Propp com a publicação dessa tradução. Mas, por intermédio de Roman Jakobson, algo de sua substância e inspiração me tinha sido transmitido.

* * *

---

2. Sobre a escola formalista russa, *ver* Erlich (1955) e Tomashevsky (1928).

Contudo, há razão de temer que a forma sob a qual foi publicada a tradução inglesa não facilite a difusão das ideias de Propp. Note-se que sua leitura é dificultada por erros de impressão e por passagens obscuras, que talvez existam no original, mas parecem antes resultar da dificuldade sentida pelo tradutor no tocante à terminologia do autor. Vale a pena, portanto, seguirmos a obra de perto, buscando condensar suas teses e conclusões.

Propp começa por um breve histórico da questão. Os trabalhos sobre os contos populares consistem principalmente em coletâneas de textos; estudos sistemáticos ainda são raros e rudimentares. Há quem invoque a insuficiência de documentos para justificar tal situação; o autor rejeita essa explicação, pois em todos os outros campos do conhecimento os problemas de descrição e classificação foram colocados desde o início. Além disso, ninguém se priva de discutir a origem dos contos populares, quando "só se pode falar da origem de um fenômeno, seja ele qual for, se já tiver sido descrito" (: 4).

As classificações correntes (Miller, Wundt, Aarne, Vesselóvski) oferecem uma utilidade prática, mas esbarram no mesmo problema: é sempre possível encontrar contos que pertencem a várias categorias, quer a classificação considerada se baseie nos *tipos* de contos ou nos *temas* que exploram. Na verdade, o recorte dos temas é arbitrário; não parte de uma verdadeira análise, mas de intuições ou posições teóricas de cada autor (sendo as primeiras, em geral, mais bem fundadas do que as últimas, como observa Propp, op. cit.: 5-6, 10). A classificação de Aarne fornece um inventário de temas que presta um grande serviço aos pesquisadores, mas o recorte é puramente empírico, de modo que a pertinência a determinada rubrica é sempre aproximativa.

A discussão das ideias de Vesselóvski é particularmente interessante. Para esse autor, o tema pode ser decomposto em motivos, aos quais o tema apenas acrescenta uma operação unificadora, criadora, para integrar motivos que constituem elementos irredutíveis. Mas, nesse caso, como observa Propp, cada frase constitui um motivo, e a análise dos contos deve ser levada a um nível que hoje chamaríamos de "molecular". Contudo, nenhum motivo pode ser dito indecomponível, posto que um exemplo simples como "um dragão rapta a filha do rei" contém pelo menos quatro elementos, cada um deles comutável com outros ("dragão" com "feiticeiro", "furacão", "demônio", "águia" etc.; "rapto" com "vampirismo", "adormecimento" etc.; "filha" com "irmã", "noiva", "mãe" etc.; e finalmente "rei" com "príncipe", "camponês", "padre" etc). Obtemos assim unidades menores do que os motivos e que, segundo Propp, não possuem existência lógica independente. Dedicamos algum tempo a essa discussão porque nessa afirmação de Propp, que é verdadeira apenas em parte, reside uma das principais diferenças entre formalismo e estruturalismo. Voltaremos a isso mais adiante.

Propp reconhece a Joseph Bédier o mérito de ter feito a distinção entre fatores variáveis e fatores constantes nos contos populares. Os invariáveis seriam as unidades elementares. Bédier não conseguiu, todavia, determinar em que consistem tais elementos.

O estudo morfológico dos contos não passou desse estágio rudimentar porque foi preterido em favor das investigações genéticas. Em geral, os ditos estudos morfológicos se reduzem a tautologias. O mais recente deles (na época em que Propp escrevia), do russo R. M. Volkov (1924), não demonstraria nada a não ser "que contos parecidos se parecem" (: 13). Ora, um bom estudo morfológico é a base de toda investigação científica. Além do mais, "enquanto não houver um estudo morfológico correto, não pode haver investigação histórica" (: 14).

* * *

Como Propp indica no início do segundo capítulo, todo o seu esforço se baseia numa hipótese de trabalho, que é a existência dos "contos de fadas" como categoria especial entre os contos populares. No início da pesquisa, os "contos de fadas" são definidos empiricamente como aqueles agrupados sob os números de 300 a 749 da classificação de Aarne. O método é definido do seguinte modo:

Consideremos os seguintes enunciados:

1) O rei dá ao herói uma águia, que o carrega para outro reino.
2) Um velho dá a Sutchenko um cavalo, que o transporta para outro reino.
3) Um feiticeiro dá a Ivã um barco, que o leva para outro reino.
4) A princesa dá a Ivã um anel mágico, do qual saem rapazes que o transportam para outro reino.

Esses enunciados contêm variáveis e constantes. Os personagens e seus atributos mudam, mas as ações e funções não. Os contos populares possuem a propriedade de atribuir ações idênticas a personagens diferentes. São os elementos constantes que serão selecionados como base, contanto que se possa demonstrar que o número de tais funções é finito. Percebe-se que elas costumam repetir-se. Portanto, pode-se afirmar que "o número de funções é espantosamente pequeno, comparado ao elevado número de personagens; o que explica a dualidade de aspectos dos contos populares, extraordinariamente multiformes, pitorescos e variados e, contudo, notavelmente uniformes e recorrentes" (op. cit.: 19).

Para definir as funções, encaradas como unidades constitutivas do conto, começa-se por eliminar os personagens, cujo papel é apenas o de servir de "suporte" para as funções. Cada uma das funções será simplesmente denotada pelo nome de uma ação: "proibição", "fuga" etc. Em segundo lugar, uma função deve ser definida levando em conta seu lugar na narrativa – um casamento, por exemplo, pode ter funções diferentes, conforme o seu papel. Significados diferentes são associados a ações idênticas e vice-versa; o único meio de saber é recolocar o acontecimento entre os demais, isto é, situá-lo em relação a seus antecedentes e consequentes, o que supõe que *a ordem de sucessão das funções é constante* (: 20), embora possam ocorrer deslocamentos, como se verá em seguida, mas que constituem fenômenos secundários, exceções a uma regra que sempre devemos poder recuperar (: 97-98). Admite-se ainda que nenhum conto, tomado individualmente, exiba todas as funções enumeradas, mas apenas algumas delas, sem que a ordem de sucessão se modifique. O sistema total das funções, que possivelmente não possui realização empírica, no pensamento de Propp, parece aproximar-se do que hoje chamaríamos de "metaestrutura".

Das hipóteses acima decorre uma última consequência, que será posteriormente verificada, embora Propp reconheça que, à primeira vista, ela parece "absurda [...] bárbara até": *considerados do ponto de vista da estrutura, todos os contos de fada correspondem a um único tipo* (: 21).

Para encerrar as questões de método, Propp indaga se a investigação que permitirá verificar ou invalidar sua teoria deve ser exaustiva. Na afirmativa, seria praticamente impossível levá-la a cabo. Porém, se admitirmos que o objetivo da investigação são as funções, poderemos considerá-la terminada a partir do momento em que percebermos que prossegui-la não leva à descoberta de nenhuma nova função; com a condição, evidentemente, que a amostra utilizada seja aleatória e como que "imposta de fora" (: 22). Concordando com Durkheim – certamente de modo involuntário – Propp sublinha: "O que importa não é a quantidade de documentos, mas a qualidade da análise" (loc. cit.). A experiência prova que uma centena de contos fornece material suficiente. Consequentemente, a análise será realizada sobre uma amostra composta dos contos de n.º 50 a 151 da coletânea de Afanássiev.

* * *

Passaremos mais rapidamente pelo inventário das funções – impossível de detalhar – que é objeto do capítulo III. Cada função é sumariamente definida, depois abreviada num único termo ("ausência", "proibição", "violação" etc.) e finalmente dotada de um código, letra ou símbolo. Propp também distingue as funções em "espécies" e "gêneros", as primeiras por vezes subdivididas em variedades. O esquema geral do conto de fadas é então definido como segue.

Após a exposição da "situação inicial", um personagem se ausenta. Tal ausência acarreta uma desgraça, direta ou indiretamente (pela violação de um interdito ou pelo cumprimento de uma ordem). Surge um personagem traiçoeiro que se informa a respeito da vítima e a engana, na intenção de prejudicá-la.

Propp analisa essa sequência em sete funções, codificadas pelas primeiras letras do alfabeto grego, para distingui-las das seguintes, codificadas com algarismos romanos e símbolos diversos. Essas sete funções são preparatórias, num duplo sentido: dão início à ação e nem sempre estão presentes, já que certos contos começam diretamente pela primeira função principal, que é a ação do traiçoeiro: rapto de uma pessoa, roubo de um objeto mágico, ferimento, sortilégio, substituição, assassinato etc. (: 29-32). Dessa "traição" resulta uma "falta", ou esta se encadeia diretamente na situação inicial: a falta é percebida e um herói é chamado a remediá-la.

Em seguida, há dois encaminhamentos possíveis: a vítima se torna o herói da narrativa ou um herói distinto da vítima vem em seu auxílio. Isso não contradiz a hipótese da unicidade do conto, pois nenhum conto se atém aos dois personagens ao mesmo tempo, de modo que nunca há mais de uma "função-herói", para a qual ambos os tipos de personagens podem servir indiferentemente de "suporte". Duas sequências alternativas podem então ocorrer: 1) convocação do herói-buscador, que parte em missão; 2) afastamento do herói-vítima, e perigos aos quais é exposto.

O herói (vítima ou buscador) encontra um "benfeitor", voluntário ou involuntário, prestativo ou reticente, imediatamente disposto a ajudar ou inicialmente hostil. Este põe o herói à prova (de diversas formas, que podem ir até o duelo). O herói reage negativa ou positivamente, por seus próprios meios ou graças a uma intervenção sobrenatural (várias formas intermediárias). A obtenção de um auxílio sobrenatural (objeto, animal, pessoa) é um traço essencial da função do herói (: 46).

Transportado para o local de sua intervenção, o herói enfrenta o vilão (combate, competição, jogo). O herói recebe uma marca de identificação (corporal ou outra), o vilão é vencido e a situação de falta anulada. O herói põe-se a caminho de casa, mas é perseguido por um inimigo, do qual escapa graças a um auxílio que recebe, ou a um estratagema. Alguns contos terminam com o retorno do herói e seu casamento subsequente.

Mas outros contos começam então a "jogar" o que Propp chama de segunda "partida": tudo recomeça, vilão, herói, benfeitor, provas, ajuda sobrenatural; depois, a narrativa toma um novo rumo. É preciso, portanto, introduzir uma série de "função *bis*" (: 53-54) e, em seguida, novas ações: o herói retorna disfarçado, uma tarefa difícil lhe é imposta, e ele consegue cumpri-la. Então ele é reconhecido e o falso herói (que tinha usurpado seu lugar) é desmascarado. Finalmente, o herói recebe sua recompensa (esposa, reino etc.) e o conto termina.

O inventário resumido acima leva seu autor a várias conclusões. Primeiramente, o número de funções é bastante limitado, 31 ao todo. Em segundo lugar, as funções implicam umas às outras "lógica e esteticamente", todas se articulam em torno do mesmo eixo, de modo que duas funções quaisquer jamais são mutuamente excludentes (: 58). Por outro lado, certas funções podem ser agrupadas em pares ("proibição"–"violação"; "combate"–"vitória"; "perseguição"–"libertação" etc.), e outras em sequências, como o grupo "traição"–"pedido de socorro"–"decisão do herói" –"partida do herói". Pares de funções, sequências de funções e funções independentes se organizam num sistema invariante, verdadeira pedra de toque que permite apreciar cada conto particular e determinar seu lugar numa classificação. Assim, cada conto recebe uma fórmula, análoga às fórmulas químicas, que enumera, na ordem natural de sucessão, as letras (gregas ou romanas) e os símbolos usados para codificar as diversas funções. Um expoente pode ser acrescentado às letras e símbolos, que denota uma variedade no seio de uma função específica. Um conto simples, resumido por Propp, equivaleria, por exemplo, à fórmula:

$$\alpha^1 \; \delta^1 \; A^3 B^1 C \; \uparrow \; H^1 - I^1 K \; \downarrow \; W^0$$

cujos signos representam, na ordem: "Um rei, pai de três filhas" – "que durante um passeio" – "param num jardim" – "são raptadas por um dragão" – "pedido de socorro" – "(três) herói(s) se apresenta(m) – "parte(m) em missão" – "confronto(s) com o dragão" – "vitória" – "libertação das princesas" – "retorno" – "recompensa" (: 114).

* * *

Tendo assim definido as regras de classificação, Propp dedica os capítulos seguintes (IV e V) à solução de várias dificuldades. A primeira, já evocada, diz respeito à assimilação capciosa entre duas funções. O "teste do herói pelo benfeitor", por exemplo, pode ser relatado de um modo que o torna indiscernível da "imposição de uma tarefa difícil". Em casos como esse, a identificação não é feita levando em consideração o conteúdo intrínseco da função, que é ambíguo, mas em relação ao contexto, isto é, o lugar ocupado pela função duvidosa entre as que a cercam. Inversamente, um enunciado que parece equivaler a uma só função pode conter duas, realmente diferentes, como quando a futura vítima se deixa "enganar pelo vilão" e ao fazê-lo "viola uma proibição" (: 61-63).

Uma segunda dificuldade decorre do fato de que, uma vez realizada a análise em funções, subsiste no conto uma matéria residual à qual não corresponde nenhuma função. Esse problema incomoda Propp, que propõe dividir o resíduo em duas categorias não funcionais, as "ligações" e as "motivações".

As ligações costumam ser episódios que servem para explicar como um personagem A fica sabendo o que um personagem B acaba de fazer, informação indispensável para que o primeiro possa entrar em ação. De modo geral, a ligação serve para estabelecer uma relação imediata entre dois personagens, ou entre um personagem e um objeto, quando as circunstâncias da narrativa permitiriam apenas uma relação mediata. Essa teoria das ligações é duplamente importante: explica como as funções podem ser aparentemente ligadas na narrativa, embora não apareçam em sequência, e permite reduzir os fenômenos de triplicação a uma única função, apesar de ligações que não constituem funções independentes, servindo unicamente para possibilitar a triplicação (: 64-68).

As motivações são "o conjunto das razões e objetivos em virtude dos quais os personagens agem" (: 68). Porém, frequentemente, as ações dos personagens nos contos não são motivadas. Propp conclui daí que as motivações, quando existem, podem resultar de uma formação secundária. Com efeito, a motivação de um estado ou de uma ação às vezes se apresenta como um verdadeiro conto que se desenrola dentro do conto principal e pode vir a ter uma existência quase independente: "Como tudo o que é vivo, o conto popular só gera formas que se lhe assemelham" (: 69).

* * *

As 31 funções a que todos os contos de fada podem ser reduzidos são, como vimos, "suportadas" por determinado número de personagens. Quando as funções são classificadas segundo o "suporte", descobre-se que cada personagem reúne diversas funções num "campo de ação" que o caracteriza. Assim, as funções "traição", "combate" e "perseguição" formam o campo de ação do vilão, as funções "transporte do herói", "anulação da falta", "salvamento", "execução de uma tarefa difícil" e "transfiguração do herói" definem o campo de ação do agente mágico etc. Resulta dessa análise que o número de personagens do conto, como o das funções, é limitado. Propp identifica sete protagonistas: o vilão, o benfeitor, o agente mágico, o personagem oculto, o mandante, o herói e o usurpador (: 72-73). Existem outros personagens, mas que fazem parte das "ligações". A correspondência entre cada protagonista e cada campo de ação é raramente unívoca: o mesmo protagonista pode intervir em vários campos, e um mesmo campo pode ser compartilhado por vários protagonistas. O herói pode, por exemplo, prescindir do agente mágico, se ele próprio possuir algum poder sobrenatural e, em certos contos, o agente mágico assume funções que noutros contos cabem ao herói (: 74-75).

Embora o conto deva ser concebido como um todo, não seria possível distinguir partes dele? Reduzido à sua fórmula mais abstrata, o conto de fadas pode ser definido como um desenvolvimento cujo ponto de partida é uma traição e o ponto de chegada um casamento, uma recompensa, uma libertação ou um alívio, sendo a transição realizada por uma série de funções intermediárias. Propp designa esse conjunto por um termo que foi traduzido em inglês por "*move*", e que preferimos traduzir por "partida",[3] com o duplo sentido de divisão principal de uma narrativa e de jogo – de cartas, de xadrez etc. Trata-se, efetivamente, das duas coisas ao mesmo tempo, já que – como vimos há pouco – os contos que contêm várias "partes/partidas" se caracterizam pela recorrência não imediata das mesmas funções, como em sucessivas partidas de jogos de cartas, nas quais se recomeça periodicamente a embaralhar, cortar, distribuir, mostrar, tirar novas cartas, ou seja, *as mesmas regras se repetem* apesar de *configurações diferentes*.

Já que um conto pode englobar várias partes/partidas, cada uma delas não seria em si um conto? A pergunta só pode ser respondida após a análise e definição, do ponto de vista morfológico, das relações entre as partes/partidas. Estas podem se apresentar uma após a outra, ou uma pode ser inserida em outra, cujo desenvolvimento interrompe temporariamente, sendo ela mesma sujeita a semelhantes interrupções, ou duas partidas podem ser iniciadas simultaneamente, e uma delas suspensa até o encerramento da outra, ou duas partidas sucessivas podem ter a mesma conclusão, ou ainda pode ocorrer de certos personagens serem duplicados, e a transição entre eles ser feita graças a um sinal de identificação.

Sem entrar nos detalhes, registramos apenas que, para Propp, trata-se de um único conto, independentemente do número de partes/partidas, quando existe entre elas uma relação funcional. Se forem logicamente desconexas, a narrativa será analisada em vários contos distintos (: 83-86).

---

3. *Partie* no original. [N.T.]

Depois de apresentar um exemplo (: 86-87), Propp retorna aos dois problemas formulados no início da obra: relação entre conto de fadas e contos populares em geral e classificação dos contos de fadas, tomados como categoria independente.

Vimos que o conto de fadas não é senão uma narrativa que explicita funções em número limitado e cuja ordem de sucessão é constante. A diferença formal entre vários contos resulta da seleção, feita em cada um deles, entre as 31 funções disponíveis e da eventual repetição de certas funções. Mas nada impede a confecção de contos em que fadas desempenhem um papel sem que a narrativa se conforme à norma acima; é esse o caso dos contos fabricados, exemplificados nas obras de Andersen, Brentano e Goethe. Inversamente, a norma pode ser respeitada na ausência completa de fadas. O termo "conto de fadas" é, portanto, duplamente impróprio. Na falta de uma melhor definição, Propp aceita, não sem hesitação, a fórmula "contos com sete protagonistas", já que crê ter demonstrado que esses setes protagonistas formam um sistema (: 89-90). Mas, se um dia se conseguir dar uma dimensão histórica à investigação, será possível falar em "contos míticos".

Um sistema de incompatibilidade entre as funções permitiria fundar uma classificação ideal dos contos. Mas Propp havia admitido um princípio de implicação recíproca (: 58) que, ao contrário, supõe total compatibilidade entre elas. Nesse ponto – uma das muitas vezes em que volta atrás nessa obra – ele reintroduz a incompatibilidade, limitando-a a dois pares de funções: "confronto com o vilão"–"vitória do herói" e "imposição de uma tarefa difícil"–"sucesso". É tão raro encontrar esses dois pares dentro de uma mesma "partida" que os casos contrários podem ser tratados como exceções. Torna-se então possível definir quatro classes de contos: os que utilizam o primeiro par; os que utilizam o segundo; os que utilizam ambos; e os que excluem ambos (: 91-92).

Como o sistema não apresenta nenhuma outra incompatibilidade, a classificação deve prosseguir a partir das variedades de funções específicas sempre presentes. Apenas duas delas são universais, "traição" e "falta". Os contos serão, portanto, separados segundo as modalidades assumidas por essas duas funções dentro de cada uma das quatro categorias anteriormente isoladas.

As coisas se complicam ainda mais quando se trata de classificar os contos em várias "partes/partidas". Contudo, o caso privilegiado dos contos de duas "partes" permite, segundo Propp, resolver a aparente contradição entre a unidade morfológica dos contos de fadas, postulada no início da obra, e a incompatibilidade dos dois pares de funções introduzidos no final como a única base possível para uma classificação estrutural. Com efeito, quando um conto possui duas partes, uma incluindo o par "confronto"–"vitória" e a outra o par "tarefa difícil"–"sucesso", os dois pares sempre aparecem nessa ordem, ou seja, "confronto"Y"vitória" na primeira e "tarefa difícil"Y"sucesso" na segunda. Além disso, as duas partes são ligadas por intermédio de uma função inicial, comum a ambas (: 93). Propp percebe nessa estrutura uma espécie de arquétipo do qual todos os contos de fadas seriam derivados, pelo menos no que diz respeito à Rússia (: 93).

Integrando todas as fórmulas típicas, obtém-se a fórmula canônica:

da qual é fácil extrair as quatro categorias fundamentais, correspondendo a:

$$ABC \uparrow DEFG \frac{HJIK \downarrow Pr\text{-}Rs^\circ L}{LmJNK \downarrow Pr\text{-}Rs} QExTUW$$

1) primeiro grupo + grupo superior + último grupo;
2) primeiro grupo + grupo inferior + último grupo;
3) primeiro grupo + grupo superior + grupo inferior + último grupo;
4) primeiro grupo + último grupo.

Salva-se, assim, o princípio da unidade morfológica (: 95).

Salva-se igualmente o princípio da sucessão invariável das funções, exceto pela permutação de uma função (L), "pretensões de um usurpador", em posição final ou inicial, conforme a opção entre os dois pares incompatíveis, (H − I) e (M − N). Propp admite ainda outras permutações de funções isoladas, e mesmo de sequências. Tais permutações não põem em causa a unidade tipológica e o parentesco morfológico de todos os contos, pois não implicam diferença de estrutura (: 97-98).

* * *

A primeira coisa que chama a atenção na obra de Propp é a força das antecipações sobre desenvolvimentos posteriores. Tendo abordado a análise estrutural da literatura oral por volta de 1950, sem conhecimento direto da tentativa de Propp, um quarto de século antes, encontro em sua obra, não sem espanto, fórmulas e até frases inteiras que não poderia ter-lhe tomado emprestadas. A noção de "situação inicial", a aproximação entre a matriz mitológica e as regras de composição musical (: 1), a necessidade de ler ao mesmo tempo na "horizontal" e na "vertical" (: 107), a utilização constante da noção de grupo de substituição e de transformação para resolver a aparente antinomia entre a constância da forma e a variabilidade do conteúdo (passim), o esforço – pelo menos esboçado por Propp – para reduzir a especificidade aparente das funções a pares de oposição, o caso privilegiado para a análise estrutural que são os mitos (: 82), finalmente e sobretudo a hipótese essencial de que só existe, estritamente falando, um conto (: 20-21) e que o conjunto dos contos conhecidos deve ser tratado como "uma série de variantes" em relação a um tipo único (: 103) – de modo que um dia talvez seja possível calcular variantes desaparecidas ou desconhecidas "exatamente como se pode inferir, em função das leis astronômicas, a existência de estrelas invisíveis" (: 104) – todas essas são intuições cuja perspicácia e caráter profético merecem admiração e justificam a devoção a Propp de todos aqueles que foram inicialmente seus seguidores, sem o saberem.

Sendo assim, o fato de sermos levados, na discussão que segue, a formular certas reservas e apresentar algumas objeções, não diminui em nada o imenso mérito de Propp e não contesta o pioneirismo de suas descobertas.

Dito isso, podemos nos perguntar por que razão Propp teria sido levado a escolher os contos populares, ou determinada categoria de contos, para testar seu método. Não se trata de classificar esses contos à parte do resto da literatura oral. Propp afirma que, de certo ponto de vista ("histórico", segundo ele, mas também, cremos, psicológico e lógico), "o conto de fadas, reduzido à sua base morfológica, é comparável ao mito". "Sabemos muito bem," acrescenta imediatamente, "que do ponto de vista de ciência contemporânea, a tese que propomos é completamente herética" (: 82).

Propp tem razão. Não existe nenhum motivo sério para isolar os contos dos mitos, embora uma diferença entre os dois gêneros seja subjetivamente percebida por um grande número de sociedades; embora tal diferença seja expressa objetivamente por termos específicos que servem para distinguir os dois gêneros; e, finalmente, embora prescrições e proibições sejam por vezes associadas a um deles, mas não ao outro (recitação dos mitos em certos horários ou apenas durante uma estação, ao passo que os contos, dada a sua natureza "profana", podem ser narrados a qualquer momento).

Essas distinções indígenas são extremamente interessantes para os etnógrafos, mas nada indica que estejam fundadas na natureza das coisas. Muito pelo contrário, constata-se que narrativas que são caracterizadas como contos numa sociedade são mitos em outras e vice-versa – primeira razão para desconfiar das classificações arbitrárias. Por outro lado, os mitógrafos constatam que, quase sempre, de forma idêntica ou transformada, as mesmas narrativas, os mesmos personagens e os mesmos motivos podem ser encontrados nos mitos e nos contos de uma população. E mais: para constituir a série completa das transformações de um tema mítico, quase nunca se pode considerar apenas os mitos (assim qualificados pelos indígenas); algumas das transformações devem ser buscadas nos contos, ainda que seja possível inferir sua existência a partir dos mitos propriamente ditos.

Tudo indica, no entanto, que quase todas as sociedades percebem os dois gêneros como distintos e que a constância de tal distinção é de algum modo fundamentada. Parece-nos que tal fundamento de fato existe, mas equivale a uma dupla diferença de grau. Em primeiro lugar, os contos são construídos a partir de oposições mais fracas do que as que se encontram nos mitos: não cosmológicas, metafísicas ou naturais, como nestes últimos, mas em geral locais, sociais ou morais. Em segundo lugar, e precisamente porque o conto consiste numa transposição enfraquecida de temas cuja realização amplificada é própria do mito, aquele é mais livre do que este no que diz respeito à coerência lógica, à ortodoxia religiosa e à pressão coletiva. O conto tem possibilidades mais amplas de operação, suas permutações são relativamente livres e adquirem progressivamente uma certa arbitrariedade. Mas as oposições minimizadas com que o conto trabalha são mais difíceis de identificar, e a dificuldade aumenta na medida em que tais oposições, já mínimas, marcam uma flutuação que permite a passagem para a criação literária.

Propp percebeu claramente esta segunda dificuldade: "A pureza de construção dos contos" – indispensável para a aplicação de seu método – "é característica de sociedades camponesas [...] pouco atingidas pela civilização. Várias sortes de influências externas alteram o conto popular, chegando às vezes a desintegrá-lo." Com isso, "é impossível explicar todos os detalhes" (: 90). Além disso, Propp admite que o contador goza de relativa liberdade para escolher determinados personagens, omitir ou repetir certas funções, determinar as modalidades das funções selecionadas e, mais ainda, no que concerne a nomenclatura e os atributos dos personagens, estes impostos: "Uma árvore pode mostrar o caminho, um grou pode dar de presente um corcel, um cinzel pode espionar etc. Essa liberdade é propriedade específica e exclusiva do conto popular" (: 101-02). Noutra passagem, ele fala desses atributos dos personagens, "tais como idade, sexo, posição social, aparência (e outras particularidades) etc.", que são variáveis porque servem "para dar ao conto seu brilho, seu charme e sua beleza". De modo que só causas externas – transformação das reais condições de vida, influência das literaturas épicas estrangeiras, da literatura erudita, da religião e das superstições, sobrevivências – podem explicar por que, em determinado conto, tal atributo substitui tal outro: "O conto popular sofre, assim, um processo metamórfico e essas transformações e metamorfoses estão sujeitas a certas leis. Desses processos resulta um polimorfismo difícil de analisar" (: 79).

De tudo isso conclui-se que o conto popular não se presta bem à análise estrutural. O que é verdade, em parte: menos do que crê Propp e não exatamente pelas razões que ele invoca. Voltaremos a isso; mas antes, é preciso indagar por que, em tais condições, é o conto que ele escolhe para pôr seu método à prova. Por que não escolher os mitos, cujo valor privilegiado ele mesmo reconhece, em vários momentos?

As causas da escolha de Propp são múltiplas e de importância desigual. Como ele não era etnólogo, provavelmente não dispunha de material mitológico coletado por ele ou entre povos conhecidos por ele, que pudesse manejar com propriedade. Além disso, ele tinha escolhido um caminho já trilhado por outros antes dele, e eram os contos, não os mitos, que seus predecessores tinham discutido, e que compunham o campo em que certos especialistas russos tinham feito as primeiras tentativas de estudos morfológicos. Propp retoma o problema no ponto em que eles o deixaram, utilizando o mesmo material que eles, isto é, os contos populares russos.

Parece-nos, entretanto, que a escolha de Propp também pode ser explicada por seu desconhecimento quanto às verdadeiras relações entre mito e conto. Embora tenha o mérito de vê-los como espécies de um mesmo gênero, permanece convencido da prioridade histórica do primeiro em relação ao segundo. Para poder abordar o estudo do mito, escreve ele, seria preciso acrescentar à análise morfológica "um estudo histórico que, por enquanto, não pode ser incluído em nosso programa" (: 82). Um pouco mais adiante, ele sugere que é entre "os mitos mais arcaicos" que os contos populares se originam (: 90): "Os usos profanos e as crenças religiosas se extinguem e o que resta vira conto popular" (: 96).

Um etnólogo desconfia dessa interpretação, pois sabe que, atualmente, mitos e contos existem lado a lado, de modo que um gênero não pode ser considerado como sobrevivência do outro, a menos que se postule que os contos preservam a lembrança de velhos mitos esquecidos.[4] Todavia, além de essa afirmação ser indemonstrável na prática (já que ignoramos tudo ou quase tudo a respeito das antigas crenças dos povos que estudamos, e precisamente por essa razão chamamo-los "primitivos"), a experiência etnográfica corrente leva a crer que, muito pelo contrário, mitos e contos exploram uma substância comum, mas cada um a seu modo. Não se trata de uma relação entre anterior e posterior, ou primitivo e derivado. Trata-se, antes, de uma relação de complementariedade. Os contos são mitos em miniatura, em que as mesmas oposições são transpostas em escala reduzida e é isso, em primeiro lugar, que os torna difíceis de estudar.

Essas considerações não permitem afastar as demais dificuldades evocadas por Propp, ainda que estas possam ser formuladas de modo um pouco diferente. Mesmo em nossas sociedades contemporâneas, o conto não é um mito residual, mas não há dúvida de que sofre por subsistir sozinho. O desaparecimento dos mitos rompeu o equilíbrio. Como um satélite sem planeta, o conto tende a sair de sua órbita, e a deixar-se captar por outros polos de atração.

---

4. Para a discussão de hipóteses desse tipo a partir de um exemplo preciso, *ver* os capítulos X e XIV deste livro.

Razões a mais para nos voltarmos preferencialmente para as civilizações em que mito e conto coexistiram até uma época recente e às vezes continuam coexistindo; nas quais, consequentemente, o sistema da literatura oral está inteiro, e pode ser assim apreendido. Não se trata de escolher entre conto e mito, mas de compreender que estes são os dois polos de um domínio que contém todo tipo de formas intermediárias, que devem ser consideradas em pé de igualdade pela análise morfológica, para não deixar escapar elementos que pertencem, tanto quanto os outros, a um mesmo e único sistema de transformação.

* * *

Assim, Propp se mostra dividido entre sua visão formalista e a obsessão das explicações históricas. Seu recuo da primeira em favor destas é, em certa medida, compreensível. Na verdade, assim que ele se decidiu pelos contos populares, a superação da antinomia tornava-se impossível: é evidente que há história nos contos, mas uma história praticamente inacessível, já que sabemos muito pouco das civilizações ante-históricas em que nasceram. Mas será que é a história que falta? A dimensão histórica se apresenta, antes, como uma modalidade negativa, resultante da defasagem entre o conto presente e um contexto etnográfico ausente. A oposição desaparece quando se considera uma tradição oral ainda "em contexto", como as que são estudadas pela etnografia. Nesses casos, a questão da história não se coloca, ou só se coloca excepcionalmente, visto que as referências externas, indispensáveis à interpretação da tradição oral, são tão atuais quanto ela.

Propp é, portanto, vítima de uma ilusão subjetiva. Não está dividido, como pensa, entre as exigências da sincronia e da diacronia: *não é o passado que lhe falta, é o contexto*. A dicotomia formalista, que opõe forma e conteúdo, e que os define por características antitéticas, não lhe é imposta pela natureza das coisas, mas pela escolha fortuita, feita por ele, de um domínio em que só a forma sobrevive, enquanto o conteúdo é abolido. A contragosto, ele se conforma em dissociá-los. E nos momentos mais decisivos de sua análise, raciocina como se o que lhe escapa de fato lhe escapasse também de direito.

A não ser em algumas passagens – proféticas, mas extremamente tímidas e hesitantes, às quais voltaremos – Propp separa a literatura oral em duas partes: a forma, que constitui o aspecto essencial, porque se presta à análise morfológica, e o conteúdo arbitrário ao qual, por isso mesmo, ele atribui uma importância secundária. Permitam-me insistir nesse ponto, que resume toda a diferença entre formalismo e estruturalismo. Para o formalismo, os dois planos devem ser absolutamente separados, pois só a forma é inteligível e o conteúdo não passa de um resíduo sem valor significante. Para o estruturalismo, essa oposição não existe: não há de um lado o abstrato e, do outro, o concreto. Forma e conteúdo são de mesma natureza, passíveis da mesma análise. O conteúdo tira sua realidade de sua estrutura, e o que é chamado de forma é a "estruturação" das estruturas locais de que consiste o conteúdo.

Tal limitação, que nos parece inerente ao formalismo, torna-se especialmente evidente no principal capítulo da obra de Propp, consagrado às funções dos protagonistas, que o autor distingue em gêneros e espécies. Fica claro que os gêneros são definidos por critérios exclusivamente morfológicos, ao passo que as espécies só o são em mínima medida; involuntariamente, supõe-se, Propp as utiliza para reintroduzir certos aspectos pertinentes ao conteúdo. Vejamos, por exemplo, a função genérica "dano/traição". Esta é subdividida em 22 espécies e subespécies, tais como o vilão "rapta uma pessoa", "rouba um agente mágico", "pilha ou destrói a colheita", "rouba a luz do dia", "exige uma refeição canibal" etc. (: 29-32). Todo o conteúdo dos contos se vê assim progressivamente reintegrado, e a análise oscila entre um enunciado formal, tão geral que se aplica indistintamente a todo e qualquer conto (nível genérico), e a mera recuperação da matéria bruta da qual, pelo que tinha sido afirmado no início, só as propriedades formais teriam valor explicativo.

O equívoco é tão flagrante que Propp busca desesperadamente uma posição intermediária. Em lugar de inventariar sistematicamente o que ele afirma serem "espécies", limita-se a isolar algumas, reunindo desordenadamente, numa categoria "específica", todas aquelas que não são encontradas com frequência. "De um ponto de vista técnico", comenta ele, "é mais útil isolar algumas das formas mais importantes e generalizar quanto às restantes"

(: 29-33). Mas das duas, uma: ou se trata de formas específicas, e não é possível formular um sistema coerente sem ter inventariado e classificado todas elas, ou só existe conteúdo e, segundo as regras postas pelo próprio Propp, ele deve ser excluído da análise morfológica. De todo modo, uma gaveta em que as formas não classificadas são entulhadas não constitui uma "espécie".

Por que, afinal, Propp se contenta com isso? Por uma razão muito simples, que permite compreender outra fragilidade da posição formalista: a menos que reintegre sub-repticiamente o conteúdo na forma, ela está condenada a manter-se num nível de tamanha abstração que ela não significa mais nada, e tampouco possui qualquer valor heurístico. *O formalismo aniquila seu objeto.* Com Propp, o formalismo chega à descoberta de que na verdade só existe um único conto. A partir daí, o problema da explicação é apenas deslocado. Sabemos o que é *o conto*, mas como a observação nos coloca diante, não de um conto arquetípico, e sim de uma multidão de contos particulares, já não sabemos como classificá-los. Antes do formalismo, ignorávamos o que os contos têm em comum. Depois dele, não temos meios de entender em que eles diferem. Passamos do concreto ao abstrato, mas já não podemos voltar do abstrato ao concreto.

Para concluir seu trabalho, Propp cita uma página admirável de Vesselóvski:

> Será possível que os esquemas típicos, transmitidos de uma geração à outra como fórmulas feitas, que um novo alento faz reviver, sejam capazes de gerar novas formas? [...] A restituição complexa e como que fotográfica da realidade, que caracteriza a literatura romanesca contemporânea, parece afastar até mesmo a possibilidade de tal pergunta. Porém, quando essa literatura parecer às futuras gerações tão longínqua quanto é para nós, hoje, a época entre a antiguidade e a idade média – quando a atividade sintética do tempo, esse grande simplificador, tiver reduzido eventos outrora complexos à ordem de grandeza de pontos, os contornos da literatura contemporânea irão confundir-se com os que descobrimos hoje quando estudamos a tradição poética de um passado distante. Perceber-se-á então que fenômenos como o esquematismo e a repetição se estendem por todo o campo da literatura (Vesselóvski [1913] 1940, apud Propp [1928] 1958: 105).

São visões profundas, porém, pelo menos no trecho citado, não se percebe como será possível fazer a diferenciação quando se quiser conhecer, para além da unidade da criação literária, a natureza e a razão de suas modalidades.

Propp sentiu o problema, e a última parte de seu trabalho consiste na tentativa, tão frágil quanto engenhosa, de reintroduzir um princípio de classificação: só existe um único conto, mas é um arquiconto, formado por quatro grupos de funções logicamente articulados. Se os chamarmos 1, 2, 3 e 4, os contos concretos estarão repartidos em quatro categorias, conforme utilizarem conjuntamente os quatro grupos, ou três deles que, em virtude de sua articulação lógica, só podem ser 1, 2 e 4 ou 1, 3 e 4, ou ainda dois deles, que terão de ser 1 e 4 (ver *supra*, p. 138).

Mas essa classificação em quatro categorias nos deixa praticamente tão longe dos contos reais quanto a categoria única, já que cada uma delas continua contendo dezenas ou centenas de contos diferentes. Propp bem o sabe, já que prossegue:

> poderá também ser feita uma classificação ulterior, a partir das variedades do elemento fundamental. Assim, encabeçando cada uma das classes, colocaremos todos os contos relativos ao rapto de uma pessoa, em seguida os relativos ao roubo de um talismã, e assim por diante, percorrendo todas as variedades do elemento A (traição). Os contos [...] relativos à busca da noiva, do talismã etc. virão depois (: 92).

O que significa isso, senão que as categorias morfológicas não esgotam a realidade, e que o conteúdo dos contos, inicialmente banido por não poder servir de base para uma classificação, é reintegrado porque a tentativa morfológica abortou?

Isso não é o mais grave. Vimos que o conto fundamental, do qual todos os contos são apenas realizações parciais, é composto de duas "partes/partidas" com certas funções recorrentes, meras variantes umas das outras, sendo que algumas são próprias a cada "parte/partida" (ver *supra*, p. 136). Essas funções próprias são: (para a primeira "parte/partida"): "combate", "marca do herói", "vitória", "anulação da situação de falta", "retorno", "perseguição do herói", "salvamento", e (para a segunda "parte/partida") "retorno do herói incógnito", "atribuição de uma tarefa difícil", "sucesso", "reconhecimento do herói", "descoberta do usurpador", "transfiguração do herói".

Mas qual é o fundamento da diferenciação dessas duas séries? Não seria igualmente possível tratá-las como duas variantes, sendo a "atribuição de uma tarefa difícil" uma transformação do "combate",[5] o "usurpador" uma transformação do "vilão", o "sucesso" da "vitória", a "transfiguração" da "marca"? Nesse caso, a teoria do conto fundamental com duas "partes/partidas" desabaria e, com ela, a frágil esperança de um esboço de classificação morfológica. Realmente, só existiria um conto. Mas que se reduziria a uma abstração tão vaga e genérica que não nos ensinaria nada acerca das razões objetivas responsáveis pela existência de inúmeros contos particulares.

* * *

A prova da análise está na síntese. Se a síntese é impossível, é porque a análise não foi completada. A mais convincente evidência da insuficiência do formalismo é sua incapacidade de restituir o conteúdo empírico do qual ele, no entanto, partiu. O que se perdeu no percurso? O conteúdo, justamente. Propp descobriu – essa é sua glória – que o conteúdo dos contos é *permutável*; concluiu daí, demasiadas vezes, que ele é *arbitrário*, e esse é o motivo das dificuldades que encontrou, pois mesmo as substituições estão sujeitas a leis.[6]

Nos mitos e contos dos índios da América do Norte e do Sul, as mesmas ações são atribuídas a animais diferentes conforme a narrativa. Consideremos, para simplificar, pássaros como águia, mocho e corvo. Distinguiremos, como Propp, a função constante e os personagens variáveis? Não, pois os personagens não se apresentam na forma de elementos opacos, diante dos quais a análise estrutural deva parar, dizendo a si mesma "não posso avançar". Seria possível, evidentemente, pensar o contrário caso a narrativa fosse tratada, ao modo de Propp, como um sistema fechado. De fato, a narrativa não contém informação sobre si mesma, e o personagem é nela comparável a uma palavra encontrada num documento, mas que não figura no dicionário, ou ainda a um nome próprio, isto é, um termo desprovido de contexto.

---

5. Mais do que da "provação do herói", que se situa antes.
6. Para uma tentativa de restituição conjunta da forma e do conteúdo, *ver* o capítulo IX deste livro.

Porém, na verdade, compreender o sentido de um termo é sempre permutá-lo em todos os seus contextos. No caso da literatura oral, esses contextos são primeiramente fornecidos pelo conjunto das variantes, isto é, pelo sistema de compatibilidades e incompatibilidades que caracteriza o conjunto permutável. Se, na mesma função, a águia aparecer de dia e o mocho à noite, já será possível definir a primeira como um mocho diurno e o segundo como uma águia noturna, o que significa que a oposição pertinente é entre dia e noite. Se a literatura oral considerada for de tipo etnográfico, haverá outros contextos, fornecidos pelo ritual, pelas crenças religiosas, pelas superstições e ainda pelos conhecimentos positivos. Perceber-se-á então que águia e mocho se opõem ambos ao corvo, como predadores e carniceiro, ao passo que se opõem um ao outro com respeito ao dia e à noite, e o pato, aos três, em relação a uma nova oposição entre o par céu/terra e o par céu/água. Será assim progressivamente definido um "universo do conto", analisável em pares de oposições diversamente combinados em cada personagem, e este, longe de constituir uma entidade é, como o fonema segundo Roman Jakobson, um "feixe de elementos diferenciais".

Do mesmo modo, as narrativas americanas às vezes mencionam árvores, designadas, por exemplo, como "ameixeira" ou "macieira". Mas seria igualmente equivocado pensar que apenas o conceito "árvore" conta, e que suas realizações concretas são arbitrárias, ou ainda que existe uma função cujo "suporte" é regularmente uma árvore. O inventário dos contextos revela, com efeito, que o que interessa filosoficamente ao indígena na ameixeira é sua fecundidade, ao passo que a macieira se destaca pelo vigor e profundidade de suas raízes. De modo que a primeira introduz uma função "fecundidade" positiva e a segunda, uma função "transição terra-céu" negativa, ambas no tocante à vegetação. A macieira, por sua vez, se opõe ao nabo-selvagem (rolha amovível entre os dois mundos), que realiza a função "transição céu-terra" positiva.

Inversamente, o exame cuidadoso dos contextos permite eliminar falsas distinções. As narrativas míticas dos índios das Planícies relativas à caça às águias mencionam uma espécie animal ora definida como "carcaju", ora como "urso". É possível decidir em favor do primeiro, considerando que o que os índios destacam no comportamento do carcaju é o fato de ele se livrar facilmente das armadilhas cavadas no solo. Os caçadores de águias se escondem em buracos, e a oposição águia/carcaju torna-se uma oposição entre presa celeste e caçador ctoniano, ou seja, a maior oposição concebível na ordem da caça. Devido a essa amplitude máxima entre termos geralmente menos afastados, a caça às águias é submetida a um ritual particularmente exigente.[7]

Nossa afirmação de que a permutabilidade do conteúdo não equivale a arbitrariedade significa que, se a análise for suficientemente aprofundada, encontraremos constância por detrás da diversidade. Inversamente, a suposta constância da forma não deve nos impedir de perceber que também as funções são permutáveis.

A estrutura do conto, tal como exposta por Propp, se apresenta como uma sucessão cronológica de funções qualitativamente distintas, cada uma delas constituindo um "gênero" independente. Poderíamos nos perguntar se – como no caso dos personagens e de seus atributos – ele não teria encerrado a análise cedo demais, buscando a forma perto demais do nível da observação empírica. Várias das 31 funções que ele distingue parecem ser passíveis de redução, isto é, assimiláveis a uma *mesma* função, reaparecendo em momentos *diferentes* da narrativa, depois de passarem por uma ou várias *transformações*. Sugerimos que esse poderia ser o caso do usurpador, transformação do traidor, e da atribuição de uma tarefa difícil, transformação da provação etc. (ver *supra*, p. 147), e que, nesses casos, as duas "partes/partidas" constitutivas do conto fundamental estariam elas mesmas em relação de transformação.

É possível que essa redução possa ser levada adiante, e que cada uma das partes, tomada isoladamente, possa ser analisada num pequeno número de funções recorrentes, de modo que várias das funções identificadas por Propp seriam, na verdade, o grupo de transformação de uma única função. A "violação", por exemplo, poderia ser tratada como o inverso da "proibição" e esta, como uma transformação negativa da "imposição". A "partida" e o "retorno" do herói apareceriam como a mesma função de disjunção, expressa positiva ou negativamente; a "busca" do herói (ele

---

7. Ver, a respeito dessas análises, Lévi-Strauss 1955a: 25-27, e 1961a: 39-42; também 1962: 66-71.

persegue algo ou alguém) seria o inverso da "perseguição" (ele é perseguido por algo ou alguém) etc. Em outros termos, em lugar do esquema cronológico de Propp, no qual a ordem de sucessão dos eventos é uma propriedade da estrutura:

$$A, B, C, D, E,............M, N, H, ...T, U, V, W, X$$

deveria ser adotado um outro esquema, apresentando um modelo de estrutura definida como o grupo de transformação de um pequeno número de elementos. Tal esquema teria a aparência de uma matriz de duas, três ou mais dimensões:
cujo sistema de operação se aproximaria de uma álgebra de Boole.

Em outro trabalho, mostrei que só essa formulação poderia explicar o duplo caráter assumido pela representação do tempo em todo sistema mítico: a narrativa se encontra simultaneamente "no tempo" (consiste numa sucessão de eventos) e "fora do tempo"

$$
\begin{array}{ccccc}
w & -x & \dfrac{1}{y} & 1-z & \dots \\[2ex]
-w & \dfrac{1}{x} & 1-y & z & \dots \\[2ex]
\dfrac{1}{w} & 1-x & y & -z & \dots \\[2ex]
1-w & x & -y & \dfrac{1}{z} & \dots \\[2ex]
& \multicolumn{3}{c}{\dots\dots\dots\dots\dots} &
\end{array}
$$

(sua capacidade de significação é sempre atual).[8] Mas, restringindo-nos aqui às teorias de Propp, ela possui ainda a vantagem de conciliar, bem melhor do que o próprio analista, seu princípio teórico de permanência da ordem de sucessão e a evidência empírica dos deslocamentos observáveis, entre um conto e outro, de certas funções ou grupos de funções (: 97-98). Adotando nossa concepção, a ordem de sucessão cronológica se funde numa estrutura matricial atemporal cuja forma é efetivamente constante; e os deslocamentos de função tornam-se apenas um de seus modos de substituição (por colunas, ou frações de colunas, verticais).

---

8. Lévi-Strauss [1955b] 2008: 224-25.

* * *

Essas críticas valem contra o método seguido por Propp e contra suas conclusões, mas é preciso lembrar que ele as fez contra si mesmo e que em algumas passagens ele formula com toda clareza as soluções que acabamos de sugerir. Retomemos os dois temas essenciais de nossa discussão: constância do conteúdo (não obstante sua permutabilidade) e permutabilidade das funções (não obstante sua constância).

Um dos capítulos da obra (VIII) se intitula "Dos atributos dos protagonistas *e de seu significado*" (itálico nosso). Em termos bastante obscuros (pelo menos na tradução inglesa), Propp investiga aí a aparente variabilidade dos elementos. Esta não exclui a repetição, de modo que é possível localizar formas fundamentais e formas derivadas ou heterônimas. A partir disso, distinguem-se um modelo "internacional", modelos "nacionais" ou "regionais" e, finalmente, modelos característicos de certos grupos sociais ou profissionais: "A comparação de documentos de cada um dos grupos permitirá definir todos os métodos, ou mais precisamente todos os aspectos das transformações" (: 80).

Ora, se um conto-tipo for reconstituído a partir das formas fundamentais próprias a cada grupo, esse conto conterá certas representações abstratas. As provas impostas pelo benfeitor ao herói podem variar conforme o conto, mas não deixam por isso de implicar uma intenção constante de um protagonista em relação ao outro; e o mesmo pode ser dito a respeito das tarefas impostas à princesa cativa. Percebe-se algo em comum entre essas intenções, que podem ser expressas por fórmulas. Comparando tais fórmulas com os demais atributos, "surge, inesperadamente, um fio condutor que liga o plano lógico ao plano artístico [...] Até mesmo detalhes como os cabelos loiros da princesa [...] ganham um significado particular, que deve ser estudado. Esse estudo dos atributos torna possível uma interpretação científica dos contos populares" (: 82).

Como não dispõe de um contexto etnográfico (que, na melhor das hipóteses, só uma investigação histórica e pré-histórica permitiria obter), Propp desiste desse programa imediatamente depois de tê-lo formulado, ou o remete a outro momento (o que explica o fato de ele retomar a busca das sobrevivências e o estudo comparativo): "Tudo o que acabamos de enunciar é mera suposição". Entretanto, "o estudo dos atributos dos protagonistas, tal como esboçado, é muito importante" (: 82). Mesmo que não passe provisoriamente de um inventário, em si de pouco interesse, ele leva a considerar "as leis de transformação e as noções abstratas que se refletem nas formas fundamentais dos atributos" (loc. cit.).

Aqui Propp toca o fundo do problema. Por trás dos atributos inicialmente desprezados como resíduo arbitrário e desprovido de significado, ele pressente a intervenção de "noções abstratas" e de um "plano lógico" cuja existência, se pudesse ser demonstrada, permitiria tratar os contos como mitos (loc. cit.).

No que diz respeito ao segundo tema, os exemplos reunidos no apêndice II mostram que Propp não hesita em introduzir noções como função negativa e função inversa. Utiliza inclusive um símbolo especial para a segunda (=). Vimos (*supra* p. 137) que certas funções são mutuamente exclusivas. Há outras que se implicam, como "proibição" e "violação", ou "logro" e "submissão", e esses dois pares costumam ser incompatíveis (: 98).[9] Daí o problema, explicitamente colocado por Propp: "As variedades de uma função estariam necessariamente ligadas a certas variedades correspondentes de outra função?" (: 99). Sempre, em alguns casos ("proibição" e "violação", "combate" e "vitória", "marca" e "reconhecimento" etc.); só às vezes, em outros. Certas correlações podem ser unívocas, outras recíprocas (o lançamento de um pente sempre aparece em contexto de fuga, mas a recíproca não é verdadeira). "Desse ponto de vista, tudo indica que existem elementos unilateralmente ou bilateralmente substituíveis" (: 99).

Num capítulo anterior, Propp havia estudado as correlações possíveis entre as diversas formas de "teste" do herói pelo benfeitor e de "transmissão do agente mágico" ao herói, tendo concluído pela existência de dois tipos de correlação, conforme a transmissão apresente ou não um aspecto de regateio (: 42-43). Aplicando essas regras e outras do mesmo tipo, Propp entrevê a possibilidade de verificar experimentalmente todas as suas hipóteses. Bastaria aplicar o sistema das compatibilidades e

---

9. Esse segundo sistema de incompatibilidades constitui as funções que Propp chama de preparatórias, em razão de seu caráter contingente. Lembro que, para Propp, as funções principais contêm um só par de incompatibilidades.

incompatibilidades, das implicações e correlações (totais ou parciais) à fabricação de contos sintéticos. E veríamos tais criações "ganhar vida, tornar-se realmente contos populares" (: 101).

* * *

Evidentemente isso só seria possível, prossegue Propp, se as funções fossem repartidas entre protagonistas emprestados da tradição ou inventados, e se não fossem omitidas as motivações, ligações "e todos os outros elementos auxiliares" cuja criação é "absolutamente livre" (: 102). Afirmo mais uma vez que ela não o é, e que as hesitações de Propp quanto a isso explicam por que sua tentativa parecia inicialmente – e parecia a ele próprio – não ter saída.

Os mitos de origem dos índios Pueblo ocidentais começam pela narrativa da emergência dos primeiros homens das profundezas da terra, sua residência primitiva. A emergência deve ser motivada, e com efeito o é, de dois modos: ou os homens tomam consciência de sua condição miserável e querem sair dela, ou os deuses percebem sua própria solidão e chamam os homens à superfície da terra para rezarem para eles e lhes prestarem culto. Percebe-se aí a "situação de falta" descrita por Propp, mas motivada, ou do ponto de vista dos homens ou do ponto de vista dos deuses. Pois bem, essa mudança de motivação entre uma variante e outra é tão pouco arbitrária que provoca a transformação correlativa de toda uma série de funções. Em última análise, está ligada a modos diferentes de apresentar o problema das relações entre a caça e a agricultura.[10] Mas seria impossível chegar a essa explicação caso os ritos, as técnicas, os conhecimentos e as crenças das populações em questão não pudessem ser estudados sociologicamente, e independentemente de sua incidência mítica. Caso contrário, ficaríamos presos num círculo.

O erro do formalismo é, portanto, duplo. Atendo-se exclusivamente às regras que presidem ao agenciamento das proposições, ele perde de vista o fato de que não existe nenhuma língua cujo vocabulário possa ser deduzido a partir da sintaxe. O estudo de qualquer sistema linguístico exige a cooperação entre um gramático e um filólogo, o que quer dizer que, em matéria de tradição

---

10. Lévi-Strauss [1955b] 2008; *ver* também Lévi-Strauss 1953b: 19-21; 1954b: 27-29.

oral, a morfologia é estéril, a não ser que seja fecundada pela observação etnográfica, direta ou indireta. Achar que as duas tarefas podem ser dissociadas, começar pela gramática e deixar o vocabulário para mais tarde, é condenar-se a produzir uma gramática exangue e um léxico em que anedotas ocupam o lugar de definições. No final, nenhum dos dois terá cumprido sua missão.

Esse primeiro erro do formalismo decorre do fato de desconhecer a complementaridade entre significado e significante, reconhecida desde Saussure em todo e qualquer sistema linguístico. Tal erro é, nele, agravado ainda por um erro inverso, que consiste em tratar a tradição oral como uma expressão linguística igual a qualquer outra, ou seja, desigualmente propícia à análise estrutural, dependendo do nível considerado.

Sabemos, hoje em dia, que a língua é estrutural no nível fonológico; estamos cada vez mais convencidos de que ela o é também no nível da gramática. Mas é menos certo que o seja no nível do vocabulário. A não ser, talvez, em alguns domínios privilegiados, não se descobriu ainda como o vocabulário poderia ser analisado estruturalmente.

A transposição dessa situação à tradição oral explica a distinção de Propp entre um único nível realmente morfológico, o das funções, e um nível amorfo no qual se amontoam personagens, atributos, motivações, ligações. Este último só poderia ser objeto de investigação histórica e de crítica literária, como se supõe ser o caso do vocabulário.

Essa comparação desconsidera o fato de que os mitos e contos, modos da linguagem, fazem dela um uso "hiperestrutural": constituem, digamos, uma "metalinguagem" na qual a estrutura opera em todos os níveis. É, aliás, graças a essa propriedade que podem ser imediatamente percebidos como contos ou mitos e não como narrativas históricas ou romanescas. Evidentemente, na medida em que são discursos, fazem uso de regras gramaticais e de palavras do vocabulário. Mas outra dimensão se acrescenta à habitual, porque as regras e as palavras servem, neles, para construir imagens e ações que são ao mesmo tempo significantes "normais" em relação aos significados do discurso e elementos de significação em relação a um sistema significante suplementar, situado em outro plano. Podemos dizer, para esclarecer essa tese, que num conto um "rei" não é apenas um rei, ou uma "camponesa", apenas uma camponesa, mas que essas palavras e os significados que abarcam tornam-se meios sensíveis para construir um sistema inteligível formado pelas oposições *macho/fêmea* (quanto à *natureza*) e *alto/baixo* (quanto à *cultura*) e de todas as permutações possíveis entre os seis termos.

A linguagem e a metalinguagem, cuja união faz os contos e os mitos, podem compartilhar alguns níveis, mas esses níveis são neles deslocados. Apesar de continuarem sendo termos do discurso, as palavras do mito funcionam nele como pacotes de elementos diferenciais. Do ponto de vista da classificação, esses mitemas não se situam no plano do vocabulário, mas no dos fonemas; com a diferença de que eles não operam no mesmo *continuum* (recursos da experiência sensível num caso, do aparelho fonador, no outro); e com a semelhança de que o *continuum* é decomposto e recomposto segundo regras binárias ou ternárias de oposição e correlação.

A questão do léxico, portanto, não é a mesma no caso da linguagem e da metalinguagem. O fato de a função de *trickster* poder, nos mitos e contos ameríndios, ter como "suporte" o coiote, o vison ou o corvo, coloca um problema etnográfico e histórico, comparável à investigação filológica acerca da forma atual de uma palavra. O problema é totalmente diferente se a questão for saber por que determinada espécie é chamada em francês de *vison* e em inglês de *mink*. Neste caso, o resultado pode ser considerado arbitrário e trata-se apenas de reconstruir o desenvolvimento que levou a determinada forma verbal. No primeiro caso, os determinantes são muito mais estritos, porque as unidades constitutivas são pouco numerosas e suas possibilidades de combinação, limitadas. Trata-se, portanto, de escolher entre possibilidades preexistentes.

Contudo, se olharmos mais de perto, veremos que essa diferença, aparentemente quantitativa, na verdade não está relacionada ao número de unidades constitutivas – com diferentes ordens de grandeza quanto aos fonemas e aos mitemas – mas sim à natureza de tais unidades constitutivas, qualitativamente diferentes nos dois casos.

Segundo a definição clássica, os fonemas são elementos desprovidos de significado, mas que servem, com sua presença ou ausência, para diferenciar os termos – as palavras – que possuem sentido. Se tais palavras parecem arbitrárias quanto à sua forma sonora, não é apenas porque são o produto largamente aleatório (talvez menos do que se crê) das combinações possíveis entre os fonemas, cujo número autorizado por cada língua é sempre elevadíssimo. A contingência das formas verbais decorre, sobretudo, do fato de suas unidades constitutivas – os fonemas – serem elas mesmas indeterminadas quanto à significação: nada predestina determinadas combinações sonoras a veicular determinado sentido. Como procuramos mostrar alhures, a estruturação do vocabulário opera num outro estágio: *a posteriori* e não *a priori*.[11]

O caso dos mitemas é completamente diferente, já que eles resultam da operação de regras binárias ou ternárias (o que os torna comparáveis aos fonemas), mas entre elementos que já vêm carregados de significação no plano da linguagem – as "representações abstratas" de que fala Propp – e que podem ser expressos por palavras do vocabulário. Tomando emprestado um termo da técnica de construção, poderíamos dizer que, à diferença das palavras, os mitemas são "pré-moldados". São palavras, com certeza, mas num duplo sentido: *palavras de palavras*, que funcionam simultaneamente em dois planos, o da linguagem, no qual continuam significando cada qual por si, e o da metalinguagem, em que operam como elementos de uma supersignificação, que só pode nascer de sua união.

Isso posto, compreende-se que não haja nada nos contos e mitos que possa permanecer alheio, e refratário, à estrutura. Mesmo o vocabulário, isto é, o conteúdo, não possui neles o caráter de "natureza naturalizante" que costuma ser invocado, talvez equivocadamente, para *ver* neles algo que se faz de modo contingente e imprevisível. Através dos contos e mitos, o vocabulário é apreendido como "natureza naturalizada": é um dado, com leis próprias que impõem ao real e à própria visão mítica um certo recorte. Esta só tem a liberdade de procurar quais arranjos coerentes são possíveis entre as peças de um mosaico cujo número, sentido e contornos foram previamente determinados.

Denunciamos o erro do formalismo, que consiste em crer que seja possível ocupar-se imediatamente da gramática e adiar a consideração do léxico. Pois o que vale para qualquer sistema linguístico vale ainda mais para os mitos e contos, já que no caso deles a

---

11. *Antropologia estrutural*, cap. v, "Posfácio aos capítulos III e IV".

gramática e o léxico não estão apenas intimamente ligados, operando em estágios distintos. Gramática e léxico, neles, estão completamente colados uma ao outro, em toda a extensão. À diferença da linguagem, em que ainda se coloca a questão do vocabulário, a metalinguagem não comporta nenhum nível cujos elementos não sejam resultantes de operações bem determinadas, realizadas segundo regras. Nesse sentido, tudo nela é sintaxe. Mas noutro sentido, tudo é vocabulário, já que os elementos diferenciais são palavras: os mitemas ainda são palavras, as funções – mitemas ao quadrado – podem ser denotadas por palavras (como Propp bem percebeu) e é concebível a existência de línguas em que o mito inteiro possa ser expresso numa única palavra.

Post-scriptum

Na edição italiana de sua obra,[12] Propp mostrava-se extremamente ofendido em sua réplica ao texto acima. Fui convidado pelo editor italiano a responder, mas como não desejava prolongar o que me parecia ser um mal-entendido, limitei-me a um breve comentário. Como não conservei o original, recupero-o abaixo de forma aproximada, a partir da tradução que se encontra na página 164:

> Quem quer que tenha lido o estudo que dediquei em 1960 à obra profética de Propp, que o editor italiano incluiu neste volume, tê-lo-á certamente tomado pelo que pretendia ser, uma homenagem a uma grande descoberta que precedeu em um quarto de século as tentativas que outros e eu mesmo fizeram no mesmo sentido.
>
> Por isso constato, surpreso e desgostoso, que o especialista russo, para cuja justa celebridade eu pensava ter modestamente contribuído, viu algo completamente diferente em meu texto, não uma discussão respeitosa de certos aspectos teóricos e metodológicos de sua obra, mas um pérfido ataque.
>
> Não desejo encetar uma polêmica com ele a respeito disso. Ao tratar-me como puro filósofo, fica evidente que ele ignora completamente meus trabalhos etnológicos, quando uma

---

12. *Morfologia della fiaba. Con un intervento di Claude Lévi-Strauss e una replica dell'autore.* Organização de Gian Luigi Bravo. Turim: Einaudi, 1966.

frutífera troca de ideias deveria ter nascido de nossas respectivas contribuições ao estudo e interpretação das tradições orais.

Quaisquer que sejam as conclusões que leitores mais bem informados do que eu possam tirar desse confronto, aos olhos deles, tanto quanto aos meus, a obra de Propp terá sempre o mérito de ter sido a primeira.

IX. A GESTA DE ASDIWAL

I

Este estudo de um mito indígena da costa pacífica do Canadá tem dois objetivos.[1] O primeiro deles é isolar e comparar os *diversos níveis* – geográfico, econômico, sociológico, cosmológico – em que o mito evolui, cada um deles, e o simbolismo que lhe é próprio, aparecendo como transformação de uma estrutura lógica subjacente e compartilhada por todos os níveis. Além disso, trata-se de comparar as *diferentes versões* entre si, buscando interpretar os afastamentos perceptíveis entre todas ou algumas delas, tendo em mente que, por provirem todas da mesma população (embora tenham sido registradas em pontos diferentes de seu território), tais divergências não podem ser explicadas em função de crenças, línguas ou instituições diversas.

Conhecemos a gesta de Asdiwal, dos índios Tsimshian, em quatro versões, colhidas por Franz Boas há algo como seis décadas, e publicadas nas seguintes obras:

- *Indianische Sagen von der Nord-Pacifischen Küste Amerikas*, Berlim, 1895 (citado como Boas 1895b);
- *Tsimshian Texts*, Smithsonian Institution, Bulletin 27, Bureau of American Ethnology, Washington, 1902 (citado como Boas 1902);

---

1. École Pratique des Hautes Études. Section des sciences religieuses. *Annuaire 1958-1959*, Paris, 1958, pp. 3-43. Republicado em *Les Temps Modernes*, n. 179, 1962 (Lévi-Strauss 1959).

– *Tsimshian Texts* (*New Series*), Publications of the American Ethnological Society, v. III, Leiden, 1912 (citado como Boas 1912);
– *Tsimshian Mythology*, Smithsonian Institution, 31st Annual Report, Bureau of American Ethnology (1909-10), Washington, 1916 (citado como Boas 1916).

Começaremos por relembrar um certo número de fatos cujo conhecimento é indispensável à compreensão do mito.

Os Tsimshian, junto com os Tlingit e os Haida, fazem parte do grupo setentrional das culturas da costa noroeste do Pacífico. Seu habitat se situa na Colúmbia Britânica, imediatamente ao sul do Alasca, e compreende as bacias dos rios Nass e Skeena, com a região costeira que se estende entre seus estuários, bem como, no interior, o território banhado pelos dois rios e por seus afluentes. O Nass, ao norte, e o Skeena, ao sul, correm no sentido nordeste--sudoeste e são aproximadamente paralelos, embora o Nass tenha uma orientação norte-sul um pouco mais pronunciada, detalhe não sem importância, como veremos adiante.

Esse território era compartilhado por três grupos locais, que se distinguiam por diferenças dialetais: os Gitksan, no curso superior do Skeena; os Tsimshian propriamente ditos em seu curso inferior e na região costeira; e os Nisqa, nos vales do Nass e de seus afluentes. Três das versões da gesta de Asdiwal foram colhidas na costa, em dialeto tsimshian (Boas 1895b: 285-88; Boas 1912: 71-146; Boas 1916: 243-45 e análise comparativa: 792-824), e a quarta, na foz do Nass, em dialeto nisqa (Boas 1902: 225-28) – esta última é a que apresenta as diferenças mais acentuadas em relação às outras três.

Como todos os povos da costa noroeste do Pacífico, os Tsimshian não praticavam a agricultura. Durante o verão, coletavam frutos, bagas, plantas e raízes selvagens, tarefa feminina, enquanto os homens caçavam ursos e cabras na montanha e focas nos recifes costeiros e pescavam, sobretudo peixes-escorpião e alabotes, em alto-mar, e arenques, próximo da costa. Mas era a pesca fluvial, com seu ritmo complexo, a atividade que marcava mais profundamente a vida da tribo. Os Nisqa eram relativamente sedentários, mas os Tsimshian se deslocavam, conforme a estação, entre suas aldeias de inverno, situadas na zona costeira, e os locais de pesca, alternadamente no Nass e no Skeena.

No final do inverno, quando as provisões de peixe defumado, carne-seca, banha e frutos em conserva chegavam ao fim ou já se tinham esgotado completamente, os indígenas enfrentavam duros períodos de fome, cujos ecos podem ser encontrados no mito. Então, era com ansiedade que esperavam a chegada do peixe-vela (ou eulacom), que subia, durante seis semanas aproximadamente, o Nass (ainda congelado no início), para a desova (Goddard [1928] 1934: 68). Esse evento começava por volta de 1º de março, e toda a população do Skeena se deslocava em barcos, pela costa, até o Nass, para se instalar nos locais de pesca, delimitados como propriedades familiares. O período compreendido entre 15 de fevereiro e 15 de março era chamado, com razão, de "refeição de peixe-vela", e o período seguinte, entre 15 de março e 15 de abril, de "cozimento do peixe-vela" (para extração do óleo), uma operação estritamente proibida aos homens, devendo as mulheres usar os próprios seios, nus, para espremer os peixes; o bagaço devia ser abandonado aos vermes e à putrefação na vizinhança imediata das casas, apesar do cheiro horrível, até o final dos trabalhos (Boas 1916: 398-99 e 44-45).

Em seguida, todos retornavam, pelo mesmo caminho, até o Skeena, para outro evento capital: a chegada do salmão, que era pescado em junho e julho (os "meses do salmão"). Uma vez o peixe defumado e armazenado para o restante do ano, as famílias iam para as montanhas, onde os homens caçavam, enquanto as mulheres juntavam provisões de frutos e bagas. Quando chegava, com o congelamento, o mês ritual do jogo de piões no gelo, instalavam-se nas aldeias permanentes por todo o inverno. Durante esse período, os homens às vezes saíam para caçar por alguns dias ou semanas. Em meados de novembro chegava, finalmente, o "mês do tabu", que inaugurava as grandes cerimônias de inverno, para cuja preparação os homens eram submetidos a vários interditos.

Lembremos ainda que os Tsimshian se dividiam em quatro clãs matrilineares – Águias, Corvos, Lobos e Orcas – não localizados, mas estritamente exogâmicos e divididos em linhagens, linhas e casas; que cada uma das aldeias permanentes era sede de uma chefia (também chamadas de "tribo" pelos informantes indígenas); e, finalmente, que a organização social dos Tsimshian se baseava numa ordem hierárquica mais ou menos rígida, hereditária em linha bilateral, na qual cada indivíduo, que devia se casar conforme o seu status, pertencia a uma das três categorias: "pessoas verdadeiras" ou famílias reinantes, "pequena nobreza" e "povo", que compreendia (a menos que um generoso *potlatch* viesse a modificar a situação) todos aqueles que não podiam se vangloriar de igual nobreza nas duas linhas (Boas 1916: 478-514; Garfield 1939: 173-74 e 177-78; Garfield, Wingert & Barbeau 1951: 134; Garfield & Wingert 1966).

II

Eis agora um resumo da gesta de Asdiwal, a partir de Boas (1912), tomada como versão de referência. Essa versão foi coletada na costa, em Port-Simpson, em dialeto tsimshian. Boas publicou seu texto em língua indígena, acompanhado da tradução em inglês.

Reina a fome no vale do Skeena, o rio está congelado, é inverno. Uma mãe e sua filha, cujos maridos morreram ambos de fome, pensam, cada uma de seu lado, nos tempos felizes em que viviam juntas e não faltava comida. Liberadas pela viuvez, resolvem simultaneamente se reunir, e se põem a caminho, no mesmo momento. Como a mãe reside rio abaixo, e a filha rio acima, a primeira caminha em direção ao leste, a outra em direção ao oeste, ambas sobre o leito congelado do Skeena, e se encontram no meio do caminho.

Chorando de fome e de tristeza, as duas mulheres acampam na beira do rio, ao pé de uma árvore, perto da qual encontram uma baga podre, e compartilham melancolicamente a magra ração.

Durante a noite, um desconhecido visita a jovem viúva. Logo saberemos que ele se chama Hatsenas,[2] termo que, em

---

2. Hatsenas (Boas 1912); Hadsenas (Boas 1895b). "É um pássaro que se assemelha ao tordo-americano ["*robin*", em inglês; *Turdus migratorius*], mas é outro" (Boas 1912: 72-73). Segundo Boas, ele canta "hõ, hõ" e seu nome, que significa "sorte", designa um pássaro considerado como mensageiro celeste (ibid.: 286). Poderíamos pensar no tordo-variegado (*Ixoreus naevius*), que é efetivamente um pássaro invernal, de grito estranho e misterioso (Lévi-Strauss [1971b] 2011: 474).

No presente trabalho, sem pretensões linguísticas, simplificamos ao máximo a transcrição dos termos indígenas, retringindo-nos às distinções indispensáveis para evitar as ambiguidades entre os termos citados.

tsimshian, designa um pássaro de bom agouro. Graças a ele, as mulheres começam a encontrar alimento regularmente, e a mais jovem, agora esposa do misterioso protetor, logo dá à luz um filho, Asdiwal [Asiwa, cf. Boas 1895b; Asi-hwil, cf. Boas 1902],[3] cujo crescimento é sobrenaturalmente acelerado pelo pai, que lhe entrega vários objetos mágicos: arco e flechas infalíveis na caça, aljava, lança, cesto, raquetes de neve, casaco e chapéu, que permitirão ao herói superar todos os obstáculos, tornar-se invisível e produzir alimento incessantemente. Então, Hatsenas desaparece, e a mulher mais velha morre.

Asdiwal e sua mãe continuam andando em direção ao oeste e se instalam na aldeia natal dela, Gitsalasert, nos desfiladeiros do Skeena.[4] Certo dia, uma ursa branca desce o vale.

Perseguida por Asdiwal, a ursa é quase alcançada por ele graças aos objetos mágicos, e começa a subir por uma escada vertical. Asdiwal a segue até o céu, que se lhe apresenta como um vasto campo verde e florido. A ursa o atrai para a casa de seu pai, o Sol, onde se revela como uma graciosa moça, Estrela da Noite. Os dois se casam, não sem que Sol tenha antes submetido Asdiwal a uma série de provas, nas quais todos os pretendentes anteriores sucumbiram (caça ao cabrito selvagem na montanha dos terremotos; obtenção de água de uma fonte no fundo de uma gruta cujas paredes se fecham; coleta de madeira de uma árvore que esmaga quem a derrubar; permanência num forno ardente), que Asdiwal vence graças a seus objetos mágicos e à oportuna intervenção de seu pai. Seduzido pelos talentos do genro, o Sol acaba por aceitá-lo.

Mas Asdiwal sente saudades da mãe. O Sol consente em deixá-lo descer à terra com a esposa e, como provisão para a viagem, dá a eles quatro cestos cheios de alimento inesgotável, graças aos quais o casal é recebido com gratidão pelos habitantes da aldeia, que enfrentam um período de fome invernal.

Apesar dos repetidos alertas da esposa, Asdiwal a engana com uma aldeã. Estrela da Noite, magoada, vai embora, e seu

---

3. O nome Asdiwal possui diversas conotações. A forma nass, Asihwil, significa "aquele que atravessa as montanhas" (Boas 1902: 226), mas *ver* também *asdiwal*, "estar em perigo" (Boas 1912, Glossário, p. 257) e Asewaelgyet, "nome diferente e aparência especial do Pássaro-Trovão" (Barbeau 1950, v. I: 144-45; v. II: 476).

4. Boas 1912: 82.

marido, em prantos, a segue. Quando chega à metade da altura, entre a terra e o céu, Asdiwal é fulminado pela esposa, que desaparece. Ele morre, mas logo sentem sua falta, e seu sogro celeste o ressuscita.

Tudo vai bem por algum tempo, mas Asdiwal volta a sentir saudades da terra. Sua esposa concorda em acompanhá-lo até lá e lhe dá adeus definitivamente. Ao retornar à aldeia, Asdiwal fica sabendo da morte da mãe. Nada mais o prende, ele prossegue a marcha rio abaixo.

Chega à cidade tsimshian de Ginaxangioget, onde seduz e desposa a filha do chefe local. No início, o casamento é feliz e Asdiwal, com seus quatro cunhados, se põe a caçar cabritos selvagens, sempre com sucesso, graças a seus objetos mágicos. Quando a primavera se aproxima, toda a família se desloca, permanecendo primeiro em Metlakatla e dirigindo-se em seguida, de barco, para o rio Nass, subindo a costa. Ficam imobilizados por uma ventania e acampam por um tempo em Ksemaksén, onde as coisas começam a ir mal, devido a uma discussão entre Asdiwal e seus cunhados a respeito dos méritos respectivos dos caçadores de montanha e do mar. Organizam um concurso; Asdiwal volta da montanha com quatro ursos que matou, enquanto seus cunhados voltam de mãos vazias de sua expedição marítima. Humilhados e cheios de raiva, levantam acampamento, levando consigo a irmã, e abandonam Asdiwal.

Este é recolhido por estrangeiros vindos de Gitxatla, que também se dirigem ao Nass, para a estação do peixe-vela.

Como no caso anterior, formam um grupo de quatro irmãos e uma irmã, com quem Asdiwal logo se casa. Juntos, chegam pouco depois ao rio Nass, onde vendem muita carne fresca e salmão aos Tsimshian, já instalados na região e esfomeados.

Depois de boas pescarias, todos retornam, os Tsimshian para sua cidade-capital de Metlakatla, e os Gitxatla para sua cidade de Laxalan, onde Asdiwal se torna pai de um menino. A essa altura, ele está rico e famoso. Certo dia, no inverno, gaba-se de ser melhor do que seus cunhados para caçar focas em alto-mar. Partem todos juntos. Graças a seus objetos mágicos, Asdiwal faz uma caçada milagrosa, num recife, em que seus cunhados o abandonam, sem comida nem fogo. Ergue-se uma tempestade, a rocha é varrida pelas ondas. Com a ajuda do pai, que surge para salvá-lo, Asdiwal, transformado em pássaro, consegue se manter acima das ondas, empoleirado em seus objetos mágicos.

Após dois dias e duas noites, a tempestade começa a passar e Asdiwal cai no sono, esgotado. É acordado por um camundongo fêmea, que o leva até a morada subterrânea das focas (leões-marinhos) feridas por ele, mas que se consideram (as flechas dos homens sendo-lhes invisíveis) vítimas de uma epidemia. Asdiwal extrai as flechas e cura seus anfitriões, a quem pede, em troca, que garantam seu retorno. Infelizmente, as embarcações das focas, que são seus estômagos, são inutilizáveis, perfuradas que foram pelas flechas do caçador. O rei das focas então empresta seu próprio estômago a Asdiwal à guisa de barco, encarregando-o de devolvê-lo sem tardar. Ao se aproximar da costa, Asdiwal avista sua mulher, inconsolável, e seu filho. Graças à ajuda dessa boa esposa, mas má irmã (que cumpre os ritos indispensáveis para o sucesso da operação), Asdiwal fabrica orcas (*killer-whale*) de madeira esculpida e lhes dá vida; estas destroem as embarcações com golpes de nadadeira, provocando o naufrágio e a morte dos irmãos malvados.

Mas Asdiwal sente novamente enormes saudades dos locais de sua infância. Deixa a mulher, e retorna ao vale do Skeena. Instala-se no vale de Ginadâos, onde seu filho vai ter com ele. Dá a este seu arco e suas flechas mágicas, e recebe dele um cão.

Quando chega o inverno, Asdiwal vai caçar na montanha, mas esquece suas raquetes de neve. Perdido, e sem poder subir ou descer sem as raquetes, é transformado em pedra, junto com sua lança e seu cão, e nessa forma podem ainda hoje ser vistos no topo da grande montanha do lago de Ginadâos (Boas 1912: 71-146).

III

Atenhamo-nos por enquanto a essa única versão, tentando extrair suas articulações essenciais. A narrativa se refere a fatos de ordens diversas. Primeiro, a geografia física e política do território tsimshian: os lugares e cidades mencionados existem realmente. Em seguida, a vida econômica dos indígenas que, como vimos, determina grandes migrações sazonais entre os vales do Skeena e do Nass, durante as quais transcorrem as aventuras de Asdiwal. Em terceiro lugar, a organização social e familiar, já que assistimos a vários casamentos, divórcios, viuvezes e incidentes conexos. E, finalmente, a cosmologia, pois, à diferença das demais atividades de Asdiwal, suas duas visitas ao céu e para baixo da terra são da ordem do mito, e não da experiência.

Comecemos pelo quadro geográfico.[5]
A narrativa começa no vale do Skeena, onde as duas heroínas, uma partindo de sua aldeia a montante e a outra de sua aldeia a jusante, encontram-se a meio caminho. Na versão colhida por Boas no estuário do Nass, especifica-se que o local do encontro (nesse caso, no Nass) se chama Hwil-lê-ne-hwada, "Onde-elas-se-encontraram" (Boas 1902: 225).

Após a morte da mãe, a jovem e seu filho se instalam na aldeia natal desta (a de seu pai, onde sua mãe residira entre o casamento e a viuvez), a aldeia a jusante. Ali se situa o episódio da visita ao céu. Essa aldeia, chamada Gitsalasert, "Gente do desfiladeiro" (do Skeena), localizava-se perto da atual cidade de Usk.[6] Embora falante do dialeto tsimshian, situava-se fora das "nove cidades" que formavam a terra tsimshian propriamente dita (Boas 1912: 225).

Com a morte da mãe, Asdiwal prossegue em direção a jusante, isto é, para o oeste. Instala-se na cidade de Ginaxangioget, onde se casa. Estamos em terras propriamente tsimshian, no baixo Skeena. Na verdade, Ginaxangioget é um termo formado a partir de *git*, "gente", e de *gi.k*, "pinheiro do Canadá" (em inglês, *hemlock tree*), de onde, *Ginax-angi.k*, "gente dos pinheiros" (Garfield 1939: 175); e Ginaxangioget era uma das principais cidades dos Tsimshian.[7]

---

5. Mais preciso e completo do que o publicado nas primeiras edições deste trabalho, esse mapa me foi generosamente fornecido por Wilson Duff, professor na Universidade da Colúmbia Britânica em Vancouver, a quem expresso aqui meus sinceros agradecimentos. Os nomes de lugares são facilmente identificáveis, apesar da transcrição um pouco diferente daquela de Boas.

6. Garfield 1939: 175; Boas 1912: 71, 276. Cf. Krause ([1885] 1956: 214-15): Kïtelāssir, "no rio Skeena".

7. Boas 1916: 482-83. Swanton (1952: 606) se refere a "Kinagingeeg, perto de Metlakatla" (?); cf. Krause (1956: 214-15): Kïn-nach-hangïk, "na península, perto de Fort Simpson".

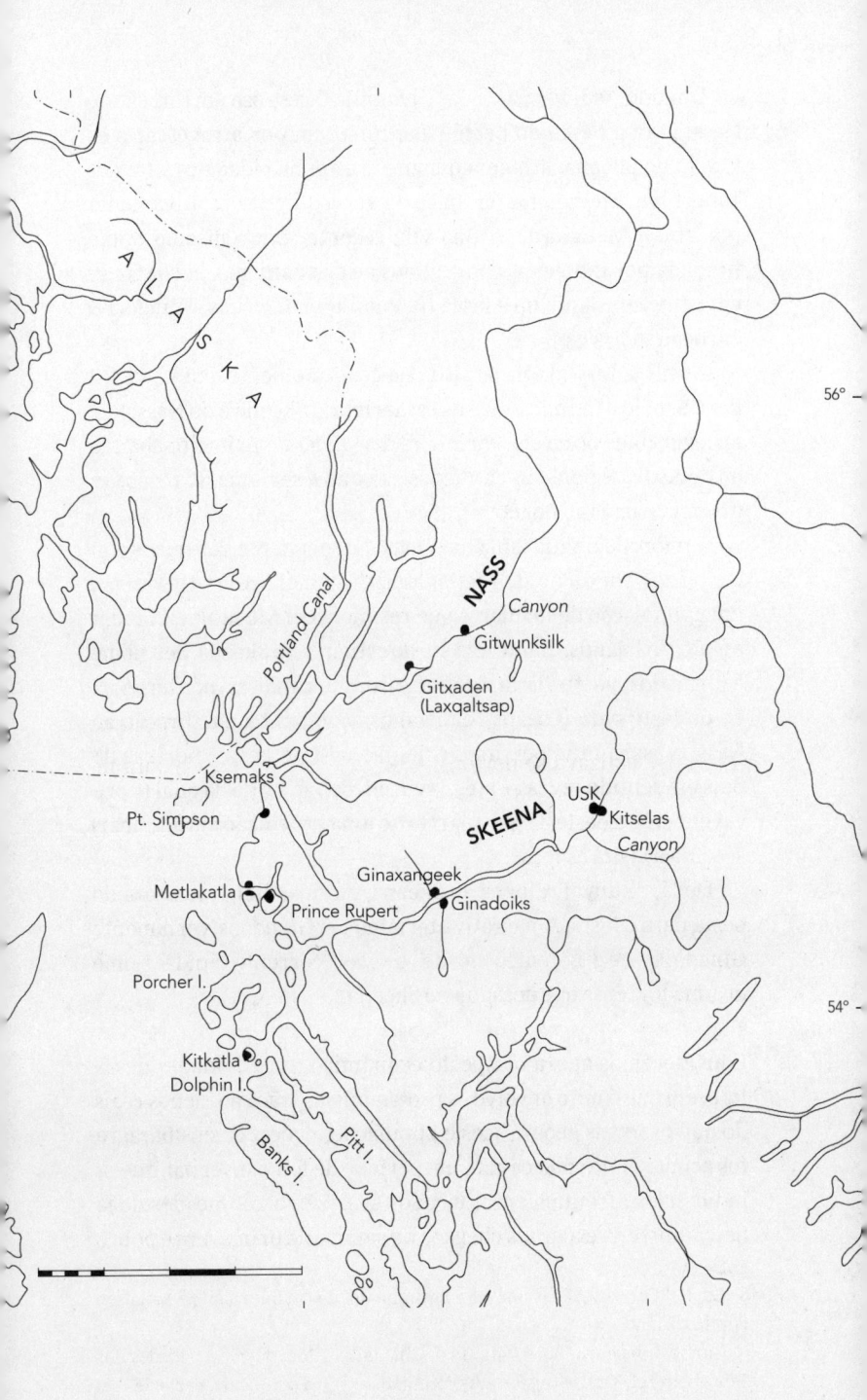

A gesta de Asdiwal **167**

Quando Asdiwal parte com a família da esposa em direção ao Nass, para a pesca do peixe-vela, começam por atravessar o estuário do Skeena, atingem o mar e param na cidade-capital dos Tsimshian, Metlakatla. Trata-se da antiga (muito relativamente, por sinal) Metlakatla – uma vila recente com o mesmo nome, fundada por indígenas convertidos ao cristianismo, encontra-se em Annette Island, no Alasca (Beynon 1941; Garfield, Wingert & Barbeau 1951: 33-34).

A antiga Metlakatla se situa na costa, ao norte de Prince Rupert, a meio caminho entre os estuários do Skeena e do Nass. Ksemaksén, onde ocorrem a primeira discussão e o primeiro abandono de Asdiwal por seus cunhados, encontra-se numa ilha costeira, um pouco mais ao norte.

A tribo, de língua tsimshian mas independente das tribos concentradas em torno de Metlakatla, designada como Gitxatla, é uma população de insulares que residiam em McCauley, Porcher e Dolphin Islands, diante e ao sul do estuário do Skeena. Seu nome é formado a partir de *git*, "gente" e *qxatla*, "canal".[8] Após ter viajado do leste para o oeste, Asdiwal os acompanha em direção ao Nass, ou seja, num percurso orientado do sul para o norte, e depois em sentido inverso, até a "sua cidade", ao largo da qual (e provavelmente a oeste, já que se trata de uma expedição em alto-mar) se situa a visita às focas.

De lá, Asdiwal retorna ao Skeena, ou seja, dirige-se agora do oeste para o leste. A narrativa termina em Ginadâos, certamente Ginadoiks, de *git*, "gente", *na*, "de", e *doiks*, "corrente rápida", nome de uma torrente que deságua no Skeena.[9]

Consideremos agora o aspecto econômico. As atividades desse tipo, em que o mito envolve os protagonistas, não são menos reais do que os locais geográficos e populações evocados nos parágrafos acima. Tudo começa com um período de fome invernal, que os indígenas enfrentam entre meados de dezembro e meados de janeiro, antes da esperada chegada do salmão de primavera e pouco

---

8. Garfield 1939: 175; Boas 1916: 483. Swanton (1952: 607) informa: "Kitkatla, em Porcher Island".

9. Garfield 1939: 176. Boas (1912: 233): Ginadâiks, "uma das nove cidades dos Tsimshian"; cf. Krause (1956: 214-15): Kinnatôoiks, "na península, perto de Fort Simpson".

antes da vinda do peixe-vela, período que é chamado de intervalo (Boas 1916: 398-99). Depois de sua visita ao céu, Asdiwal participa das migrações de primavera em direção ao Nass, para a pesca de peixe-vela; em seguida, assistimos ao retorno das famílias para o Skeena, na estação do salmão.

Tais variações sazonais – para retomar uma expressão de Marcel Mauss – são acompanhadas por outras diferenças não menos reais, que o mito ressalta, entre as quais a diferença entre o caçador na terra (encarnado por Asdiwal, nascido no rio e a montante, ou seja, no interior) e o caçador no mar, encarnado inicialmente pela Gente dos Pinheiros, que vive rio abaixo, no estuário e, de modo ainda mais claro, pelos insulares de Porcher e Dolphin Islands.

Ao passarmos para os aspectos sociológicos, a liberdade aumenta. Já não se trata de um retrato fiel, e quase um documentário, da realidade indígena, mas sim de uma espécie de contraponto, que ora segue de perto a realidade, ora parece afastar-se dela, para depois voltar a encontrá-la.

A sequência inicial do mito evoca condições sociológicas precisas. A mãe e a filha foram separadas pelo casamento desta e, desde então, cada qual residiu com seu marido na aldeia deste. No caso, o marido da mais velha era também o pai da mais nova, que deixou, portanto, sua aldeia natal para seguir o esposo rio acima. Reconhecemos aí uma sociedade na qual, embora a filiação seja matrilinear, a residência é patrilocal – a esposa vai residir na aldeia do marido – e onde os filhos, embora pertençam ao clã da mãe, são criados pelos parentes paternos e não pelos maternos.

Era assim entre os Tsimshian. Boas chama a atenção para isso em vários momentos: "Outrora, os grandes chefes costumavam desposar uma princesa de cada tribo. Alguns deles chegavam a ter até dezesseis, dezoito esposas [...]", o que seria impossível caso o homem devesse residir na aldeia natal de sua esposa. De modo geral, diz Boas, "numerosos fatos indicam que o jovem casal se instalava junto aos parentes do marido", de modo que "as crianças cresciam na casa paterna" (Boas 1916: 355, 529, 426; *ver* também 420, 427, 441, 499-500).

Pois bem, no mito, esse modo patrilocal de residência se vê bruscamente abolido pela fome, que liberta as duas mulheres de suas respectivas obrigações e permite que elas, uma vez mortos os maridos, se encontrem (significativamente) a meio caminho. Seu acampamento ao pé de uma árvore, na beira do rio congelado, a igual distância da nascente e da foz, oferece a imagem de um modo matrilocal de residência reduzido à sua mais simples expressão, já que a unidade residencial é composta apenas de uma mãe e sua filha.

A inversão, aí apenas esboçada, é ainda mais digna de nota na medida em que todos os casamentos subsequentes serão matrilocais, isto é, contrários ao tipo real.

Primeiro, o casamento de Hatsenas com a mais nova das mulheres. Essa união entre uma humana e um ser sobrenatural é fugaz, mas mesmo assim o marido reside com a esposa e com a mãe desta. O viés matrilocal é ainda mais perceptível na versão proveniente do rio Nass. Quando seu filho, Asi-hwil, cresce, Hatsenas (que aqui se chama Hôux) diz à esposa: "Seus irmãos saíram à sua procura e logo estarão aqui. Devo me esconder no mato". Pouco depois, os irmãos aparecem, e logo partem novamente, carregando as provisões de carne fornecidas às mulheres por seu protetor:

> Assim que foram embora, Hôux voltou. As [mulheres] lhe disseram que seus irmãos e tios lhes tinham pedido que fossem para a aldeia. Então, Hôux disse: "Separemo-nos. Voltem para a sua casa, e eu voltarei para a minha". Na manhã seguinte, uma multidão veio buscar as mulheres e o menino. Levaram-nos para Gitxaden. Os tios do menino fizeram uma festa e a mãe proclamou o nome que lhe tinha dado, Asi-hwil (Boas 1902: 227).

Não só o marido aparece aqui como um intruso, malvisto por seus cunhados e com medo de encontrá-los, como, ao inverso do que ocorre entre os Tsimshian e em outras sociedades caracterizadas pela associação de filiação matrilinear e residência patrilocal,[10] as prestações de alimento vão do marido da irmã para os irmãos da mulher.

O casamento matrilocal, acompanhado de antagonismo entre o marido e a família da esposa, é igualmente ilustrado pelo casamento de Asdiwal com Estrela da Noite: o casal reside com o pai desta, e esse sogro é tão hostil para com o genro que lhe impõe provas tidas por fatais.

---

10. Boas 1916: 423; Malinowski 1929, *passim*.

É também matrilocal o segundo casamento de Asdiwal, com a jovem da Gente dos Pinheiros, e acompanhado de hostilidade entre o marido e os cunhados, já que estes o abandonam e obrigam a irmã a acompanhá-los.

O mesmo tema ressurge, enfim, entre a Gente do Canal, no terceiro casamento, pelo menos no início. Pois após a visita de Asdiwal às focas, a situação se inverte: Asdiwal encontra a esposa, que tinha se recusado a seguir seus irmãos e vagava em busca do marido. Mais do que isso, ela colabora com ele na "maquinação" – tanto no sentido próprio como no figurado – graças à qual Asdiwal irá se vingar dos cunhados; finalmente, o patrilocalismo triunfa quando Asdiwal abandona a esposa (ao passo que, nos casamentos anteriores, foram as esposas que o abandonaram) e retorna ao seu Skeena natal, onde só o filho virá juntar-se a ele. Iniciado com a *reunião de mãe e filha,* liberadas de seus afins ou *parentes paternos*, o mito conclui com a *reunião de pai e filho*, liberados de seus afins ou *parentes maternos*.

A sequência inicial e a sequência final do mito formam, portanto, um par de oposição, do ponto de vista sociológico, e o mesmo ocorre, do ponto de vista cosmológico, com as duas viagens sobrenaturais que interrompem o périplo "verdadeiro" do herói. A primeira viagem o leva ao céu, à casa do Sol, que começa por tentar matá-lo para mais tarde ressuscitá-lo. A segunda leva Asdiwal ao reino subterrâneo das focas, que ele próprio matou ou feriu, mas que acaba tratando e curando. A primeira viagem termina com um casamento matrilocal, como vimos, e que apresenta, aliás, um afastamento exogâmico maximizado (entre um "terreno" e uma "celeste"); mas o casamento será rompido pela infidelidade de Asdiwal com uma aldeã, ou seja, um esboço de casamento que, caso ocorresse, neutralizaria, por assim dizer, o matrilocalismo (marido e esposa teriam a mesma residência) e seria caracterizado por uma proximidade endogâmica também maximizada (casamento dentro da aldeia). A segunda viagem sobrenatural do herói, ao reino subterrâneo das focas, não dá lugar, é verdade, a um casamento; contudo, essa visita determina uma inversão da tendência matrilocal dos casamentos de Asdiwal, desligando a terceira esposa de seus irmãos, o herói da própria esposa e o filho de ambos da mãe, de modo que subsiste apenas a associação de pai e filho.

IV

Analisamos o mito distinguindo quatro níveis: geográfico, tecnoeconômico, sociológico e cosmológico. Os dois primeiros refletem exatamente a realidade, o quarto lhe escapa e o terceiro entrelaça instituições reais e imaginárias. Apesar dessas diferenças, o pensamento indígena não os separa. Tudo se passa, antes, como se fornecessem códigos diferentes, utilizados conforme a necessidade do momento, de acordo com suas capacidades particulares, para transmitir a mesma mensagem, que será agora considerada.

As fomes de inverno são um acontecimento recorrente na vida econômica dos Tsimshian. Mas a fome que desencadeia nossa história é também um tema cosmológico. Pois, em toda a costa noroeste do Pacífico, o presente estado do universo é atribuído às profundas modificações da ordem original, operadas pelo demiurgo Gigante ou Corvo (em tsimshian, Txamsem) no decorrer de peregrinações realizadas para saciar uma voracidade incontrolável. Txamsem vive, portanto, em estado de fome permanente e a fome, embora seja uma condição negativa, é concebida como o *primum movens* da criação.[11] Nesse sentido, pode-se dizer que a fome das duas mulheres de nosso mito tem um significado cósmico; essas heroínas encarnam princípios, tanto quanto e até mais do que personagens lendários na origem de topônimos.

A situação inicial pode ser esquematizada do seguinte modo:

mãe	filha
mais velha	caçula
jusante	montante
oeste	leste
sul	norte

O encontro ocorre a meio caminho, localização que, como vimos, corresponde a uma neutralização da residência patrilocal e à realização das condições para a residência matrilocal, ainda deixada

---

11. Para um resumo e uma análise comparativa de todos os textos conhecidos relativos à voracidade do demiurgo, *ver* Boas 1916: 636 ss.

em estado de esboço. Mas a mãe morre no local mesmo do encontro e, a partir do nascimento de Asdiwal, o movimento essencial, inaugurado por sua filha ao deixar a aldeia em que residia desde o casamento, "muito longe rio acima" (Boas 1912: 71), prossegue na direção leste-oeste, até sua aldeia natal, nos desfiladeiros do Skeena, onde ela virá a morrer, deixando o campo livre para o herói.

A primeira aventura de Asdiwal põe em jogo uma oposição céu-terra, que o herói consegue superar em primeiro lugar graças à intervenção de seu pai, a ave de bom agouro Hatsenas, animal do céu atmosférico ou médio – bem qualificado, portanto, para desempenhar o papel de mediador entre o terreno Asdiwal e seu sogro, o Sol, senhor do céu empíreo. Asdiwal não consegue, contudo, superar sua natureza terrena, à qual se entrega duas vezes: ao ceder ao charme de uma aldeã e, depois, à saudade de sua aldeia. Temos, portanto, uma série de oposições não resolvidas:

baixo	alto
terra	céu
homem	mulher
endogamia	exogamia

Prosseguindo sua marcha para o oeste, Asdiwal contrai um segundo casamento matrilocal, que gera uma nova série de oposições:

caça na montanha	caça no mar
terra	água

Tais oposições são igualmente impossíveis de superar, e a natureza terrena de Asdiwal vence mais uma vez, acarretando seu abandono pela esposa e pelos cunhados.

O último casamento de Asdiwal é contraído não com ribeirinhos, mas com insulares, e o mesmo conflito se repete. A oposição continua sendo impossível de superar, embora a cada etapa os termos se aproximem. Desta vez, trata-se de um antagonismo entre Asdiwal e seus cunhados, durante uma caçada num rochedo em alto-mar, isto é, terra e água conjugadas. No episódio anterior,

Asdiwal e os cunhados partiam em direções opostas: um no interior, a pé, e os outros no mar, de barco. Desta vez, estão juntos, num barco, e é somente no momento de atracar que a superioridade de Asdiwal se afirma, em razão de sua utilização dos objetos mágicos destinados à caça na montanha: "Era uma caçada muito difícil, por causa das ondas (que varriam o rochedo) em direção ao alto-mar. Enquanto debatiam a respeito, [Asdiwal] disse: Meus queridos, talvez me baste calçar minhas raquetes de neve no lugar a que vocês se referem. Calçarei minhas raquetes de neve e subirei nos rochedos a que vocês se referem". Desse modo, Asdiwal tem sucesso, enquanto seus cunhados, impossibilitados de atracar, permanecem nos barcos, envergonhados (Boas 1912: 125-26).

Asdiwal o terreno, senhor da caça, se vê abandonado num rochedo em alto-mar. Atingiu o ponto extremo de sua marcha para o oeste, e isso resume o aspecto geográfico e econômico. Contudo, de um ponto de vista lógico, suas aventuras podem ser representadas de outra forma, a de uma série de mediações impossíveis entre oposições ordenadas em ordem decrescente: alto e baixo, água e terra, caça marítima e caça na montanha etc.

Por conseguinte, no plano espacial, o herói é desviado no ponto extremo de seu deslocamento, e seu fracasso se expressa nesse *afastamento máximo* em relação a seu ponto de partida. Ele também fracassa no plano lógico, em razão de sua atitude exagerada para com os cunhados, por sua incapacidade de desempenhar o papel de mediador, muito embora a última oposição a ser superada – entre os modos de vida de caçadores terrestres e marinhos – tenha sido reduzida a um *afastamento mínimo*. Aparentemente, atingimos um impasse, mas uma reviravolta é introduzida no ponto morto, recolocando a máquina do mito em movimento.

O rei das montanhas (em dialeto do Nass, Asdiwal é Asi-hwil, que significa "aquele que atravessa montanhas") fica bloqueado num arremedo de montanha, e duplamente: além de reles rochedo, fica praticamente submerso no mar. O senhor da caça, matador de ursos, será salvo por um camundongo, arremedo de caça.[12] Este ca-

---

12. Primeiro, por ser o menor mamífero a intervir na mitologia e também porque o camundongo representa, na mitologia da costa noroeste, os animais ctônicos do nível mais modesto, o da vida doméstica. De fato, o camundongo é o

mundongo fêmea o conduz numa *viagem subterrânea*, assim como a ursa, caça suprema, havia imposto a Asdiwal uma *viagem celeste*. Na verdade, só faltaria o camundongo se transformar em mulher, para possibilitar ao herói um casamento simétrico e inverso ao outro, mas, embora esse elemento falte em todas as versões, pelo menos sabemos que o camundongo é uma fada: Dona-Rata, como a chamam os textos, acrescentando ao termo que designa o roedor o prefixo *ksem*, que é um termo de deferência para com uma mulher. Avançando a inversão de modo mais sistemático do que a hipótese acima teria permitido, essa fada é uma mulher idosa, imprópria à procriação: uma "esposa invertida".

Isso não é tudo. O matador de animais às centenas, desta vez, vai curá-los e conquistar seu afeto.[13] O fornecedor de alimento (poder que recebeu do pai e que exerce, repetidas vezes, em benefício dos seus) torna-se alimento, já que é transportado no estômago das focas.[14]

Enfim, a visita ao mundo subterrâneo (que é também, em vários aspectos, um "mundo invertido") irá determinar o retorno do herói, que a partir de então irá do oeste para o leste, do mar para a terra firme, da água salgada do oceano para a água doce do Skeena.

Essa inversão geral não influi no desenrolar da trama, que prossegue até a catástrofe final. De volta entre os seus e à situação patrilocal inicial, Asdiwal retoma sua atividade preferida, com o auxílio dos objetos mágicos. Contudo, *esquece* um deles, e para esse acidente não há remédio. Após uma caçada bem-sucedida, vê-se bloqueado na montanha, a meia altura: "Para onde poderia ir? Não podia subir, não podia descer, não podia ir para lado algum" (Boas 1912: 145). Ali mesmo é transformado em pedra, ou seja, paralizado, reduzido a sua "natureza terrena", em sua forma pétrea e imutável; e assim avistado, "há gerações".

---

animal ctônico do lar e, enquanto tal, tem direito à ínfima oferenda da gordura que escorre dos brincos de lã que para ele são lançados ao fogo.

13. "O afeto do chefe das focas e de sua tribo não parava de crescer" (Boas 1912: 133).

14. Os Tsimshian do grupo Nisqa "tiram do rio (Nass) seu alimento, que consiste principalmente de salmão e peixe-vela. De fato, a quantidade de peixes-vela que sobem o rio para desovar, na primavera, é tão grande que este recebeu o nome de Nass, que significa 'estômago' ou 'depósito de víveres'" (Emmons 1910: 76).

V

A análise acima nos leva a distinguir dois aspectos da construção mítica: sequências e esquemas.

As sequências são o conteúdo aparente do mito, os eventos que se sucedem em ordem cronológica: encontro das duas mulheres, intervenção do protetor sobrenatural, nascimento de Asdiwal, sua infância, sua visita ao céu, seus casamentos sucessivos, suas expedições de caça e pesca, seus conflitos com os cunhados etc.

Porém, em planos de profundidades variadas, as sequências são organizadas em função de esquemas superpostos e simultâneos; como uma melodia, escrita para várias vozes, sujeita-se a um duplo determinismo: o de sua própria linha, horizontal, e o dos esquemas contrapontísticos, vertical. Façamos o inventário de tais esquemas, para o mito em exame.

1) *Esquema geográfico.* O herói vai do leste para o oeste; depois volta, do oeste para o leste. Essa ida e volta é modulada por outra ida e volta, do sul para o norte e depois do norte para o sul, que corresponde aos deslocamentos sazonais dos Tsimshian (de que o herói participa), em direção ao rio Nass, para a pesca de primavera do peixe-vela, e depois para o Skeena, para a pesca estival do salmão:

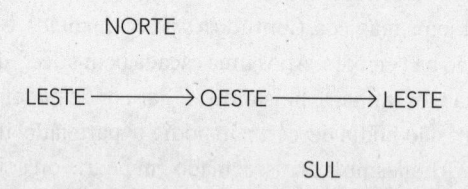

2) *Esquema cosmológico.* Três visitas sobrenaturais relacionam termos concebidos como "inferiores" ou "superiores": a visita de Hatsenas, ave de bom agouro associada ao céu atmosférico, à jovem viúva; a visita de Asdiwal ao céu empíreo, seguindo Estrela da Noite; sua visita ao reino subterrâneo das focas, guiada por Dona-Rata. O fim de Asdiwal, bloqueado na montanha, aparece, assim, como uma *neutralização* da mediação mediana lograda por seu nascimento, que contudo não o capacita a conseguir duas mediações extremas (uma entre céu e terra – como baixo oposto a alto –; a outra entre mar e terra – como leste oposto a oeste).

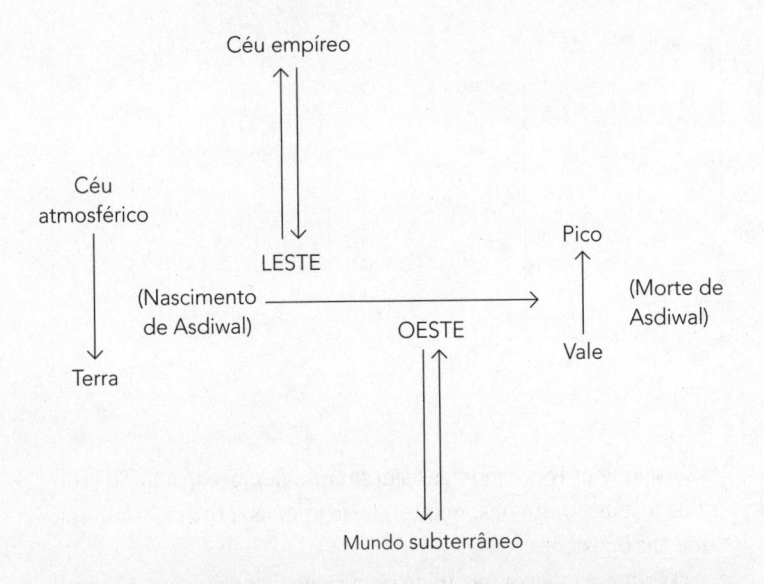

3) *Integração*. Os dois esquemas precedentes são integrados num terceiro, composto de várias oposições binárias, todas insuperáveis para o herói, embora o afastamento entre os termos diminua progressivamente. As oposições inicial e final, alto/baixo e pico/vale, são "verticais" e pertencem, portanto, ao esquema cosmológico. As duas oposições medianas (água/terra e caça marítima/caça na montanha) são "horizontais" e pertencem ao esquema geográfico. Mas, na verdade, a última oposição, que é também a mais restrita (pico/vale) associa os caracteres próprios aos dois esquemas anteriores: é "vertical" na forma e "geográfica" no conteúdo.[15] O fracasso de Asdiwal (causado por seu esquecimento das raquetes de neve, que o deixa bloqueado a meia altura) recebe, portanto, uma significação tripla, geográfica, cosmológica e lógica:

---

15. O duplo caráter, natural e sobrenatural, da oposição entre pico e vale já está no mito, visto que a situação perigosa do herói resulta de um terremoto provocado pelos deuses. Cf. *infra*, pp. 180-81.

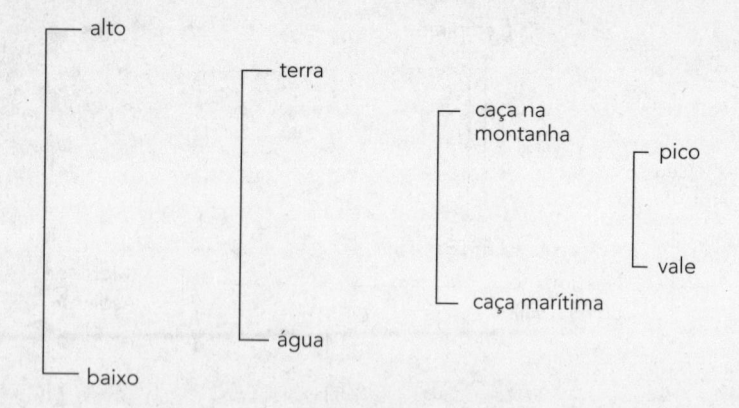

Note-se que os três esquemas são complementares, quando reduzidos a seus contornos, mantendo-se apenas a ordem e a amplitude das oposições.

O esquema 1 é composto de uma série de oscilações de amplitude constante: leste – norte – oeste – sul – leste.

O esquema 2 parte de um ponto zero (encontro a meio caminho entre a nascente e a foz) e prossegue numa oscilação de amplitude média (céu atmosférico-terra), depois em oscilações de amplitude máxima (terra-céu, céu-terra, terra-mundo subterrâneo, mundo subterrâneo-terra), que são amortecidas no ponto zero (a meia altura, entre o pico e o vale).

O esquema 3 começa com uma oscilação de amplitude máxima (baixo-alto), amortecida por uma série de oscilações de amplitude decrescente (água-terra, caça marítima-caça na montanha, vale-pico).

4) *Esquema sociológico*. A residência patrilocal prevalece no início. Vai progressivamente dando lugar à residência matrilocal (casamento de Hatsenas), que se torna letal (casamento celeste de Asdiwal) e depois simplesmente hostil (casamento entre a gente dos pinheiros), antes de se enfraquecer e se inverter (casamento entre a gente do canal), para finalmente permitir o retorno à residência patrilocal.

Entretanto, o esquema sociológico não tem uma estrutura fechada como o esquema geográfico, já que põe em cena, no início, uma mãe e sua filha, no meio, um marido, sua esposa e seus cunhados e, no fim, um pai e um filho:[16]

---

16. Como veremos mais adiante, a aparente abertura do ciclo se explica porque,

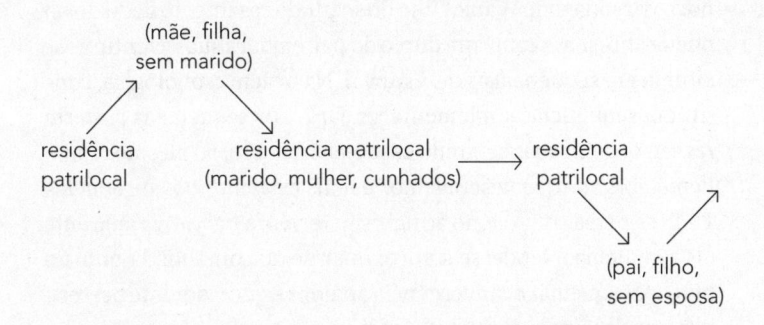

5) *Esquema tecnoeconômico*. O mito começa evocando uma fome de inverno; termina com uma caçada bem-sucedida. No intervalo, segue o ciclo econômico e os deslocamentos sazonais dos indígenas para a pesca:

fome $\longrightarrow$ pesca do peixe-vela $\longrightarrow$ pesca do salmão $\longrightarrow$ caçada produtiva

6) *Integração global*. Se reduzirmos o mito, finalmente, a suas duas proposições extremas, inicial e final, que resumem sua função operatória, chegaremos a um quadro simplificado:

eixo	FÊMEA LESTE-OESTE FOME MOVIMENTO		eixo	MACHO ALTO-BAIXO FARTURA IMOBILIDADE

Começamos por distinguir os códigos, para em seguida analisar a estrutura da mensagem. Trata-se agora de decifrar-lhe o sentido.

VI

Encontra-se, em Boas (1916), uma versão da gesta de Asdiwal digna de nota, em vários aspectos. Primeiramente, ela põe em cena um

---

na história de Waux, filho de Asdiwal, o encerramento resultará de um casamento matrilateral, abortando em situação terminal: marido, mulher, sem filhos.

novo personagem, Waux, filho do segundo casamento de Asdiwal, que se apresenta como um duplo do pai, embora suas aventuras se situem em sequência às de Asdiwal. Na ordem cronológica, constituem sequências suplementares. Ora, tais sequências *posteriores* são organizadas segundo esquemas que são, ao mesmo tempo, *homólogos* aos que descrevemos e mais *explícitos* do que aqueles. Tudo se passa como se, ao atingir seu termo, a narrativa aparente (as sequências) tendesse a aproximar-se do conteúdo latente do mito (os esquemas); convergência análoga à que o ouvinte percebe nos acordes finais de uma sinfonia.

Quando a segunda mulher de Asdiwal (sua primeira mulher terrestre) lhe deu um filho, este recebeu o nome de Waux, que significa "muito leve", porque era tão veloz quanto uma faísca.[17]

Pai e filho eram profundamente apegados um ao outro, e sempre caçavam juntos. Assim, Waux ficou arrasado quando seus tios o obrigaram a acompanhá-los, depois de terem abandonado Asdiwal em Ksemaksén. Mãe e filho tinham inclusive tentado, em segredo, encontrar Asdiwal, e só desistiram depois de chegarem à conclusão de que ele tinha sido devorado por um animal feroz.

Waux se torna um grande caçador, como seu pai. Pouco antes de morrer, sua mãe faz com que ele se case com uma prima, e o jovem casal vive feliz, enquanto Waux continua realizando seus feitos nos territórios de caça paternos, às vezes acompanhado da mulher, que dá à luz gêmeos.

Logo os filhos começam a acompanhar Waux nas caçadas, assim como ele antes seguira Asdiwal. Certo dia, dirige-se com eles para uma região inexplorada. Os meninos sofrem uma queda e morrem. No ano seguinte, Waux retorna ao mesmo local para caçar, munido de todos os objetos mágicos herdados do pai, exceto a lança, que esquece. Pego de surpresa por um terremoto, tenta em vão fazer com que sua mulher, que

---

17. O próprio Asdiwal herdara do pai a leveza e a rapidez de um pássaro. Trata-se de virtudes características do caçador que, segundo os indígenas, deve "ter os pés tão ligeiros quanto uma ave em pleno voo" (Boas 1916: 403). O informante de Boas considera Waux como "filho único" de Asdiwal (ibid.: 243). Engana-se, pois Asdiwal teve outro filho, de seu terceiro casamento (Boas 1912: 123, 133, 135), mas isso tem pouca importância, pois o terceiro casamento é um duplo do segundo.

ele pode *ver* no vale, compreenda que precisa de sua assistência ritual. Aos berros, pede a ela que ofereça um sacrifício de gordura às potências sobrenaturais, para apaziguá-las. Mas a mulher não escuta e entende mal, repetindo, em vez das palavras do marido, aquilo que ela mesma gostaria de fazer: "Você quer que eu coma a gordura?". Desalentado, Waux concorda, e a mulher se farta de gordura e água fresca, deita-se numa fonte, explode e se transforma no sílex rajado que hoje em dia abunda no local.

Waux, sem a lança que lhe permitiria fender as rochas e abrir uma passagem através da montanha, tendo perdido a última chance de apaziguar os elementos em razão do mal-entendido ocorrido entre sua esposa e ele, é petrificado, junto de seu cão e de seus objetos mágicos. Estão lá até hoje (Boas 1916: 243-45).

Várias substituições significativas podem ser aí notadas, em relação à versão de referência.

Asdiwal teve um filho único (na verdade dois, como vimos, de dois casamentos consecutivos, mas que são reunidos num só pela narrativa), ao passo que Waux tem gêmeos. Não sabemos grande coisa desses gêmeos, mas é tentador estabelecer um paralelo entre eles e os dois cães mágicos recebidos por Asi-hwil de seu pai, na versão proveniente do rio Nass, um vermelho e o outro malhado, ou seja, marcados por um contraste que sugere (quando remetido aos sistemas de cores, tão frequentes entre os índios da América do Norte) funções divergentes.

Além disso, o dioscurismo fornece, em si, uma indicação. Na série americana dos mediadores, os dióscuros representam o termo mais fraco, e encontram-se no final da lista, após o messias (que une os contrários) e o enganador ou *trickster* (que os justapõe em sua pessoa), ao passo que o par dioscúrico os associa, mantendo-os ao mesmo tempo individualmente distintos.[18]

A passagem de um mediador único para um par dioscúrico expressa, por conseguinte, um enfraquecimento da função mediadora, ainda mais evidente na medida em que os gêmeos, pouco

18. Ver, a esse respeito, *Antropologia estrutural*, cap. XI: "A estrutura dos mitos" (Lévi-Strauss 1955b).

após sua aparição na cena mítica, desaparecem em território inexplorado, sem terem desempenhado papel algum.

Como Asdiwal, Waux acaba petrificado em decorrência do esquecimento de um objeto mágico, cuja identidade muda de uma versão à outra: raquetes de neve, em Asdiwal; lança, em Waux. Esses objetos mágicos são os instrumentos de mediação recebidos do herói de seu pai sobrenatural e existe, também entre eles, uma gradação: as raquetes de neve servem para subir e descer pelas encostas mais íngremes, ao passo que a lança permite passar diretamente através das paredes rochosas. A lança propicia, portanto, um meio mais radical do que as raquetes, que se adaptam ao obstáculo em vez de aboli-lo. O esquecimento de Waux parece, assim, mais grave do que o de Asdiwal. O mediador mais fraco perde o instrumento mais forte, e sua eficácia vê-se, por isso, duplamente diminuída.

A história de Waux procede, por conseguinte, por regressão dialética. Porém, em outro sentido, marca uma progressão, já que com essa variante se fecha uma estrutura que, em certos aspectos, continuava aberta.

A mulher de Waux morre de *empanturramento*. Assim acaba uma narrativa cujo começo nos apresentava a mãe de Asdiwal (ou Asi-hwil) morrendo de *fome*. A fome a põe em *movimento*, ao passo que agora o abuso de alimento *paralisa* a mulher de Waux. Para finalizar quanto a este ponto, note-se que as duas personagens da sequência inicial eram mulheres *descasadas*, *não alimentadas* e em *deslocamento*, ao passo que os personagens da sequência final são um *casal*, cujo marido é um *provedor de alimento* (não compreendido) e a esposa uma mulher *excessivamente alimentada* (porque não compreende), igualmente *paralisados* apesar dessa oposição (mas talvez também devido à complementaridade negativa que ela expressa).

A transformação mais importante é representada pelo casamento de Waux. Vimos que Asdiwal contraiu casamentos em série, sempre malsucedidos. Não consegue escolher entre a esposa sobre-humana e a aldeã; é abandonado (à revelia dela, é verdade) pela esposa tsimshian. Sua esposa gitxatla lhe permanece fiel, a ponto de trair os próprios irmãos – é ele que a abandona. Termina seus dias, após ter recuperado o filho, na condição de celibatário.

Waux, ao contrário, casa-se uma só vez, mas esse casamento lhe será fatal. Neste caso, trata-se de um casamento *arranjado* pela mãe de Waux (à diferença dos casamentos *aleatórios* de Asdiwal), e um casamento com a *prima* (ao passo que as esposas de Asdiwal são completas *estranhas*) – entenda-se, aqui, a prima cruzada, filha do irmão da mãe (o que explica o papel de intermediária desempenhado por esta última).[19]

Como Boas explica, no texto que acaba de ser citado em nota, o casamento com a filha do irmão da mãe era preferencial entre os Tsimshian, sobretudo na nobreza, a que pertencem nossos heróis. Garfield (1939: 232-33) duvida que a prática se conformasse estritamente aos modelos míticos, mas o ponto é de importância secundária, já que aqui consideramos esquemas de função normativa. Numa sociedade como a dos Tsimshian, é fácil perceber por que esse tipo de casamento seria considerado ideal. Os meninos cresciam na casa do pai, mas, mais cedo ou mais tarde, teriam de se mudar para a casa do tio materno, quando dele herdassem títulos, prerrogativas e territórios de caça.[20] O casamento com a prima matrilateral representava uma solução para tal conflito.

Por outro lado, e como notamos diversas vezes a respeito de outras sociedades do mesmo tipo, esse casamento permitia

---

19. O informante de Boas parece cometer um engano, que Boas corrige apenas parcialmente. Em Boas (1916: 244), a passagem se apresenta do seguinte modo: "*Before his mother died she wanted her son to marry one of her own cousins, and he did what his mother wanted him to do*". Tratar-se-ia, portanto, de uma prima da mãe, não do filho. O texto indígena correspondente encontra-se em Durlach (1928: 124), que transcrevo a seguir, simplificando os sinais: "*na gauga* (?) *dem dzake na'ot da hasa'x a dem naksde lgolguet a klâlda lgu-txaât* [...]".

O termo de parentesco *txaâ* designa os filhos da irmã do pai ou do irmão da mãe, isto é, todos os primos cruzados; *lgu-* é um diminutivo; o sufixo *-t* é um possessivo da terceira pessoa. Em seu resumo da história de Waux, Boas (ibid.: 825) repete a versão suspeita: "*He marries one of his mother's cousins*". No comentário, porém, ele corrige sua interpretação, ao incluir, com razão, esse exemplo entre todos os que menciona de casamento com a prima cruzada matrilateral: "O tipo normal de casamento, tal como se encontra descrito nas narrativas tradicionais, une um rapaz e a filha do irmão de sua mãe. Assim [...] uma mulher pede à filha que se case com seu primo (244)" (ibid.: 440). Como a página 244 menciona unicamente o casamento de Waux, vê-se que Boas retifica aqui a relação de parentesco, confundindo, porém, o sexo dos cônjuges. De onde uma nova contradição, pois essa prima seria a filha da irmã do pai. O verdadeiro sentido parece ser: antes de morrer, sua mãe quis que ele se casasse com uma de suas (dele) primas.

20. Boas 1916, na página 411, em contradição com a página 401. Voltaremos em breve a essa divergência.

solucionar um outro conflito, este entre as tendências patrilinear e matrilinear da sociedade tsimshian, que, como vimos acima, levava em conta as duas linhas.[21] Com efeito, desse modo um homem garante que seus privilégios hereditários e seus títulos permaneçam dentro de um círculo familiar restrito (Swanton 1905a; Wedgewood 1929; Richards 1914).

Mostrei alhures o quanto tal interpretação é inverossímil como origem universal dos casamentos de primos cruzados.[22] Porém, no caso de uma sociedade com tendências feudais, certamente corresponde a motivações reais, que devem ter contribuído para a manutenção ou adoção de um costume cuja explicação última deve, ainda assim, ser buscada nas propriedades comuns a todas as sociedades que o praticaram.

Os mitos tsimshian oferecem, aliás, uma impressionante glosa da teoria indígena do casamento com a prima cruzada matrilateral na história da princesa que se recusa a desposar o primo (filho da irmã do pai).

Tão cruel quanto orgulhosa, ela exige que o primo prove seu amor desfigurando-se. Ele retalha o próprio rosto, e então a princesa o repele, por sua feiura. Desesperado, o rapaz busca a morte e se aventura nos domínios do chefe Pestilência, senhor das deformidades. Depois de submeter o herói a duras provas, ele consente em transformá-lo em Príncipe Encantado.

Agora, a prima fica perdidamente apaixonada, mas é a vez de o rapaz lhe exigir que sacrifique sua beleza, só para cobri-la de sarcasmos. A princesa, agora horrenda, tenta apiedar chefe Pestilência. Imediatamente, o povo enfermo e deformado que lhe serve de corte se lança sobre a infeliz, quebra-lhe os ossos e a rasga.

O informante de Boas vê nessa história o mito de origem das cerimônias e ritos que marcam a união de primos cruzados:

---

21. Ver *supra*, pp. 161-62. Ver também, acerca disso, Sapir 1915: 6 e 27; e Garfield, Wingert & Barbeau 1951: 17-25.

22. Ver *As estruturas elementares do parentesco*, edição original de 1949, pp. 158-59; nova edição, de 1967, pp. 143-45.

Havia entre nós um costume, segundo o qual o sobrinho do chefe deveria casar-se com a filha deste, porque a tribo do chefe queria que seu sobrinho fosse seu herdeiro e o sucedesse após a morte. Esse costume foi transmitido de uma geração a outra, e ainda vigora hoje em dia, e a sucessão à chefia sempre foi feita assim.

Ora, prossegue o informante, é por causa do desastre que se abateu sobre a princesa rebelde que foi decidido que, em tais assuntos, "não se deve dar à moça liberdade de escolha [...] Mesmo que ela não queira casar-se com seu pretendente, tem de obedecer, uma vez feito o acordo entre os dois lados" (isto é, na conclusão de uma negociação entre as linhagens maternas dos dois jovens).

Uma vez unidos o príncipe e a princesa, a tribo do tio do rapaz se agita; então, a tribo do tio da moça se agita também, e ocorre um combate entre as duas. Os dois campos se apedrejam, muitas cabeças são atingidas de ambos os lados. As cicatrizes dos ferimentos [...] (são) como provas do contrato.[23]

Boas, em seu comentário, observa que esse mito não é exclusivo dos Tsimshian; encontra-se também entre os Tlingit e os Haida, igualmente matrilineares, e remetido ao mesmo tipo de união. Fica claro que ele traduz um aspecto fundamental da organização social dessas populações, que consiste num equilíbrio hostil entre as linhagens matrilineares dos chefes de aldeia. Num sistema de troca generalizada como o que resulta, nas famílias feudais, do casamento preferencial com a filha do irmão da mãe, as famílias se encontram como que arranjadas num círculo mais ou menos estável, no qual cada uma delas ocupa – ao menos temporariamente – o lugar de "doador de mulheres" em relação a outra família, e de "tomador" em relação a uma terceira família. Conforme a sociedade, essa estrutura desaprumada (já que se dá a um sem jamais ter certeza de receber do outro) pode atingir o equilíbrio

---

23. Boas 1916: 185-91. Descrevendo as cerimônias de casamento entre os Nisqa a partir de outro informante, Boas explica que o combate entre os dois grupos pode ser violento a ponto de um dos escravos da guarda do pretendente ser morto: "É sinal de que os nubentes jamais irão se separar" (ibid.: 531).

– mais aparente do que real, aliás – de vários modos: democraticamente, segundo o princípio de que todas as trocas matrimoniais são equivalentes; ou, ao contrário, estipulando que uma das posições é estatutariamente superior à outra, o que, num contexto social e econômico diferente, do ponto de vista teórico – senão prático – dá no mesmo, já que cada família acumula as duas posições (Lévi-Strauss 1949: loc. cit.; [1953c] 2008: 338-39). As sociedades setentrionais da costa do Pacífico não puderam, ou não quiseram, escolher um desses pontos de equilíbrio, visto que a superioridade ou a inferioridade relativa dos grupos trocadores era – no interior da mesma categoria social à qual ambos, em princípio, deviam pertencer – abertamente questionada por ocasião de cada união. Cada casamento, os *potlatch* que o acompanhavam ou precediam, as transferências de títulos e de bens que ocasionava, eram meios, para os grupos envolvidos, de conquistar uma vantagem sobre o outro e, ao mesmo tempo, de pôr fim aos conflitos anteriores. Tratava-se de fazer a paz, mas nas melhores condições possíveis. Nossa sociedade medieval apresenta, em termos de instituições patrilineares, a imagem simétrica dessa situação, com vários pontos em comum com a que acabamos de evocar.

Sendo assim, não é de surpreender a terrível novela em que os indígenas buscam a origem de suas instituições matrimoniais, nem tampouco o fato de a cerimônia de casamento entre primos assumir entre eles a forma de um combate mortal. Quando, ao expormos tais antagonismos inerentes à estrutura social dos Tsimshian, cremos "atingir a rocha" (para retomar uma expressão de Marcel Mauss), essa metáfora geológica expressa uma aproximação comparável em vários aspectos àquela efetuada pelos mitos de Waux e Asdiwal. Todas as antinomias concebidas pelo pensamento indígena nos mais diversos planos – geográfico, econômico, sociológico, cosmológico – são, afinal de contas, assimiladas à menos aparente, mas bem real, antinomia que o casamento com a prima matrilateral tenta superar, sem sucesso, como o *confessam* nossos mitos; e é justamente essa a sua função.

Passemo-los novamente em revista, a partir dessa nova perspectiva. A fome de inverno, que faz morrer os maridos das duas heroínas do início, libera-as da residência patrilocal e permite que se encontrem, e posteriormente retornem à aldeia natal da filha, o que significará, para o filho desta, um modo matrilocal de residência. A escassez de alimento é, portanto, relacionada à exportação das mulheres, e estas retornam a suas linhagens de origem quando o alimento acaba: símbolo de um acontecimento mais concretamente ilustrado a cada ano – mesmo sem fome – pelo deslocamento do peixe-vela no Nass, e depois do salmão, no Skeena. Os peixes provêm do oceano, chegam do sul e do oeste e sobem os rios na direção leste. Como os peixes que vão embora, a mãe de Asdiwal prossegue sua marcha em direção ao oeste e ao mar, onde Asdiwal viverá as desastrosas experiências do casamento matrilocal.

O primeiro desses casamentos é com Estrela da Noite, que é uma criatura celeste. A correlação céu-fêmea/terra-macho, implícita nessa sequência, invoca duas observações.

Em primeiro lugar, Asdiwal é, de certo modo, pescado pela Ursa que o atrai até o céu, e os mitos frequentemente descrevem os plantígrados como *pescadores de salmão* (Boas 1916: 403).[24] Também como um salmão, Asdiwal é pescado com uma rede pelo Sol, compadecido, depois de ter-se espatifado no solo (Boas 1912: 112-13).[25] Mas, quando Asdiwal retorna da estadia, inversa e si-

---

24. A duplicação da viagem de Asdiwal ao céu (contrastando com sua única viagem ao mundo subterrâneo) parece ter por função tornar ainda mais manifesta a analogia com a pesca do salmão. Com efeito, o retorno ao céu é realizado na forma de uma pescaria, por meio de uma rede que desce da abertura celeste – ao modo da pesca ritual do primeiro salmão de primavera, com uma rede introduzida num buraco feito no gelo que ainda cobre o rio.

25. Se nossa interpretação estiver correta, concluir-se-á que a oposição explícita céu/terra se realiza aqui de forma implícita como céu/água, que é a mais forte oposição inerente ao sistema dos três elementos, tal como utilizado pelo mito.

Esse sistema pode ser representado pela fórmula abaixo (o sinal : significa "está para"; o sinal :: "assim como"; o sinal / "opõe-se a"):

1) céu : terra :: terra : água,

que também pode ser escrito:

2) céu > terra > água.

A hipótese aventada acima, acerca da "pesca" de Asdiwal, pode então ser verificada graças à permutação:

3) céu : água :: terra : terra,

a qual, constata-se, corresponde à segunda viagem sobrenatural de Asdiwal, em que a oposição à água (terra) é expressa por intermédio de uma viagem subterrânea. O que nos permite propor:

4) céu/terra :: céu/água (quando "água" tem a função de "subcéu");

5) terra/água :: terra/terra (quando "terra" tem a função de "subterra").

Ora, esse desdobramento do polo terra só se tornou necessário em função métrica, no reino subterrâneo das focas, a viagem é feita no estômago de uma delas, também como um alimento, aqui comparável ao *peixe-vela*, que é recolhido com pás no leito do Nass, o "rio-estômago". Além disso, a rota do herói aqui tem o sentido inverso, não mais de leste para oeste, como o alimento que desaparece, mas de oeste para leste, como o que retorna.

Em segundo lugar, essa inversão é acompanhada por outra, da residência matrilocal para a residência patrilocal, e esta última é, por sua vez, função da substituição de uma viagem celeste por uma viagem subterrânea, que faz Asdiwal passar da posição terra-macho-dominado à de terra-macho-dominante.

A residência patrilocal não é melhor para Asdiwal, que com isso recupera o filho, mas perde a esposa e os afins. Isolado nesse outro sentido, incapaz de integrar os dois modos de filiação e de residência, vê-se, no ponto mais próximo do objetivo, bloqueado a meio caminho, após uma caçada proveitosa: conseguiu alimento novamente, mas perde a liberdade de movimento. A fome, causa de movimento, deu lugar à abundância, cujo preço é a paralisia.

Torna-se mais fácil compreender o casamento de Waux com a prima matrilateral, na sequência dos casamentos de seu pai, como símbolo do derradeiro e vão recurso do pensamento e da sociedade tsimshian para superar suas contradições. Pois esse casamento fracassa num *mal-entendido* que se soma a um *esquecimento*: Waux conseguiu permanecer junto de seus parentes maternos e, ao mesmo tempo, conservar os territórios de caça do pai. Embora sejam primos, ele e a esposa permanecem distanciados um do outro, porque o casamento de primos cruzados, numa sociedade feudal, é um paliativo e um logro; nessas sociedades, sempre se trocam mulheres, mas também se compete por bens.

---

da assimilação – velada – da oposição maior entre céu e terra à oposição menor, ainda implícita, entre terra e água: Asdiwal é pescado, como um peixe, numa terra assimilada ao elemento líquido, do alto de um céu descrito como uma paisagem terrestre: "campo verde e florido".

Sendo assim, desde o início, o mito parece regido por uma oposição mais atuante do que as demais, ainda que não imediatamente perceptível, entre terra e água, que é também a mais diretamente ligada às formas de produção e às relações objetivas entre os homens e o mundo. A análise dos mitos de uma sociedade, mesmo que formal, verifica o primado da infraestrutura.

VII

A análise acima suscita uma observação de outra ordem: é sempre arriscado propor, como fez Boas em sua monumental *Tsimshian Mythology*, "uma descrição da vida, da organização social, das crenças e das práticas religiosas de um povo, tal como aparecem em seus mitos" (Boas 1916: 32).

A relação entre o mito e o dado é certa, mas não na forma de uma *re-presentação*. É de natureza dialética, e as instituições descritas no mito podem ser o inverso das instituições reais. É o que sempre ocorre, inclusive, quando o mito busca expressar uma verdade negativa. Como já notamos, a gesta de Asdiwal causou certo embaraço ao grande etnólogo americano, porque nela se afirma que Waux herdou os territórios de caça do pai, quando outros textos e a observação direta atestam que as posses de um homem, incluindo seus territórios de caça, passavam para o filho de sua irmã, ou seja, de um homem para outro, em linha materna.[26]

Mas a herança paterna de Waux não é menos o reflexo de condições reais do que os casamentos matrilocais de seu pai. Com efeito, os meninos cresciam em residência patrilocal, para mais tarde concluírem sua educação junto ao tio materno; após o casamento, voltavam a viver com os pais, acompanhados das esposas; e fixavam residência na aldeia do tio, quando eram chamados a sucedê-lo. Era assim pelo menos nas famílias nobres de uma sociedade cuja mitologia constituía uma verdadeira "literatura de corte". Essas idas e vindas constituíam um dos sinais exteriores da *tensão* entre linhagens aliadas. As especulações míticas em torno de modos de residência integralmente patrilocal ou matrilocal não dizem respeito, consequentemente, à realidade tsimshian, e sim às possibilidades inerentes à sua estrutura, suas virtualidades latentes. O que elas pretendem, em última análise, não é descrever o real, mas justificar as limitações a que ele se sujeita, já que as posições extremas são *imaginadas* apenas para serem demonstradas como *insustentáveis*; tal procedimento, próprio da reflexão mítica, implica a admissão (mas na linguagem dissimulada

---

26. Ver as hesitações de Boas, em Boas 1916: 401, 411-12. Mesmo Garfield, que se debruçou longamente sobre essa questão, não consegue admitir a sucessão em linha paterna; cf. Garfield, Wingert & Barbeau 1951: 17.

do mito) de que a prática social, assim aprofundada, é maculada por uma contradição impossível de superar. Uma contradição que a sociedade tsimshian, como o herói do mito, não pode entender e prefere esquecer.

Nossa concepção das relações entre o mito e a realidade certamente restringe a utilização daquele como fonte documental. Mas abre outras possibilidades, já que ao renunciarmos a buscar no mito uma representação sempre fiel da realidade etnográfica, ganhamos um meio de atingir, às vezes, as categorias inconscientes.

Lembramos há pouco que as duas viagens de Asdiwal – de leste para oeste e vice-versa – se encontram correlacionadas, respectivamente, a modos matrilocal ou patrilocal de residência. Ora, os Tsimshian praticam, de fato, a residência patrilocal, o que nos leva agora a concluir que uma das orientações corresponde a um sentido de "leitura" direto de suas instituições, e a outra ao sentido oposto. A viagem de oeste para leste, que é a viagem de volta, é acompanhada pela volta ao patrilocalismo. Portanto, para o pensamento indígena, a direção que toma é a única direção real, sendo a outra apenas imaginária.

É exatamente isso, aliás, que o mito proclama. O deslocamento para leste propicia a Asdiwal o retorno a seu elemento, a terra, e à terra natal. Quando se dirigia para o oeste, era um provedor de alimento que punha fim à fome; supria a escassez de alimento ao mesmo tempo que avançava no sentido que o alimento toma quando desaparece. Refazendo o itinerário em sentido contrário, no estômago da foca, é simbolicamente identificado ao alimento, e se desloca no sentido do alimento quando volta.

O mesmo ocorre em relação à residência matrilocal, introduzida como uma realidade negativa, um substituto para a inexistência da residência patrilocal, em razão da morte dos maridos.

E o que significa a direção oeste-leste, no pensamento indígena? É a que tomam tanto o peixe-vela como o salmão, todos os anos, subindo os rios e penetrando no interior. Se essa orientação é também a que os Tsimshian devem adotar para obter uma imagem não deformada de sua existência social concreta, não seria porque concebem a si mesmos *sub specie piscis*, colocando-se no lugar dos peixes, ou melhor, colocando os peixes em seu lugar?

Essa hipótese, formulada ao cabo de um raciocínio dedutivo, vê-se indiretamente confirmada no ritual e na mitologia.

Entre os indígenas da costa noroeste, a pesca e o preparo do peixe dão lugar a vários tipos de rito. Observamos acima que, para extrair o óleo do peixe-vela, as mulheres devem espremê-los nos próprios seios nus e que os restos devem ficar apodrecendo perto das casas, apesar do fedor. O salmão não apodrece, já que é posto a secar ao sol ou defumado. Mas outros cuidados devem ser ritualmente observados: deve ser cortado com uma faca primitiva, feita com uma concha de mexilhão, e jamais com lâminas de pedra, osso ou metal. As mulheres realizam essa operação sentadas no chão, com as pernas abertas (Boas 1916: 449-50 e 919-32 [Nootka]).

Tais proibições e prescrições parecem traduzir uma mesma intenção, a de "imediatizar" a relação entre o peixe e o humano, tratando-o como se fosse um humano, ou pelo menos reduzindo ao máximo o emprego de objetos manufaturados, que são da ordem da cultura, ou seja, negando ou subestimando aquilo que faz com que os peixes não sejam humanos.

Os mitos, por sua vez, relatam a visita de um príncipe ao reino dos salmões, de onde ele retorna, depois de ter conquistado a aliança de seus anfitriões, ele mesmo transformado em peixe. Todos esses mitos contêm o mesmo incidente: acolhido pelos salmões, o príncipe faminto é alertado a não comer a mesma comida que eles, sob pretexto algum, devendo golpear e matar sem hesitação os próprios peixes, desconsiderando a forma humana na qual passou a vê-los (Boas 1916: 192-206, 770-78, 919-32).

Pois nesse momento, a identificação mítica se choca com a única relação real existente entre peixe e homem, a de alimento. Essa relação não pode ser nem transcendida nem transformada. Subsiste, mesmo no mito, em forma de alternativa: ou comer como os salmões (embora seja humano) ou comer salmões (embora sejam como humanos). Esta última é a solução correta, contanto que sejam observados os ritos exigidos pelos salmões, graças aos quais podem ser ressuscitados a partir das espinhas cuidadosamente reunidas e depois mergulhadas em água ou queimadas.[27] A primeira solução seria um *abuso de identificação*,

---

27. Não possuímos informações a respeito de outros peixes, entre os quais os escorpenídeos. Mas deduz-se de Boas 1895b que, durante a estadia entre as focas, o herói consumiu as espinhas, visto que no final elas saem de seu estômago e provocam sua morte.

do homem ao salmão, não do salmão ao homem. O personagem do mito que comete esse erro é transformado em raiz ou rochedo – como Asdiwal –, condenado à imobilidade e irrevogavelmente ligado à terra.

Partindo de uma situação inicial caracterizada por um movimento irreprimível para desembocar numa situação final caracterizada pela inércia definitiva, o mito de Asdiwal expressa a seu modo um aspecto fundamental da filosofia indígena. Começa-se pela ausência de alimento, e todo o exposto acima leva a pensar que o papel de Asdiwal, como provedor de alimento, equivale a uma negação dessa ausência, que é uma não presença; e quando essa presença é enfim obtida, com Asdiwal que se apresenta como alimento (e não mais como provedor de alimento), ela desemboca num estado de inércia.

Mas a fome, tanto quanto a inércia, é uma condição intolerável para os homens. Somos, portanto, levados a concluir que, para nossos indígenas, o único modo positivo do ser é uma *negação do não ser*. Não é possível explorar essa hipótese nos limites deste trabalho. Assim, apenas observaremos que ela poderia lançar uma nova luz sobre a *necessidade de afirmar-se* que, no *potlatch*, nas festas, nas cerimônias e nas rivalidades feudais, parece caracterizar o estilo tão particular das sociedades da costa noroeste do Pacífico.

VIII

Resta-nos a resolver um último problema, aquele colocado pelas divergências entre a versão do rio Nass e as provenientes da costa, cuja ação se situa no rio Skeena. Até agora, acompanhamos estas últimas. Consideremos agora a versão Nass.

Reina a fome nas aldeias de Laxqaltsap e Gitwunksilk.[28] Duas irmãs, separadas pelo casamento, vivem cada uma numa delas.

---

28. É possível localizá-las. A primeira é a atual Greenville, no estuário do Nass; cf. Swanton (1952: 586): "*Lakkulzap or Greenville*"; "*Gitwinksilk* [...] *near the mouth of Nass River*" (ibid.: loc. cit.). *Ver* ainda Sapir (1915: 2): "*Greenville (laxqaltsa'p)* [...]". O mapa de Barbeau (1950), contudo, situa Gitwinksilk (Gitwinksihlt) acima dos desfiladeiros. A segunda se encontra no baixo Nass, mas a montante. Segundo Sapir (ibid.: loc. cit.), os Gitwankcitlku, "gente de onde moram os lagartos", formam o terceiro grupo nisqa, a partir da foz.

Decidem reunir-se e se encontram a meio caminho, num lugar nomeado em memória desse evento. Trazem algumas provisões: a irmã de jusante tem umas poucas bagas e a de montante, um punhado de ovas. Partilham o que têm, lamentando sua miséria.

Uma das irmãs, a de rio acima, veio com a filha, da qual não se ouvirá mais falar. A de rio abaixo, que é a mais jovem, ainda é solteira. Um desconhecido vem visitá-la à noite. Chama-se Hôux, que quer dizer "Traz-sorte". Ao saber da situação das mulheres, fornece-lhes alimento milagrosamente. A mais nova logo dá à luz um filho, Asi-hwil, para quem o pai fabrica raquetes de neve, ineficazes no início, mas que dão ao portador poderes mágicos, uma vez aperfeiçoadas. Asi-hwil também recebe do pai dois cães mágicos e um bastão capaz de perfurar as rochas. A partir de então, o herói demonstra ser melhor caçador do que outros personagens sobrenaturais com quem compete.

Aqui se situa o episódio da retirada de Hôux, quando seus cunhados se aproximam, resumido acima (: 79). Estes levam a irmã e o sobrinho para Gitxaden, abaixo dos desfiladeiros do Nass.[29] Lá, o herói é atraído para o céu pelo escravo de um ser sobrenatural, disfarçado de urso; mas não consegue entrar no céu e volta para a terra depois de ter perdido o rastro do urso.

Vai então para a terra dos Tsimshian, onde se casa com a irmã de caçadores de focas. Humilha-os com sua superioridade, é abandonado por eles, faz uma visita às focas em seu reino subterrâneo, cuida delas e as cura, consegue uma embarcação de intestino que o leva de volta à costa, onde mata os cunhados com a ajuda de cetáceos artificiais. Reúne-se à esposa, para não mais deixá-la (Boas 1902: 225-29).

Essa versão é evidentemente um tanto pobre. Possui poucos episódios e, quando comparada à de Boas 1912, que nos serviu de referência até agora, a sequência dos acontecimentos parece embaralhada. Todavia, seria equivocado tratar a versão do Nass como mero eco enfraquecido das do Skeena. Na parte mais bem preservada, a sequência inicial, tudo se passa como se a riqueza

---

29. Sapir (1915: 3): "*gitxate'n*, gente das armadilhas (de peixe)"; Barbeau (1950, mapa): Gitrhatin, no início do estuário, a jusante do cânion. Parece ser a localidade inicialmente chamada Laxqaltsap.

de detalhes tivesse sido preservada, mas à custa de substituições que formam, indubitavelmente, um sistema. Comecemos, pois, por inventariá-las, distinguindo os elementos comuns às versões e os elementos transformados.

Nos dois casos, a narrativa começa num vale fluvial, o do Skeena ou o do Nass. É inverno e reina a fome. Duas mulheres aparentadas, uma vivendo a montante e a outra a jusante, resolvem se reunir, e se encontram a meio caminho.

Várias diferenças já são perceptíveis:

	Nass	Skeena
Local da ação.	Nass	Skeena
Estado do rio	?	Congelado
Situação das duas aldeias	pouco distantes	"muito distantes"*
Parentesco entre as mulheres . .	irmãs	mãe e filha
Estado civil	{ uma casada / uma solteira }	duas viúvas

Como se pode ver, essas diferenças equivalem a um *enfraquecimento de todas as oposições* na versão Nass. Isso se evidencia na situação relativa das aldeias e mais ainda na relação de parentesco entre as duas mulheres, cujo elemento constante, a relação mais velha/mais nova, se realiza na forma do par mãe/filha num caso e irmã mais velha/irmã mais nova no outro; há uma *maior distância* entre as aldeias onde residem as primeiras do que no caso das outras, e as primeiras são impelidas ao encontro por um *acontecimento mais radical* (dupla viuvez simultânea) do que as outras (das quais apenas uma é casada, e nada indica que tenha perdido o marido).

Temos ainda uma prova de que é a versão Nass que representa um enfraquecimento da versão Skeena e não esta um reforço da outra. Trata-se da sobrevivência da relação original, mãe/filha, em forma de vestígio, na maternidade da irmã mais velha, que vem acompanhada da filha, um detalhe cujo rendimento funcional, em qualquer outro plano, é nulo na versão Nass:

(a) [mãe: filha] :: [(mãe + filha) : não mãe]

---

* É o que o mito afirma enfaticamente, mas a aldeia da mais jovem não é nomeada.

de modo que o elemento constante é dado pela oposição entre *fertilidade retrospectiva* e *fertilidade prospectiva*.

Pois bem, tais diferenças, que poderiam ser consideradas como "de mais e de menos" – quantitativas, nesse sentido – são acompanhadas por outras, que são verdadeiras inversões.

Nas variantes Skeena, a mais velha das mulheres vem de jusante e a mais nova de montante. Na variante Nass é o contrário, já que o par (mãe + filha) vem de Gitwunksilk, rio acima, e a irmã solteira (que irá tornar-se a esposa do protetor sobrenatural, exatamente como a filha na versão Skeena) chega de Laxqaltsap, rio abaixo.

Na versão Skeena, as mulheres chegam sem nada e dividem *uma baga podre* achada no local do encontro.[30] Mais uma vez, a versão Nass apresenta um enfraquecimento, já que as mulheres trazem provisões, a bem dizer, bastante módicas: algumas bagas e um punhado de ovas:

	Jusante				Montante
Versão Skeena:	o	$\longrightarrow$	baga podre	$\longleftarrow$	o
Versão Nass:	bagas	$\longrightarrow$		$\longleftarrow$	ovas

Seria fácil mostrar que, na costa noroeste do Pacífico e em outras regiões da América, a podridão é concebida como limiar entre o alimento e o excremento.[31] Se, na versão Skeena, uma única baga (*quantitativamente,* alimento mínimo) é o suporte da podridão (*qualitativamente,* alimento mínimo) é porque as próprias bagas são concebidas *especificamente* como alimento fraco em relação aos alimentos fortes.

É fato que, na versão Skeena, as duas mulheres são expressamente associadas não a determinados alimentos mas à falta de qualquer alimento. Contudo, essa "falta de alimento", ainda que seja uma categoria negativa, não é uma categoria vazia; o desenrolar do mito lhe dá, retrospectivamente, um conteúdo. As duas mulheres são ausência de alimento, mas estão ligadas ao leste e ao oeste, à terra e ao

---

30. "Algumas bagas", em Boas 1895b.
31. Vários mitos se referem à perda do salmão pelos homens, devido à recusa de um pedaço de peixe mofado ou ao nojo diante da descoberta de que a Mãe dos Salmões os gera pelo ânus.

mar. O mito de Asdiwal se refere a uma oposição entre dois modos de vida, também ligados a esses mesmos pontos cardeais e a esses mesmos elementos: caçadores de montanha, de um lado, pescadores e caçadores marinhos, do outro.[32] Na versão Skeena, a oposição "alimentar" é, portanto, dupla: entre alimento animal (nas posições extremas) e alimento vegetal (em posição mediana); entre animal marinho (oeste) e animal terrestre (leste), ou seja:

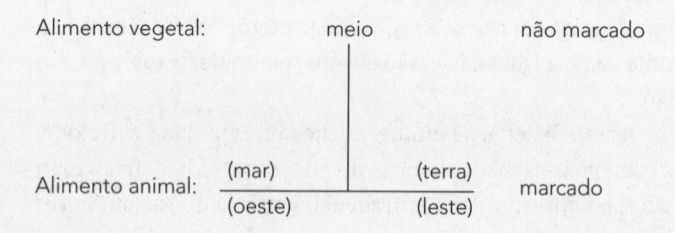

Daí a fórmula:

(b) [terra: mar] :: [(terra + mar) : meio]

cuja analogia com (a) pode ser imediatamente percebida.

O sistema alimentar da versão Nass, por sua vez, está assentado numa *estrutura simplificada* (de dois termos em vez de três) e em *oposições enfraquecidas*. O alimento vegetal passa de não marcado para fracamente marcado, de estado-limite entre presença e ausência de alimento para alimento positivo, quantitativamente (umas poucas bagas) e qualitativamente (bagas mais frescas). Esse alimento vegetal não se opõe mais ao alimento animal, categoria fortemente marcada (afetada pelo sinal -1), mas à realização – a mais pobre concebível – do alimento animal (todavia afetado pelo sinal +1), e de três modos:

peixe, e não carne;
ovas de peixe, e não peixe;
um tanto "do tamanho de um dedo";

ou num sistema:

----

32. "A caça no mar requer uma formação totalmente diferente daquela adequada à caça na montanha" (Boas 1916: 403).

mar;	*(oposição*	terra;
oeste;	*fracamente marcada)*	leste;
alimento vegetal (relativamente mais abundante)		alimento animal (relativamente mais pobre).

A correlação entre as duas variantes, do ponto de vista do sistema alimentar, pode ser então expressa pelas fórmulas:

(c_1) [(– carne) : (– peixe)
  :: [dx (carne + peixe) : dx (alimento vegetal)]

ou, em forma simplificada (tratando a quantidade mínima dx como uma ausência):

(c_2) [carne : peixe]
  :: [(carne + peixe) : (alimento vegetal)]

na qual a soma (carne + peixe) constitui a categoria do alimento animal. Note-se, aqui também, a analogia entre as fórmulas a, b, c.

Os dois tipos de alimento da versão Nass são as bagas (jusante) e as ovas (montante). As ovas são um alimento animal e fluvial, as bagas um alimento vegetal e terrestre e, de todos os alimentos terrestres (à diferença dos animais caçados na montanha), o que é geralmente associado às margens de rio.[33]

A transformação realizada pela passagem de uma versão à outra pode portanto ser grafada, desse ponto de vista:

(d) [oeste : leste] :: [mar : terra]
  :: [água : terra (firme)] :: [rio : margem]

Ora, a oposição entre rio e margens de rio não é apenas um enfraquecimento das antinomias fundamentais entre leste e oeste, terra firme e água, cuja expressão mais marcada é a oposição mar/terra. É também uma *função* desta última oposição.

---

33. "As mulheres vão todas juntas de barco, ou caminhando pela mata, para colher bagas" (Boas 1916: 404).

Com efeito, a oposição rio/margem é mais marcada no interior (onde o elemento água se reduz ao rio) do que na costa. Nesta, a oposição deixa de ser pertinente pois, na categoria da água, o mar prima sobre o rio e, na categoria terra, a costa prima sobre a margem. Compreende-se, assim, a razão da inversão que, *a montante*, permite propor:

(d) [água : terra (firme)] :: [rio : margem]

mas, *a jusante*, assimilando o conjunto do rio e de sua margem à terra, agora por oposição ao mar, somos levados a:

(e) [água : terra (firme)] :: [mar : (rio + margem)]

em que o conjunto (rio + margem) se encontra permutado em posição (terra).

Como *e* e *f* podem ser reduzidas à fórmula:

(f) [terra : água] : [(rio + margem) : mar]

análoga às fórmulas *a, b, c*, esse exemplo permite compreender como é possível que uma transformação mitológica se expresse por uma sucessão de equivalências cujos extremos são radicalmente invertidos (Lévi-Strauss [1955b] 2008: 246).

De fato, no último estágio da transformação, a posição (jusante, oeste) é considerada como alimento vegetal, portanto terrestre, ao passo que a posição (montante, leste) é considerada como alimento animal que, consistindo de ovas de peixe, é fluvial e, portanto, aquático. As duas mulheres, reduzidas a seu denominador comum, que é a relação entre mais velha e mais nova, encontram-se assim, coerentemente permutadas quanto a jusante e montante.[34]

---

34. A mais nova, representando a fertilidade prospectiva, apresenta um caráter feminino marcado, e a mais velha, não marcado. A mais nova deve, portanto, encontrar-se sempre em posição (terra): na versão Skeena, porque irá gerar Asdiwal, rei das montanhas, caçador terrestre; na versão Nass, pela mesma razão, acrescida do caráter estritamente feminino da coleta de bagas, que representam o alimento terrestre. Cf. Boas (1916: 52, e também 404): "Os homens trazem todo o alimento animal, exceto os moluscos, ao passo que as mulheres coletam bagas, tubérculos e moluscos".

Na versão Skeena, por conseguinte, a oposição fraca, entre rio e margem, é *neutralizada* (o que o mito exprime ao precisar que o rio está congelado e que as mulheres andam no gelo), em prol da oposição forte entre mar e terra, a qual, entretanto, é negativamente evocada (pois que as mulheres são definidas pela carência quanto aos alimentos associados a suas posições respectivas). Na versão Nass, é a oposição forte que é neutralizada, por enfraquecimento e inversão, em prol da oposição fraca entre rio e margem, positivamente evocada (pois que as mulheres aqui têm provisões – parcas – dos alimentos apropriados).

Transformações paralelas podem ser notadas no episódio do protetor sobrenatural, tal como narrado pelas duas versões. Na do Skeena, ele fornece exclusivamente carne, em volume crescente (na ordem: pequeno esquilo, galo selvagem, porco-espinho, castor, cabrito, urso preto, urso grizzly, rena); na do Nass, carne e peixe conjuntamente, em grande quantidade, tanto que a casa fica "cheia de carne e peixe" num caso, e "cheia de carne seca" apenas, no outro. Ora, na versão Skeena, esse equilíbrio entre os modos de vida só se realiza muito mais tarde, e de modo passageiro, durante o terceiro casamento de Asdiwal com a irmã dos Gitxatla, quando, ainda em companhia dos cunhados, ele possui provisões abundantes "de salmão e de carne fresca", que vendem aos Tsimshian esfomeados.[35]

Ademais, Asdiwal recebe do pai objetos mágicos imediatamente perfeitos (Skeena), ao passo que os objetos dados a Asi-hwil vão sendo aperfeiçoados (Nass). Em ambos os casos, o herói volta do oeste como alimento, transportado em vísceras de foca; mas, no segundo, a substituição do estômago (Skeena) pelo intestino (Nass) sugere um alimento mais próximo da putrefação, tema final neste caso, e não inicial (baga podre era o primeiro alimento das mulheres na versão Skeena). É preciso lembrar, quanto a isso, que o peixe-vela, única esperança de escapar da fome (em tsimshian, peixe-vela se diz *hale-mâ'tk*, que significa "salvador"), deve ser tolerado até a putrefação; caso contrário, sentir-se-ia humilhado e não mais retornaria.

---

35. Comparar, a esse respeito, Boas 1902: 225-226 e Boas 1912: 74-77 e 120-23.

Como dar um conteúdo concreto a esse duplo mecanismo de *enfraquecimento das oposições* acompanhado de uma *inversão das correlações*, cuja coerência formal verificamos? Comecemos por notar que a inversão ocorre nas posições geográficas respectivas das duas populações: os Nisqa, gente do Nass, ficam ao norte e os Tsimshian (cujo nome significa "no interior do rio Skeena", de *K-sia'n*, "Skeena"), ao sul. Para casar-se em terra estrangeira (relativamente falando), o herói do Nass se dirige aos Tsimshian, ou seja, para o lado do Skeena, ao sul; e o último casamento de Asdiwal, nativo do Skeena, leva-o a acampar com seus afins, antes da ruptura, no Nass, ao norte. Cada população imagina espontaneamente o mesmo território de modo simétrico e inverso ao da outra.

Ora, os mitos atestam que a dualidade entre os vales do Skeena e do Nass – que, junto com a região intermediária, formam a terra tsimshian (no sentido amplo) – é concebida como oposição, assim como as atividades econômicas associadas a cada um dos rios:

> Um adolescente, que nasceu milagrosamente decidiu subir ao céu, quando a noite ainda reinava sobre a terra. Transformado em folha, fecunda a filha do dono do sol, que gera um filho chamado Gigante. O menino se apodera do sol e, tendo-se tornado dono do dia, desce à terra, onde ganha um companheiro, Logobola, dono do nevoeiro, da água e das marés. Os dois entram em competição e, após uma série de provas sem vencedor, resolvem apostar o rio Skeena contra o rio Nass, no tiro ao arco. Gigante ganha graças a um estratagema e fica tão feliz que se exprime em tsimshian – ou seja, em dialeto do curso inferior do Skeena – para proclamar sua vitória. "E Logobola disse: você ganhou, irmão Gigante. Agora, o peixe-vela subirá o Nass duas vezes, a cada verão. – E Txamsen (Gigante) respondeu: o salmão do Skeena será sempre bem gordo. – Assim, eles dividiram o que Txamsen tinha ganho às margens do Nass [...] Depois disso, os dois irmãos se separaram." Uma das versões registradas por Boas especifica: "Txamsen partiu em direção ao mar e Logobola foi para o sul, de onde viera" (Boas 1916: 70; *ver* também Boas 1902: 7 ss.).

A simetria das posições geográficas, contudo, fornece apenas um começo de explicação. Vimos que a inversão das correlações é função de um enfraquecimento geral da todas as oposições, que uma simples substituição do sul pelo norte e vice-versa não basta para explicar. Ao passar do Skeena para o Nass, o mito se deforma de dois modos, que estão estruturalmente ligados: ameniza-se e, por outro lado, se inverte. A interpretação só pode ser aceita se der conta de ambos os aspectos solidariamente.

As gentes do Skeena e as gentes do Nass falam dialetos vizinhos.[36] Sua organização social é quase idêntica.[37] Mas diferem profundamente no que concerne aos modos de vida. Descrevemos o do Skeena e da costa, caracterizado por uma grande variação sazonal, dupla, por sinal: entre as cidades de inverno e os acampamentos de primavera, e entre a pesca de primavera ao peixe-vela, no Nass, e a pesca de verão ao salmão, no Skeena.

Não parece que a gente do Nass fosse periodicamente para o Skeena. É-nos dito apenas que os que viviam no Nass, muito longe rio acima, eram chamados *kit'anwi' like*, "gente que deixa periodicamente sua aldeia permanente", porque desciam todos os anos para o estuário do Nass, exclusivamente para a pesca ao peixe-vela (Sapir 1915: 3). As mais amplas variações sazonais praticadas pelos Nisqa parecem, portanto, ter-se limitado ao Nass, ao passo que as dos Tsimshian envolviam um sistema mais complexo, Skeena-Nass. Acontece que o peixe-vela chega já em março ao rio Nass, local de encontro de todos os grupos, na espera ansiosa pelo "salvador", ao passo que o salmão sobe muito mais tarde os dois rios. Consequentemente, os Nisqa viviam num vale, e os Tsimshian, em dois.

Isso posto, todos os indígenas podem conceber a dualidade Nass-Skeena como uma oposição, bem como aquela, correlativa, entre peixe-vela e salmão. Não há por que duvidar disso, visto que o mito que funda essa oposição foi colhido por Boas em duas

---

36. Ver o verbete "Tsimshian" no *Handbook of American Indian Languages* (Boas 1911).

37. Sapir (1915: 3-7), onde se vê claramente que Goddard ([1928] 1934) enganou-se ao atribuir aos Nisqa apenas duas divisões exogâmicas, em vez de quatro. O erro pode provavelmente ser explicado pelo fato de os Nisqa, vizinhos imediatos dos Tlingit, serem obrigados a aplicar com mais frequência do que os Tsimshian a regra do mínimo múltiplo comum a sua organização social, para que as leis de exogamia sejam respeitadas nos casamentos com estrangeiros.

versões quase idênticas, uma em dialeto do Nass e a outra no do Skeena. Mas uma oposição concebida por todos pode não ser igualmente significativa para os dois grupos. Os Tsimshian vivenciavam-na todos os anos; os Nisqa apenas sabiam dela. Embora a construção a partir de pares de opostos se apresente na língua tsimshian como um modelo bem aparente, e provavelmente consciente para o falante,[38] seu rendimento lógico e filosófico não podia ser o mesmo nos dois grupos. Os Tsimshian o utilizam para construir um sistema global e coerente, mas não integralmente comunicável a gentes cuja existência concreta não é marcada pela mesma dualidade; talvez também porque o curso do Nass tem uma orientação leste-oeste menos pronunciada do que a do Skeena, o que contribui para obscurecer o esquema topográfico.

Atingimos assim uma propriedade fundamental do pensamento mítico, da qual poderíamos buscar outros exemplos: quando um esquema mítico passa de uma população para outra, e entre elas há diferenças de língua, organização social ou modo de vida que o tornam difícil de comunicar, o mito começa por empobrecer-se e embaralhar-se. Mas pode-se perceber uma passagem limítrofe na qual, em vez de se abolir definitivamente, perdendo todos os seus contornos, o mito se inverte e recupera parte de sua precisão.

As coisas se passam aí como em ótica: uma imagem é percebida com exatidão através de uma abertura adequada, mas basta esta diminuir para que a imagem se torne confusa e difícil de perceber. Porém, quando a abertura se reduz a um orifício pontual, isto é, quando a *comunicação* tende a cessar, a imagem se inverte e recupera a nitidez. Nas escolas, essa experiência é usada para demonstrar que a luz se propaga em linha reta, em outras palavras, que os raios luminosos não são transmitidos de qualquer modo, mas sujeitos às regras de um campo estruturado.

Este trabalho é, a seu modo, uma experiência, já que se restringe a um caso e os elementos isolados pela análise nele se apresentam em muitas séries de variações concomitantes. Se esta experiência tiver sido capaz de mostrar que o campo do pensamento mítico também é firmemente estruturado, terá atingido seu objetivo.

---

38. Boas lista 31 pares de "partículas locais" em oposição, do tipo: para cima/para baixo, para dentro/para fora, defronte/detrás etc. (Boas 1911: 300-12).

Post-scriptum

Após uma releitura, ao cabo de quinze anos inteiramente dedicados ao estudo da mitologia americana, este texto requer certas correções – algumas das quais já incorporadas – e comentários. Levando ao pé da letra uma indicação de Boas (1916: 793), segundo a qual as versões 1895 e 1912 seriam "praticamente idênticas", não dei atenção suficiente à primeira, acreditando poder desconsiderá-la como uma "variante fraca" da segunda, e que só apresentaria em relação a esta "algumas pequenas diferenças" (Lévi-Strauss 1959: 34 e n. 1). Na verdade, existem diferenças consideráveis entre as duas versões.

A principal delas diz respeito à posição respectiva das duas mulheres, que é radicalmente invertida entre uma versão e outra: a mãe vem de montante, e a filha de jusante, o que aparentemente desqualificaria a interpretação proposta acima quanto às relações entre a versão 1912, em dialeto tsimshian, e a versão 1902, em dialeto nisqa. Mas isso só seria verdade se o rio congelado sobre o qual caminham as duas mulheres na versão 1895 fosse o Skeena. Ora, embora essa versão também provenha dos Tsimshian e não nomeie o rio, pelo menos no início do mito, temos boas razões para supor que se trate do Nass. Nesse caso, longe de ser invalidada, nossa interpretação receberia uma confirmação suplementar, já que ligava à mudança de rio a posição respectiva das heroínas quanto à nascente e à foz.

Quais são as razões que militam em favor do Nass na versão 1895? Notemos, primeiramente, que nela a mais jovem das mulheres é casada com um homem de uma tribo estrangeira. Do ponto de vista geográfico, mãe e filha não vivem muito afastadas uma da outra, já que, partindo ao mesmo tempo de suas respectivas aldeias, encontram-se após dois dias de caminhada. Em compensação, encontram-se muito afastadas do ponto de vista sociológico, já que o casamento da filha constitui um exemplo de exogamia pronunciada. Por essa razão, quando seu filho Asiwa cresceu, Ho (encarnação humana do pássaro Hadsenas) decidiu que ele iria se estabelecer com a mãe e a avó na tribo desta, em conformidade com o mesmo princípio de residência matrilocal que prevalece na versão Nass (*supra*, pp. 170-71).

Instalado na aldeia de sua avó materna, Asiwa se dedica à caça na montanha, em detrimento da caça no mar (precisão que poderia parecer supérflua, já que a aldeia se situa longe rio acima, mas cujo interesse ficará evidente mais adiante). Ele se casa e esse casamento, pelo qual paga um preço alto aos irmãos da moça, na forma de animais inteiros que caçou, ocorre, ao que tudo indica, com uma mulher local. Esse casamento endogâmico precede, portanto, o casamento com a filha do Sol (aqui designado apenas como o senhor do urso sobrenatural), ao passo que na versão Skeena, a aventura com a aldeã ocorre após o casamento celeste, e o herói sofre as consequências de sua infidelidade.

Pois bem, a versão 1895 (p. 287) afirma explicitamente que Asiwa vivia com a esposa nas montanhas, mas sua residência se situava perto do Nass, às margens do qual apareceu o urso sobrenatural, que ele perseguiu, seguindo rio acima. Isso não é tudo; pois, quando seu sogro, compadecido, concorda em mandá-lo de volta para a terra, deposita-o às margens do Nass, no exato local em que Asiwa encontrou em seguida seis irmãos da tribo Gitxatla que voltavam da pesca ao peixe-vela, que o levaram (entenda-se: para as ilhas onde moravam) e lhe deram sua irmã em casamento, para mais tarde abandoná-lo num recife porque Asiwa, "embora só tivesse caçado na montanha até então" (ver acima), humilha-os ao mostrar-se melhor caçador do que eles no mar. Neste caso também, por conseguinte, a versão 1895 inverte a versão 1912, em que a gente de Gitxatla recolhe o herói na costa, a caminho do Nass para a pesca sazonal ao peixe-vela; aqui, ao contrário, eles o recolhem no Nass, no final da mesma estação de pesca, e se dirigem com ele para as ilhas costeiras em que habitam.

Todas as indicações acima confluem, portanto, para sugerir que, antes do casamento gitxatla do herói, o mito transcorrera inteiramente ao longo do rio Nass. A versão 1895 realizaria, assim, uma espécie de compromisso entre a de 1912, que transcorre no Skeena, e a de 1902, que provém efetivamente do rio Nass; ao passo que esta versão 1895 é da mesma proveniência que a versão Skeena, mas situa sua intriga no Nass.

Em primeiro lugar, as respectivas posições das mulheres são conformes às do Nass, mas sua relação de parentesco é a mesma que na versão Skeena. Outros detalhes do mito contribuem para atribuir-lhe o mesmo caráter de compromisso entre os dois outros. Em vez de as mulheres viverem muito longe, ou ao contrário, muito perto, uma da outra, vimos que aqui elas estão pouco afastadas do ponto de vista geográfico, mas muito afastadas do ponto de vista sociológico e político – já que a filha se casou numa tribo estrangeira. O mesmo ocorre em relação ao alimento: em vez de trazerem provisões ou não terem nenhuma – e dividirem uma única baga podre encontrada no local –, as mulheres chegam sem provisões, mas compartilham algumas bagas semipodres colhidas no local do encontro e alguma casca de conífera que coletam nas vizinhanças do acampamento. Essa dualidade no aprovisionamento poderia corresponder àquela entre margem de rio e terra firme, cruzando, assim, a divisão entre água e terra firme da versão Skeena e aquela entre rio e margem na versão Nass (*supra*, pp. 196-98). Convém notar, quanto a isso, que, se na versão 1912 a baga única e completamente podre de que as mulheres dispõem é imprópria como alimento tanto do ponto de vista quantitativo como qualitativo, o mesmo ocorre com a casca, arrancada de uma árvore bichada (*rotten spruce-tree*, p. 77), apenas para alimentar a fogueira, aparentemente: "[...] *their fire was about to be extinguished. Then the young noble woman* [...] *went to get bark* [...]" (ibid.: 73). Como na versão Skeena, seu protetor sobrenatural fornece às mulheres caça cada vez maior, embora em escala reduzida, que vai, na versão 1895, da "perdiz" ao cabrito montanhês.

Seria agora possível compreender a posição particular da versão 1895, independentemente do fato de, tendo sido coletada, como as versões 1912 e 1916, no dialeto tsimshian do baixo Skeena, não transcorrer nesse rio, e sim no Nass, como a versão 1902 que provém deste rio? Em outras palavras, por que os Tsimshian propriamente ditos sentiriam a necessidade de ter uma versão de seu mito situada em terra nisqa, em vez da sua? E teria essa transferência uma função intrínseca, independente das mudanças que podem ser objetivamente constatadas e que, no ponto em que estamos, não passam de uma espécie de recorte intermediário entre as demais versões?

Comparemos rapidamente a versão 1895 com as passagens correspondentes da versão do Skeena. Esta última se situa inicialmente no curso deste rio, que o herói desce, de montante a jusante. Chega ao estuário e depois sobe pela costa – onde encontra a gente de Gitxatla – até a foz do Nass. O itinerário descrito pela versão 1895 é simétrico e inverso: o herói sobe o Nass, primeiro até a aldeia da avó, onde se casa, e depois rio acima, ao encalço do urso; em seguida, desce novamente o rio, na companhia da gente de Gitxatla, até o território destes, no estuário do Skeena. As duas versões respeitam meticulosamente essa simetria. A de 1912 precisa que Asdiwal, já estabelecido a jusante de seu local de nascimento, sai ao encalço da ursa branca "que descia o vale" (*supra*, p. 163), e a de 1895 (: 287), que Asiwa, estabelecido e casado a montante, perto da aldeia da avó, foi atraído pelo urso mais longe "rio acima". Essas diferenças podem ser representadas em forma de diagrama:

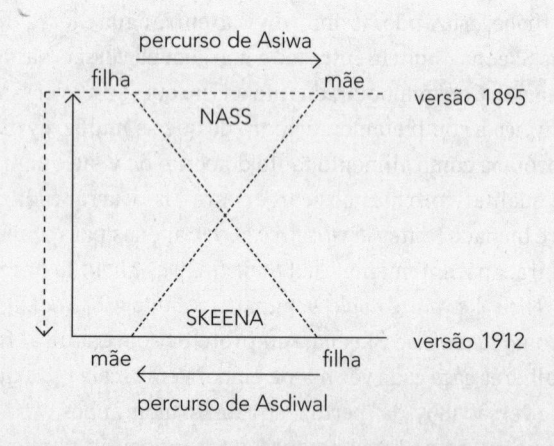

Essa construção simétrica acarreta, por sinal, certas dificuldades, que a versão 1895 evita prudentemente. Indica, por exemplo, que Asiwa teria sido recolhido pela gente de Gitxatla no alto Nass, sem dizer como eles teriam feito, em seguida, para retornar a suas terras nas ilhas ao largo do estuário do Skeena. Uma descrição da descida do Nass teria de fato posto em risco a bela simetria entre as configurações espaciais que se delineiam nas duas versões. Mas o que significa isso?

Lembremos os finais das versões 1912 e 1916. Na primeira, Asdiwal sente saudades das montanhas onde passou a infância, retorna, seu filho vem juntar-se a ele e Asdiwal morre na montanha, transformado em pedra, num dia em que saiu para caçar e esqueceu de levar suas raquetes de neve. Na versão 1916, o esquecimento de Waux, que redobra o personagem de seu pai Asdiwal, em cujo território de caça continua caçando, é reforçado por um segundo erro: ele não consegue fazer com que a esposa, que interpreta suas ordens às avessas, lhe obedeça. Por isso, ele é petrificado, como o pai, enquanto sua mulher, empanturrada de gordura, explode e se transforma em sílex.

E como acaba a versão 1895? Depois de ter-se livrado dos cunhados malvados (excetuando o mais novo, como na versão 1912), Asiwa viveu em paz com sua mulher gitxatla na aldeia desta (no litoral, portanto). Porém, passados vários anos, ele sentiu a vontade incontrolável de rever as focas que o tinham tratado tão bem. O filho quis saber por que, e o que as focas tinham lhe dado para comer. Asiwa não quis responder, no início, mas, diante da insistência, acabou revelando que tinha sido alimentado com "*rock-cod*" (um peixe espinhoso da família dos escorpenídeos, *Sebastes ruberrimus*) e óleo de peixe-vela, acrescentando que era muito bom. Nem bem havia pronunciado essas palavras, caiu morto, enquanto espinhas de peixe saíam de seu estômago. O mito conclui que morrera desse modo porque tinha contado o que acontecera entre as focas.

Esse desfecho merece vários comentários. Segundo as versões 1912 e 1916, Asdiwal e seu filho Waux vivem nas montanhas (de que Asdiwal sentia saudades) e ambos morrem avançando montanha adentro (numa região inexplorada, especifica a versão 1916), em expedição de caça que coloca os heróis, portanto, em posição de provedores de alimento. Segundo a versão 1895, ao contrário, Asiwa, que na origem era exclusivamente caçador na montanha (*supra*, pp. 203-04), vive à beira-mar, talvez até numa ilha, e morre devido à saudade que sente da estadia entre as focas, em alto-mar (mais adiante mar adentro), onde se vê na posição de receptor de alimento – é da culinária das focas que mais sente falta. Saudades da montanha num caso (quando Asdiwal tinha vivido, casado, duas vezes perto do estuário do Skeena e na costa), saudades do alto-mar no outro (quando Asiwa tinha vivido, casado, no alto Nass, "nas montanhas", cf. Boas 1895b: 287), duas conclusões que apresentam entre elas a mesma rigorosa simetria que os diferentes percursos atribuídos aos heróis nas várias versões. Este exemplo permite verificar, mais uma vez, que as mensagens míticas, ao se oporem, determinam retroativamente construções invertidas.

Pois bem, em relação a essas duas mensagens – morte do herói em razão das saudades que sente da terra ou do mar, por não ter conseguido equilibrar os dois elementos, portanto –, a versão Nass (Boas 1902; *supra*, pp. 192-93) ocupa uma posição neutra: a tentativa de viagem celeste do herói fracassa, a estadia ctônica entre as focas não lhe deixa saudades, e ele termina seus dias em paz, na costa, onde se casou. O que torna compreensível o fato de a versão 1895 possuir relações de simetria com as versões 1912 e 1916, e apresentar pontos de convergência com a versão Nass, em que a oposição entre as mensagens é anulada. Ao afastar-se das demais versões do Skeena, a versão 1895 passa, por assim dizer, pela versão Nass antes de atingir o plano em que virá a apresentar uma imagem simétrica e inversa daquelas (acerca da tendência dos mitos da costa noroeste a considerar sistematicamente todas as soluções possíveis para um problema, *ver* Lévi-Strauss 1972b).

A versão 1895 apresenta ainda um outro, e considerável, interesse: permite-nos situar com mais precisão a posição semântica do *esquecimento* nos mitos. Vimos que a versão 1912 atribui a morte de Asdiwal a um esquecimento e que a versão 1916 também atribui a um esquecimento a morte de seu filho Waux, aqui redobrado e agravado por um mal-entendido entre marido e mulher que virá a causar a morte de ambos. Pois bem, a versão 1895 substitui o esquecimento por outro erro, a indiscrição cometida por Asiwa, ao revelar ao filho os detalhes do menu que degustou entre as focas. No atual estágio de nossos conhecimentos da etnografia dos Tsimshian, ignoramos por que razão essa revelação constituiria um erro. Seria proibido preparar escorpenídeos no óleo de peixe--vela? Ou o erro inicial teria sido a ingestão das espinhas, permitida às focas mas proibida aos humanos, como ocorre com as de salmão (*supra*, p. 191)? Ou, ainda, teriam as focas proibido Asiwa de revelar detalhes de sua estadia num mundo sobrenatural, ao qual ele havia sido admitido por conta de uma proteção especial? A solução desse pequeno problema não é, felizmente, indispensável para desenvolver o ponto que nos interessa. Basta-nos o fato de a versão 1916 introduzir, além do esquecimento, o mal--entendido como variante combinatória do erro e de a versão 1895 substituir ambos por uma indiscrição. O que haveria de comum, e de diferente, afinal, entre o esquecimento, o mal-entendido e a indiscrição? Seria possível situá-los, e determinar suas relações recíprocas, dentro de um mesmo campo semântico?

Definamos a indiscrição, que consiste em revelar a alguém algo que não lhe deveria ter sido dito, como um excesso de comunicação com outrem. O mal-entendido, que consiste em compreender, naquilo que foi dito por alguém, algo diverso do que o que queria dizer, poderá, então, ser definido como falta de comunicação, igualmente com outrem. Percebe-se o lugar que cabe ao esquecimento em tal sistema: trata-se de uma falta de comunicação, não mais com outrem, mas consigo mesmo; pois esquecer é não dizer a si mesmo o que se deveria ter dito:[39]

	indiscrição	mal-entendido	esquecimento
excesso/falta	+	–	–
outrem/si	+	+	–

O motivo do esquecimento aparece com frequência nos contos e nos mitos, mas costuma ser considerado como um artifício a que o narrador recorre, de modo arbitrário, para dar novo impulso à intriga. Se for possível generalizar a interpretação que acabamos de propor, o esquecimento aparecerá como algo totalmente diferente, como uma verdadeira categoria do pensamento mítico ou, no mínimo, como um modo, dotado de um significado preciso, da categoria constituída pela comunicação.

Tendo feito essas considerações a respeito da versão de 1895, que merecia ter reconhecido o seu lugar, gostaríamos de apresentar, por fim, algumas observações rápidas acerca de outra questão, a do casamento com a prima cruzada matrilateral, que havíamos apresentado como típico não só dos Tsimshian como também dos povos vizinhos (*supra*, pp. 184-85). Ora, um recente e notável estudo comparado das genealogias e dos ciclos de prestação no *potlatch*, de Rosman e Rubel (1972), parece demonstrar, convincentemente, que, se tais dados confirmam o caráter preferencial do casamento com a prima matrilateral entre os Tsimshian, o

---

39. Após uma conferência em Vancouver, em fevereiro de 1973, em que eu expusera essa interpretação, uma estudante da Universidade da Colúmbia Britânica, Hilda Thomas, sugeriu que a saudade, que é o contrário do esquecimento, poderia ser definida como um excesso de comunicação consigo mesmo, ilustrando, portanto, a quarta e última combinação: +, -.

mesmo não pode ser dito em relação aos Haida e aos Tlingit, entre os quais o mecanismo do *potlatch* aparenta só ser compatível com uma preferência matrimonial pela prima patrilateral.

Contudo, qualquer que possa ter sido a prática observada no final do século XIX e começo do XX (as observações disponíveis raramente são mais antigas), tanto entre os Tlingit e os Haida, como entre os Tsimshian, os mitos afirmam a mesma preferência pelo casamento com a prima cruzada matrilateral. Resumimos e comentamos o mito tsimshian da princesa que não queria se casar com o primo (*supra*, pp. 184-85). Como havia ressaltado Boas, esse mito existe também entre os Tlingit e os Haida. A versão haida de Skidegate (Swanton 1905b: 354) não é de grande auxílio, pois não diz que a mulher é uma parente e toda a narrativa transcorre em terra tsimshian; não pretende, portanto, afirmar coisa alguma em relação aos povos vizinhos. Em compensação, a versão de Masset (Swanton 1908: 654-55), que começa entre os Tlingit, é bastante explícita quanto às relações de parentesco entre os dois protagonistas, ele filho da irmã do pai e ela, filha do irmão da mãe, o que o informante comenta nos seguintes termos:

> Antigamente, casava-se apenas com os filhos dos tios. Ninguém queria que os bens dos tios passassem para outros. Assim, (nenhum homem) permitia que ninguém além dele mesmo se casasse com a filha de seu tio. Era assim que Gaogatl, filho do chefe da aldeia, também pensava, e ele tratou portanto de conseguir a filha de seu tio em casamento, e a filha do tio queria o mesmo.

A versão tlingit (Swanton 1909: 243) reflete a mesma situação. Um jovem rapaz, "filho do chefe de certo clã", corteja a prima, cujo pai, tio do rapaz, destina "a algum chefe de fora". Como o herói espera atingir seu objetivo fazendo valer seu direito à esposa do tio, mãe de sua amada – pois "no tempo antigo, quando um homem se casava com uma mulher que tinha uma filha em idade casadoura, casava-se também com a filha" –, o mito parece referir-se às famílias de alta estirpe nas quais, de acordo com as observações de Swanton, Murdock e Laguna, um homem, ao suceder ao tio materno, casava-se com a viúva, sua filha, ou ambas (Rosman & Rubel 1971: 40, n. 3).

Um antigo testemunho sugere, por sinal, que entre os Tlingit a preferência pelo casamento com a prima patrilateral talvez fosse apenas a consequência, aplicada ao homem, de uma tendência mais geral a escolher o cônjuge no clã do pai, uma tendência que, no caso das mulheres, desembocaria na fórmula de casamento simétrica e inversa:

> Os pais de uma moça desejam fortemente casá-la com um membro da família do lado do pai. Pode ser um tio, um primo ou um avô. O mesmo princípio prevalece entre os pais de rapazes, que querem fazê-los desposar uma jovem ou uma mulher que seja parente próxima do lado do pai. Pode ser a prima, a tia ou a avó. Esses tipos de casamento não são apenas considerados como bastante convenientes [...] [os indígenas] têm preferência por eles acima de qualquer outro grupo de parentesco (Jones 1914: 128).

Se os Tlingit assim formulavam suas preferências matrimoniais, o resultado seria a escolha de uma prima patrilateral para um homem e de um primo patrilateral para uma mulher, que seria ela mesma prima matrilateral do cônjuge. Uma narrativa tlingit (Swanton 1909: 242) relata que um rapaz haida, abandonado pela prima matrilateral logo após ter-se casado com ela, partiu com o pai para casar-se novamente, em outra aldeia. Seu pai também o ajudou mais tarde a indenizar a primeira mulher, quando esta exigiu uma parte de seus bens. Essa insistência no papel do pai sugere que um casamento patrilateral poderia ter sucedido ao primeiro casamento, matrilateral, e que ambas as formas eram aceitas. Se acrescentarmos que um mito tsimshian (Boas 1916: 154) se refere a um rapaz incitado pelos pais e por todos os tios maternos a tomar esposa no clã de seu pai, contrariamente à preferência bem atestada pela prima matrilateral, teremos de admitir que paira uma certa incerteza quanto ao modo como essas populações pensavam seu próprio sistema e o punham em prática.

Tais fatos não diminuem em nada a força da demonstração de Rosman e Rubel, mas sugerem que as duas modalidades de troca generalizada podiam coexistir entre os Tlingit e os Haida (ainda que uma delas fosse excepcional) ou que havia certa divergência entre a ideologia e a prática, que poderia traduzir a tensão entre as linhagens para a qual chamamos a atenção (*supra*, p. 186). Sem pretenderem garantir seu próprio equilíbrio unicamente graças ao mecanismo das trocas matrimoniais, as sociedades consideradas lançaram mão cada vez mais de outros ciclos de prestações, envolvendo títulos e bens. É por essa razão, aliás, que mesmo que a preponderância do casamento patrilateral fosse definitivamente confirmada entre os Tlingit e os Haida, não cremos que pudesse invalidar nossas antigas considerações quanto à precariedade dessa fórmula (Lévi-Strauss 1949: 553-58; [1949] 1967: 512-17). Pois tal precariedade intrínseca seria ainda mais ressaltada pelo fato de as sociedades que conseguiram tornar essa fórmula mais duradoura possuírem outros mecanismos, políticos e econômicos, mais importantes para assegurar sua coesão.

X. QUATRO MITOS WINNEBAGO

Um dos numerosos talentos de Paul Radin, que fazem dele um dos grandes etnólogos da atualidade, é raro em nossa profissão, e confere à sua obra uma qualidade singular: trata-se do chamado faro, um dom de ordem estética, para ir diretamente aos fatos, às observações e aos documentos particularmente ricos de sentido.[1] Por vezes dissimulado nos recônditos de seus livros, tal sentido vai-se revelando progressivamente, conforme nos debruçamos sobre eles. Mesmo que nem sempre tenha decidido colher ele mesmo os frutos, Paul Radin plantou o suficiente para alimentar com fartura gerações de pesquisadores. Por isso, gostaria de homenagear aqui a obra de Radin considerando quatro mitos publicados por ele em *The Culture of the Winnebago: as described by themselves* (1949), em cujo prefácio se lê: "Publiquei estes textos com um único propósito: colocar à disposição dos pesquisadores materiais autênticos que podem servir para o estudo da cultura dos Winnebago". Apesar da modesta declaração e embora os quatro mitos tenham sido obtidos de informantes diferentes, é possível perceber as sólidas razões por detrás de sua publicação conjunta. De um ponto de vista estrutural, os quatro mitos expressam uma unidade de fundo, em que pese o fato, sobre o qual Radin insiste na introdução e nas notas, de um deles parecer afastar-se bastante

---

1. Adaptado do original em inglês: "Four Winnebago Myths. A Structural Sketch", *Culture in History. Essays in Honor of Paul Radin.* Nova York: Columbia University Press, 1960, pp. 351-62. Organizada por Stanley Diamond, quando Paul Radin ainda vivia, a coletânea foi publicada pouco após seu falecimento, ocorrido em 21 de fevereiro de 1959 (Lévi-Strauss 1960b).

dos demais pelo conteúdo, pelo estilo e pela estrutura. Tentarei aqui expor as relações existentes entre os quatro mitos e mostrar que podem ser reunidos, não somente enquanto documentos etnográficos e linguísticos de uma tribo específica, mas – indo além da intenção de Radin – porque os quatro pertencem ao mesmo gênero e suas respectivas mensagens se completam.

O primeiro mito se intitula "Os dois amigos que reencarnaram, ou a origem da vigília de quatro noites". Conta como o filho de um chefe e seu melhor amigo puseram em prática seu projeto de sacrificar as próprias vidas em benefício da comunidade. Depois de morrerem, sujeitaram-se a uma série de provas no outro mundo e finalmente chegaram à morada do criador (*Earthmaker*), que, por especial favor, mandou-os de volta para o mundo dos vivos, onde retomaram seu lugar entre parentes e companheiros.

Como explica Radin em seu comentário (: 41, § 32), a narrativa se refere implicitamente a uma teoria indígena, segundo a qual cada pessoa tem direito a uma cota determinada de anos de vida e de experiências terrestres; os parentes de um indivíduo morto prematuramente podem, portanto, pedir aos espíritos que a fatia de vida não aproveitada pelo defunto seja repartida entre eles. Mas a teoria vai ainda mais longe, pois se essa fatia de vida a que o herói do mito renuncia, deixando-se matar por inimigos, aumenta o capital de vida à disposição do grupo, tal ato de abnegação não é totalmente isento de vantagens pessoais. Pois, ao tornar-se um herói, o indivíduo escolhe trocar uma vida inteira por uma vida abreviada, mas a fatia inteira é única, concedida de uma vez, ao passo que a fatia reduzida se apresenta como causa jurídica de uma espécie de arrendamento renovável junto à eternidade. Dito de outro modo, ao renunciar a uma vida completa, adquire-se o direito a uma série ilimitada de vidas abreviadas. E como os anos sacrificados pelo herói aumentam a esperança de vida dos indivíduos comuns, todos se beneficiam da transação: os indivíduos comuns, cuja esperança média de vida aumentará lenta, mas seguramente, ao fio das gerações, e os guerreiros, cuja duração de vida será abreviada, mas indefinidamente renovável, contanto que saibam persistir em sua capacidade de abnegação.

Contudo, Radin talvez não faça plena justiça a seu informante ao qualificar de "informação secundária" a indicação de que os dois heróis teriam realizado sua expedição em reconhecimento pelo bem que lhes tinham feito seus compatriotas (: 37, § 2). Da análise acima parece decorrer, ao contrário, que esse motivo é de primeira importância. O mito, por sinal, não fala de uma, mas de duas campanhas guerreiras. A primeira ocorre na época da adolescência dos dois heróis, que por essa razão não são convidados a juntar-se a ela. Nem mesmo são informados a respeito, ouvem falar dela (§ 11-14) e seguem-na por conta própria. Consequentemente, não são responsáveis pelo evento no qual se distinguem, concebido e dirigido por outros. Os heróis tampouco são responsáveis pela segunda campanha, na qual são mortos, já que dessa vez a iniciativa é dos inimigos, que a provocaram em represália à guerra anteriormente feita contra eles.

O ponto de partida, portanto, está claro: os dois amigos fizeram bons casamentos, foram bem-sucedidos na vida social (§ 66-70) e se sentem em dívida para com seus compatriotas (§ 72). O mito explica que partem em aventura com o intuito de se sacrificarem realizando algum ato útil, e então caem numa emboscada montada pelos inimigos que querem se vingar da derrota sofrida anteriormente. Os dois heróis buscam a morte para o bem de seu povo, e a encontram, embora sejam inocentes dos atos de hostilidade que provocam essa morte, cuja responsabilidade recai inteiramente sobre seus compatriotas. Não obstante, esses compatriotas herdam as cotas de vida a que os heróis renunciaram em seu benefício. Porém, como os heróis ressuscitam e retornam à terra, certamente para repetir o mesmo comportamento, o ciclo das transferências de vida irá recomeçar, e assim por diante, indefinidamente. Indicações fornecidas por Radin parecem confirmar nossa interpretação: após a morte, uma velha sobrenatural submete as almas a provações ao cabo das quais livra-as da lembrança da vida terrestre. Ora, as almas só podem conseguir isso se não pensarem em sua própria salvação, mas na de seus compatriotas ainda vivos.

Percebe-se assim, na raiz do mito, o que os linguistas chamariam de dupla oposição. Primeiro, entre *destino comum* e *destino heroico*, um que usufrui do direito a uma vida plena e inteira mas não renovável, ao passo que o outro o põe em jogo em prol do grupo. A segunda oposição se situa entre dois tipos de morte, uma definitiva e, por assim dizer, uniforme, embora inclua uma promessa de imortalidade no além, e a outra periódica, marcada por idas e vindas entre este mundo e o outro. A imagem dessa dualidade de destinos talvez esteja no símbolo winnebago da escada do outro mundo, tal como descrita pelo *Medicine Rite*. Diz-se que um lado dela é "como uma pata de rã: torto e salpicado (*dappled*) de luz e de vida (*light-and-life*). O outro é como um cedro vermelho que o uso tornou escuro, polido e brilhante" (: 71, § 91-93; cf. Radin 1945, sobretudo os comentários instrutivos das páginas 63-65).

Resumamos a mensagem do mito que emana das análises acima. Quem aspira a uma vida completa sofrerá uma morte igualmente completa, mas quem renunciar voluntariamente à vida e buscar a morte ganhará duas recompensas: por um lado, aumentará a duração da vida completa outorgada aos membros de sua tribo e, além disso, será ele próprio alçado a uma condição caracterizada pela alternância indefinida de vidas parciais e mortes parciais. Trata-se de um sistema triangular:

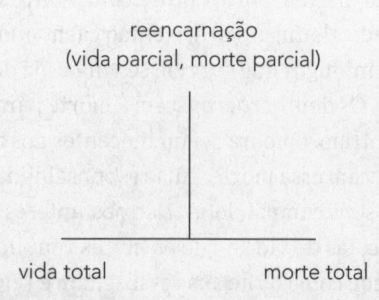

O segundo mito, intitulado "O homem que trouxe sua mulher de volta do mundo dos espíritos", propõe uma variação sobre o mesmo tema, mas com uma diferença importante. Nele, um herói – o marido, no caso – também se dispõe a sacrificar a duração de vida que lhe resta; esse sacrifício voluntário não é, porém, feito em benefício do grupo, como no primeiro mito, mas em benefício de uma única pessoa, sua amada esposa, que acaba de lhe ser tirada. Na verdade, o herói ignora, no início, que ao buscar a morte ele obterá uma renovação do direito à vida não apenas para a esposa, mas também para si mesmo. Se tivesse sabido – e isso vale para os protagonistas do mito anterior –, o elemento de sacrifício, essencial no desenrolar da intriga, não estaria presente na narrativa. O resultado final é o mesmo em ambos os casos: aquele que perde a vida num gesto grandioso de altruísmo ganha-a de volta para si mesmo, bem como para a ou as pessoas em prol das quais tinha-se sacrificado em primeiro lugar.

O terceiro mito – "Viagem da alma ao mundo dos espíritos, tal como narrada no *Medicine Rite*" – pertence, como seu título indica, a uma confraria religiosa. Relata as provas a que seus membros devem se submeter no além, como os protagonistas dos demais mitos, e explica que, se conseguirem vencê-las, ganharão o direito à reencarnação.

À primeira vista, a situação difere das anteriores, na medida em que ninguém aqui sacrifica a própria vida. Sabemos, contudo, que os membros do *Medicine Rite* praticavam regularmente uma espécie de sacrifício simbólico. Como mostrou Radin em *The Road of Life and Death* (1945) e alhures, o ritual seguia um modelo comum na América do Norte, no qual os adeptos eram alternadamente "mortos" e "ressuscitados". O terceiro mito se afasta, portanto, dos dois primeiros, apenas pelo fato de que em vez de se disporem a morrer uma só vez e definitivamente, seus heróis – os adeptos do rito – praticam regularmente o mesmo sacrifício, repetindo-o diversas vezes ao longo da vida, mas de modo simbólico. Imunizam-se, de certo modo, contra a verdadeira morte, renunciando simbolicamente à vida plena e inteira que, ao longo de toda a sua duração, o ritual substitui por uma sucessão de vidas e mortes parciais. Também nesse caso, os elementos constitutivos do mito são os mesmos, embora cada indivíduo – e não um terceiro ou o grupo como um todo – seja o beneficiário do sacrifício voluntário.

Passemos agora ao quarto mito, "Como um órfão trouxe de volta à vida a filha do chefe", que, ao *ver* de Radin, levanta uma série de dificuldades. Esse mito, observa ele, não apenas é diferente dos outros três como também ocupa um lugar à parte na mitologia winnebago. Na época em que escreveu seu livro *Method and Theory of Ethnology,* Radin (1933: 238-45) considerava possível tratar-se de uma versão alterada, a ponto de tornar-se irreconhecível, de um mito de fundação de aldeia cujo tipo ele já havia identificado; porém, em *The Culture of the Winnebago*, ele explica (: 74 ss) por que renuncia a tal interpretação.

Acompanhemos a argumentação de Radin. Ele começa por resumir a intriga – tão simples, acrescenta, que isso pode parecer desnecessário: "A filha de um chefe de tribo se apaixona por um órfão, morre com o coração partido e é trazida de volta à vida pelo mesmo órfão, que tem de superar uma série de provas, não no mundo dos espíritos mas aqui mesmo, na terra, e na própria casa onde a moça exalou o último suspiro" (: 74).

Se a intriga é "a simplicidade em si", onde estariam os pontos litigiosos? Radin enumera três deles, que qualquer winnebago contemporâneo, segundo ele, negaria veementemente: 1) o mito parece referir-se a uma sociedade fortemente estratificada; 2) para que a intriga seja plausível, seria preciso admitir que nessa sociedade as mulheres ocupavam uma posição superior, e talvez até que a regra de descendência era matrilinear; 3) provas que a mitologia winnebago, por via de regra, situa no além, nesse caso ocorrem na terra.

Radin considera então três explicações possíveis, para descartá-las imediatamente. Não crê que o mito possa resultar de um empréstimo ao folclore europeu ou ser obra de algum pensador de vanguarda ("*some Winnebago radical*"); associa-o, em vez disso, a um período bastante antigo da história winnebago. Duas formas distintas de tradição literária indígena, contos divinos e contos humanos, ter-se-iam fundido com elementos arcaicos e o conjunto teria sido remanejado para harmonizar os dados disparatados.

Longe de nós a pretensão de discutir essa elegante reconstrução, baseada num incomparável conhecimento da cultura, da língua e da história dos Winnebago. A análise que segue não pretende substituir a de Radin, mas apenas completá-la. Mesmo porque situa-se num plano lógico, e não histórico, tomando como contexto os três mitos comentados acima, em lugar da cultura antiga ou recente de seus narradores. Trata-se, para nós, de procurar saber se existem relações estruturais entre os três mitos e, caso existam, explicitá-las.

Comecemos por relembrar um ponto de ordem teórica. Desde que Boas publicou seu *Tsimshian Mythology* (1916), os etnólogos de modo geral dão por adquirido que existe uma correlação regular entre a cultura de uma sociedade e seus mitos. Mas o próprio Boas não parece ter ido tão longe. A obra que acabamos de mencionar não afirma que os mitos refletem automaticamente a cultura, como parecem desde então postular alguns. Pergunta-se, mais modestamente, até que ponto e em que medida o espelho dos mitos reflete a imagem da cultura, e mostra que algo da cultura passa efetivamente para os mitos. Não decorre daí que, a cada vez que um mito menciona uma forma de vida social, esta deva corresponder a alguma realidade objetiva que deverá ter existido no passado caso o estudo das condições atuais não consiga percebê-lo.

Uma correspondência deve existir, e de fato existe, entre a mensagem inconsciente de um mito – o problema que busca resolver – e o conteúdo consciente, isto é, a intriga que elabora para atingir tal objetivo. Mas tal correspondência não é necessariamente uma reprodução literal, podendo também se apresentar na forma de uma transformação lógica. Quando um mito coloca seu problema de modo direto, isto é, nos termos em que a sociedade de onde provém o percebe e tenta resolvê-lo, a intriga, conteúdo patente do mito, pode tomar seus motivos emprestados diretamente da própria vida social. Mas se o mito formular o problema ao contrário, e tentar resolvê-lo pelo absurdo, é de esperar que o conteúdo patente seja consequentemente modificado, e apresente a imagem invertida da realidade social empiricamente dada, tal como se apresenta à consciência dos membros da sociedade.

Nesse caso, a hipótese de Radin, de que as formas de vida social ilustradas pelo quarto mito remeteriam a um período antigo da história winnebago, seria totalmente desnecessária. Pois é possível que tais formas apresentem a imagem de uma sociedade sem existência real, presente ou passada, e até mesmo contrária ao modelo winnebago tradicional, simplesmente porque a estrutura desse mito específico inverte a de outros mitos cujo conteúdo patente se vale do modelo tradicional. Dito de outro modo, se admitirmos uma correspondência entre A e B e substituirmos A por –A, então B deverá ser substituído por –B; mas isso não significa que, porque B corresponde a um objeto real, outro objeto real, a que –B possa corresponder, deva existir nalgum lugar, como outra sociedade, da qual teria sido emprestado, ou, como sobrevivência, no passado da sociedade considerada em primeiro lugar.

A questão que se coloca é, evidentemente, a de saber por que temos três mitos do tipo A e um mito do tipo –A. Talvez porque o tipo –A seja mais antigo, mas também talvez porque –A pertence a A como uma transformação A_4 pertencente a um mesmo grupo, de que os três primeiros mitos, A_1, A_2 e A_3, ilustram outros estados.

Já determinamos que esse grupo de três mitos se assenta numa oposição fundamental entre, de um lado, a vida dos indivíduos comuns que morrem de morte natural e cuja alma continua tendo uma existência banal numa das aldeias do além e, de outro, a vida dos heróis, voluntariamente abreviada, mas cuja fatia de vida não consumida aumenta aquela concedida aos demais membros do grupo e dá uma nova vida ao herói. Os três primeiros mitos que consideramos não examinam o primeiro termo da alternativa; retêm exclusivamente o segundo. Porém, entre eles, percebe-se uma diferença subsidiária, que permite mesmo assim classificá-los em função da finalidade específica pela qual o ou os heróis se sacrificam: o bem do grupo no primeiro mito, o bem de outro indivíduo (a esposa) no segundo, e o bem da própria vítima no terceiro.

E quanto ao quarto mito? Conviremos com Radin que possui traços "inabituais"; no entanto, tais diferenças são de ordem lógica tanto quanto e certamente mais do que sociológica ou histórica, pois parecem decorrer do fato de uma nova oposição ser introduzida no nível da primeira dicotomia (entre vida ordinária e vida extraordinária). Com efeito, um fenômeno pode ser qualificado de extraordinário de dois modos: por excesso ou por falta. Pois bem, se os heróis dos três primeiros mitos possuem dons que os colocam acima do normal – quer se trate de devoção à coisa pública, de amor conjugal ou de fervor místico – os dois heróis do quarto mito se situam abaixo do normal, pelo menos num certo aspecto, que não é o mesmo para cada um deles.

A filha do chefe ocupa uma posição social elevada; tão alta, na verdade, que está separada da massa do grupo e se vê, de certo modo, paralisada pela incapacidade de exprimir seus sentimentos. Seu alto status faz dela um ser humano diminuído, a quem falta um atributo essencial da vida afetiva. O herói também é diminuído, mas do ponto de vista social: é pobre e órfão. Deveríamos, então, dizer que o mito reflete a imagem de uma sociedade estratificada? Seria desconsiderar a notável simetria que existe entre os dois heróis, que não podem ser simplesmente vistos como estando um "no alto" e o outro "embaixo". Na verdade, cada um deles está no alto de determinado ponto de vista e embaixo de outro; esse par de estruturas simétricas e invertidas pertence antes ao domínio dos construtos ideológicos que ao dos sistemas sociais empiricamente observáveis. Acabamos de constatar que a moça ocupa uma posição social superior, mas, como criatura viva, do ponto de vista da natureza, portanto, situa-se num lugar inferior.

O rapaz, por sua vez, está incontestavelmente situado muito baixo na escala social, mas, em compensação, é um caçador extraordinário que, portanto, mantém relações especiais com o mundo dos animais, isto é, o mundo natural. O mito retorna constantemente a esse tema (§ 10-14, 17-18, 59-60, 77-90).

Sendo assim, a armação de nosso mito equivale a um sistema polar que simultaneamente aproxima e afasta dois indivíduos, um masculino e outro feminino, ambos notáveis no sentido de que cada um deles é excepcionalmente dotado num plano (+) e excepcionalmente desprovido (–) em outro:

	Natureza	Cultura
Rapaz	+	–
Moça	–	+

À medida que se desenvolve, a intriga vai levando esse desequilíbrio ao limite: a moça morre de morte *natural* e o rapaz, que fica completamente só, sofre uma morte *social*. E se ao longo de suas vidas ordinárias a moça esteve ostensivamente em posição superior e o rapaz em posição inferior, quando se encontram separados (ela dos vivos e ele da sociedade), suas posições se invertem: ela fica abaixo (enterrada) e ele, acima (no chão da casa). Um detalhe que intrigava Radin poderia ter a função de evidenciar essa reviravolta: "Sobre a tumba, amontoaram terra solta (*loose dirt*) para fazer com que nada pudesse se infiltrar (*seep through*)" (: 87, § 52). Radin comenta: "Não entendo como o fato de amontoar terra sem compactá-la (*piling the dirt loosely*) poderia tornar a tumba impermeável (*would prevent seepage*). Deve haver algo que não está indicado" (: 100, n. 40). Mas talvez devêssemos relacionar esse evento a outro, que teria ocorrido quando a casa do rapaz foi construída: "[...] no chão foi amontoada uma grossa camada de terra, para manter o calor" (: 87, § 74). Poderia tratar-se, não de uma rememoração de usos recentes ou antigos, mas de uma tentativa um tanto canhestra de sublinhar que, em relação à superfície do solo, o rapaz agora está em cima e a moça, embaixo.[2]

2. A interpretação é plausível nesse contexto. Mas exemplos não faltam, tanto na América do Norte como na América do Sul, de ritos funerários nos quais pedras pesadas são amontoadas sobre a tumba, para impedir o perigoso fantasma

Todavia, este novo estado de equilíbrio é tão precário quanto o outro. *Aquela que era incapaz de viver não consegue morrer*, e seu fantasma "fica preso na terra". Sob essa forma, ela acaba conseguindo fazer com que o rapaz enfrente os espíritos do outro mundo, para trazê-la de volta aos vivos. Por um admirável efeito de simetria, o rapaz terá mais tarde um destino similar, mas invertido: "Ainda não estou velho – dirá à moça que agora é sua esposa – mas, apesar disso, já fiquei na terra o quanto pude [...]" (: 94, § 341). Por conseguinte, *aquele que conseguiu vencer a morte é incapaz de viver*. Esse vaivém poderia continuar indefinidamente, e a narrativa no mínimo sugere sua possibilidade, ao dar ao herói um filho único, que logo fica órfão como ele e, também como ele, é bom caçador. Mas a intriga se dirige a uma conclusão diferente. Igualmente incapazes de viver e de morrer, os dois heróis assumem uma condição intermediária, a de criaturas crepusculares que moram debaixo da terra, mas podem vir à superfície: nem humanos nem divinos, transformados em lobos, ou seja, em espíritos ambíguos que combinam traços positivos e negativos. Assim termina o mito.

Se a análise acima estiver correta, seguem-se duas consequências. Em primeiro lugar, o mito forma um todo coerente, cujos mínimos detalhes se ajustam e se correspondem; e, em segundo lugar, os três problemas apontados por Radin (*supra*, p. 218) remetem diretamente à estrutura do mito, e para solucioná-los não há necessidade de apelar para uma história da sociedade winnebago, a qual, aliás, só pode ser conjectural.

Tentemos, então, resolver os três problemas atendo-nos aos termos de nossa análise.

1) A sociedade evocada pelo mito só parece ser estratificada porque seus heróis são representados na forma de um par de opostos; mas sua oposição se manifesta ao mesmo tempo no plano da natureza e no da cultura. Consequentemente, a suposta estratificação não constitui um vestígio histórico. Resulta da projeção, numa ordem social imaginária, de uma estrutura lógica cujos elementos são todos dados em correlação e oposição.

---

do morto de escapar ou, ao contrário, em que o solo é remexido, para manter a comunicação entre o morto e os vivos. A dificuldade está no fato de o segundo procedimento parecer, aqui, visar o resultado que se esperaria do primeiro.

2) A segunda dificuldade, relativa ao status superior que parece ser atribuído às mulheres, pode ser resolvida do mesmo modo. Com efeito, nossa argumentação propõe que os quatro mitos aqui considerados formulam três proposições, a primeira de modo implícito, a segunda de modo explícito nos mitos 1, 2 e 3, e a terceira, também de modo explícito, mas apenas no mito 4. A saber:

a) os indivíduos comuns vivem (uma vida completa) e morrem (definitivamente);
b) os indivíduos extraordinários por atributos positivos morrem (prematuramente) e vivem (novamente);
c) os indivíduos extraordinários por atributos negativos são igualmente incapazes de morrer e de viver.

É evidente que a proposição c decorre *a contrario* das proposições a e b. Por conseguinte, ela exige a elaboração de uma intriga cujos protagonistas (aqui um homem e uma mulher) ocupem de saída posições opostas, para que cada um deles possa assumir metade da demonstração, simétrica à outra metade, que cabe ao outro parceiro. Decorre daí que uma intriga, e cada um de seus elementos, nunca podem ser interpretados em si, nem tampouco em função de dados externos ao campo do mito, mas sim como substituições, que são parte integrante de um grupo de mitos e só em relação a ele podem ser interpretadas.

3) Podemos agora retornar ao último dos problemas levantados por Radin, que diz respeito ao quarto mito: por que a luta contra os fantasmas acontece na terra e não, como é de regra, no além? Esse problema é passível do mesmo gênero de solução que os demais, pois é precisamente porque os dois heróis são *subvivos* (ela em relação à natureza e ele em relação à cultura) que os fantasmas que enfrentam têm de aparecer como *supermortos* na narrativa. Recordemos, nesse sentido, que toda a intriga do mito de situa e se conclui num terreno ambíguo, em que os humanos se tornam seres ctônicos e as almas não se decidem a deixar a terra. O mito põe em cena personagens que são, desde o início, meio vivos e meio mortos; opõe-se, assim, aos mitos precedentes, nos quais a antítese entre a vida e a morte, fortemente marcada no início, só é resolvida no final. Consequentemente, a mensagem global dos quatro mitos

tomados em conjunto equivale à afirmação de que para poder superar a oposição entre a vida e a morte é preciso, em primeiro lugar, reconhecê-la enquanto tal; se não, a ambiguidade que se deixou introduzir entre os dois estados persistirá indefinidamente.

Espero ter mostrado que os quatro mitos pertencem a um mesmo grupo de transformação, e que Radin tinha razões melhores do que supunha para reuni-los na mesma publicação. Em primeiro lugar, todos esses mitos tratam de destinos excepcionais, opostos aos destinos vulgares. Estes, de fato, não são expressamente evocados; no sistema constituído pelos quatro mitos, são uma classe vazia, o que não significa que esta não possa ser preenchida alhures. Em segundo lugar, evidencia-se uma oposição entre dois tipos de destino extraordinário, por excesso ou por falta. Esta segunda dicotomia permite distinguir o mito 4 dos mitos 1, 2 e 3; equivale, portanto, no plano lógico, à distinção feita por Radin por razões psicológicas, sociológicas e históricas. E, finalmente, os mitos 1, 2 e 3 podem ser classificados a partir da função diferencial que cada um deles atribui ao sacrifício voluntário do ou dos heróis.

Os mitos se organizam, assim, num sistema dicotômico em vários níveis, no seio dos quais prevalecem correlações e oposições. Mas podemos dar um passo a mais, e tentar ordená-los numa única escala, a partir da curiosa gradação que se observa entre um mito e outro quando se procura definir o tipo de prova a que os espíritos ou fantasmas submetem os heróis. No mito 3, os espíritos não impõem prova alguma; atuam como meros acompanhantes, testemunhas indiferentes dos esforços feitos pelo herói para superar os obstáculos materiais que se erguem em seu caminho. No mito 1, os espíritos não são indiferentes, mas ainda não se mostram hostis; muito pelo contrário, já que o herói tem de recusar sua companhia, e não aceitar os convites dos espíritos femininos nem deixar-se atrair pela alegria dos comunicativos espíritos masculinos que se apresentam como folgazões para melhor enganá-lo. Assim, os espíritos dos mortos, que são *acompanhantes* no mito 3, tornam-se *sedutores* no mito 1; agem ainda como humanos no mito 2, mas *agressores*, que cometem toda sorte de brutalidades; caráter que se afirma ainda mais no mito 4, em que os espíritos perdem completamente a aparência humana, já que, no final, ficamos sabendo que eram eles que perseguiam o herói na forma de um enxame de insetos. Entre um mito e outro, observa-se portanto uma dupla progressão: de comportamento pacífico para comportamento agressivo e de comportamento humano para comportamento não humano.

Isso não é tudo, pois que se pode ainda relacionar essa dupla progressão às relações que o ou os heróis travam com seu grupo social.

O herói do mito 3 pertence a uma confraria religiosa; supõe-se, portanto, que assuma seu destino privilegiado como membro desse grupo, dentro do qual e de acordo com o qual age. Já os dois heróis do mito 1 decidem separar-se do grupo mas – como o texto insiste em lembrar expressamente – para buscar alguma oportunidade de realizar um ato meritório que possa beneficiar seus compatriotas; agem, portanto, em prol do grupo, para ele. O herói do mito 2, por outro lado, é movido única e exclusivamente pelo amor que sente pela esposa; o grupo social não é sequer mencionado. O herói age enquanto indivíduo e pelo bem de outro indivíduo unicamente. No mito 4, finalmente, os dois heróis manifestam atitudes francamente negativas em relação ao grupo: a moça morre devido à sua incapacidade de se comunicar, prefere morrer a exprimir-se e se exila na morte – definitivamente, pensa ela. O rapaz, por sua vez, se recusa a seguir os aldeões quando resolvem emigrar e abandonar a tumba. Ambos os protagonistas optam pela segregação, e suas atividades se desenvolvem contra o grupo:

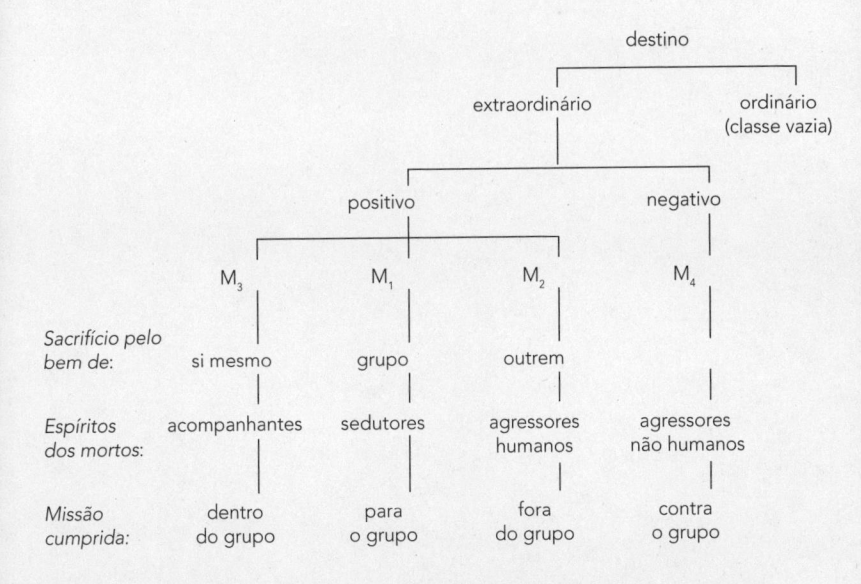

O diagrama acima resume toda a argumentação. Tenho consciência de que, para ser plenamente convincente, ela não deveria restringir-se a quatro mitos, e lançar mão de outros, tirados dos documentos de inestimável valor que Radin nos legou sobre a mitologia winnebago. Espero, no entanto, que a agregação de outros materiais venha a enriquecer e complexificar a estrutura de base aqui esboçada, mas não desmenti-la. Ao comentar um pequeno livro cujo autor certamente considera como uma obra menor, quis apenas sublinhar, por meio de um exemplo, a fecundidade do método seguido por Radin e o interesse duradouro das questões por ele colocadas.

XI. O SEXO DOS ASTROS

Uma das primeiras conversas com Roman Jakobson de que me lembro dizia respeito ao procedimento de diversas línguas e mitos para marcar a oposição entre o sol e a lua.[1] Buscávamos localizar contrastes no gênero das palavras que servem para designar os dois astros em vários casos, ou nas formas verbais que denotam o tamanho ou a luminosidade relativa de cada um. Fomos rapidamente levados a reconhecer que não se trata de uma questão simples, e que uma oposição cuja natureza binária parece tão evidente para um observador ocidental podia, em culturas longínquas, ser expressa de formas muito diversas.

Para comemorar o septuagésimo aniversário de Roman Jakobson, que também é, praticamente, o vigésimo quinto de nosso primeiro encontro, proponho reunir algumas indicações colhidas ao acaso da leitura e em memória daquelas conversas. Todas elas remetem a culturas americanas, mas, apesar desse caráter regional, talvez possam incentivar outros pesquisadores a retomar, numa perspectiva mais ampla, o estudo de uma questão que preocupava, justificadamente, os mitólogos do final do século XIX e começo do XX e que desde então parece ter caído em esquecimento.

Tanto na América do Norte como na América do Sul, várias línguas designam o sol e a lua pela mesma palavra. É o caso do iroquês, em que o termo /gaä' gwä/no dialeto onondaga e /karakwa/em mohawk, conota ambos os astros, sendo completado

1. Publicado em *To Honor Roman Jakobson. Essays on the Occasion of his Seventieth Birthday*. Haia/Paris: Mouton, 1967, pp. 1163-70 (Lévi-Strauss 1967).

por um determinante caso necessário: /andá-kǎgagwã̄/, "luminar do dia" e /soá-kǎgagwã̄/, "luminar da noite". As línguas do grupo algonkin, cuja enorme difusão é conhecida, procedem do mesmo modo. Assim, em blackfoot, /kèsúm/, "sol, lua"; em menomini, /ke ̄'so/, "sol", /tipäkě'so/, "sol da noite passada, lua"; em montagnais, /čišekao-pišum/e /tepeskau-pišum/; em arapaho, /hīcīs/, "luminar celeste"; em gros-ventre /hīsös/.

Um único termo designa o sol e a lua em seminole, em hichiti, em choctaw e em cherokee. Para ambos os astros, os Kutenai dizem /nata'ne.ki/e os Klamath /sábas/. Os Quinault designam a lua por um termo que significa "sol noturno". Em várias línguas e dialetos da Califórnia, como achomawi, maidu setentrional, karok, patwin, pomo oriental e setentrional, kato, wailaki, miwok dos lagos e wappo, o sol e a lua têm o mesmo nome.

Na América do Sul, línguas dos troncos carib e tupi em geral possuem termos distintos. Em compensação, o emprego de um único termo prevalece entre as tribos de língua tukano: /muhi--pun/em tukano do Uaupés, /avyá/em cubeo. Os Uitoto chamam o sol /hitoma/e a lua /hwibui/ou /manaidé-hitoma/, "sol frio". Os Chibcha do altiplano andino possuíam termos distintos, /zuhé/e /chia/, para o sol e a lua, que consideravam como macho e fêmea, ao passo que, na vertente ocidental dos Andes, os Cayapa dizem /pá'ta/ e /pōpá'ta/para astros ambos masculinos e os Waunana do Chocó utilizam uma única palavra, /edau/, "sol, dia, lua".

Apesar de um rico vocabulário ao qual voltaremos, a maioria das línguas jê forma os nomes do sol e da lua a partir de uma mesma raiz, /put-/ou /pud-/. Várias línguas aruaque recorrem ao mesmo procedimento; assim, /kamoi/ e /kairi/em palikur, /kamu/ e /kaier/em vapidiana, /kχami/ e /kχataua/em kustenau, /kamai/ e /kaimaré/em pareci.

O emprego de um único termo para designar o sol e a lua, ou de termos formados a partir do mesmo radical, não implica de modo algum que os astros sejam objetivamente confundidos ou que lhes seja atribuído o mesmo sexo. Os Iroqueses, por exemplo, que chamam o sol e a lua pela mesma palavra, afirmam que se originaram respectivamente da cabeça e do corpo de uma mulher decapitada ou o contrário, e ao mesmo tempo descrevem o sol como macho e a lua como fêmea, de acordo com outros mitos de origem que derivam o sol, enquanto luminar, da cabeça cortada de um homem cujo corpo preside ao aquecimento diurno e a lua, enquanto luminar, da cabeça cortada de uma mulher cujo corpo preside ao aquecimento noturno. Consequentemente, a língua une astros que a mitologia distingue duplamente: quanto ao sexo do personagem de que se originam e quanto à parte, superior ou inferior, do corpo desse mesmo personagem, correspondendo a duas funções diferentes, a de iluminar e a de aquecer, que cada um dos astros cumpre por si.

Na verdade, essa distinção entre as funções de iluminação e aquecimento costuma parecer mais importante do que a dos astros propriamente ditos, o que talvez explique o fato de os astros enquanto tais serem designados pela mesma palavra. Vimos que, nesse aspecto, as línguas tukano da América do Sul procedem como o iroquês e o algokin. Contudo, os Cubeo não colocam o sol e a lua em pé de igualdade. Dizem que o sol não é senão a lua fornecendo luz e calor durante o dia. Em seu aspecto solar, o luminar / avyá/não possui conotação antropomórfica. Em compensação, a lua, divindade masculina, ocupa um lugar considerável nas representações religiosas.

Os Warrau do delta do Orinoco, que têm palavras diferentes para o sol e a lua, tampouco consideram os dois astros como equivalentes. Segundo os observadores, a palavra /okohi/designaria o momento mais quente do dia, e faria referência ao poder calórico do sol, distinto de sua luminosidade. Se tanto a lua quanto o sol são capazes de iluminar, apenas este último é também capaz de aquecer. A existência de um nome específico não impede, portanto, que o sol seja concebido como um modo da lua, de que ilustraria um caso privilegiado. Sua noção apresenta maior compreensão, mas menor extensão. É o que a mitologia warrau exprime ao dizer que a lua é o "receptáculo" do sol.

Assim também os Xerente, que são Jê do planalto central, chamam o sol /bdu/ e a lua /wa/, mas, em lugar do primeiro termo preferem empregar /sdakro/, que significa "luz, calor solar". Apesar da distância geográfica, os Emok-Toba do Chaco têm ideias notavelmente próximas das dos Cubeo. Em ambos os grupos, a lua é um deus masculino, deflorador de virgens e responsável pela menstruação; o interesse se concentra nele. O sol, /nála/, do gênero feminino, só aparece sob dois aspectos: /lidàgá/, "luminoso" e /n:táp/, "esquentador". Nas tradições míticas desses índios, o sol não desempenha nenhum papel importante. De modo geral, chama a atenção a frequência com que o termo que designa o sol se aplica indiferentemente ao astro, ao dia e à estação: /kamu/, "sol, dia" em vapidiana; /dê'i/, "sol, dia" em chamacoco; /bari/, "sol, dia, verão" em cashinaua; /antú/, "sol, dia, tempo" em araucano. Numerosos outros exemplos poderiam ser dados. Todavia, os Wintu da Califórnia invertem duplamente a teoria dos Warrau, vendo a lua como "o lado inferior prateado do ventre do sol".

Os Surára do norte do Brasil, cujo demiurgo é a lua, explicam o lugar secundário do sol em sua mitologia. Dizem que o astro do dia está só no céu, ao passo que o astro da noite goza da companhia de inumeráveis estrelas. Como a região é montanhosa, os picos, em sua multiplicidade, oferecem uma espécie de contrapartida terrestre das estrelas. Situam-se imediatamente abaixo da lua na hierarquia das divindades, e desempenham em relação a ela o papel de intermediários, à frente do solitário sol. A oposição entre a pluralidade dos luminares noturnos e a unicidade do luminar diurno, frequente na América tropical, estende-se até os Guarani meridionais, que formam a palavra que designa as estrelas /yacitata/a partir de /yaci/, "lua", e /tata/, "fogo".

Todavia, o número dos luminares noturnos não seria tão digno de nota se eles não se opusessem à noite com muito mais intensidade do que o sol se opõe ao dia. No caso da noite, a presença ou ausência dos astros tem como efeito uma relativa claridade ou a total ausência de claridade, ao passo que o sol, análogo mais do que oposto ao dia, apenas determina graus diferentes de claridade, conforme estiver ou não encoberto por nuvens. Os Mundurucu amazônicos, que atentam para essa desigualdade em seus mitos, atribuem-na à existência de dois sóis distintos, o de verão e o de inverno, e, significativamente, fazem da lua a esposa deste último. A principal oposição não é, portanto, a mesma que entre nós; não se situa entre corpos celestes, mas sim entre condições meteorológicas. Conforme seja visível ou invisível, a lua, no registro da noite, define a oposição entre luz e trevas de modo mais intenso do que o sol no registro do dia, pois ele apenas acrescenta calor e luz a um estado de claridade cuja realidade pode ser atestada, mesmo em sua ausência, pelo "luar" oposto à "noite escura". É verdade que o sol, logicamente subordinado à lua, mostra-se empiricamente mais eficaz. Gêneros distintos podem conotar essa dupla oposição. O sol é feminino e a lua masculina, entre os Denê-Peaux-de-Lièvre,[2] os Dakota, os Maidu, os Algokins centrais, os Cherokee, os Seminole, os Chimila, os Mocovi e os Toba, acerca dos quais as informações de que dispomos são, no entanto, contraditórias. Entre os Micmac, os Menomini, os Blackfoot, os Chibcha, os antigos peruanos, os Araucanos, os Ona e os Yaghan, é o contrário. Cumpre notar, entretanto, que o sexo dos astros parece instável na ideologia de várias populações, conforme se considere a língua (caso distinga os gêneros), os ritos ou os mitos e, entre os próprios mitos, em função de seu caráter popular ou erudito. Assim, entre os Arapaho, mitos mais ou menos esotéricos preservam o caráter masculino do sol, mas descrevem a lua ora como homem (irmão mais novo do sol), ora como mulher, que nesse caso pode ser esposa do sol ou avó do filho concebido por lua quando era um personagem masculino. Alhures, o gênero dos nomes varia conforme sejam profanos ou sagrados.

No corpo de um mesmo mito, os Thompson distinguem o sol divino, que é macho, do sol visível, filha do primeiro, que busca o pai de leste a oeste em seu trajeto cotidiano. Uma investigação mais aprofundada certamente mostraria que o gênero raramente conota os astros de modo absoluto. Sugerimos que o sol e a lua são comutáveis em função de oposições mais fundamentais que permitem significar: CLARIDADE/TREVAS, claridade FORTE/FRACA, CALOR/FRIO etc. E os sexos que lhes são atribuídos parecem ser também comutáveis, de acordo com as funções que cabem a cada astro num contexto mítico ou ritual específico.

Quando sol e lua têm gêneros distintos, podem ou não ser aparentados, e se o forem, podem ser irmão e irmã, marido e mulher, ou ambos ao mesmo tempo, como no mito do incesto de sol e lua, registrado de uma ponta à outra do Novo Mundo. Esse mito supõe uma lua de gênero masculino e um sol de gênero feminino, já que seu procedimento mais comum consiste em atribuir as manchas da lua às marcas feitas por uma jovem no rosto de seu amante noturno desconhecido, tentando reconhecê-lo. Apenas os peruanos parecem ter legitimado esse incesto, invertendo o sexo dos cônjuges, ainda que os mitos dos Klamath e dos Salish do planalto, e

---

2. Kawchodinne. [N.T.]

os de várias tribos do sul da Califórnia, apresentem esboços dessa mesma solução.

Lehmann-Nitsche, que se debruçou em várias ocasiões sobre a questão que nos ocupa, destaca que a fórmula do casamento entre um sol masculino e uma lua feminina encontra-se, na América do Sul, em toda a área andina, dos Cumana da Venezuela até a Terra do Fogo, passando pelos Chibcha, Incas e Araucanos, com uma ponta no Chaco, a julgar por antigas observações quanto à mitologia dos Toba. Menciona igualmente a presença de outro eixo, transversal em relação àquele, ao longo do qual se distribuem mitos em que sol e lua são irmãos, respectivamente mais novo e mais velho.

Deixando de lado algumas tribos das Guianas e da Amazônia (Carib, Tukuna), em que os dióscuros não possuem caráter astral bem marcado, esse sistema mítico apresenta uma distribuição praticamente contínua, desde os Jê orientais e centrais do planalto até os Puelche dos Pampas, passando pelas tribos do Xingu, pelos Bakairi, Bororo e Tupi-Guarani meridionais. Notamos que reaparece na Colômbia e no Equador, na vertente ocidental dos Andes. Aqui, a oposição entre sol e lua deixa de ser expressa pelo gênero masculino ou feminino dos astros, e passa a sê-lo por sua diferença de idade, mesmo quando são gêmeos e, sobretudo, por seus talentos naturais: Sol é ponderado, prudente, eficaz; seu irmão Lua age sem pensar e comete toda sorte de erros, muitas vezes fatais, que o mais velho se encarrega de consertar.

A riqueza dos Jê em termos para designar o sol e a lua, uns profanos e outros sagrados, alguns conotando aspectos meteorológicos, outros servindo para denominar personagens divinos, poderia refletir uma orientação mediana entre o eixo "fraterno" e o eixo "conjugal", ou, mais precisamente, entre a área do eixo "fraterno", que em princípio exigiria um nome distinto para cada dióscuro, e o noroeste da bacia do Amazonas, onde prevalece a fusão de sol e lua no mesmo nome, quando o primeiro astro não é reduzido a mero modo do outro. Com efeito, se as tribos do Xingu e os Bororo, vizinhos próximos dos Jê, empregam nomes bem distintos, como /kéri/e /kamé/, /méri/e /ari/, os Jê, em certos casos, formam os nomes dos astros a partir do mesmo radical: /pud/e /pudleré/entre os Krahô, /put/e /puduvri/entre os Timbira, /mbudti/e /mbuduvriré/entre os Apinayé.

Não fosse por esse exemplo e pelo dos Cayapa, seríamos tentados a dizer que populações geograficamente vizinhas tratam a oposição entre sol e lua de dois modos: ou atribuem aos astros sexos ou graus de realidade distintos, embora as palavras que os designam sejam idênticas, ou lhes atribuem o mesmo sexo, mas dão-lhes nomes e características diferentes. Num caso, a oposição seria física; no outro, seria moral.

A fórmula parece simples demais e, tanto ao norte quanto ao sul, seria desmentida por exemplos que gostaríamos de examinar em detalhe, para saber se não seriam casos particulares. O eixo "fraterno" existe, com efeito, na América do Norte; se fizermos abstração do recorte tradicional dos especialistas, que certamente contestariam a homogeneidade dos exemplos, lá apresenta uma distribuição aproximativa no sentido noroeste-sudeste, dos Salish do planalto até os Arapaho, passando pelos Gros-Ventre, Crow, Hidatsa e Cheyenne. De modo que no hemisfério norte o eixo "fraterno" também corta o da unificação dos nomes, e a posição dos Cheyenne, Gros-Ventre e Arapaho, que são todos Algokins centrais, seria, do ponto de vista formal, de certo modo análoga à dos Jê. Em arapaho, por exemplo, /hicinicic/, "sol", e /bi'gucic/, "lua", por contração de /bi'ga/, "noite", e /hicic/, "luminar". Como os Jê e os Algokins consideram sol e lua irmãos, a língua e os mitos seguem caminhos divergentes: aquela tende a confundir no vocabulário termos que estes concebem como pares, o que os obriga a distingui-los.

Todas as indicações acima mostram, portanto, que não há correspondência automática entre oposições linguísticas e oposições expressas de outros modos, como nas crenças religiosas, ritos, mitos e contos. O contraste gramatical dos gêneros não reflete o mesmo contraste no plano semântico, e pode inclusive contradizê-lo. Mais do que isso: contrastes semânticos recorrentes em vários planos podem se contradizer uns aos outros. Não obstante, se renunciarmos à impossível tarefa de determinar, em cada caso específico, uma coerência rigorosa em todos os planos, e nos contentarmos em assumir uma perspectiva mais global sobre pontos disparatados – dos quais elencamos apenas uma ínfima amostra, considerando todos os casos que teriam de ser levados em conta para tirar conclusões gerais – delineia-se um esboço de sistema, que pode servir de guia para uma investigação mais aprofundada. Tal esquema reduz as soluções adotadas por cada sociedade (e pode haver várias delas na mesma sociedade) a respostas estimuladas por alternativas que se encadeiam. Ou os astros são distinguidos, ou não o são. Se não o forem, o sol é um modo da lua ou o contrário. Se forem distintos, a diferença é de sexo ou não. No primeiro caso, faz com que o sol seja macho e a lua fêmea, ou o inverso e, em ambos os casos, os astros podem ser marido e mulher, irmão e irmã, ou as duas coisas ao mesmo tempo. Se a diferença não afetar o sexo, podem ser duas mulheres ou dois homens, que então serão opostos pelo caráter ou pela potência. Esta última oposição em certos casos é diminuída a ponto de um dos irmãos perder sua individualidade, para tornar-se uma espécie de duplo. Esta última alternativa nos leva de volta à primeira, o que mostra que, ao menos virtualmente, o sistema é fechado. Essa propriedade é particularmente evidente nas tribos entre o rio Columbia e a Califórnia. Conforme o grupo, e por vezes entre um mito e outro do mesmo grupo, os astros são dois homens ou duas mulheres, violentamente contrastados, ou um deles pálido sucedâneo do outro.

Existem, evidentemente, transições. Longe de contradizerem o esquema, ajudam a ordenar seus elementos em séries. Entre a fórmula dos dois irmãos e a do casal de irmãos incestuosos, os Apapocuva, por exemplo, introduzem a de um incesto homossexual e abortado, uma escolha que obriga os Tupi-Guarani meridionais, de que fazem parte os Apapocuva, a desviar para uma tia paterna as investidas heterossexuais de Lua que explicam, para os Mbyá, que também são Guarani, a origem das manchas do astro. Assim, numa região delimitada, localizamos um ponto de intersecção dos dois eixos. Outro ponto de intersecção pode ser observado na bacia do rio Columbia. É significativo que, em ambos os casos, os mitos terminem com uma troca de papéis entre um sol inicialmente noturno e uma lua diurna cuja ardência ameaçava incendiar a terra.

Noutros pontos, a relação é girada e torna-se uma relação entre marido de irmã e irmão de esposa, tio materno e sobrinho, ou até pai e filho. Passa então de horizontal para vertical. Sob a influência de um vizinho, e como se sofresse sua atração à distância, um sistema evolui e se reorganiza. Em certo sentido, cada um deles é função de todos os demais. Para tentar compreendê-los, é preciso considerá-los globalmente e em suas relações de dependência recíproca.

Em razão de sua distribuição pan-americana, que aliás se estende mais além, parece normal escolher o mito do incesto dos germanos como eixo de referência. De fato, a orientação do eixo no espaço e a estrutura lógica do mito tornam-no mais apto a gerar, por variações invertidas, a fórmula conjugal e a forma fraterna do que estas últimas a gerar as duas outras. Na América inteira, o pensamento mítico coloca a questão da alternância regular entre dia e noite, que implica que os dois astros permaneçam a uma distância razoável um do outro; sua aproximação ou afastamento excessivos provocariam o longo dia ou a longa noite, cuja ameaça é evocada por outros mitos. No mito do incesto dos germanos, a periodicidade cotidiana aparece como a componente de forças exercidas em sentidos opostos que se equilibram: a tendência incestuosa dos irmãos os aproxima, o opróbrio coletivo os mantém separados. De cada um dos lados dessa posição precária, o mito pode atingir dois estados de inércia: anulando o contraste dos sexos, pela fórmula fraterna, ou a relação de proximidade, pela fórmula conjugal. No primeiro caso, a complementaridade física cederá lugar à suplementaridade moral e, no segundo, os polos de complementaridade física serão invertidos. De modo que a transformação mítica só supera a contradição num eixo para reencontrá-la em outro, e o número de parâmetros aumenta a cada tentativa de mediação.

Consequentemente, o modelo binário que esboçamos não é suficiente. Permite definir abstratamente valores que possuem caráter de limite, mas não traduzir propriedades concretas e medir graus de proximidade. Para conseguir isso, seria preciso elaborar um modelo analógico em que as posições iniciais e finais de cada mito fossem situadas num espaço de várias dimensões, cada uma delas fornecendo um parâmetro ao longo do qual seriam ordenadas, do modo mais conveniente, as variações de uma mesma função semântica. Em termos de distância, os astros podem estar conjugados, próximos, a boa distância, afastados ou separados. Em termos de sexo, podem ambos ser masculinos, homem e mulher ou hermafroditas, mulher e homem, ou ambos femininos. Em termos de gêneros diferentemente definidos, podem ser objetos materiais, animais, humanos, fenômenos meteorológicos, estrelas, astros, demiurgos. No tocante aos laços de parentesco: parentes, irmãos, colaterais, cônjuges, afins ou estrangeiros. Como nem sempre os dois astros pertencem ao mesmo gênero de saída, um quinto parâmetro expressará sua homogeneidade ou heterogeneidade relativas, e um sexto, as variações em sentido inverso de sincronia e diacronia, conforme cada termo conserve até o fim sua natureza primeira ou esta se modifique no decorrer da narrativa.

Um exemplo ilustrará o método. O mito xerente do desaninhador de pássaros, estudado em *O cru e o cozido* (: 98), pode ser codificado em termos solar e lunar, já que os heróis pertencem a unidades sociais opostas e complementares, cada qual ligada a um dos astros. Assim, diremos que, nesse mito, os personagens que encarnam sol e lua são: 1) separados, 2) masculinos, 3) afins efetivos, 4) humanos. E como assim permanecem do começo ao fim do mito, o par é homogêneo e sincrônico. Em compensação, no mito do incesto entre sol e lua, os protagonistas são: 1) separados, 2) mulher e homem, 3) irmãos, 4) celestes. Irmã e irmão, inicialmente humanos, transformam-se simultaneamente em corpos celestes, de modo que o par é homogêneo na diacronia. Seria heterogêneo na sincronia se sol e lua, como às vezes ocorre, sempre tivessem sido diferentes.

Se o modelo exigisse apenas três parâmetros, cada mito poderia ser representado por um trajeto cujas origens e momentos sucessivos seriam definidos pelo mesmo número de coordenadas. Seria então possível comparar as distâncias semânticas entre todos esses trajetos com as dos planos geográfico e histórico, na esperança de integrar os três aspectos. Mas enumeramos seis parâmetros, e o avanço da investigação aumentaria esse número. Embora sua complicação exclua a possibilidade de lidar com o modelo por procedimentos gráficos, o método pelo menos oferece um valor intuitivo. Este rápido esboço terá bastado para convencer-nos de que os mitos não tratam o sexo dos astros como um problema isolado. Combinam as noções que estão associadas a eles com muitas outras, sem nunca se preocuparem com sua proveniência empírica. Do sol e da lua, pode-se dizer a mesma coisa que de todos os inumeráveis seres naturais manipulados pelo pensamento mítico: ele não procura dar-lhes um sentido, significa a si mesmo por eles.

XII. OS COGUMELOS NA CULTURA
A PROPÓSITO DE UM LIVRO DE R. G. WASSON

Os cânticos do Rig Veda, como se sabe, reservam um lugar especial para uma planta inebriante, o Soma, cujo suco, espremido e filtrado, ao qual se adicionava um pouco de leite fresco ou coalhado, era consumido pelos sacerdotes durante o ritual e, principalmente, ao que parece, por aqueles a quem cabia encarnar o deus Indra e seu cocheiro Vāyu.[1] Entre os antigos iranianos, uma bebida inebriante, chamada Haoma no Avesta, era certamente a mesma coisa que o Soma. Desde o século XVIII, os indianistas têm avançado toda sorte de hipóteses a respeito da identidade da planta, condenadas a permanecerem gratuitas, na falta de comprovação por meio das informações disponíveis. Com efeito, o segredo, senão o culto, do Soma perdeu-se após a era védica, e os textos posteriores mencionam unicamente gêneros substitutos – *Ephedra*, *Sarcostemma*, *Periploca* – e como tal expressamente reconhecidos, de modo que, embora identificáveis pelos botânicos, devem ser descartados como possíveis representantes da planta original. O Soma tampouco pode ter sido uma bebida fermentada ou alcoólica. Os arianos da era védica desconheciam a destilação, descoberta medieval; e colocavam em oposição diametral o Soma, que concebiam como macho, e as bebidas fermentadas, que conheciam, e consideravam fêmeas, a que os textos védicos dão inclusive outro nome, *súrā*.

Em obra que constitui um tesouro bibliográfico, pela beleza do papel filigranado, a qualidade da tipografia e das ilustrações, e

---

1. *L'Homme – Revue Française d'Anthropologie*, v. X, n. 1, 1970, pp. 5-16 (Lévi--Strauss 1970).

a tiragem limitada a um pequeno número de exemplares (*Soma, Divine Mushroom of Immortality*, Nova York, 1968), R. G. Wasson avança uma hipótese revolucionária a respeito da natureza do Soma, cujas implicações são tão amplas que os etnólogos devem juntar seus esforços aos dos indianistas no intuito de divulgá-la. Segundo o autor, o Soma seria o agário-das-moscas (*Amanita muscaria*), bem conhecido na França até por coletores amadores de cogumelos, o qual, como se sabe desde o século XVIII, a maior parte dos povos paleo-asiáticos – Kamchadal ou Itelmen, Koryak, Chukchee, Yukaghir[2] – consumia ritualmente, e em certos casos dedicava-lhe um verdadeiro culto, em razão de suas propriedades alucinógenas.

Os trabalhos de Roger Heim chamaram a atenção, na França e no mundo, para os cogumelos alucinógenos cuja importância e papel Wasson redescobriu entre os índios do México. Fontes antigas mencionavam vagamente seu uso, e o grande mérito de Wasson foi o de localizar, ainda vivos em certas comunidades indígenas, o emprego e o culto desses cogumelos de gêneros variados, mas sem relação com as amanitas do Velho Mundo, embora estas existam também em várias regiões do Novo Mundo.

Já em 1957, R. G. Wasson e sua esposa, falecida pouco tempo depois, tinham publicado em colaboração uma obra em dois volumes, *Mushrooms, Russia and History*, cuja importância coube-me a honra de assinalar para o público francês, que abria para nossas investigações um campo novo e prodigiosamente fértil, o da etnomicologia (Lévi-Strauss 1958b). Wasson, de origem anglo-saxã, contava que, pouco após seu casamento com uma jovem de origem russa, constatara, para sua grande surpresa, durante um passeio nos montes Catskill, que ela e ele tinham atitudes radicalmente opostas em relação aos cogumelos: enquanto ele os ignorava ou temia, ela os apreciava. A partir dessa observação aparentemente irrelevante, o casal começou uma longa investigação, que lhes revelou a natureza afetiva das reações diante dos cogumelos que se pode observar em diferentes povos ou grupos culturais. Estas variam entre a profunda aversão, por parte dos povos germânicos e celtas, e um intenso fervor, entre os eslavos e na maior parte da bacia do Mediterrâneo. Daí a distinção, feita pela primeira vez pelos sr. e sra. Wasson, entre povos micófilos e

---

2. Povos da Sibéria, do Kamchatka e do Mar de Bering. [N.E.]

povos micófobos, cuja pertinência tive a ocasião de verificar recentemente, em circunstâncias agradáveis, que peço licença para relembrar. Durante um jantar, a conversa nos levara aos cogumelos e expus brevemente aos convivas a hipótese de Wasson em relação ao Soma, mencionando a ora célebre distinção. Um colega britânico que se encontrava presente apressou-se em responder, de modo um tanto rude, que era absurdo pretender traçar diferenças tão profundas entre os povos; acrescentou que, se os ingleses não se interessam por cogumelos, é simplesmente porque não os há em seu país. Meu interlocutor dava assim uma perfeita demonstração de sua micofobia nacional, pois bem sabemos que há cogumelos na Inglaterra, tanto quanto alhures, senão mais.

Mas como explicar as diferentes atitudes, sempre envoltas numa aura de mistério e que, de modo positivo ou negativo, provocam ainda em nós reações passionais? Já em 1957, o casal Wasson avançava a hipótese de que subsistem como vestígio de um antigo culto dos cogumelos, atestado por crenças populares e pela etimologia dos nomes que designam certas espécies em diferentes lugares. Praticamente em todas as partes do mundo, tais frutificações ou são associadas ao trovão e ao raio, ou ao diabo e à loucura. Nossas atitudes para com os cogumelos refletiriam, assim, tradições antiquíssimas, datando provavelmente da era neolítica ou talvez até mesmo da paleolítica, recalcadas em primeiro lugar pelas invasões celtas e germânicas, nos locais onde ocorreram ou exerceram influência, e mais tarde em toda a Europa, com sucesso variável, pelo cristianismo. Além dos costumes e crenças difusas, os cultos mais bem organizados dos paleo-asiáticos da Sibéria oriental e dos índios do México subsistiriam como testemunhos isolados, sem que houvesse necessariamente relação entre eles, pensa Wasson; voltaremos a isso. Não faltam indicações no sentido de que na Europa, até uma época relativamente recente, o culto dos cogumelos pode ter tido uma extensão muito maior. E ainda maior se, como afirma o autor em seu último livro, o culto dos cogumelos tiver sido transportado até a Índia pelos arianos, cuja origem presumida é a Eurásia, nalgum lugar entre a Índia e a Sibéria. Em sua moradia primeira, teriam portanto estado mais próximos de, ou mesmo em contato direto com, florestas de bétulas e coníferas, as únicas árvores que permitem a proliferação do *Amanita muscaria*.

Na formulação de sua hipótese, Wasson se baseia primeiramente em considerações negativas. Nenhuma das espécies vegetais propostas para ocupar o lugar do Soma pode ser seriamente considerada. Sua argumentação nesse ponto, reforçada por um memorando histórico e crítico preparado especialmente para ele pela sra. O'Flaherty e incluído em seu livro, parece irretorquível. Por outro lado, os textos védicos, tão prolixos a respeito do Soma e que não economizam metáforas para descrevê-lo, não contêm nenhuma alusão às raízes, folhas, flores ou sementes da planta, e tampouco a seu cultivo. Em compensação, afirma-se repetidas vezes que o Soma provém das altas montanhas, certamente as do Hindu Kush ou do Himalaia, onde crescem, entre os 2500 e 5500 metros aproximadamente, bétulas e coníferas. Todos esses dados eliminam os possíveis candidatos, exceto, precisamente, o agário-das-moscas, que os arianos podiam ter conhecido em sua morada ancestral e que teriam passado a obter, depois de invadirem a Índia, desidratados, dos povos selvagens e hostis que ocupavam as montanhas ao norte. O texto de vários cânticos sugere que o primeiro passo da preparação do Soma era reidratá-lo.

Existem diversas variedades de *Amanita muscaria*, cuja cor vai do vermelho brilhante ao amarelo-ouro. Para descrever o Soma, o Rig Veda emprega constantemente o epíteto *hári*, que inclui essa gama de cores e, quando passaram para os substitutos, os de coloração vermelha foram preferidos. Em concordância com crenças populares bem conhecidas no que toca os cogumelos, os cânticos védicos apresentam o Soma como filho do trovão ou do raio. Quando se consideram as diversas fases de crescimento da amanita e os vários aspectos que pode assumir, todas as metáforas do Rig Veda, ou que por tal eram tidas, adquirem valor literal e descritivo. Apenas esse cogumelo, e nenhuma outra planta qualquer, pode ser comparado ao disco rubro do sol ou associado a Agni, o fogo; só dele é possível dizer que "deixa transparecer sua cor quando se desfaz de seu invólucro" (que consiste num véu branco cujos fragmentos maculam seu chapéu por bastante tempo); que "faz do leite seu traje de gala"; que "de dia aparece cor de fogo e à noite, cor de prata"; que "sua pele é de touro, sua roupa de carneiro"; que é "o único olho" "o esteio do céu", "o umbigo do mundo"; que "com seus mil nódulos conquista o renome poderoso" etc.[3] Se o Soma não é um cogumelo, como poderia ser comparado a uma mama e a uma teta, imagens compreensíveis quando se pensa no chapéu arredondado e no pé bojudo na base desse agárico? Do modo mais engenhoso e persuasivo para o leitor, Wasson ilustra cada uma dessas imagens com uma foto em cores, destacando este ou aquele aspecto da amanita mata-moscas e sublinhando a correspondência notável com o que se supunha serem figuras retóricas empregadas pelos velhos cânticos.

O mais desconcertante, porém, é o que poderíamos chamar de "argumento definitivo" de Wasson. Uma das várias passagens obscuras do Rig Veda tem sido objeto de grandes esforços por parte dos especialistas. Trata-se de uma frase do quarto verso do cântico IX, 74, que pode ser traduzida assim: "Os senhores de bexiga cheia urinam o Soma em movimento" ou, na versão mais prosaica de Wasson, "os homens estufados urinam o Soma que escorre" (: 29). O que poderia isso significar, além do fato, notado por todos os observadores na Sibéria oriental, de que a urina do consumidor de amanita era altamente valorizada? Bebida por um companheiro ou pelo próprio intoxicado, é capaz de causar ou renovar embriaguez igual à provocada pela ingestão do cogumelo fresco ou, no mais das vezes, seco. Melhor ainda: os documentos etnográficos relativos aos paleo-asiáticos fazem crer que essa urina podia ser preferível à substância em si; mais potente, segundo alguns, ou, dizem outros, porque certos compostos químicos presentes no cogumelo e responsáveis por sintomas desagradáveis seriam eliminados na passagem pelo corpo, enquanto os alcaloides alucinógenos seriam preservados. De modo que os siberianos praticavam dois modos distintos de consumo: ou do próprio cogumelo ou da urina produzida por alguém em estado de embriaguez. Ora, os textos védicos declaram repetidas vezes que o Soma existe em duas formas (Rig Veda IX, 66, versos 2, 3, 5; Wasson 1968: 25-27) e o Avesta (48: 10) condena, num texto que Wasson considera incompreensível a menos que se adote a interpretação proposta, "os que se deixam enganar pelos sacerdotes com a urina da embriaguez". Nosso autor cita ainda um episódio do Mahābhārata (Asvamedha Parva, 14.54, 12-35) no qual o deus Krishna concede a seu protegido beber a urina de

---

3. Lévi-Strauss cita aqui trechos da tradução de L. Renou para o francês. [N.T.]

um Intocável, que depois revela ser Indra, cuja urina é uma bebida da imortalidade.

Igualmente coerente com tal interpretação é a menção, nos textos védicos, de três filtros sucessivos utilizados no preparo do Soma. O segundo filtro, de lã, parece ser um objeto técnico que não apresenta dificuldades. Em compensação, a natureza do primeiro, comparado a uma carruagem celeste atravessada pelos raios do sol, só pode corresponder ao cogumelo em si: a planta produtora do Soma é muitas vezes assimilada ao fogo e ao sol, e o cogumelo jovem, com seu chapéu vermelho e brilhante ainda salpicado a intervalos regulares por fragmentos de véu, adquire um aspecto reticulado que evoca facilmente um filtro. A natureza e o papel do terceiro filtro permanecem inexplicáveis, a não ser que o vejamos no próprio corpo do consumidor – no caso, o sacerdote que personifica Indra – através do qual o Soma passa e é depurado para retornar na forma de urina. De fato, vários versículos dedicam-se minuciosamente ao trajeto do Soma no estômago, no ventre e nas entranhas do deus.[4]

De tudo isso parece resultar que os indo-arianos, adeptos do consumo ritual de *Amanita muscaria* em seu habitat original, depois de entrarem na Índia teriam buscado garantir as fontes de abastecimento adquirindo o cogumelo seco dos povos selvagens da montanha; uma vez cortado esse canal, teriam mantido o culto tradicional ainda por um longo período, graças a plantas substitutas mais ou menos eficazes, descritas e comentadas pela literatura bramânica. O antigo culto teria desaparecido completamente depois disso. Tornados micófobos, os hindus confundem todos os cogumelos considerados incomestíveis na expressão depreciativa "urina de cão". Em compensação, os habitantes sikh e muçulmanos do Punjab, da Caxemira e das províncias do noroeste, ou seja, as primeiras regiões ocupadas pelos arianos, teriam permanecido micófilos e, além das fronteiras geográficas ou culturais do hinduísmo, encontram-se vestígios do antigo culto. Muito provavelmente na China, onde a tradição do *Ling chih*, "cogumelo de imortalidade", talvez tenha sido importada da Índia (segundo Wasson) e veio a se

---

4. Numa publicação recente (Wasson 1972), Wasson cita as duas últimas frases desse parágrafo em favor de sua tese. Contudo, como no que precede e antes de abordar a discussão, busco aqui apenas servir-lhe de intérprete.

encarnar fortuitamente, apenas no século 1 antes de nossa era, no cogumelo [justamente chamado] Lingzhi ou Reishi (*Ganoderma lucidum*), desde então reproduzido mais ou menos fielmente pela iconografia. Talvez também, por intermédio da Pérsia, entre os maniqueanos, acusados por Santo Agostinho, que por algum tempo compartilhou suas crenças, de serem apreciadores de cogumelos; acusação que também pode ser encontrada nos escritos de um letrado chinês contra uma seita maniqueana imigrada. O mesmo texto denuncia a seita igualmente por usar cogumelos vermelhos e urina – ao que parece, humana – como água ritual. Wasson observa, a esse respeito, que os parsis da região de Bombaim, fiéis à religião de Zaratustra, bebem simbolicamente urina de touro.

O autor invoca repetidas vezes essa atitude positiva diante da urina, contrária à nossa, que a assimila a um excremento, para perceber aí um vestígio do complexo religioso em torno do *Amanita muscaria,* no qual, como sabemos, o consumo de urina tem um lugar importante. Ele chega a avançar a hipótese de que o complexo poderia ter nascido na convivência com as renas, pois os cervídeos comem agários, e ficam igualmente intoxicados, além de apreciarem muitíssimo a urina humana, mais ainda, pode-se supor, quando esta contém alcaloides do cogumelo. Esses animais, domesticados pelos siberianos, teriam sido seus iniciadores, pelo menos no que concerne ao consumo de urina. A hipótese é frágil, embora engenhosa, uma vez que o próprio Wasson nos revela que, noutras partes do mundo, humanos descobriram o poder alucinógeno de outros cogumelos sem contarem com nenhuma mediação animal e que, segundo ele, as substâncias psicotrópicas do agário-das-moscas seriam as únicas conhecidas pelos povos ditos primitivos a não serem destruídas pelo metabolismo orgânico. Ora, as atitudes culturais para com as secreções do corpo humano, como todas as outras, são de caráter etnocêntrico. A repugnância que nos provoca a urina não é um fenômeno natural, e muitos povos têm e tiveram, em relação a esse líquido de múltiplas utilidades, uma atitude mais objetiva do que a nossa. Assim como os australianos costumavam usar o sangue tirado de um corte em seu pênis para fazer cola, muitos povos, no oeste da América do Norte, por exemplo, utilizavam urina para lavagens rituais ou simplesmente como loção capilar. Deveríamos concluir que seus ancestrais um dia consumiram agários? É possível, e até provável, tendo em vista sua remota origem asiática, e apresentarei mais adiante um argumento que poderia sugerir um uso mais recente. Mas não parece ser de modo algum necessário supô-lo, para compreender que povos que não dispunham de produtos químicos manufaturados tenham plenamente explorado as propriedades das substâncias naturais que tinham ao alcance.

Por outro lado, seria mais proveitoso explorar a confusão dos cogumelos considerados incomestíveis, tanto na Índia como entre os Yukaghir (que assim os opunham aos agários, de que eram consumidores fervorosos), na expressão "urina de cão". Repetida a milhares de quilômetros de distância, tal conexão parece difícil de explicar sem a intervenção de uma crença implícita, atestada pela observação na Sibéria, e cuja existência remota na Índia forneceria o elo logicamente necessário para justificar a aproximação entre urina e cogumelos.[5] Dado que, satisfeitas determinadas condições, o psicotropismo da urina humana equivale, de um ponto de vista empírico, ao cogumelo alucinógeno, pode-se dizer que:

a) [urina humana → agário] :: [urina de cão → cogumelo comum]
b) [agário : outros cogumelos] :: [humanos : cães]

A obra de Wasson demonstra – convincentemente, em nossa opinião – que de todas as candidaturas a representar o Soma, a do *Amanita muscaria* é de longe a mais plausível. Com efeito, permite dar sentido a afirmações e fórmulas que, até então, pareciam não ter nenhum. Por outro lado, só críticos inspirados por uma micofobia inconsciente haveriam de sentir-se deprimidos por terem de admitir que as apaixonadas efusões líricas dos cânticos védicos se dirigem afinal a um mero cogumelo. Pois semelhantes efusões líricas podem ser hoje ouvidas, pouco atenuadas, da boca de um eslavo que, passeando por um bosque, encontre inesperadamente boletos recém-saídos da terra.

É bem possível, no entanto, que a solução proposta coloque problemas fora do campo dos estudos védicos, no qual, por

---

5. Em conversa recente, Wasson chamou nossa atenção para o fato de que existe uma conexão empírica entre a urina e determinados cogumelos. Parece certo que a urina – humana ou animal – favorece o crescimento dos coprinos, por exemplo. O que teria sido observado no Bois de Boulogne...

incompetência, não entrarei. Não obstante as objeções de ordem histórica ou filológica que possam formular os especialistas, várias questões vêm à mente. Na época em que os rituais védicos estavam em plena atividade, segundo o próprio Wasson, eram utilizados apenas cogumelos secos vindos de longe. Se sua interpretação estiver correta, os cânticos continuavam, no entanto, descrevendo de modo extremamente detalhado aspectos fugazes dos cogumelos no decorrer de seu crescimento, que só podem ser observados *in loco*. Seria o caso de supor que comissões de sacerdotes viajavam até lá e relatavam suas observações? Não existe nenhuma indicação nesse sentido nos documentos citados, o que nos leva a concluir que os cânticos preservam a lembrança de observações feitas há muito tempo pelos indo-arianos, em seu habitat primitivo, mas que na época em que os ritos eram celebrados não faziam sentido algum para os participantes, que quanto a isso se encontravam na mesma situação que os comentadores mais recentes. Não é nada inconcebível, pois o caráter obscuro de um ritual não diminui necessariamente seu prestígio, mas devemos manter em mente esse fantástico afastamento entre a prática ritual e sua expressão verbal. Por outro lado, impõe-se a constatação de que a interpretação de Wasson acarreta consequências que vão bem além da questão colocada pela natureza do Soma. Se tiver razão, o próprio espírito com que se encarava a literatura védica como um todo será afetado. Em lugar de arrebatamentos líricos, de uma verborragia desenfreada, frequentemente insuportável para o não especialista, estaríamos diante de fórmulas descritivas que se valem de metáforas com o único propósito de aproximar-se o máximo possível da realidade. Se vale para esse caso, deve valer também para outros, o que abre uma nova perspectiva, que dificilmente irá entusiasmar os indianistas, de descobrir em cadeia uma série de chaves para desvendar sentidos ocultos.

Se, por exemplo, não nos contentarmos com invocar um uso metafórico, inspirado pela cor vermelha do cogumelo, para explicar por que os cânticos dão frequentemente ao Soma o nome do fogo divinizado Agni, teremos de dar mais atenção às engenhosas especulações de Wasson a propósito de uma forma de tipo *poŋ*, cuja presença revela, nas línguas paleo-asiáticas de um lado e, do outro, em todas as línguas da família urálica, a que pertencem o samoiedo e as línguas do grupo fino-úgrico. Tal forma verbal pode conotar, conforme o caso, o cogumelo, o tambor do xamã, a embriaguez, a perda de consciência ou da razão. Wasson acredita que seja possível relacioná-la a formas proto-indo-europeias que, segundo os filólogos, teriam dado o grego *sphóngos* e o latim *fungus*, "cogumelo", bem como – sugere o autor – o inglês *punk*, que designa o pavio de isqueiro. Ora, a bétula, cujas raízes constituem um meio favorável ao crescimento do *Amanita muscaria*, é também a hospedeira predileta do *Fomes fomentarius*, conhecido como Casco-de-Cavalo ou Fungo-Pavio. O que permitiria, portanto, recuperar uma tríade arcaica, outrora presente em todo o norte da Eurásia, que associa a bétula, considerada como Árvore de Vida pela maioria dos povos dessa região; o fungo-pavio, cujo emprego como pavio inflamável é atestado desde a época de Maglemose; e o agário, que propicia a iluminação divina.

Desse ponto de vista, o Soma do Rig Veda não seria um episódio isolado na história do mundo asiático, mas a suma manifestação de um culto eurasiano muito difundido, perpetuado em praticamente toda a região por lendas relativas à Árvore de Vida e à Erva da Imortalidade. A partir daí é possível, evidentemente, ir muito longe, até *ver* na Árvore do Conhecimento e no Fruto Proibido do Gênese a imagem fabulosa, mas ainda reconhecível, da bétula sagrada siberiana, hospedeira do cogumelo de fogo em seu tronco, e do agário que dá acesso ao saber sobrenatural a seu pé. Wasson vai mais longe ainda, quando flerta com a ideia de que o fenômeno religioso em si, e como um todo, poderia ter origem no uso dos cogumelos alucinógenos.

Tal pan-micismo, por assim dizer, seria evidentemente frágil, a menos que pudesse ser sustentado por uma base teórica. Wasson a empresta (: 217 e 220) de Mary Barnard, que afirma, num livro recente (*The Mythmakers*, 1966), que todo mito se origina de um fenômeno natural. Visão bastante ingênua, aparentemente, pois não há fenômeno natural em estado bruto; fenômenos naturais só existem para o homem conceitualizados, como que filtrados pelas normas lógicas e afetivas que são do âmbito da cultura. Uma das conclusões mais indiscutíveis que se pode tirar do grande e fascinante filme de Roger Heim sobre os cogumelos alucinógenos é a de que a forma e o conteúdo do delírio mudam completamente de indivíduo para indivíduo, e que ambas são função do temperamento, da história pessoal, da educação e do ofício. Wasson oferece um testemunho dessa mesma ordem quando relata a experiência com o *Amanita muscaria* feita por ele mesmo, com colegas japoneses: um único integrante do grupo sentiu uma euforia beirando o êxtase, todos os demais sentiram vários tipos de mal--estar. Em sociedades que, à diferença das nossas, institucionalizam os alucinógenos, é de esperar que gerem não determinado tipo de delírio supostamente inscrito em sua natureza físico-química, mas aquele esperado pelo grupo, por razões conscientes ou inconscientes, e diferente para cada pessoa. Os alucinógenos não encerram uma mensagem natural, noção que em si mesma é contraditória; são desencadeadores e amplificadores de um discurso latente que cada cultura mantém em reserva, e cuja elaboração as drogas permitem ou facilitam.

Assim, não parece justificado invocar, como o faz Wasson, as formas siberianas do delírio provocado por *Amanita muscaria*, em geral pacífico e benevolente, para rejeitar a tese avançada por diversos especialistas escandinavos, segundo a qual esse cogumelo seria a causa do furor *berserk* dos antigos Vikings. De fato, não existe nenhuma prova direta disso e, em tais condições, a hipótese permanece gratuita e infundada. Mas nada permite excluir *a priori* que, em sociedades tão diferentes entre si como as dos Koryak e dos Vikings, a mesma droga fosse empregada para obter efeitos psíquicos opostos.

De modo que é sem nenhuma opinião preconcebida a favor ou contra uma forma qualquer de pan-micismo que, à guisa de conclusão, apresentarei algumas rápidas considerações a respeito da questão colocada pela aparente ignorância dos cogumelos alucinógenos na maior parte da América do Norte, a que vai da Sibéria oriental ao México, onde gêneros completamente diferentes de agáricos eram, no entanto, utilizados com a mesma finalidade.

Por se tratar de uma região do mundo em relação à qual a grande maioria dos documentos provém de investigadores anglo--saxões na origem ou na formação, não se pode fazer abstração de sua eventual micofobia para explicar o lugar relativamente pequeno que os cogumelos parecem ocupar na cultura dos índios norte-americanos. Pois é possível que, por falta de interesse ou movidos por repulsa inconsciente, tais observadores tenham desconsiderado esse domínio. Além disso, nos casos mais favoráveis, a distinção nem sempre é clara entre os cogumelos com pé e com chapéu (*mushrooms*, *toadstools*), de um lado, e os poliporos e outros cogumelos de árvore (*fungus*), do outro. Finalmente, praticamente nunca houve preocupação em saber se a categoria que a língua francesa reúne no vocábulo bastante inclusivo "cogumelo" [*champignon*] e a inglesa distingue como acabamos de dizer, se subdivide em certas línguas indígenas com maior refinamento ainda, de modo que uma crença ou atitude para com cogumelos poderia dizer respeito a um único gênero ou família, ao passo que crenças opostas prevaleceriam em relação a outros.

Feitas essas ressalvas, e procedendo com toda a prudência necessária, duas observações de ordem geral vêm imediatamente à mente. Por um lado, tanto na América do Sul como na América do Norte, à exceção do México, os cogumelos de árvore sem pé, do tipo poliporo, parecem ocupar nas crenças e nos mitos um lugar muito mais importante do que os cogumelos de chapéu. Por outro lado, no tocante à América do Norte, as informações disponíveis indicam cogumelos mais a oeste do que a leste das Rochosas.

Dentre todas as populações americanas, são os Salish da costa e do interior e seus vizinhos, com efeito, que poderiam ser classificados como micófilos. Como os Carrier e os índios da costa do pacífico mais ao norte, os Salish não veem problema em dar a determinados clãs ou indivíduos o nome de cogumelos de árvore (Jenness 1943: 497; Barbeau 1929: 166; Teit 1900: 292). Além disso, consumiam várias espécies terrestres cruas (Thompson, Sanpoil, Okanagon), ou levemente grelhadas (Thompson) e depois secadas ao sol (Twana), ou ferventadas (Okanagon) (Teit 1900: 233; 1930: 483; Ray [1933] 1954: 104; Cline 1938: 29; Elmendorf 1960: 131). Ao sul, cogumelos costumam fazer parte do cardápio dos índios da Califórnia setentrional e central, que aliás compartilhavam com os Salish o costume de extrair de certos cogumelos dos bosques, hospedados por coníferas, um pigmento vermelho que servia para a pintura corporal ou como unguento (Teit 1900: 184, 259; Driver 1939: 333; Teit 1906: 205; Olson [1927-36] 1967: 105; Goldschmidt 1951: 408, 410; Voegelin 1942: 180, 197). Ao norte da área salish, os Kwakiutl utilizavam como emplastro medicinal um cogumelo terrestre cujo nome evoca a podridão (Boas 1932: 187). Certos grupos salish fabricavam uma espécie de sabão com um poliporo atacado por cogumelos parasitas (Hill-Tout 1904b: 31-32). Ainda entre os Salish, os rapazes thompson esfregavam no corpo um cogumelo de árvore chamado "madeira de mocho" (*Polyporus abietinus*) para ficarem fortes (Teit 1930: 504).

Entre os Salish da costa, os Klallam e os Quinault faziam de cogumelos (*fungus*) que crescem em juncos ou em coníferas amuletos para ganhar no jogo (Gunther 1927: 274; Olson [1927-36] 1967: 166). Na mesma região, relata-se a prática do tiro ao alvo em cogumelos de árvore, igualmente observada mais ao norte, entre os Atabascanos (Tanana), que lhe acrescentavam um papel ritual, o de "purificar" um poliporo do gênero *Fomes* antes de reduzi-lo a cinzas para mascá-lo misturado com tabaco (ou puro, entre os Eyak, os Taxnaina e certos Esquimós ocidentais) (Adamson 1934: 87; Olson [1927-36] 1967: 135; McKennan 1959: 166).

Dos Kwakiutl, ao norte, até os Quinault, ao sul, relata-se na costa do Pacífico a associação esporádica entre determinados cogumelos (de forma fálica entre os primeiros, certamente poliporos entre os últimos) e o eco. Os Squamish acreditam que seja causado por um cogumelo de árvore (Kuipers 1967, v. 2: 59). Segundo os Quinault, os cogumelos de árvore se parecem com orelhas: ouvem os sons e os repetem. Na língua quinault, a mesma palavra designa o eco e um cogumelo de árvore de carne branca (Boas 1902: 290; Olson [1927-36] 1967: 165). Uma associação do mesmo gênero existia bem mais a leste, entre os Menomini, índios de língua algonquina que viviam na região dos Grandes Lagos: acreditavam que um poliporo que cresce em determinadas coníferas se desenvolve de um só golpe, uma vez por ano, e que nessa ocasião profere um chamado como um humano. Por isso respeitavam-no como a um poderoso espírito (Skinner & Satterlee 1915: 498).

A leste das Rochosas, os Blackfoot, os Omaha e várias tribos do alto Missouri consumiam cogumelos (Chamberlain 1892: 573; Gilmore 1919: 61-63; Fletcher & La Flesche 1911: 342). O mesmo ocorria com os Iroqueses, em relação a pelo menos seis espécies, mas aparentemente não sem certa ambivalência, considerando o papel funesto atribuído pelos mitos a cogumelos cozinhados (Waugh 1916: 121-22; Curtin-Hewitt 1918: 297, 798; Fenton 1953: 90). Os Ojibwa, vizinhos dos Iroqueses, consideravam os cogumelos como alimento dos mortos, e verifica-se uma atitude negativa entre os Tête-de-Boule[6] e os Micmac da costa atlântica que, como

---

6. Atikamekw. [N.T.]

os Cheyenne (situados noutra região, mas igualmente de língua algonquina), classificavam os cogumelos entre os alimentos de época de fome (Kohl [1860] 1956: 223; Guinard 1930: 70; Rand 1894: 50; Dorsey 1905: 45). Essa dupla associação dos cogumelos com a morte e a penúria parece ter sido ainda mais difundida na América do Sul, onde vários exemplos podem ser encontrados na mitologia dos Jê, dos Mundurucu, dos Tukuna e dos Warrau (Banner 1957: 40; Murphy 1958: 123; Nimuendaju 1952: 148). Apesar disso, os Warrau prescreviam uma infusão de cogumelos do gênero *Nidularia* às mulheres estéreis que desejavam engravidar (Roth 1915: 286). No sudoeste dos Estados Unidos, os Apache Jicarilla concebiam uma relação diferente entre os cogumelos e o mundo sobrenatural: queimavam-nos para que a fumaça afastasse os maus espíritos (Opler 1960: 152).

Podem ser encontradas na América crenças correspondentes às do Velho Mundo, de que os cogumelos se originam de eventos celestes ou meteorológicos. Os Blackfoot e as tribos do alto Missouri associavam os cogumelos às estrelas; os Nez-Percé da vertente ocidental das Rochosas e certos Salish da costa atribuíam sua origem ao trovão, e os Toba do Chaco argentino ao arco-íris (Gilmore 1919: 62; Wissler & Duvall 1908: 19, 40, 42, 44, 60; Walker 1968: 23; Métraux 1946: 39-40). O mesmo ocorre com a associação, frequente no Velho Mundo, entre cogumelos e excreções corporais (como "urina de cão", "flatulência de lobo" etc.), atestada na América do Sul entre os Toba ("excrementos de arco-íris") e os Mataco ("excrementos de raposa") e, na América do Norte, entre os Quinault ("excrementos de puma") e os Siciatl ou Seechelt ("excrementos do trovão") (Métraux 1946: loc. cit.; Olson [1927-36] 1967: 166; Hill-Tout 1904b: 31-32).

Por outro lado, indicações sobre qualquer tipo de função fisio ou psicotrópica de cogumelos são extremamente raras fora do México. Podemos mencionar no máximo os Yurimagua no noroeste amazônico, que preparavam uma bebida fortemente embriagante com um cogumelo de árvore não identificado e os Kanaima da Guiana, que comiam um cogumelo branco que cresce na madeira morta para se sentirem leves e correrem mais depressa (Chantre y Herrera 1901, L. II: 85; Gillin 1936: 150). Na América do Norte, já mencionei o costume de certos Esquimós e Atabascanos do noroeste do continente de mascar as cinzas de um cogumelo de árvore que cresce em bétulas, puras ou misturadas com tabaco (o que o tornaria mais forte, aparentemente).[7] Convém ainda assinalar uma curiosa crença dos Tewa, que são Pueblo orientais; quando comiam cogumelos, colocavam um bastão atravessado na panela, para não perder a memória, o que ocorreria caso não tomassem tal precaução (Robbins, Harrington & Freire-Marreco 1916: 66). Os dançadores arapaho chamados *"crazy dancers"*, ao contrário, usavam brincos de cogumelos (Kroeber 1904: 197). Como entre os Arapaho e os Tewa havia apenas os Apache Jicarilla, entre os quais, como vimos, os cogumelos desempenhavam um papel apotropaico, essa região do continente poderia ser de especial interesse do ponto de vista da etnomicologia.

Mas sabemos, além disso, que os Arapaho constituem um ramo meridional destacado da grande família linguística algonquina, e que seu habitat original se encontrava bem mais ao norte. Em tais condições, o que pensar do testemunho do Pe. Charles Lallemant a respeito dos índios de língua algonquina, ou alguns deles, que viviam na região do Québec? "Creem" – escrevia ele em 1626 – "na imortalidade de nossas almas; e garantem que após a morte vão para o céu, onde elas comem cogumelos e se comunicam entre si" (*Relations des Jésuites* 1858: 3-4).

Se não formos, neste caso, vítimas de um capricho da literatura etnográfica que, como aqueles que se imputa à natureza, sugere algo totalmente diferente do que significa na verdade, seríamos bastante tentados a *ver* aí a lembrança de costumes semelhantes aos dos povos siberianos. Pois conhecemos outros casos (cf. *A origem dos modos à mesa*: 240-45 e 355) em que o pensamento indígena transfere para a ordem do sobrenatural seres, objetos ou saberes outrora reais, dos quais, por razões históricas ou geográficas, a sociedade perdeu o uso prático, sem por isso desistir de conciliar, no plano ideológico, a memória que deles guarda com sua ora inexistente fruição.

---

7. Mas os Esquimós do norte do Alasca temiam os cogumelos (ou certas espécies?) que chamavam "dor nas mãos". Bastava tocá-los para correr o risco de envenenar-se e ficar com as mãos atrofiadas (Spencer 1959: 375).

XIII. RELAÇÕES DE SIMETRIA ENTRE RITOS E MITOS DE POVOS VIZINHOS

O lugar singular que a obra de Evans-Pritchard ocupa na literatura etnológica se explica, a meu ver, pela harmonia que nela reina entre as duas principais tendências de nossas investigações.[1] O bem conhecido gosto de nosso colega pela história jamais o afastou das análises formais. Ninguém soube como ele delinear com tanta sobriedade e elegância um sistema de crenças e práticas, expor-lhe o esqueleto e pôr em funcionamento o mecanismo de suas articulações. Mas, ao mesmo tempo, Evans-Pritchard sempre permanece atento aos caminhos arbitrários que os eventos seguiram para conformar a fisionomia própria de uma sociedade e dar-lhe um caráter original a cada etapa de seu devir. Nenhum método é mais apto do que o seu para desmentir a falsa afirmação de que para aprofundar as estruturas seria preciso sacrificar a história. Em sua obra, ao menos, a confluência de uma vasta erudição, de um senso agudo dos valores humanos, de uma extrema fineza psicológica e de uma incomparável arte da escrita permitiu a conjugação, num mesmo empreendimento, das duas correntes que, desde a origem, muitas vezes puxaram o pensamento antropológico em direções opostas.

Sendo assim, pareceu-me oportuno escolher, para esta homenagem, um tema que evidencia a solidariedade entre a história e a estrutura e esclarece o modo como se influenciam mutuamente.

---

1. Publicado como "The Translation of Culture", in T. O. Beidelman (org.). *Essays to E. E. Evans-Pritchard*. Londres: Tavistock Publications, 1971, pp. 165-78 (Lévi--Strauss 1971c).

Duas tribos das Planícies centrais da América do Norte prestam-se especialmente bem para tal intuito. Progressos recentes da arqueologia têm fornecido muita informação acerca de seu passado e, ao mesmo tempo, graças aos dois admiráveis volumes de Alfred W. Bowers que completam observações mais antigas, dispomos atualmente de análises detalhadas no tocante a seus mitos, seus ritos e seu ciclo cerimonial.

No início do século XVIII, quando os brancos chegaram ao alto Missouri, as tribos ditas "aldeãs", residentes nos vales que atravessam as Planícies, compartilhavam a mesma cultura. Os Arikara, de língua caddo, e os Mandan e Hidatsa, de língua sioux, ocupavam territórios contíguos, que correspondem aos atuais estados de Dakota do Sul e do Norte. Durante o verão, viviam em cabanas recobertas de torrões de grama, agrupadas em aldeias situadas em promontórios na beira dos rios. Cultivavam campos nas baixadas e, enquanto a colheita amadurecia, caçavam bisões nas Planícies. Antes da chegada do inverno, mudavam-se para aldeias em locais mais protegidos, no fundo dos vales cobertos de bosques. Mas não se tratava de práticas muito antigas. Deixaremos de lado os Arikara, vindos do sul no início do século XVIII. Embora pertencessem à mesma família linguística, os Mandan e os Hidatsa diferiam consideravelmente entre si. Sabe-se que um povoamento mandan muito antigo, originário das regiões a leste e ao sul, ocupou de modo contínuo o vale do médio Missouri desde pelo menos o século VII ou VIII, isto é, um milênio antes do período histórico. Outros grupos chegaram posteriormente, e substituíram as cabanas semienterradas e de planta retangular pelas construções arredondadas que vieram a ser de regra a partir de então. No que concerne os Hidatsa, as coisas parecem ainda mais complexas. Um grupo vindo do nordeste, os Awatixa, atingiu o Missouri por volta do século XV ou XVI e instalou-se perto dos Mandan, adotando o modo de vida e as crenças destes. Dois outros grupos, por sua vez, deixaram as regiões de floresta a oeste dos Grandes Lagos, no início do século XVIII, para viver nas Planícies. Como os Awatixa, os Awaxawi eram antigos agricultores, mas os Hidatsa propriamente ditos viviam sobretudo de caça e coleta, mesmo no período histórico, quando tais diferenças chamaram a atenção dos primeiros viajantes. As tradições dos Mandan e dos Hidatsa guardam a memória dessas origens diversas. As dos Hidatsa relatam como os dois grupos setentrionais se cindiram e deram origem aos Crow, que se estabeleceram mais a oeste. Lendas mandan preservam a lembrança de migrações sucessivas e da chegada do primeiro grupo hidatsa à margem oriental do Missouri. A penetração europeia, seguida de epidemias que devastaram a região no final do século XVIII e início do XIX, obrigaram a população dizimada a deslocar suas aldeias diversas vezes. As tribos tiveram de modificar suas relações, reforçando ainda mais a solidariedade entre elas. As tribulações tiveram fim quando as autoridades reuniram os últimos sobreviventes na reserva de Fort Berthold. Apesar disso, em 1929-33, período em que Bowers realizou sua pesquisa, os velhos informantes Mandan e Hidatsa ainda se distinguiam consideravelmente conforme o grupo ou aldeia de origem: mitos, tradições lendárias, regras de transmissão de cargos e ofícios não eram os mesmos. Não obstante tais diferenças, que concordam com a arqueologia no sentido de atestar a influência ainda ativa de um passado histórico bastante complexo e marcado por fatores heterogêneos, tudo se passa como se, no plano das crenças e práticas, os Mandan e os Hidatsa tivessem conseguido organizar suas diferenças em sistema. Dir-se-ia que cada tribo, de sua parte e consciente do esforço correspondente da outra, tratou de cuidadosamente preservar e cultivar as oposições e combinar as forças antagônicas para formar um conjunto equilibrado. É isso o que gostaríamos de mostrar agora.

Vimos que as tribos aldeãs viviam um regime de dupla economia sazonal. Trata-se de uma simplificação, pois o período estival em si apresentava dois aspectos: de um lado, os trabalhos agrícolas, nas baixadas protegidas ao pé das aldeias, e do outro, quando o milho tinha chegado à altura do joelho, a caça nômade que levava a população para longe nas planícies, por um mês, seguindo as manadas de bisões. As aldeias de verão, cercadas de proteções e paliçadas, eram praticamente inexpugnáveis, ao passo que as expedições de caça se pareciam com as de guerra e por vezes ofereciam oportunidades para isso; pois os caçadores podiam ir de encontro a tropas inimigas. Vê-se, assim, que características antitéticas marcavam os trabalhos de verão: vida sedentária nas aldeias protegidas e expedições nômades por territórios expostos;

agricultura de um lado, caça e guerra do outro, sendo estas duas últimas associadas tanto por contiguidade espacial como por afinidade moral, já que se trata de atividades violentas, altamente arriscadas, com derramamento de sangue e que, desse ponto de vista, diferem sobretudo em grau.

Pois bem, tal sistema, que opera oposições complexas, por sua vez opõe-se, e como um todo, à economia invernal. Ninguém saía das aldeias de inverno, cujas provisões de víveres estocadas não bastavam para garantir a população contra a fome. Todas as esperanças se concentravam então numa recrudescência do frio e das tempestades de neve, capaz de expulsar os bisões das planícies, que buscariam refúgio nos arredores das aldeias de inverno, nos vales protegidos onde ainda havia pastagem não coberta pela neve. Assim que era dado o sinal de que as manadas se aproximavam, devia reinar um silêncio absoluto, e policiais se encarregavam de mantê-lo. As pessoas se enclausuravam em suas cabanas com os cães, não rachavam lenha e apagavam os fogos. Caçadores apressados demais, donas de casa negligentes ou crianças que rissem ou gritassem seriam severamente punidos. Mesmo que algum animal se aventurasse nas aldeias e encostasse nas casas, os índios esfomeados não tinham o direito de abatê-lo, para não correr o risco de assustar o grosso da manada. Consequentemente, os gêneros de vida contrastados que a economia estival justapunha sem confundir adquiriam uma unidade sintética durante o inverno: dependia-se da caça, como no verão, mas a caça de inverno se opunha à outra por ser sedentária e não nômade e, nesse aspecto, aproximava-se mais da agricultura, que se opunha à caça durante o verão. Isso não é tudo: a caça de verão afastava os homens da aldeia e os levava longe para o oeste, ao encalço dos bisões. No inverno, todas essas relações se invertiam. Em vez de os caçadores se afastarem dos vales para se aventurar nas planícies, era a caça que se afastava das planícies para se arriscar nos vales. Em vez de a caçada levar os índios para fora das aldeias, podia ocorrer dentro da própria aldeia, ou em sua vizinhança imediata, quando os animais se aproximavam. E como a caça se aparentava à guerra, no inverno tudo se passava como se fosse preciso abrir completamente a aldeia para os bisões, que o pensamento indígena associa a inimigos no verão, mas a aliados no inverno. Restringindo-nos por ora aos dois tipos de caça, não parece exagerado dizer que se opõem do mesmo modo que aquilo que poderíamos chamar de "exocaça" para o verão e "endo-caça" para o inverno.

Consideremos inicialmente os ritos e os mitos da caça de verão. À diferença de seus vizinhos Hidatsa e demais tribos das Planícies, os Mandan não celebravam a dança do sol (*Sun Dance*) no verão. Em lugar disso, tinham uma cerimônia complexa, que durava vários dias, a que chamavam de *okipa*, ou "imitação". Tal cerimônia, cujo mito fundador era, a não ser por algumas pequenas coisas, igual ao dos trabalhos agrícolas, cumpria uma dupla função: de um lado, comemorar eventos míticos e, do outro, estimular a fertilidade dos bisões. Apresentava, portanto, um caráter sincrético, e sua influência deveria se exercer ao longo de vários meses; tantos quanto o período de gestação. Apesar de sempre ocorrer no auge do verão, a *okipa* não se relacionava especialmente à caça estival, mas antes à caça em geral, tanto de inverno como de verão.

Por outro lado, o ritual do "Pequeno Falcão" (*Small Hawk*)[2] servia para a guerra em qualquer momento do ano, ou para a caça, mas neste caso somente entre junho e agosto. O mito fundador (Beckwith 1938: 63-76; Bowers 1950: 270-81) conta que uma virgem arredia chamada Seda-de-Milho (*Corn-Silk*), ofendida com os pais, que a censuravam por permanecer solteira, partiu para o fim do mundo para casar-se com um ogro. Ela conseguiu vencer as provas que ele lhe impôs e amansá-lo. Mas o ogro eventualmente voltou a ser como antes e a abandonou com o filho, pelo qual ela se apaixonou quando cresceu. O rapaz resistia às investidas incestuosas da mãe. Chamava-se Caça-do-Alto (*Look-Down-to-Hunt*) e era um grande caçador, pois herdara do pai a natureza de ave de rapina.

Nessa época, duas mulheres entraram em sua vida. Uma era morena, vinha do norte e trazia carne-seca; chamava-se Mulher-Bisão. A outra, de nome Seda-de-Milho, como a mãe do herói, era loira, vinha do sul e trazia bolinhos de farinha de milho. Ele se casou com as duas, mas, embora Seda-de-Milho fosse paciente e generosa, o ciúme e o temperamento de Mulher-Bisão comprometeram a harmonia conjugal. As duas tiveram uma discussão a

---

2. Dizemos "falcão" porque a palavra *hawk* costuma designar, na América, as aves de rapina do gênero *Buteo*; mas se aplica igualmente aos gêneros *Accipiter* e *Falco*, de modo que poderia tratar-se de gavião ou de falcão.

respeito dos serviços que cada uma delas prestava aos humanos. Mulher-Bisão melindrou-se e foi embora com o filho pequeno.

Seda-de-Milho convenceu o marido a ir procurar a esposa desaparecida. Afirmou que suportaria sua ausência, permaneceria fiel a ele e o protegeria de longe. O herói finalmente chegou à casa de seus sogros bisões, que arquitetaram diversos meios para acabar com ele. Mas ele venceu todas as provas e conseguiu obter dos bisões a promessa de que serviriam de alimento para os humanos a partir de então. Quando retornou à sua aldeia, reinava a penúria, pois não havia caça e a seca ameaçava as roças. O herói trouxe os bisões nutritivos e as chuvas fertilizantes.

O mito praticamente prescinde de interpretação, já que é bastante explícito a respeito de cada um de seus pontos. Desde o início, a heroína Seda-de-Milho se encarrega de definir as referências sociológicas, pois seu comportamento põe em correlação e oposição dois tipos extremos de casamento: o exogâmico, com um ogro que mora no fim do mundo, e o endogâmico, com o próprio filho. Além disso, ela encarna a agricultura, como indicam tanto seu nome como a função declarada de sua homônima, ao passo que seu marido, e depois seu filho, são mestres da caça. Consequentemente, o casamento exogâmico teria transportado a agricultura para fora da aldeia, e a união endogâmica, a caça para dentro. Nenhuma das duas possibilidades é concebível, como provam os temperamentos incompatíveis das duas esposas que personificam tais formas de atividade econômica. Para seguir a esposa Bisão, é preciso deixar a esposa Milho. Se a primeira se mostra exigente e ciumenta, e faz do sucesso na guerra condição *sine qua non* do sucesso na caça, a outra, por sua tolerância e generosidade, garante que a caça bem-sucedida traga colheitas abundantes, de certo modo como um benefício complementar. Era exatamente isso o que ocorria na prática: assim que o milho estava alto, os índios abandonavam suas roças e aldeias para levar uma vida nômade dedicada à caça. Durante sua ausência, as plantas acabavam de crescer e, na volta, tinham apenas de fazer a colheita. O mito sobrepõe, portanto, termos emparelhados cuja homologia afirma, embora os pares se situem em planos diferentes, que vão das formas de atividade tecnoeconômica à moral da vida doméstica, passando pelas regras da vida social: a agricultura implica a caça como a caça implica a guerra; do ponto de vista econômico, a agricultura é como a endogamia do ponto de vista sociológico, pois ambas se situam dentro dos limites da aldeia; a caça e a exogamia, ao contrário, olham para fora. Finalmente, a constância se opõe à infidelidade conjugal (cuja origem o mito propõe explicar, cf. Bowers 1950, p. 281: "*This was also the beginning of the custom of a man parting with his wife and child and thinking little about it*"), pois a relação entre elas é a mesma que entre endogamia e exogamia, ou agricultura, de um lado, e caça e guerra, do outro.

Tendo considerado a problemática da caça de verão, passemos agora para a da caça de inverno. A cerimônia do Bastão Vermelho (*Red Stick*) servia, entre dezembro e março, para atrair os bisões para perto das aldeias. Sabe-se que consistia essencialmente na cessão, por parte dos homens jovens, de suas esposas nuas debaixo de um casaco de pele, a homens mais velhos que encarnavam os bisões. No decorrer do coito cerimonial que seguia, de modo real ou simbólico, os mais velhos transmitiam aos mais novos seus poderes sobrenaturais, por intermédio das mulheres, garantindo assim a estes o sucesso na caça e na guerra. Os Mandan e os Hidatsa celebravam esse rito do mesmo modo.

Em compensação, os mitos fundadores diferiam entre uma tribo e outra, pois cada um deles reservava o papel principal para apenas uma das duas mulheres associadas pelo mito fundador do ritual de verão, enquanto esposas do herói. E, como seria de esperar, dado o caráter contrastado das caças de verão e de inverno, as funções sociológicas das mulheres se invertiam entre uma e a outra. No mito mandan do Bastão Vermelho, Seda-de-Milho não passa de uma moça cheia de caprichos e excentricidades; no mito homólogo hidatsa, a Mulher-Bisão se transforma em heroína nacional.

Isso não é tudo. Pois se o mito mandan do Bastão Vermelho (Bowers 1950: 319-23) começa, como o do Pequeno Falcão, pela história da virgem arredia ao casamento que se vê submetida ao poder de um ogro, continua de modo diferente: a heroína escapa de seu sequestrador; no caminho de volta, adota uma linda menininha (*First Pretty Woman*) e a leva para sua aldeia. Descobre-se, graças a bisões amigáveis, que o bebê que comia todos os habitantes da aldeia era uma ogra, personificação da fome, e ela é queimada numa fogueira. A partir de então, quando a fome ameaçar a aldeia durante o inverno, os bisões virão se oferecer como alimento, em troca das mulheres que lhes terão sido entregues.

De modo que, nesse mito, Seda-de-Milho importa a fome para dentro da aldeia. Pois bem, as versões hidatsa (Bowers 1965: 452-54) invertem todo o sistema. Substituem Seda-de-Milho, exportada para fora da aldeia, pela Mulher-Bisão, instalada dentro dela. Em vez de Seda-de-Milho, heroína temerária, trazer a fome de sua aldeia distante, a Mulher-Bisão, heroína sensata, importa os bisões de inverno, que permitem aos índios, agora seus concidadãos, escapar da fome.

No mito fundador do ritual mandan da caça de verão, o herói consegue achar sua esposa Bisão e escapar das perseguições de seus sogros graças à cumplicidade de seu jovem filho, que se apresenta, portanto, como o contrário de um ogro. Filha adotiva em vez de filho legítimo, e que manifesta a ausência letal de bisões (em vez de neutralizar sua presença letal, pois que nesse estágio os bisões se comportam como inimigos), a bela menina do mito mandan da caça de inverno inverte o personagem do jovem bisão amigável que se apresenta no mito da caça de verão. Ora, uma terceira inversão afeta esse mesmo personagem em outro rito da caça de inverno, o da Bisão-fêmea Branca (*White Buffalo Cow*), celebrado entre dezembro e março por uma confraria feminina. Seu mito fundador (Bowers 1950: 325-26) narra a captura de duas crianças bisão, das quais conseguem manter uma na aldeia, obrigando assim as fêmeas bisão a vir visitá-la a cada inverno, o que aproximava as manadas. Essa menina, causa passiva da abundância de bisões, se opõe portanto à pequena ogra que manifesta ativamente sua ausência como encarnação da fome, e que o filho bisão, que frustra os projetos canibais da família, contraria.

Se nos colocarmos numa perspectiva formal, perceberemos outras relações entre os mitos e os ritos, conforme digam respeito à caça de inverno ou de verão. Tanto no mito como no rito, o ciclo da Bisão Branca era comum aos Mandan e aos Hidatsa, sendo que estes o teriam aparentemente aprendido com aqueles (Bowers 1965: 205). O mesmo não pode ser dito do ciclo do Bastão Vermelho, cujo rito era comum às duas tribos, mas cujos mitos fundadores, como vimos, difeririam entre elas a ponto de apresentarem a imagem invertida um do outro. A mesma relação prevalece entre os ciclos do Bastão Vermelho e da Bisão Branca, mas agora no plano do ritual: num caso, sua matéria eram mulheres jovens e desejáveis e, no outro, suas agentes eram mulheres velhas, além da menopausa. Há mais: a comparação da disposição dos oficiantes na casa cerimonial por ocasião de cada rito (Bowers 1950: 317, 327) revela vários contrastes. O rito da Bisão Branca era realizado por mulheres, o do Bastão Vermelho envolvia homens e mulheres. A essa oposição bissexuada correspondia, no outro rito, uma divisão dos membros do grupo monossexuado em sacerdotisas e assistentes, respectivamente ativas e passivas. Em ambos os casos, o proprietário da casa e sua mulher desempenhavam um papel, mas seu lugar se situava ora no círculo dos participantes, ora fora dele. Resumindo: a cerimônia invernal da Bisão Branca era comum aos Mandan e aos Hidatsa, tanto no rito como no mito. A outra grande cerimônia de caça de inverno, a do Bastão Vermelho, era compartilhada no rito e diferente quanto aos mitos. Finalmente, as duas principais cerimônias de inverno se refletiam, invertidas.

Os Hidatsa conheciam variantes fracas do mito do Pequeno Falcão (cf. Beckwith 1938: 77-78), o qual, como vimos, concerne a caça de verão, mas não celebravam, aparentemente, o rito correspondente. Para completar o sistema das relações entre as duas tribos seria preciso, portanto, encontrar entre os Hidatsa um equivalente, ou substituto, dos ritos para a caça de verão.

Os ritos de caça dos Hidatsa estão ligados a uma mitologia das pequenas elevações de terreno existentes nas Planícies. Uma delas abrigava dois Espíritos tutelares: Andorinha (*Swallow*) e Falcão (*Hawk*), que propiciavam boa caça aos azarados (Beckwith 1938: 234-38; Bowers 1965: 433-36). Bem, o herói mandan do mito da caça de verão é um falcão, que tem especial predileção por essas colinas: "[...] *during his leisure, he would sit on a pile of rocks on the hill back of the village*" (Bowers 1950: 275). Como o protegido dos pássaros tutelares no mito hidatsa, ele não gostava das aldeias de inverno e preferia acampar com os seus nas cabeceiras dos vales. E os Hidatsa relacionavam todas essas crenças à caça de verão (Bowers 1965: 436-37).

Dispomos, portanto, de indicações convergentes que sugerem que tais ritos, ditos de Nomeação da Terra (*Earthnaming*), correspondiam, entre os Hidatsa, aos do Pequeno Falcão, dos Mandan. No entanto, segundo os Hidatsa, o dono das colinas era um mocho, personagem que dá nome a um dos ritos mandan da caça de inverno: o Mocho das Neves (*Snow Owl*). Por conseguinte, tudo se passa como se este rito, reservado para a caça de inverno entre os Mandan, se transformasse em rito de verão para os Hidatsa.

Em tais condições, parece significativo que os Mandan associem o Mocho das Neves não às colinas que se elevam acima do solo, mas a um vale simbólico: a fossa-armadilha em que se esconde o caçador de águias. Pois o herói do mito foi aprisionado numa fossa desse tipo por um desmoronamento de rochas e foi andando por debaixo da terra até a casa do mocho (Beckwith 1938: 149; Bowers 1950: 286). Esse herói se chamava Lobo Negro. Pois bem, se os Mandan celebravam os ritos do Mocho das Neves para a caça de inverno entre dezembro e março, isto é, durante os meses mais frios, os Hidatsa celebravam os ritos em homenagem aos Lobos tutelares somente durante os meses mais quentes (Bowers 1965: 418). A inversão entre o inverno e o verão é confirmada por esta via.

Observamos uma dupla analogia entre a caça de verão e a guerra, do ponto de vista da semelhança e também da contiguidade: "[...] *when on the buffalo hunt there were instances of death of Indians from enemies or from injuries inflicted by the buffaloes*" (Bowers 1950: 277). Tal proximidade explica o fato de os Mandan e os Hidatsa conceberem a própria guerra como caça canibal, em que os homens se tornam caça para o Sol e suas irmãs, ogros celestes que se alimentam de cadáveres abandonados. Visto que os mitos fundadores da caça de inverno apresentam características invertidas em cada tribo, e que a caça de inverno é o inverso da caça de verão, consequentemente, deve haver inversões simétricas, de um lado entre os mitos mandan e hidatsa relativos ao Povo do Alto e, do outro, entre os mitos de guerra de um grupo e aqueles relativos à caça de inverno no outro.

Comecemos pelo segundo ponto. Sem que seja necessário entrar nos detalhes de mitos longos e complicados, percebe-se imediatamente um paralelo entre o mito do Povo do Alto entre os Mandan, que funda os ritos de guerra, e o mito do Bastão Vermelho entre os Hidatsa, que funda os ritos da caça de inverno. Ambos se referem a uma discussão entre os irmãos Sol e Lua, a respeito de uma mulher cheyenne e canibal, *que come* humanos, e uma mulher bisão, portanto representante de uma espécie *que é comida* por humanos. Além disso, ambos explicam a origem dos jogos de azar, que os índios concebem como uma espécie de guerra, e da própria guerra, com seu objetivo último, a caça às cabeças (comparar: Bowers 1950: 299-302; 1965: 452-54).

A relação de paralelismo entre os mitos alternos pode ser diferenciada de dois modos. Indiretamente, para começar: como o mito hidatsa do Povo do Alto, o mito hidatsa do Bastão Vermelho relata um conflito entre os canibais celestes e os humanos, do qual se originam os jogos de azar, a guerra e os ritos de guerra. Apesar da armação idêntica, apresentam diferenças, às quais voltaremos mais adiante. Por ora, basta lembrar que o mito mandan do Bastão Vermelho inverte o mito hidatsa que funda o mesmo ritual e, consequentemente, o mito hidatsa do Povo do Alto, que tem a mesma armação que ele. A inversão também pode ser verificada de modo direto: no mito hidatsa do Povo do Alto, trata-se de um bebê celeste que renasce como filho legítimo de uma índia, e que acaba sendo responsável pela derrota dos Hidatsa diante de inimigos que eles haviam atacado. O que o mito diz aí em "clave de guerra", se nos permitem a expressão, equivale ao que o mito mandan do Bastão Vermelho exprime em "clave de caça": neste, um bebê terrestre, de sexo feminino, adotado por uma índia, revela ser um ogro que devora os Mandan e simboliza a penúria de inverno, decorrente do fato de que os bisões não invadem as aldeias ou suas imediações.

Recapitulemos. Constatamos que os ritos de caça dos Mandan e dos Hidatsa formavam sistema, cada qual por sua parte; em seguida, que esses dois sistemas se apresentam como imagem simétrica um do outro, de modo que a rede de suas relações recíprocas pode ser representada pelo esquema a seguir.

Para cada uma das tribos, os principais mitos de caça ocupam os vértices de um tetraedro. Entre uma tribo e outra, correspondem aos vértices opostos. De modo que relações simétricas ligam dois a dois os mitos do Povo do Alto (incluídos enquanto caçadores canibais), os do Bastão Vermelho, que é por toda parte um rito de inverno, o da Nomeação da Terra e o do Pequeno Falcão, que, respectivamente para os Mandan e os Hidatsa, pertencem ao verão. Mas o esquema sugere outras observações.

1) Os dois eixos horizontais que se cruzam no centro da figura correspondem ao inverno e ao verão. Nos dois extremos do eixo do inverno encontram-se os ritos do Bastão Vermelho, idênticos em

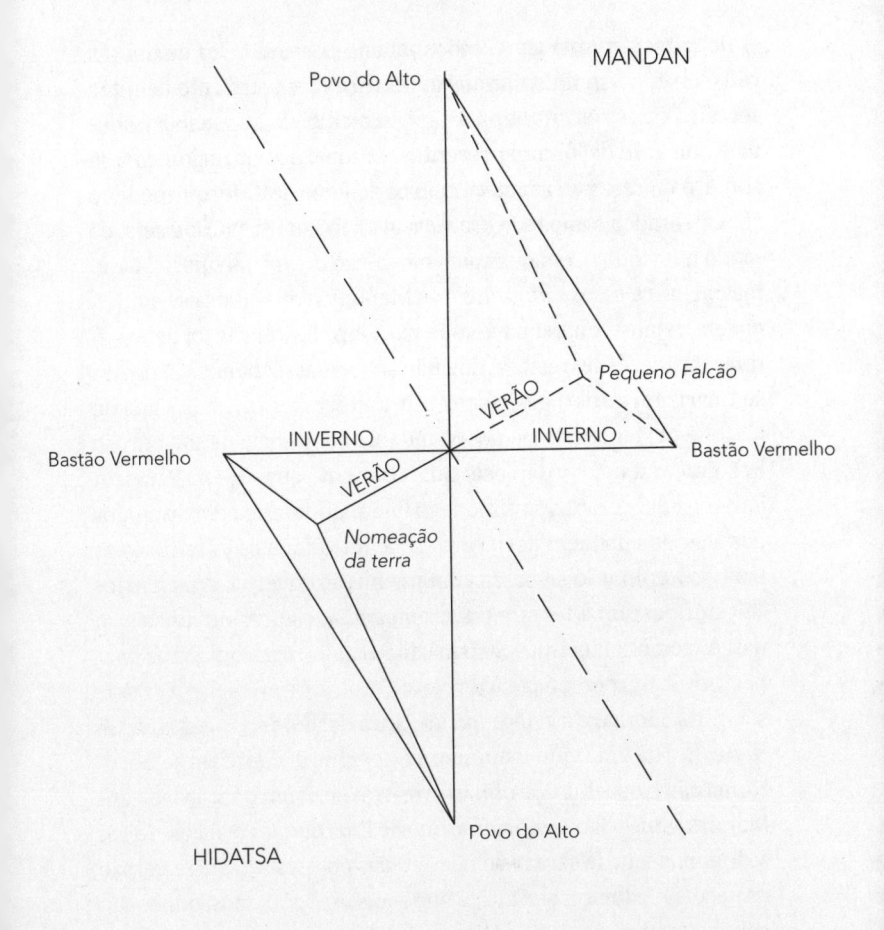

ambas as tribos mas que se situam em pontos opostos devido à inversão dos mitos fundadores.

2) Do mesmo modo, nas duas extremidades do eixo do verão, encontramos o mito do Pequeno Falcão para os Mandan, e da Nomeação da Terra para os Hidatsa. Vimos que esses ritos apresentam várias correspondências: dualidade dos heróis (Andorinha e Falcão) ou das heroínas (Seda-de-Milho e Mulher-Bisão); presença, em ambos os casos, de um herói chamado Falcão que possui uma predileção pelas elevações de terreno; e, finalmente, associação de ambos os ritos com a caça de verão.

3) Os mitos do Povo do Alto ocupam as extremidades de um terceiro eixo, perpendicular aos dois outros em seu ponto de intersecção. Pois, se os ritos do Bastão Vermelho, do Pequeno Falcão e da Nomeação da Terra apresentavam um caráter periódico e sazonal, o mesmo não acontece com os do Povo do Alto, que podiam ser celebrados o ano todo (Bowers 1950: 108; 1965: 326), ou seja, de modo aperiódico, em qualquer momento do ano. A oposição diametral entre esses mitos entre os Mandan e os Hidatsa se evidencia em vários pontos: na versão mandan (Bowers 1950: 229-302), duas mulheres terrestres, que não são irmãs, sobem ao céu para se tornarem afins, pelo casamento com irmãos celestes. Uma delas, que pertence à tribo dos Mandan, se distancia de um ogro, o Sol, graças a um cordão pelo qual desce até sua aldeia. Para vingar-se, o Sol coloca seu filho legítimo na liderança dos inimigos dos Mandan, a quem declara guerra. Na versão hidatsa (Bowers 1965: 327-29), tudo se passa exatamente ao inverso: dois irmãos celestes descem à terra para serem gestados por humanas e renascer como criancinhas. A irmã do Sol, que é uma ogra, traz para perto de si um personagem terrestre, graças a um cordão. Faz dele seu filho adotivo e o coloca na liderança dos inimigos dos Hidatsa, o que lhes dá uma vantagem sobre estes, que declararam a guerra. Numa das versões, Lua e os pássaros-trovão combatem ao lado dos Mandan e lhes dão a vitória; o filho de Lua, que se torna chefe dos Mandan, gosta de sentar-se no topo das colinas. Na outra versão, os heróis Andorinha e Falcão, que são, como sabemos, donos das colinas, fazem com que os Hidatsa vençam a guerra.

4) Resulta do exposto que, entre os Hidatsa, existe uma ligação direta entre o mito do Povo do Alto, fundador dos ritos de guerra, e o da Nomeação da Terra, fundador dos ritos da caça de verão. Os espíritos tutelares são os mesmos em ambos os casos. Os informantes hidatsa observam que os eventos narrados no mito do Povo do Alto se situam no início de uma história cuja continuação é contada pelo mito da Nomeação da Terra. Por outro lado, existe igualmente uma ligação direta entre os mitos hidatsa do Bastão Vermelho e do Povo do Alto: ambos tratam de uma visita de irmãos celestes aos humanos, para fins de concepção num caso (já que os astros renascem na forma de humanos), de copulação no outro (sendo aqui o objetivo da visita tornar-se amantes, e não filhos,

das humanas). Segue uma guerra, movida contra os Hidatsa em vez de movida por eles e na qual o Sol, e não sua irmã, combate com os inimigos.

5) Conexões do mesmo tipo podem ser observadas entre os mitos mandan. No mito do Povo do Alto e no do Bastão Vermelho, uma heroína que também é concidadã, sempre chamada Seda-de-Milho, que parte para desposar um ogro que mora no fim do mundo, bem alto (eixo vertical) ou bem longe (eixo horizontal), ou foge com o filho legítimo para evitar que se torne canibal (Bowers 1950: 300-01) ou adota uma menina, apesar de esta ser canibal (id. ibid.: 321). Seda-de-Milho é também a heroína do mito do Pequeno Falcão, no qual faz dupla, enquanto vegetariana, com a Bisão carnívora, filha e irmã de canibais. No mito do Povo do Alto, faz dupla com uma mulher canibal, cujos irmãos têm os mesmos apetites. Os bisões do primeiro mito invertem a caça em guerra, os canibais do segundo mito invertem a guerra em caça, já que os inimigos são comidos (id. ibid.: 301).

O esquema apresenta duas características dignas de nota: de um lado, a completa simetria do conjunto e, do outro, a fragilidade do elo que une os dois subsistemas, que parecem ligados um ao outro por um fio. Na verdade, decorre das observações que fizemos acima que amarras mais sólidas se fazem de outro modo.

Em primeiro lugar, o eixo invernal é dobrado em todo o comprimento pelo ciclo da Bisão Branca, compartilhado em sua totalidade pelos Mandan e pelos Hidatsa, no mito como no rito (*supra*, pp. 259-60).

Acrescenta-se a essa ligação estática uma outra, dinâmica. Pois o ciclo do Mocho das Neves, presente em ambas as tribos, cumpre uma função alternadamente invernal e estival, ligada ora aos vales, ora às colinas. De modo que, se o ciclo da Bisão Branca não leva em conta a oposição entre os dois sistemas e assim reforça a solidariedade entre eles, o ciclo do Mocho das Neves torna manifesta a simetria entre eles e desempenha o mesmo papel, por outras vias.

Em favor dessa interpretação, salientamos que, no plano formal, os dois ciclos se encontram em franca oposição. De todos os ritos de caça, o da Bisão Branca é o que possui caráter periódico mais acentuado. Era proibido falar dele fora de época, sob risco

– mesmo no mês de agosto – de que o frio chegasse e destruísse as roças. A celebração só podia ocorrer no solstício de inverno, durante os dias mais curtos do ano (Bowers 1950: 324-27; 1965: 206). Além disso, o único objetivo do rito era tornar o inverno rigoroso, para obrigar os bisões a se aproximarem das aldeias. Os ritos do Mocho das Neves, em compensação, possuíam um caráter eclético: no inverno serviam para a caça, na primavera e no verão, para as chuvas e, em qualquer época do ano, para a guerra (Bowers 1950: 108). Os ritos da Bisão Branca excluíam qualquer outra forma de atividade, não eram compatíveis com nada. Os do Mocho das Neves, ao contrário, eram compatíveis com tudo (Bowers 1950: 282; 1965: 433-34).

Assim, aparentemente, os ritos que poderíamos chamar de "brancos" (Bisão *Branca*, Mocho das *Neves*) operavam um duplo aferrolhamento, passivo e ativo, dos ritos "vermelhos" (Bastão *Vermelho*), cujos mitos fundadores tornam a ligação precária devido a suas características divergentes. Note-se, quanto a isso, que uma das versões do mito hidatsa do Bastão Vermelho precisa que os bisões tutelares empregavam essa cor para as pinturas corporais, que excluíam o branco e o preto (Bowers 1965: 452), o que indica que a oposição dos ritos pela cor era pertinente.

Vimos que uma predileção do ou dos heróis pelas colinas servia de traço de união entre o mito mandan do Povo do Alto e o mito hidatsa da Nomeação da Terra. Com efeito, as colinas espalhadas pela planície constituem um símbolo apropriado da mediação entre o céu e o mundo ctônico. Mas, para que o sistema global seja coerente, é preciso que uma ligação do mesmo tipo exista entre os mitos que ocupam posições simétricas no esquema, ou seja, os do Povo do Alto para os Hidatsa e os do Pequeno Falcão para os Mandan. Essa consequência hipotética pode ser integralmente verificada graças a um detalhe do segundo mito: para escapar dos ataques do ogro celeste (é um pássaro) que pretende amansar e desposar, a heroína, com a ajuda das toupeiras, animais ctônicos, deita-se numa vala para nivelar seu corpo com o solo, fora do alcance das garras da ave de rapina. Em outras palavras, ela refaz um equivalente aproximado da fossa-armadilha do caçador de águias, na qual reconhecemos acima um símbolo do vale, por sua vez oposto à colina.

Consequentemente, num caso as colinas desempenham o papel de mediador positivo entre o alto e o baixo, e no outro, uma escavação, inverso das colinas, desempenha o papel de mediador negativo. Pode-se, assim, seguir uma tripla transformação, que vai do plano imaginário ao plano empírico, passando pelo plano simbólico:

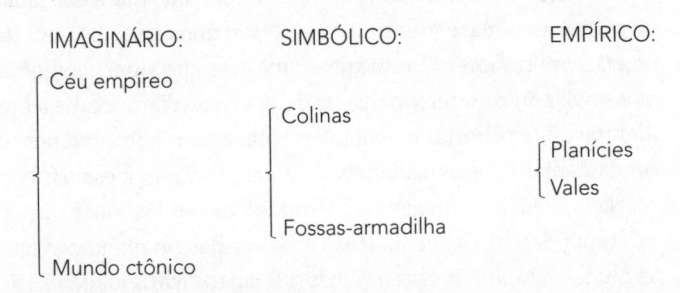

A segunda prova da coerência do sistema se encontra no código ético. Notamos diversas vezes que os mitos opõem ao mesmo tempo formas de atividade econômica, tipos de relação social e política e comportamentos relativos à moral doméstica. O mito do Pequeno Falcão explica a origem da inconstância (Bowers 1950: 281); o do Mocho das Neves, em compensação, explica a origem do ciúme (id. ibid.: 294). O rito da Bisão Branca era neutro, já que as mulheres que o celebravam tinham passado da menopausa; os mitos do Bastão Vermelho convenciam os homens a controlar seus ciúmes quando entregavam suas jovens esposas aos velhos. Fica faltando o mito hidatsa da Nomeação da Terra, que também deveria apresentar uma conotação moral.

Tendo chegado a isso de modo hipotético-dedutivo, o que diz o mito? Ele conta a história (Bowers 1965: 434-35) de um estrangeiro adotado, que arrisca a própria vida para liberar suas "irmãs" raptadas pelos seus entre os Hidatsa: elogio da fidelidade fraterna, portanto, que transcende ao mesmo tempo o plano da vida sexual e o das fronteiras tribais, no oposto do mito do Pequeno Falcão, que desculpabiliza a infidelidade sexual, também praticada fora das fronteiras tribais, ao passo que a infidelidade sexual preconizada pelos mitos do Bastão Vermelho é praticada dentro dos limites da tribo e até da aldeia.

Até que ponto os Mandan e os Hidatsa tinham consciência dessas complexas relações de correlação e oposição, de simetria e antissimetria, entre seus respectivos mitos? Para tentar, à guisa de conclusão, responder a essa pergunta, é preciso inicialmente salientar que a mitologia dos dois povos apresentava, além das diferenças que evidenciamos, toda sorte de pontos em comum. Conheciam os mitos uns dos outros e sabiam contá-los, nos mesmos termos ou em termos aproximados. De modo que a existência de narrativas quase idênticas nos dois grupos não nos pode ser objetada: nossa intenção era apenas mostrar que, num patrimônio que se tornou comum a ambas, cada uma das tribos tendia a escolher variantes opostas ou complementares, quando se tratava de fundamentar ritos semelhantes ou que cumpriam a mesma função.

Na origem das diferenças introduzidas nos sistemas míticos, existem portanto semelhanças reconhecidas no plano dos ritos, as quais engatam, por assim dizer, formas de atividade técnica e econômica na ideologia. Os ritos dos Mandan e dos Hidatsa se parecem porque, ao chegarem ao Missouri, estes os adotaram daqueles, junto com um modo de vida cujos problemas tais ritos ajudavam a delimitar e cujas contradições ajudavam a velar. Em certo sentido, portanto, o modo como os mitos fundadores dos rituais em cada tribo se opõem entre si como espécies de um mesmo gênero reflete a dupla evidência de origens históricas distintas, para cada uma das tribos ciosas de preservar sua individualidade, e de uma prática que essa mesma história levou os dois povos a compartilhar.

Mas afinal, mesmo entre nós, não é verdade que a boa vizinhança exige dos parceiros que se igualem até certo ponto, permanecendo diferentes? A filosofia indígena tinha consciência dessa necessidade dialética, embora a formulasse mais em termos de história do que de estrutura. Os Mandan chamavam de *Minnetaree*, palavra que em sua língua significa "eles atravessaram o rio", o grupo hidatsa mais antigo proveniente do nordeste, que chegou ao Missouri no final da época pré-histórica e que aprendeu com eles o cultivo do milho. Porém, segundo suas próprias tradições, os Mandan não quiseram que essa coabitação se prolongasse, e expuseram seu ponto de vista aos recém-chegados nos seguintes termos:

> It would be better if you went upstream and built your own village, for our customs are somewhat different from yours. Not knowing each other's ways the young men might have differences and there would be wars. Do not go too far away, for people who live far apart are like

strangers and wars break out between them. Travel north only until
you cannot see the smoke from our lodges and there build your village.
Then we will be close enough to be friends and not far enough away to
be enemies (Maximiliano [1839-1841] 1843: 368; Bowers 1965: 15).[3]

Essa profunda lição de filosofia política, repetida quase nos mesmos termos a um século de intervalo, define em termos de geografia e história a configuração estrutural que resultaria de sua colocação em prática, e que nossa análise retrospectiva não fez senão encontrar. Pois, de fato, aos seres que une enquanto opõe, a simetria oferece o meio mais elegante e mais simples de aparecer um ao outro como semelhantes e diferentes, próximos e distantes, amigos ainda que inimigos de certo modo, e inimigos sem deixar de permanecer amigos. Nossa própria imagem, contemplada num espelho, parece tão perto de nós que podemos tocá-la. E, no entanto, nada é tão distante de nós quanto esse outro si mesmo, pois um corpo imitado até os mínimos detalhes reflete-os todos invertidos, e cada uma de duas formas que se reconhecem uma na outra guarda a orientação primeira que lhe reservou o destino. No final das contas, se os costumes de povos vizinhos manifestam relações de simetria, não cabe buscar a causa disso unicamente em alguma misteriosa lei da natureza ou do espírito. Tal perfeição geométrica também resume, no modo presente, esforços conscientes ou não, mas inúmeros, acumulados pela história, e que visam todos um mesmo objetivo: atingir um limiar, sem dúvida o mais proveitoso para as sociedades humanas, em que se instaura um justo equilíbrio entre sua unidade e sua diversidade; e que mantém no mesmo nível a comunicação, favorável às iluminações recíprocas, e a ausência de comunicação, igualmente salutar – pois as frágeis flores da diferença precisam da penumbra para subsistir.

---

3. "Seria melhor se vocês subissem o rio e construíssem sua própria aldeia, pois nossos costumes são um tanto diferentes dos seus. Por desconhecerem os modos um do outro, os rapazes podem se desentender e ocorreriam guerras. Não se afastem demais, pois os que vivem muito longe uns dos outros são como estranhos e guerras eclodem entre eles. Dirijam-se para o norte só até não poderem mais *ver* a fumaça de nossas casas e construam sua aldeia lá. Assim, estaremos suficientemente próximos para sermos amigos e não suficientemente distanciados para sermos inimigos." [N.T.]

XIV. COMO MORREM OS MITOS

Trata-se aqui da morte dos mitos, não no tempo, mas no espaço.[1] Como se sabe, os mitos se transformam. Tais transformações ocorrem entre uma variante e outra do mesmo mito, entre um mito e outro, entre uma sociedade e outra para os mesmos mitos ou mitos diferentes e afetam ora a armação, ora o código, ora a mensagem do mito, mas sem que este deixe de existir enquanto tal. Elas respeitam, portanto, uma espécie de princípio de conservação da matéria mítica, segundo o qual, de qualquer mito sempre pode sair outro mito.

Todavia, no decorrer de tal processo, pode ocorrer uma alteração na fórmula primitiva. Então, a fórmula regride ou progride, como queiram, para aquém ou para além do estado em que as características distintivas do mito ainda são reconhecíveis, no qual este conserva aquilo que é chamado, na linguagem dos músicos, de "quadratura". Nesses casos, em que o mito se transforma? É isso o que nos propomos a investigar aqui, a partir de um exemplo.

Com seus vizinhos Sahaptin ao sul, os povos da família linguística salish ocupavam, na época histórica, uma área praticamente contínua, das montanhas Rochosas ao oceano Pacífico, que incluía basicamente as bacias dos rios Columbia, ao sul, e Fraser, ao norte. Nesse vasto território, foram colhidas as numerosas variantes de um conjunto mítico que se organiza em torno da história de um velho pobre, doente e desprezado, geralmente chamado Lince.

---

1. *Science et conscience de la société. Mélanges en l'honneur de Raymond Aron.* Paris: Calmann-Lévy, 1971, v. 1, pp. 131-43 (Lévi-Strauss 1971a).

Este, graças a um estratagema, fecunda a filha do chefe da aldeia; ninguém é capaz de entender a estranha gravidez. Nasce um menino, que indica Lince como seu pai; os membros da aldeia, indignados, abandonam o casal sem fogo e sem comida. Por conta própria ou com a ajuda da esposa, Lince recupera sua verdadeira natureza, que é a de um belo moço e excelente caçador. Graças a ele, a família vive na fartura, enquanto os aldeões que se afastaram morrem de fome. Acabam se conformando a voltar e lhes pedem perdão; aqueles que não tinham se obstinado a maltratar e desfigurar o herói são perdoados e recebem provisões.[2]

Em seus contornos essenciais, o mito possui uma vastíssima difusão, visto que pode ser encontrado até na América tropical, entre os antigos Tupinambá da costa brasileira, e também no Peru. A originalidade dos Salish consiste em tê-lo desenvolvido em duas formas paralelas: uma em que o filho de Lince, raptado por um mocho e posteriormente libertado pelos seus, veste a pele de um velho sanioso que, queimada, dará origem ao nevoeiro; e outra em que o menino, aventureiro ou caído em desgraça, conforme a versão, torna-se dono do vento que, naquele tempo, castigava a terra; depois de capturá-lo e discipliná-lo, corre perigos dos quais escapa graças a um personagem chamado Coiote. Esta segunda forma é fortemente marcada por empréstimos do antigo folclore francês, difundido no século XVII pelos *"coureurs des bois"*[3] canadenses, o que coloca uma questão que procuramos resolver algures[4] e da qual não nos ocuparemos aqui. Para evidenciar a simetria entre as duas formas, basta notar que, nas crenças da região que nos interessa, e além dela, até os Pueblo orientais, o lince e o coiote formam um par de termos em correlação e oposição, e que o mesmo

---

2. Boas 1895a: 9-10; 1911: 287; 1917: 109-16; Phinney 1934: 465-88; Jacobs 1934-37, v. I: 27-30; Adamson 1934: 193-95; Reichard 1947: 109-16; Teit 1898: 36-40; 1909: 684; Ray 1933: 138-42; Hoffman 1884: 28-29; Haeberlin 1924: 414-17; Hill-Tout 1899: 534-40; 1900: 549; 1907: 228-42.

3. Personagens emblemáticos da presença francesa na América do Norte, esses indivíduos, ligados ao comércio de peles, percorriam as matas (de onde a expressão que os designa) e passavam a maior parte do ano em aldeias indígenas, onde muitos deles residiam e constituíam família. Lévi-Strauss dedicará um capítulo de *História de Lince* (1991) aos intercâmbios de narrativas entre franco-canadenses e ameríndios aqui mencionados, além de desenvolver, no restante da obra, as análises feitas nos parágrafos seguintes do presente texto. [N.T.]

4. Cf. Lévi-Strauss 1969: 285-89.

vale para o nevoeiro e o vento, a cuja origem estão ligadas, respectivamente, as séries míticas em questão; dois tipos de fenômeno atmosférico, mas que se excluem. Além disso, os heróis das duas séries, filho de Lince ou protegido de Coiote, reproduzem personagens (aos quais às vezes se identificam) com nomes muito semelhantes – Tsaauz, Ntsaâz, Snánaz, conforme o dialeto – e entre os quais os informantes indígenas percebem um parentesco (Boas 1917: 26). Mesmo quando o menino raptado por um mocho não é o filho de Lince, possui com ele uma afinidade metafórica: ambos são donos do nevoeiro e, em determinados momentos da narrativa, escondem sua verdadeira identidade sob a pele purulenta de um velho. A relação entre eles é de semelhança; já na série simétrica, prevalece uma relação de contiguidade entre Coiote e o jovem dono do vento, dado que sua colaboração resulta de um mero encontro. E finalmente, o nome do segundo herói faz eco à captura do primeiro por um mocho, pois, em shuswap, chama-se Snánaz, que, segundo os informantes, quer dizer justamente "mocho".[5]

É entre os índios do rio Thompson, que ocupam uma posição central na área linguística salish, que encontramos as duas séries na forma mais bem articulada. Já seus vizinhos setentrionais Shuswap, também de língua salish, permitem que o conjunto se desagregue. Segundo seu melhor conhecedor, J. Teit, esses índios frequentemente dividiam sua versão do mito de Snánaz, dono do vento, em duas histórias separadas. O mito simétrico, relativo a um menininho chorão e insuportável, ameaçado pelo mocho e mais tarde raptado por ele, por sua vez se enfraquece e tende a uma expressão que poderíamos chamar de mínima: primeiro, do ponto de vista quantitativo, pois a intriga se reduz ao rapto do herói, sua posterior liberação e a transformação do homem-mocho em simples pássaro, anunciador de morte (função que todos os Salish do interior e vários outros índios atribuíam ao mocho); e também do ponto de vista qualitativo, na medida em que de ogro – entre os Kutenai, grupo linguístico isolado, vizinho dos Salish a leste, por exemplo (Boas 1918: 20, 37, 50) – o mocho do mito shuswap se transforma num mago sábio e poderoso que, longe de escravizar o jovem herói, transmite-lhe seu saber e o torna inclusive superior a si mesmo.

---

5. Teit 1909: 698-99, 702-07; 1898: 63-64, 87-89; 1912: 265-68, 393-94; Boas 1917: 26-30; Hill-Tout 1904a: 347-52; Reichard 1947: 146; Farrand 1900: 36-37, 42-43.

De modo que, seguindo o mito do sul para o norte, observa-se inicialmente uma atenuação que afeta, de um lado, a duração e a riqueza da narrativa e, do outro, a intensidade dramática dos motivos, como se a intriga sofresse ao mesmo tempo um enfraquecimento e uma contração.

* * *

Os Shuswap, que são os mais setentrionais dos Salish do interior, apresentam, tanto na língua como na cultura, afinidades pronunciadas com seus vizinhos do sul. Mas, se a investigação for levada mais adiante, atravessa um duplo limiar. A noroeste, os Shuswap confinavam com os Chilcotin, primeiros representantes da família linguística atabascana, que se estendia de modo contínuo, ao norte e ao noroeste, até as terras esquimó. Do ponto de vista cultural, os Chilcotin se afastavam do modelo sociológico amorfo típico dos Salish do interior, e se aproximavam mais das culturas indígenas que lhes eram contíguas na costa do oceano Pacífico, como as dos Kwakiutl, Bella Coola, Tsimshian e outras, caracterizadas, como se sabe, por uma organização social complexa com divisões em clãs e fratrias; por um sistema de classes que distinguia aristocratas, plebeus e escravos, baseada no nascimento, na ordem de primogenitura e na riqueza; e finalmente por um prodigioso desenvolvimento das artes gráficas e plásticas, cujos exemplos mais conhecidos são os grandes mastros ditos totêmicos, ricamente esculpidos, e as máscaras cerimoniais.

Tais particularidades linguísticas e culturais evidenciam um passado histórico que distingue os Salish, que aparentemente ocupavam o mesmo território havia milênios, dos Atabascanos, que teriam chegado mais tarde. O limiar constituído pela fronteira setentrional da área salish deve, portanto, ter dificultado consideravelmente a comunicação. Em casos como esse, observa-se frequentemente que os sistemas mitológicos, depois de passarem por uma expressão reduzida ao mínimo, recuperam sua antiga extensão uma vez ultrapassado o limiar. Mas sua imagem se inverte, um pouco como um feixe de raios luminosos que penetram numa câmara escura por uma abertura pontual, forçados, por esse obstáculo, a se cruzarem, de modo que a imagem que se vê fora é refletida na câmara escura invertida (cf. *supra*, p. 202).

Conforme a tal modelo, a versão chilcotin do mito do menino raptado por um mocho recupera uma intriga tão rica e desenvolvida quanto a que pode ser encontrada entre os grupos salish ao sul dos Shuswap. Porém, de modo significativo, várias proposições essenciais são deslocadas e sofrem transformações que podem chegar à inversão do sentido.

Vejamos como os Chilcotin contam o mito. Dizem que um mocho atraiu um menino que chorava sem parar oferecendo-lhe comida, e o raptou. Criou-o, fez com que crescesse rapidamente graças a operações mágicas e enfeitou-o com colares de conchas de *dentalia*. Os pais do menino, que estavam à sua procura, acharam-no, mas ele, que gostava de morar com o mocho, não quis ir embora com eles. Acabou sendo convencido, e o grupo fugiu depois de ter incendiado a casa do mocho. O homem-pássaro saiu ao encalço dos fujões, que lhe armaram uma emboscada perto de uma passarela que ele teria de atravessar. Assustado pelo herói, que agitava mãos providas de garras impressionantes, pois tinha prendido chifres de cabrito aos dedos, o mocho caiu na água, nadou até a margem e desistiu da perseguição. A aldeia festejou o herói, que apareceu ornamentado dos pés à cabeça com as conchas que tinha trazido e as distribuiu; desde então, os índios têm adornos de *dentalia*.

Certo dia, a mãe do herói achou que ele estava sujo e mandou-o tomar banho. Ele não quis, ela o obrigou; ele mergulhou na água e desapareceu. Aos prantos, a mãe ficou na beira do lago e não quis mais se mover. Chegou o inverno. As mulheres da aldeia vinham para a beira do lago para fazer buracos no gelo e pegar água. O herói, que continuava vivo nas profundezas, se divertia quebrando os baldes. Duas irmãs conseguiram capturá-lo, usando como isca um balde ricamente decorado. O herói estava tão amolecido e enfraquecido por sua estadia na água que não conseguia mais andar. As irmãs tentaram, sem sucesso, raspar o lodo que o cobria por inteiro como uma segunda pele. Levaram-no para casa, onde ele pôde se aquecer junto ao fogo, e cuidaram dele.

O inverno foi excepcionalmente rigoroso, os mantimentos escasseavam e os homens não conseguiam obter a madeira indispensável para fabricar raquetes de neve e caçar. Ainda convalescente, o herói se arrastou para fora, juntou madeira suficiente apenas para um par de raquetes e pediu a uma mulher que pegasse a madeira e a levasse para dentro, sacudindo-a quando chegasse à metade da escada que levava ao chão da casa, semissubterrânea entre esses povos, na qual se entrava pelo teto. Ao ser assim agitada, a madeira se multiplicou e encheu a casa. Os homens puderam fabricar raquetes e sair, mas não encontraram caça. Todos passavam fome.

Então, o herói pediu flechas aos aldeões e foi caçar. Tirou a pele de lodo em segredo e a escondeu. Com a antiga aparência, caçou vários caribus; em seguida, novamente recoberto de lodo, distribuiu-os entre os que lhe tinham dado flechas boas. Corvo lhe tinha dado uma flecha mole, e só recebeu um coiote, caça desprezível. Por isso foi espionar o herói; encontrou a pele de lodo pendurada num galho de árvore e a escondeu. Viu o herói voltar jovem, belo, enfeitado com conchas. Desmascarado, este permaneceu como era e casou-se com as duas irmãs que tinham cuidado dele (Farrand 1900: 36-37).

Para evidenciar todas as transformações ou inversões que ocorrem nessa versão atabascana de um mito mais difundido entre os Salish, seria certamente desejável citar outras variantes. Isso nos levaria longe demais, razão pela qual lançaremos mão de meras alusões. À diferença do que geralmente acontece, em vez de o mocho entrar na casa para raptar o menino, aqui ele o atrai para fora. A versão shuswap, resumida acima, já tinha realizado a transformação do mocho, monstro canibal entre os Kutenai e senhor temido alhures, em benfeitor. A narrativa chilcotin avança a transformação no mesmo sentido, mas inverte a função do homem-pássaro, doador de poderes espirituais entre os Shuswap, que se torna detentor de riquezas materiais – as conchas *dentalia* – de que o herói se apodera antes de fugir. Esse acontecimento é colocado pelo mito na origem das preciosas joias, dando-lhes assim um caráter ao mesmo tempo exótico e sobrenatural, cujo mistério os Chilcotin tinham boas razões para alimentar entre seus vizinhos Salish do interior que, mais afastados da costa, dependiam deles para obter essas conchas marinhas. Estes, por sinal, davam aos Chilcotin um nome que significa "gente das *dentalia*". A realidade era outra: os Chilcotin, que eram os únicos capazes de entrar em contato com os Bella Coola pelos desfiladeiros que atravessam a cadeia costeira e se encontram em seu território, compravam as conchas desses pescadores, e detinham um verdadeiro monopólio delas em relação aos Salish do planalto. Estes, principalmente os Thompson e Cœur d'Alêne, utilizavam uma série mítica simétrica à que estamos discutindo para explicar como haviam perdido as *dentalia*, antes de origem local; o que coloca seu mito em oposição diametral com o que os Chilcotin contavam para explicar como tinham adquirido tais ornamentos, antes de origem externa.

Igualmente revelador é o episódio do mito chilcotin no qual a mãe do herói quer obrigá-lo a tomar banho. Se considerarmos todas as variantes desse episódio ao longo de um eixo sudeste- -noroeste no qual se sucedem, pela ordem, os Cœur d'Alêne, os Thompson e os Chilcotin, observaremos uma tripla transformação. Na versão cœur d'alêne, a mãe, com sede, pede água ao filho, que recusa. Na versão thompson, o filho, incomodado com o calor, toma um banho apesar da proibição da mãe, o que é o contrário do mito chilcotin (Reichard 1947: 169-70; Boas 1917: 26-30; Teit 1912: 265-68). Assim, a função semântica da água passa da bebida ao banho, ou seja, de conteúdo para continente corporal – pois a água bebida entra no corpo como o corpo entra na água do banho. Ao mesmo tempo, o filho negativo se inverte em mãe negativa, que por sua vez se inverte em mãe positiva:

	Cœur d'Alêne	Thompson	Chilcotin
água:	conteúdo	Continente	continente
protagonistas:	filho (–)	mãe (–)	mãe (+)

Todas as versões contêm a sequência invernal, mas enquanto nas dos Salish do interior os aldeões enfrentam a falta de lenha para o fogo, na versão chilcotin começam por não ter água, que o herói impede as mulheres de pegar, destruindo seus baldes por diversão. É fato que a madeira desempenha também um papel nesta versão, mas a título de madeira a ser trabalhada, e portanto em oposição com a outra função que a madeira pode cumprir, como lenha para a fogueira. Tal oposição é aliás redobrada pelos modos, diferentes em cada caso, como o herói consegue a multiplicação de uma pequena quantidade de madeira: sacudida a meia altura na escada ou jogada diretamente de cima para baixo. Este último método, o único selecionado pelas versões salish, certamente remete ao que é empregado pelo personagem chamado Lince, de que falamos no início deste capítulo, para engravidar a filha do chefe (cuspindo ou urinando do alto da escada sobre a moça adormecida embaixo), ainda mais tendo em vista que em algumas dessas versões o menino capturado pelo mocho é filho de Lince e que, no mito chilcotin, em que não o é, ele veste uma pele de lodo cujo porte o deixa fraco e doente, como Lince ao vestir a pele purulenta de um velho e o filho de Lince que, tão logo é libertado do cativeiro na casa do mocho, adota voluntariamente a mesma vestimenta. Vimos que essa pele, surrupiada ao herói e queimada, dá origem ao nevoeiro, em perfeita simetria com o lodo que torna a água opaca, como faz o nevoeiro com o ar, e cuja afinidade aquática se apresenta como contraparte daquela que os mitos salish concebem entre nevoeiro, fumaça e fogo.

Finalmente, a relação com a série mítica em que um herói torna-se dono do vento – fraca entre os Chilcotin – resulta do surgimento de Coiote em posição invertida no outro mito: como caça desprezível, instrumento passivo da vingança do herói contra o Corvo que não lhe prestou bom auxílio; ao passo que nas versões fortes sobre a origem do vento amansado, como vimos, Coiote fornece ativamente ao herói a ajuda que lhe permite escapar de uma situação perigosa.

* * *

A *priori*, nada impede que, para além dos Chilcotin, o mito atravesse outros limiares, passagem que seria marcada pela contração e atenuação da intriga, além dos quais seria recuperada a imagem primitiva, diferentemente invertida em outros eixos. Mas é igualmente concebível que, ao atravessar sucessivos limiares, o impulso fabulador se esgote e que o campo semântico das transformações, fácil de explorar no início, apresente um rendimento decrescente. Tornando-se cada vez menos plausíveis à medida que vão gerando uns aos outros, os últimos estados do sistema imporiam à armação mítica tão grandes distorções, forçariam tanto sua resistência, que ela acabaria quebrando. Então, o mito deixaria de existir enquanto tal. Ou desapareceria para dar lugar a outros mitos, característicos de outras culturas, ou de outras regiões; ou ainda, para continuar existindo, sofreria alterações que, em vez de afetarem somente a forma, afetariam a própria essência mítica.

É exatamente isso que parece ocorrer no caso específico que nos ocupa. Ao norte dos Chilcotin, viviam os Carrier, também membros da família linguística atabascana, mas muito diferentes do ponto de vista da cultura. Os Carrier deviam seu nome[6] a costumes muito particulares; submetiam as viúvas a obrigações especialmente duras, como a de carregar constantemente, durante um longo período, os ossos do defunto. Pois bem, entre eles, encontramos a célula geradora de nosso conjunto mitológico tal como, muito longe ao sul, existia entre os Sahaptin e os Salish, mas numa forma singularmente transformada. Os Carrier contam a história de um menino pobre e órfão cuja única roupa era uma pele de lince. Estava passeando quando, certo dia, avistou a filha do chefe nua. Ela não o viu, mas reconheceu-o em seguida pelo toque das mãos ásperas que tinham roçado seu corpo; para evitar a desonra, casou-se com ele. O chefe aceitou de boa vontade o genro pouco digno dele; com as roupas e ornamentos que lhe presenteou, "lavou-o" de sua pobreza. Fez bem, pois o rapaz revelou-se exímio caçador e destruidor de monstros que perseguiam os índios. Um dia, porém, ele morreu enfrentando um lince gigantesco e homicida. A jovem viúva, inconsolável, suicidou-se sobre o cadáver do esposo (Jenness 1934: 114-21).

A comparação entre essa narrativa e a história de Lince tal como a resumimos no começo, a partir das versões sahaptin e salish, revela vários tipos de mudança. Algumas delas se apresentam como inversões: em vez de velho, o herói é jovem; encontra a filha do chefe fora de casa, em vez de dentro dela ou nas proximidades. Em segundo lugar, tudo se passa como se a versão carrier substituísse sistematicamente expressões literais por seus equivalentes metafóricos: roupa feita de pele de lince, caracterizando um herói alhures chamado Lince; contato simbólico com o corpo da moça, em lugar de sua inseminação real; assimilação igualmente simbólica da pobreza, de que o herói é "lavado" pelos presentes do chefe, à pele de lodo da versão chilcotin, que as duas irmãs tentam lavar e não conseguem, e à pele purulenta de velho das versões salish em que o herói, uma vez livre dela, aparece ornamentado com riquezas que já possuía. Finalmente, em vez de uma história inspirada por uma noção de justiça distributiva e que termina com

---

6. "Carrier" significa "carregador". [N.T.]

a separação dos protagonistas em dois campos – os maus, que são punidos, e os bons, que são perdoados –, temos aqui uma intriga cujo andamento conduz a um desfecho trágico e inelutável. Todas essas características mostram que com essa versão carrier efetiva-se uma passagem decisiva de uma fórmula até então mítica para uma fórmula romanesca, dentro da qual, inclusive, o mito inicial que era, vale lembrar, "a história de Lince", se manifesta como sua própria metáfora: o lince monstruoso surge como que do nada no final, menos para castigar um herói dotado de todas as virtudes do que a própria narrativa, por ter esquecido ou desprezado sua natureza original, e ter-se renegado enquanto mito.

* * *

Consideremos agora outro limiar: o que separava, a noroeste, os Atabascanos do interior das tribos da costa do Pacífico, cujas características sociais e culturais evocamos brevemente (*supra*, p. 273), às quais cabe acrescentar as de ordem linguística. Estabelecidos na foz dos rios Nass e Skeena, os Tsimshian, que falam uma língua isolada, talvez aparentada à grande família penutiana, eram divididos em clãs portadores de patrônimos animais. O clã do Urso, da subtribo Nisqa, justificava por uma lenda seu direito exclusivo ao uso de um ornamento de cabeça frontal de madeira esculpida e pintada, com incrustações de nácar de haliótida, representando uma face de mocho cercada de pequenas figuras antropomorfas e dotadas de garras. Conta-se que um chefe tinha um filho que não parava de gritar. Ameaçaram-no com o mocho, que efetivamente veio e raptou, não o menininho insuportável, mas sua irmã, e a colocou no alto de uma árvore, da qual ninguém conseguiu fazê-la descer, apesar de seus constantes lamentos. Ela acabou se resignando, calou-se e casou-se com o mocho. Logo deu à luz um filho e, quando este cresceu, ela pediu permissão ao marido para mandá-lo para junto dos humanos. O mocho consentiu, compôs um canto para a ocasião e esculpiu um ornamento de cabeça à sua imagem. Levou o filho e a esposa para a aldeia destes. Depois de ter confirmado junto aos seus o status do filho, a mãe partiu com o marido, deixando o filho, que mais tarde legou ao clã a que pertencia o ornamento esculpido pelo mocho e o canto que este lhe tinha ensinado: "Ó meu irmão! O Mocho Branco deu-me esta árvore por assento".

Para simplificar a discussão, deixaremos de lado o personagem da irmã. Sua presença na intriga pode ser explicada por uma transformação cujas origem e razão de ser teriam de ser buscadas em versões salish do Fraser, notadamente entre os Stseelis ou Chehalis (Hill-Tout 1904a: 347-52), que não cabe examinar aqui. Limitar-nos-emos a mostrar em que essa versão tsimshian se afasta das dos Chilcotin e dos Salish do interior. Se os Carrier se referiam a estas metaforicamente, fica claro que a narrativa tsimshian opera exclusivamente com relações de contiguidade. Principalmente, não se apresenta como um mito, mas como uma lenda que relata eventos supostamente históricos e destinada a cumprir um objetivo preciso e delimitado, o de fundamentar certos privilégios clânicos. Apesar disso, trata-se incontestavelmente do mesmo mito, visto que o ornamento esculpido, publicado por Boas,[7] representa personagens que cercam o mocho estendendo em sua direção mãos de garras ameaçadoras. A lenda tsimshian, tal como registrada por Boas, não explica tal motivo, mas seus informantes sabiam, já que chamavam tais personagens de *claw men*, "homens com garras", que aparecem no mito chilcotin que resumimos acima (p. 274).

Pois bem, a partir daí, podemos recapitular: essas garras, feitas de chifres de cabrito – graças às quais o herói do mito chilcotin derrota o mocho –, transformam o cesto cravejado internamente cujo interior é recoberto de sovelas no qual os mochos shuswap e kutenai depositam o herói depois de o terem raptado; as sovelas, por sua vez, transformam os vermes, alimento do mocho, que recobrem o cesto em versões salish mais meridionais nas quais o pássaro sequestrador faz o papel de um senhor repugnante e não de um ogro (versão kutenai) ou de um xamã que conduz as provas iniciáticas (versão shuswap). Ao termo dessa regressão, encontramos entre os Sanpoil, que viviam no sudeste da área salish, portanto do lado oposto aos Tsimshian uma referência implícita ao tema central de sua narrativa e do canto ritual que a acompanha: os Sanpoil chamavam de "poleiro do mocho" a forquilha do poste central da casa em que eram realizadas as danças em homenagem aos espíritos guardiões (Ray 1939: 129).

De modo que se um mito de origem salish, ao passar dos Chilcotin para os Carrier, transforma-se em conto romanesco depois de ter-se invertido como mito ao atravessar o limiar linguístico

---

7. Boas 1897: 324-25 e ilustração 1; *ver* também Boas 1895a: 572.

e cultural que separa os Salish dos Atabascanos, ao transpor outro limiar, sofre uma transformação diferente, agora da ordem da tradição lendária, para fundamentar certas modalidades de um sistema ancestral. Num caso, pende para o lado do romance e, no outro, para um lado que certamente não é o da história, mas pretende sê-lo.

Para terminarmos esse circuito regional, voltemo-nos para o leste, na direção oposta à dos Tsimshian. Isso nos permitirá localizar um terceiro tipo de transformação, para além do limiar cultural e linguístico que separa os Atabascanos das tribos da grande família linguística algonquina, que se estendia até a costa do oceano Atlântico.

Seus representantes mais ocidentais eram, ao norte, os Cree, limítrofes dos Atabascanos. Por volta de 1880, os do lago Poule d'Eau contavam que antigamente existia uma aldeia em que uma criança desaparecia misteriosamente a cada noite. Em outro lado da aldeia, vivia um menininho que gritava e chorava sem parar. Certo dia, a mãe, irritadíssima, sacudiu-o com violência. O menino saiu de sua pele "como uma borboleta que sai da crisálida" e saiu voando na forma de um grande mocho branco.

A mulher ficou à espreita do retorno do filho e descobriu que era ele que à noite se transformava em mocho e roubava as outras crianças para comê-las, retomando a aparência humana com o raiar do dia. Ela então reuniu os aldeões e acusou o filho, que concebera por obra de um homem branco. O pequeno ogro foi condenado à morte, implorou a seus concidadãos e prometeu grandes maravilhas se sua vida fosse poupada. Finalmente, foi trancado vivo com provisões num baú de madeira suspenso por estacas, e toda a população emigrou.

Quando voltaram ao local três anos depois, ficaram estupefatos ao verem no local abandonado uma grande aldeia de casas de madeira, habitadas por homens brancos cuja língua os índios não compreendiam. Era uma feitoria de comércio. O menino-mocho vivia ali. Reconheceram-no e interrogaram-no; ele explicou que aquela nova população tinha-se originado das crianças que ele raptara e devorara. "Mas ele, que havia se tornado um grande chefe branco, deu aos Cree armas, roupas e utensílios. Desde então, os dois povos viveram em grande harmonia" (Petitot 1887: 462-65).

De fato, os Cree, assim chamados por abreviação de *kristineaux* (de *kenistenoa*, um dos nomes que davam a si mesmos), aparecem desde 1640 nos relatórios dos Jesuítas e estabeleceram muito cedo relações amistosas com franceses e ingleses. No final do século XVII, já serviam como caçadores e guias ao comércio de peles e sua história posterior está intimamente associada à da Companhia da Baía de Hudson e à da Northwest Fur Company. Sua versão do mito do menino raptado por um mocho resulta manifestamente de uma manipulação, operada para submeter o mito a essa história, pela qual os Cree se distinguiam de seus vizinhos, mais reservados, ou mesmo hostis, em relação aos brancos.

Mas vê-se também que não se trata do mesmo tipo de história que aquela referida pela lenda tsimshian, às custas de outra manipulação do mito. Não somente porque é tribal num caso e clânica no outro, mas por razões mais profundas. Os Tsimshian queriam justificar uma ordem que desejavam fosse imutável, com uma tradição cuja origem remetiam ao começo do tempo. Os Cree adaptavam o mesmo mito a uma história recente, na intenção expressa de justificar um devir em curso e validar uma de suas direções possíveis – a colaboração com os brancos – entre outras que permaneciam abertas a eles. A história da lenda tsimshian é da ordem do imaginário, já que nenhuma humana jamais desposou um mocho. A do mito cree remete a eventos reais, pois de fato brancos se casaram com mulheres desse grupo; e os Cree tiveram algum dia de ter visitado uma feitoria pela primeira vez. No momento em que o mito foi colhido, suas relações amistosas com os brancos ainda pertenciam, para eles, à experiência vivida.

Assim, um mito que se transforma ao passar de uma tribo para outra acaba por se extenuar, sem por isso desaparecer. Duas vias ainda permanecem abertas: a da elaboração romanesca e a da reutilização com fins de legitimação histórica. Essa história, por sua vez, pode ser de dois tipos: retrospectiva, para fundamentar uma ordem tradicional num passado remoto, ou prospectiva, para fazer desse passado o germe de um porvir que começa a tomar forma. Ao sublinharmos com um exemplo a continuidade orgânica que se manifesta entre a mitologia, a tradição lendária e algo que não há como não chamar de política, nossa intenção foi homenagear um especialista e filósofo que jamais consentiu em fazer da história um lugar privilegiado em que o homem tivesse a garantia de poder encontrar sua verdade.

Humanismo e humanidades

XV. RESPOSTAS A ENQUETES

1. Os três humanismos

Para a maioria de nós, a etnologia parece ser uma ciência moderna, um refinamento e uma curiosidade do homem moderno.[1] Os objetos primitivos foram integrados à nossa estética há menos de cinquenta anos. E se o interesse pelos costumes e crenças dos selvagens é um pouco mais antigo, os primeiros trabalhos que lhes foram sistematicamente dedicados não antecedem a década de 1860, isto é, a época em que Darwin colocava a questão do evolucionismo biológico, à qual respondia, na mente de seus contemporâneos, a da evolução social e intelectual do homem.

Trata-se, todavia, de uma ilusão perigosa, na medida em que engana quanto ao verdadeiro lugar que o conhecimento de povos distantes ocupa em nossa visão do mundo. A etnologia não é nem uma ciência à parte, nem uma ciência nova: é a forma mais antiga e mais ampla do que designamos pelo nome de humanismo.

Quando os homens do final da Idade Média e do Renascimento redescobriram a Antiguidade greco-romana, e quando os Jesuítas fizeram do grego e do latim a base da formação intelectual, esta era já uma primeira forma de etnologia. Reconhecia-se que nenhuma civilização pode pensar a si mesma sem dispor de algumas outras como termo de comparação. O Renascimento redescobriu, na literatura antiga, noções e métodos esquecidos e, mais do que isso, o meio de colocar a própria cultura em perspectiva,

---

1. *Demain*, n. 35, 1956 (Lévi-Strauss 1956).

confrontando concepções contemporâneas às de outros tempos e lugares.

Não se enganem os que criticam o ensino clássico: se o aprendizado do grego e do latim se reduzisse à aquisição efêmera de alguns rudimentos de línguas mortas, não seria de grande valia. Porém, como bem sabem os professores do secundário, através da língua e dos textos, os alunos são iniciados a um método intelectual que é precisamente o da etnografia, e que eu chamaria de técnica do deslocamento.[2]

A única diferença entre cultura clássica e cultura etnográfica diz respeito às dimensões do mundo conhecido nas respectivas épocas. No início do Renascimento, o universo humano é circunscrito pelos limites da bacia mediterrânea. Do resto, apenas se suspeita a existência. Mas já se sabe que nenhuma fração da humanidade pode aspirar a compreender a si mesma se não por referência a todas as demais.

Nos séculos XVIII e XIX, o humanismo se expande com o progresso da exploração geográfica. Rousseau e Diderot se adiantavam em especulações quanto às civilizações mais distantes. Mas a China e a Índia já tinham sido incluídas no quadro. O fato de nossa terminologia universitária ser incapaz de criar um termo original e designar seu estudo pelo nome de filologia não clássica equivale ao reconhecimento de que se trata do mesmo movimento humanista, que simplesmente invade um novo território; assim como, para os antigos, a metafísica era o que vinha depois da física. Ao interessar-se, atualmente, pelas últimas civilizações ainda deixadas de lado – as sociedades ditas primitivas – a etnologia leva o humanismo a percorrer uma terceira etapa. Que há de ser a última, visto que depois disso o homem não terá mais nada a descobrir sobre si mesmo, pelo menos em extensão (pois existe outro estudo, em profundidade, que ainda demoraremos muito a esgotar).

Mas a questão envolve ainda outro aspecto. Os dois primeiros humanismos – clássico e não clássico – tinham alcance limitado,

---

2. *"Dépaysement"* no original: afastamento em relação ao próprio "país", isto é, modo de vida, crenças, conhecimentos, hábitos, paisagem etc. O deslocamento em questão é um estranhamento, tanto do Outro como – o que mais importa – de si mesmo. [N.T.]

não apenas em termos de superfície, mas também em termos qualitativos. Como as civilizações antigas tinham desaparecido, só podiam ser abordadas através de textos e monumentos. Em relação ao Oriente e ao Extremo Oriente, onde não havia essa dificuldade, o método permanecia o mesmo, porque civilizações tão remotas não eram – acreditava-se – dignas de interesse exceto por suas criações mais eruditas e refinadas.

O campo da etnologia é composto de civilizações novas, que também colocam questões novas. Por não terem escrita, não fornecem documentos escritos; e como seu nível técnico costuma ser baixo, a maioria delas não deixou monumentos. Daí a necessidade, para a etnologia, de fornecer ao humanismo novos instrumentos de investigação.

Os modos de conhecimento do etnólogo são ao mesmo tempo mais exteriores e mais interiores (poderíamos dizer também: mais grosseiros e mais refinados) do que os de seus antecessores, filólogos e historiadores. Para penetrar em sociedades de acesso particularmente difícil, ele é obrigado a colocar-se inteiramente fora (antropologia física, pré-história, tecnologia) e inteiramente dentro, por sua identificação com o grupo cuja vida compartilha e pela extrema importância que deve dar – na falta de outros elementos de informação – aos mínimos detalhes da vida psíquica dos indígenas.

Sempre aquém e além do humanismo tradicional, a etnologia o transcende em todos os sentidos. Seu campo engloba a totalidade da terra habitada e seu método reúne procedimentos de todas as formas do saber, ciências humanas e ciências naturais.

Os três humanismos sucessivos se integram, portanto, e fazem progredir o conhecimento do homem em três direções. Em superfície, evidentemente, mas esse é o aspecto mais "superficial", tanto no sentido próprio como no figurado. Em riqueza de meios de investigação, já que vamos paulatinamente percebendo que, se a etnologia foi obrigada a forjar novos modos de conhecimento em função das características particulares das sociedades "residuais" que lhe couberam, tais modos podem ser aplicados com proveito ao estudo de todas as demais sociedades, inclusive a nossa.

E mais: o humanismo clássico não era restrito apenas quanto ao objeto, mas também em termos de seus beneficiários, que compunham a classe privilegiada. O humanismo exótico do século XIX, por sua vez, viu-se ligado aos interesses industriais e comerciais que lhe davam suporte e aos quais devia a própria existência. Depois do humanismo aristocrático do Renascimento e do humanismo burguês do século XIX, a etnologia marca, portanto, para o mundo finito que nosso planeta se tornou, o surgimento de um humanismo duplamente universal.

A etnologia, que busca sua inspiração nas sociedades mais humildes e desprezadas, proclama que nada do que é humano pode ser estranho ao homem, e assim funda um humanismo democrático que se opõe aos que o precederam, criados para privilegiados, a partir de civilizações privilegiadas. E por mobilizar métodos e técnicas emprestados de todas as ciências para fazê-los servir ao conhecimento do homem, ela convoca à reconciliação entre o homem e a natureza, num humanismo generalizado.

2. Estruturalismo e crítica literária

Tanto em linguística como em antropologia, o método estrutural consiste em localizar formas invariantes no seio de conteúdos diferentes.[3] A análise estrutural que certos críticos e historiadores da literatura invocam indevidamente consiste, ao contrário, em buscar conteúdos recorrentes por detrás de formas variáveis. Já aí se percebe um duplo mal-entendido: quanto à relação entre fundo e forma, e quanto à relação entre as noções muito distintas de recorrência e de invariância, a primeira ainda aberta à contingência, ao passo que a segunda requer a necessidade.

Além disso, as hipóteses estruturais podem ser verificadas de fora. De direito, senão sempre de fato, podem ser confrontadas a sistemas independentes e bem determinados, cada um dos quais

---

3. *Paragone, Nuova Serie-2*, Arnoldo Mondadori editora, Milão, 1965, n. 182, *Letteratura*, pp. 125-33 (Lévi-Strauss 1965c). A revista tinha enviado a várias pessoas o seguinte questionário:

A crítica de arte e a crítica literária têm manifestado, nos últimos tempos, um grande interesse pelos procedimentos de tipo estruturalista, em particular aqueles elaborados pela glotologia pós-saussuriana. 1) Você acha que tais procedimentos podem fornecer instrumentos críticos eficazes? Na afirmativa, qual das diversas acepções do estruturalismo você tem em mente? 2) Você acha que os métodos estruturalistas podem ser introduzidos numa tradição crítica que provém essencialmente do historicismo?

provido por conta própria de certo grau de objetividade que põe à prova a validade dos construtos teóricos.

Para a linguística, tais controles objetivos são de dois tipos. A análise física e acústica da linguagem articulada com o auxílio de máquinas que, hoje em dia, também permitem sintetizá-las, torna imediatamente perceptíveis os traços pertinentes postulados pelas hipóteses fonológicas. Além disso, as exigências da comunicação alimentam uma crítica de certo modo constitutiva, já que toda emissão verbal de um locutor existe para ser compreendida. Sua significação, portanto, não é apenas intencional: adquire sua forma real e definitiva somente depois de ter-se adequado a um molde cuja outra metade está sempre com o interlocutor, ou melhor, com o grupo social.

Em antropologia, para o estudo das regras de casamento ou dos mitos, por exemplo, esses dois tipos de controle também existem. Dos dois lados das estruturas formalizáveis, a pesquisa inclui a prospecção de níveis autônomos nos quais as estruturas estão obrigatoriamente engrenadas: a infraestrutura tecnoeconômica, de um lado, e, do outro, as condições particulares, reveladas pelo estudo sociológico, nas quais a vida em sociedade se realiza. De modo que também neste caso encontram-se reunidos os fatores de uma dupla crítica externa que, para as ciências humanas, representam um conjunto equivalente ao que são os meios de experimentação para as ciências naturais.

O equívoco fundamental da crítica literária com pretensões estruturalistas liga-se ao fato de reduzir-se, em geral, a um jogo de espelhos, no qual torna-se impossível distinguir o objeto de sua reverberação simbólica na consciência do sujeito. A obra estudada e o pensamento do analista refletem um ao outro, privando-nos de meios de distinguir o que é meramente recebido de uma daquilo que o outro lhe acrescenta. Fica-se preso num relativismo recíproco, que pode ter seus encantos subjetivos, mas não se vê a que tipo de evidência externa ele poderia se referir. Visionária e envolvente, tal crítica é de fato estrutural na medida em que utiliza uma combinatória como base de suas reconstruções. Porém, ao fazê-lo, oferece à análise estrutural um material bruto, mais do que uma contribuição. Como manifestação particular da mitologia de nosso tempo, presta-se muito bem à análise, mas tanto quanto e do mesmo modo que se poderia interpretar estruturalmente, por exemplo, a leitura de cartas de tarô, da borra de café ou das linhas da mão – supondo tratar-se de delírios coerentes.

De modo que a crítica literária e a história das ideias só poderão tornar-se verdadeiramente estruturais se encontrarem no exterior delas meios de realizar uma dupla verificação objetiva. Não é difícil perceber onde tais meios deveriam ser buscados. De um lado, no nível da análise linguística e até fonológica, onde o controle pode ser feito independentemente das elaborações conscientes do autor e de seu analista. E, do outro, no nível da investigação etnográfica, ou seja, para sociedades como as nossas, no nível da história externa. A "introdução dos métodos estruturais numa tradição crítica essencialmente provinda do historicismo" está longe, portanto, de representar um problema, pois é justamente a existência dessa tradição histórica que pode fornecer a única base para as empreitadas estruturais. Basta considerar uma obra tão plena e totalmente estruturalista, no campo da história da arte, quanto a de Erwin Panofsky, para estar convencido disso. Afinal, se esse autor é um grande estruturalista, é em primeiro lugar porque é um grande historiador, e a história lhe fornece ao mesmo tempo uma fonte insubstituível de informação e um campo combinatório em que a qualidade das interpretações pode ser posta à prova de mil maneiras. Consequentemente, é a história, conjugada à sociologia e à semiologia, que pode permitir ao analista romper o círculo de uma confrontação atemporal, na qual nunca se pode saber, enquanto transcorre um pseudodiálogo entre o crítico e a obra, se o primeiro é um observador fiel ou o animador inconsciente de uma peça que oferece a si mesmo em espetáculo, e em relação a cujo texto os ouvintes sempre poderão perguntar-se se provêm de personagens de carne e osso, ou se é atribuído por um ventríloquo habilidoso a fantoches inventados por ele mesmo. As análises estruturais costumam situar-se no nível sincrônico, mas nem por isso dão as costas à história. Onde quer que esta exista, não pode ser ignorada, já que multiplica, graças à dimensão temporal, os níveis sincrônicos disponíveis e, além disso, exatamente por terem acabado, os níveis pretéritos se encontram fora do alcance das ilusões da subjetividade, e podem portanto servir de controle para as incertezas da percepção intuitiva e as ilusões de um fascínio recíproco que, por mais tentador que seja, sempre corre o risco de gerar a convivência às custas da veracidade.

3. A propósito de uma retrospectiva

Independentemente das reticências que possam provocar hoje certos aspectos da obra de Picasso, trata-se de um pintor genial, e nos inclinamos diante de seu gênio.[4]

E a quem aspira a ser, mesmo num nível muito modesto, um criador, é aconselhável desconfiar do que é dito acerca de Picasso, ou do modo como se reage a ele, em que sempre pode haver uma ponta de inveja.

Creio que se perguntássemos a qualquer criador de boa-fé quem ele gostaria de ter sido, a resposta certamente seria: Picasso. Porque é o exemplo, excepcional em nosso século, de um homem que fez tudo o que quis, que seguiu seus caprichos, que só deu ouvidos a si mesmo e que obteve a maior glória, uma imensa fortuna e um fabuloso prestígio. Bastaria para merecer admiração.

A questão colocada por Picasso – e pelo cubismo, e pela pintura em geral, para além do cubismo – é a de saber a que ponto a obra em si realiza uma análise estrutural da realidade. Em outras palavras, é ela, para nós, um modo do saber? Trata-se de uma obra que, mais do que trazer uma mensagem original, entrega-se a uma espécie de trituração do código da pintura. Uma interpretação em segundo grau, um admirável discurso sobre o discurso pictórico, muito mais do que um discurso sobre o mundo. Isso quanto ao ponto de vista sincrônico.

Agora, colocando-me na perspectiva diacrônica, peço licença para recorrer a minha história pessoal, lembrando das revelações que me foram feitas pela obra de Picasso, na adolescência. Quando me dirigia, às quintas-feiras pela manhã, à rua la Boétie em peregrinação – entre 1924 e 1928 –, esperava do quadro de Picasso que se encontrava na vitrine da galeria de Rosenberg – era lá mesmo? em todo caso, uma daquelas naturezas-mortas monumentais que ele pintava na época – um verdadeiro conhecimento metafísico. Hoje em dia, já não consigo atingir aquele estado de graça, não

---

4. Texto resumido de uma entrevista com André Parinaud, tal como foi publicada em *Arts*, n. 60, 16-22 de novembro de 1966, por ocasião da abertura da exposição "Homenagem a Picasso", no Grand e no Petit Palais (Paris, nov. 1966-fev. 1967) (Lévi-Strauss 1966a).

só diante de Picasso como diante da pintura contemporânea em geral; e sinto em relação ao cubismo e à pintura moderna uma espécie de rancor, porque sinto – certamente muito mais por minha culpa do que pela sua – que ela não cumpriu o que me prometia.

Aquilo que, em minha adolescência, tinha para mim um significado metafísico foi engolido no que os americanos chamam de *interior decoration*, um acessório de mobiliário, em suma, e constato que o mesmo não acontece com qualquer pintura, pois, quando volto ao Louvre, sinto diante de Mantegna, por exemplo, a mesma emoção que sentia aos sete ou oito anos ao ver *O parnaso* [Mantegna, 1497] pela primeira vez. Diria que a mensagem da pintura do último meio século foi veemente, mas breve...

O cubismo esperava encontrar uma imagem mais verdadeira do mundo por detrás do mundo, com cada um dos meios que empregou.

Alguns de meus colegas estruturalistas, aliás, consideram que o cubismo e outros aspectos da pintura moderna exerceram sobre eles uma influência determinante, incitando-os a buscar por trás das aparências sensíveis uma organização mais sólida do real, situada num nível profundo.

No meu caso, a influência decisiva veio das ciências naturais; tornei-me estruturalista menos devido ao espetáculo da obra de Picasso, Braque, Léger ou Kandínski, do que ao das pedras, flores, borboletas e pássaros. De modo que há, na origem do pensamento estruturalista, dois estímulos bastante diferentes: um – eu diria – mais humanista, o outro voltado para a natureza.

A obra de Picasso me irrita, e é nesse sentido que me concerne. Pois representa um testemunho entre outros – que poderiam ser encontrados na literatura e na música – do caráter profundamente retórico da arte contemporânea. Esta muitas vezes parece acreditar que, visto que existem leis que explicam a natureza e a estrutura da obra de arte, é possível criar obras de arte aplicando leis ou arremedos de leis, ou emprestando receitas, quando a verdadeira questão colocada pela criação artística reside, a meu ver, na impossibilidade de pensar seu resultado com antecedência.

Algo do gênero ocorreu com os retóricos do Renascimento, que produziram uma teoria elaborada da obra poética, na qual a criação ficou em seguida aprisionada. Numa espécie de paradoxo, o estruturalismo, tal como o concebo, e que foi acusado de abstração e formalismo, só encontra verdadeira satisfação na arte com muito frescor e ingenuidade.

O problema do cubismo é que sua natureza é uma natureza de segundo grau, tal como surge de interpretações ou manipulações prévias. O futuro da arte, se é que existe um, exigiria antes uma retomada de contato com a natureza em estado bruto, impossível no sentido estrito; enfim, um esforço nesse sentido, digamos.

Para uma renovação das artes plásticas, eu esperaria mais do que é atualmente chamado de pintura *naïve* do que de todas as indagações requintadas de cubistas e abstratos.

O que é a natureza para as pessoas ditas cultas de nossa época, que admiram a obra de Picasso? Tentarei responder com um apólogo.

Um filme recente, que me deu muito a pensar, intitula-se *The Collector* [O Colecionador, 1965] em inglês, de Wyler, e a peça de teatro de que foi tirado está em cena no momento.

Trata-se de um rapaz que o autor descreve como de pouca cultura, antissocial e moralmente perverso porque se dedica a colecionar borboletas, e em seguida uma bela moça, que ele sequestra, e a quem o filme dá o papel mais lisonjeiro: ela encarna a verdadeira cultura em vigor na sociedade contemporânea, pertence à classe alta, leu livros e viu quadros que o outro desconhece, o que torna a comunicação entre eles impossível. Ela se esforça, em vão, para redimi-lo, tentando fazer com que ele se interesse por livros de arte, contendo reproduções de Picasso, justamente, que escandalizam o rapaz. Para o autor do filme, é esse o critério, a demonstração de sua inferioridade.

Ora, parece-me que há aí uma completa inversão de um autêntico sistema de valores, e que a atitude sã, legalidade à parte, é antes a do protagonista, que devota sua paixão a objetos reais, as borboletas, e belezas naturais, quer seja a dos insetos ou a de uma moça, ao passo que o verdadeiro símbolo do caráter factício do gosto contemporâneo é ilustrado por ela, que só vive através de livros de arte – pois nem mesmo se trata de obras originais, e esse é um ponto importante da relação entre Picasso e a sociedade contemporânea; tais obras não podem ser possuídas, pois são caras demais. Ora, o elemento da posse, ligado à sensualidade, é também um aspecto essencial de nossa relação com o belo.

Assim, o falso gosto, do qual o filme faz a apologia, não seria antes o satisfazer-se com reproduções em lugar de realidades e, através delas, com obras de arte que oferecem uma reinterpretação da natureza de segundo ou terceiro grau, diferente de alguém que busca precisamente essa "imediatez" para com a natureza, por meios talvez não muito ortodoxos do ponto de vista do direito, mas que, no fundo, decorrem de um sentimento mais justo do belo e do verdadeiro?

Não é o gênio que está equivocado, é a época. Fiquei atônito, na semana passada, ao constatar que enquanto quadros – não mencionemos nomes – são vendidos por dezenas ou centenas de milhões de francos antigos, o preço de caixas inteiras de borboletas de uma fabulosa coleção posta à venda – exceto por um ou dois espécimes, não tão mais belos que os demais, porém raros ou únicos, que atingiram o milhão – oscilava entre 20 mil e 50 mil francos antigos, quando acredito, como o protagonista do filme, que a contemplação de borboletas exóticas é capaz de proporcionar um prazer estético tão grande quanto – ou comparável a – o de uma tela de mestre.

Se há algo de loucura ou injustiça em algum lugar, não é no pintor famoso que se beneficia de uma situação que não criou, mas nessa espécie de abestalhamento do homem diante de si mesmo; como se nada houvesse senão aquilo criado pelo homem que possua qualquer valor, intelectual ou comercial, quando tantas maravilhas permanecem acessíveis, que escapam da lei do mercado!

Todos somos, infelizmente, testemunhas de nosso tempo, e Picasso também é, pelo simples fato de ter vivido e produzido em determinado momento.

Ele o é de modo privilegiado, certamente, já que, além de testemunhar por sua obra, o imenso sucesso desta reflete o gosto da época; e, afinal, em grau superior, porque ele mesmo é largamente responsável pela criação desse gosto. Ele sempre esteve adiante do gosto de seu tempo. Em lugar de testemunha, diria que ele é antes uma prova; e, evidentemente, uma peça mestra da história de nosso tempo.

Ele soube traduzir muito bem o espírito profundo de sua época, e se eu tivesse alguma ressalva a fazer, seria a de que o traduziu bem demais, e que sua obra constitui um testemunho entre outros dessa espécie de aprisionamento que o homem inflige a si mesmo cada dia mais, dentro de sua própria humanidade – enfim, o fato de que Picasso tenha contribuído para enclausurar essa espécie de mundo fechado em que o homem, em *tête à tête* com suas próprias obras, imagina bastar a si mesmo. Uma espécie de prisão ideal. E um tanto melancólica...

Chamo aqui a atenção para as manifestações extremas dessa grande voga dita humanista que pretende fazer do homem um reino separado e que, a meu ver, representa um dos maiores obstáculos para o progresso da reflexão filosófica, e talvez para a renovação da criação estética.

Não penso mais que me sentiria bem diante de uma obra-prima do cubismo, nem de uma obra-prima da arte abstrata; com Max Ernst, sim, e também com Paul Delvaux, porque apesar de estudadas, guardam certo frescor. Afora eles, com pintores *naïfs*, ou com obras-primas da *bricolage*, cujo salão abre amanhã...

Haveria outro antídoto para a malandragem, ainda que genial?

4. A arte em 1985

Por vocação, o etnólogo só atribui valor e significado a mudanças perceptíveis a um observador distanciado, situado em outra cultura, pois ele mesmo, que estuda culturas muito diferentes da sua própria, está sujeito à mesma limitação.[5] A não ser que se trate de privilégio seu, e que toda mudança digna de ser observada, para contribuir ao conhecimento do espírito humano, deva ser uma mudança de um ponto de vista geral: verdadeira para qualquer observador possível, e não apenas para aquele que ocupa, em relação a tal mudança, uma posição favorecida.

Por isso o etnólogo costuma sentir-se desarmado diante de previsões a curto prazo. Dentro de vinte anos, nossa pintura, nossa literatura e nossa música terão certamente passado por uma evolução considerável, do ponto de vista de um observador pertencente à sociedade que os gera. Mas é no mínimo duvidoso que um observador mais afastado no tempo ou no espaço faça a mesma

---

5. Resposta a uma enquete sobre arte. *Arts*, 7-13, abr. 1965, p. 4 (Lévi-Strauss 1965b).

constatação. Para ele, as obras de 1985 e as de hoje parecerão pertencer à mesma forma de civilização. Os grandes afastamentos diferenciais com que os etnólogos lidam são inutilizáveis em tais limites estreitos. As variáveis são sutis e numerosas demais e, supondo que a previsão seja possível teórica e praticamente, só calculadoras eletrônicas seriam capazes de integrá-las, extrair uma tendência e dar base a uma extrapolação.

Isso se as artes tiverem entre nós uma vida pacífica e sã, e se seu estado presente de algum modo prefigurar seu futuro. Qualquer previsão razoável seria evidentemente impossível se fosse preciso admitir que as obras que consumimos atualmente são indícios de uma crise, cujo desfecho seria, nesse caso, impossível prever. Este tanto poderia consistir no nascimento de outro tipo de arte, cujos contornos ainda não nos é possível vislumbrar, como na renúncia a toda arte, decidida de modo consciente e firme por uma sociedade que – teria ficado evidente – mistifica a si mesma há vários anos e cada dia mais, valorizando uma arte que não é senão a forma de uma arte, boa apenas para lhe dar a ilusão de ter alguma.

Mas não é inevitável que a crise tenha um desfecho. Pode ser que prossiga transformando-se, com outros engodos sendo oferecidos a um apetite iludido. Pois a questão do futuro da arte na sociedade ocidental (e, por uma extensão previsível, no mundo de amanhã) não é de um tipo que possa ser respondido, nem mesmo parcialmente, numa escala de duas décadas, nem invocando precedentes históricos. Essa questão, que se coloca pela primeira vez na vida da humanidade, confunde-se com outra: o que pode vir a tornar-se a arte numa civilização que, ao apartar o indivíduo da natureza e obrigá-lo a viver num meio fabricado, dissocia o consumo da produção e esvazia esta última do sentimento de criação? Quer tome a forma de uma contemplação beata ou de uma devoração ávida, o culto da arte tende a fazer da cultura um objeto transcendental, de cuja remota existência o homem tira coletivamente uma gloriazinha ainda mais boba na medida em que ele, como indivíduo, se reconhece incapaz de produzi-la.

Ainda que restrita a um futuro próximo, a previsão depende, portanto, da resposta – impossível de dar – a uma questão que a antecede: nossa civilização é homogênea a todas as demais, e é possível concluir a partir do que ocorreu e ocorre com ela, para prever o que ocorrerá nas outras? Ou se trata de formas inteiramente diferentes e, nesse caso, como iremos definir a relação entre elas? À primeira vista, os vírus, intermediários entre a vida e a matéria inerte, representam uma forma especialmente modesta da primeira. No entanto, eles precisam de outros seres vivos para se perpetuarem. De modo que, longe de tê-los precedido na evolução, os vírus os supõem, representando, portanto, um estágio relativamente avançado. Por outro lado, a realidade do vírus é quase de ordem intelectual. Pois seu organismo praticamente se reduz à fórmula genética que injeta em seres simples ou complexos, forçando as células destes a trair sua própria fórmula para obedecer à dele, e fabricar seres iguais a ele.

Para que nossa civilização surgisse, foi também preciso que existissem outras, antes e ao mesmo tempo que ela. E sabemos, desde Descartes, que sua originalidade consiste essencialmente num método cuja natureza intelectual torna impróprio a gerar outras civilizações de carne e osso, mas capaz de impor a elas sua fórmula e forçá-las a se tornarem iguais a ela. Em relação a tais civilizações, cuja arte viva indica o caráter corpóreo, porque está ligada a crenças muito intensas e, tanto na concepção como na execução, a certo estado de equilíbrio entre o homem e a natureza, nossa própria civilização corresponderia a um tipo animal ou viral? Se fosse preciso optar pela segunda hipótese, poderíamos prever que, dentro de vinte anos, a bulimia que nos impele a engolir todas as formas de arte passadas e presentes para elaborar as nossas enfrentará cada vez mais dificuldades para se satisfazer. Diante das fontes já esgotadas em três quartos, e em breve poluídas, que as sociedades corpóreas ainda apresentam em nossos museus e exposições, a inapetência sucederá à competição. Sem que nada tenha mudado muito na superfície, talvez se compreenda então, melhor do que hoje, que a arte está para uma sociedade como as flores para uma árvore – enraizadas num mundo que nem umas nem outras têm a pretensão de fazer totalmente seu.

5. Civilização urbana e saúde mental

A oposição se coloca menos entre vida urbana e vida rural – cada qual incluindo modalidades muito diversas – do que entre várias formas de vida urbana.[6] Na verdade, o cansaço provocado pelas distâncias, a separação entre as gerações, a instabilidade dos casais, a dispersão dos afazeres familiares, as rupturas provocadas pela suspensão da atividade, tudo isso pode ser encontrado, em conjunto ou separadamente, num grande número de sociedades não urbanas, inclusive nas que os etnólogos estudam. Inversamente, a vida urbana pode ser intensa sem deixar de ser concreta e animada, como nas cidades-bazar do Oriente, ou compatível com a vida rural, como nas pequenas cidades camponesas da Itália. Até em Paris, um certo equilíbrio foi respeitado até o final do século XIX: o verdadeiro campo começava antes mesmo das portas. Morador do centro da cidade, Rousseau só precisava de uma hora de caminhada para encontrar a paz dos campos e bosques.

Os reais perigos aparecem mais tarde, quando a cidade deixa de ser um sítio urbano encerrado por seus limites, ainda que estes fossem periodicamente alargados, tornando-a uma espécie de organismo em proliferação rápida, secretando um vírus destruidor que corrói na periferia – e com profundidade cada vez maior – todas as formas de vida, exceto os subprodutos de sua atividade, que espalha para fora de si ao expulsá-los. O homem das cidades vê-se então cortado da natureza, de cujo contato dependem a regulagem e a regeneração de seus ritmos psíquicos e biológicos. Carência dolorosamente sentida, como demonstram a importância que tomaram as saídas de fim de semana, a preferência – afirmada recentemente – por uma quarta semana de férias a um aumento de salário, o desejo lancinante por uma casa de campo ou um jardim. Todas soluções condenadas a serem parciais, aliás, já que o crescimento demográfico lhes impõe um caráter inevitavelmente coletivo e exclui o silêncio e a solidão, elementos essenciais da condição que se busca reencontrar.

Essa segregação do homem fora do meio natural de que faz indissoluvelmente parte, tanto do ponto de vista moral como físico, e a obrigação, imposta pelas formas modernas de vida urbana, de viver quase que inteiramente no artificial, constituem uma séria ameaça à saúde mental da espécie.

---

6. Resposta a uma enquete. *Les Cahiers de l'Institut de la vie*, n. 4, abr. 1965, pp. 31-36 (Lévi-Strauss 1965a).

Sobretudo na medida em que essa perversão da civilização urbana causada pela industrialização corresponde, no plano ideológico, a uma filosofia e uma moral que, alegremente apoiadas na emergência de uma humanidade destruidora de tudo o que não é ela (e depois, fatalmente, dela mesma, visto que não dispõe de nenhum "verniz" que a torne resistente aos próprios ataques), acabaram por glorificar, sob o nome de humanismo, essa ruptura entre o homem e as demais formas de vida, deixando ao homem apenas o amor-próprio como princípio de reflexão e de ação.

Sem fazer jogo de palavras, mas tomando-as no sentido que lhes dão os etnólogos, podemos nos perguntar se a "cultura" pode crescer e se expandir em "casas" que, por hipótese, não fossem abertas para outra coisa, a começar pela natureza, de que a própria cultura é uma manifestação.

O que equivale a dizer que as Casas da Cultura não poderão solucionar a crise da civilização urbana enquanto esta *como um todo* não se imbuir da convicção de que a cultura não é tudo, e de que deve começar por inspirar-se de um sentimento de deferência para com os *dados* – a natureza, mas também a história – e, enfim, impor a si mesma os limites e a disciplina que tal estado de espírito implica. Pois, se a natureza não for ativamente vivida pela sociedade em geral, os ritos que pretendem celebrá-la em recintos especiais (museus, salas de conferência ou de espetáculo, ou casas de cultura) irão servir-lhe, na melhor das hipóteses, de álibi.

Comecemos, pois, por proclamar que o respeito pela vida – inclusive humana – não existe numa sociedade obstinada em destruir formas de vida insubstituíveis, quer sejam animais ou vegetais; que o amor pelo passado é uma mentira em cidades que, para satisfazer sua necessidade de crescimento, massacram todos os vestígios do que foram e que as fez; que o culto do belo e do verdadeiro é incompatível com a transformação do litoral em favelas e zonas urbanas, e das beiras de estradas ditas "nacionais" em lixões.

Se concordarmos quanto a isso, decorre daí que as Casas da Cultura não podem tratar a cultura como um mundo à parte, nem elas mesmas se desenvolver como mundos à parte. Nos termos da enquete, esse duplo princípio acarreta as seguintes consequências:

1) *Dar prioridade à "cultura ativa" sobre a "cultura passiva"*
Um dos grandes males da civilização urbana é, como se sabe, o fato de dissociar o consumo da produção; de exacerbar a primeira função e esvaziar a outra do sentimento criador. Favorecer todas as ocasiões em que a sociedade industrial permite que o indivíduo se sinta como criador, revelando-lhe aquelas em que o é sem saber (como sujeito falante, por exemplo), poderá ajudá-lo a se conectar melhor ao sistema dos seres e das coisas, em relação ao qual o espírito criador é feito, antes de tudo, de modéstia e respeito.

2) *Dar prioridade às ciências* que, como a história e a arqueologia, e o conjunto das ciências naturais, podem ser praticadas *numa forma artesanal e empírica*, sem deixarem de gerar conhecimento, sobre seres ou objetos percebidos ao mesmo tempo como belos e verdadeiros, que ajudam a restituir para o homem a rede de suas relações com o mundo; que lhe propõem, por conseguinte, "ancoragens" múltiplas, no tocante à matéria, à vida vegetal e animal, ou ao próprio homem, objetivado pelo passado.

3) Inclusão das Casas da Cultura numa política geral de criação e expansão dos meios que tal programa requer: jardins zoológicos e botânicos, reservas naturais, canteiros de arqueologia e de pré-história, bairros e vilas antigas preservadas ou restauradas.

Já que se pode prever que o desenvolvimento da vida urbana venha acompanhado, particularmente na França, da modernização da produção agrícola, e do deslocamento para os centros urbanos de parte da população rural, as terras desocupadas poderão ser entregues a serviços encarregados de transformá-las em reservas naturais; nos arredores das cidades, várias pequenas estações biológicas ou arqueológicas poderão assim ser criadas. As Casas da Cultura estariam intimamente envolvidas em sua gestão, confiada a funcionários cujo prestígio, numa sociedade civilizada, deveria ser pelo menos igual ao de engenheiros, militares e empresários – refiro-me a diretores de parques pré-históricos, arquitetos de monumentos históricos, conservadores de águas e florestas...

Em torno dessas reservas, talvez se instalasse, entre as Casas da Cultura, uma *competição* fundada no gosto pelo conhecimento, o amor e o respeito pela vida em todas as suas formas. Outros métodos, igualmente precários, infelizmente, e de alcance igualmente limitado, poderiam ser concebidos. Mas, multiplicando as tentativas, o objetivo seria sempre o mesmo: a instalação de um sistema de contrapeso, cujo efeito, espera-se, permita restabelecer um melhor equilíbrio entre o presente e o passado, a mudança e a permanência, o homem desenraizado das cidades e as verdades duradouras do mundo.

6. Testemunhos de nosso tempo

Prezado senhor,

Eu poria em seu cofre documentos relativos às últimas sociedades "primitivas" em vias de desaparição, exemplares de espécies vegetais e animais prestes a serem extintos pelo homem, amostras de ar e água ainda não poluídos por resíduos industriais, descrições e ilustrações de locais a serem em breve destruídos por instalações civis ou militares.[7]

Vinte e cinco compartimentos certamente não bastarão! Mas qualquer seleção daquilo que, da produção literária e artística dos últimos vinte anos, merece ser preservado por um milênio seria equivocada. E seria presunçoso e inútil indicar a nossos longínquos sucessores teorias e aparelhos científicos que irão julgar ultrapassados.

Mais vale, portanto, deixar-lhes alguns testemunhos de tantas coisas que, por culpa nossa e de nossos continuadores, eles não terão mais o direito de conhecer: a pureza dos elementos, a diversidade dos seres, a graça da natureza e a decência dos homens.

---

7. *Le Figaro Littéraire*, quinta-feira, 25 de novembro de 1965 (Lévi-Strauss 1965d). Jean Prasteau pedira a várias pessoas que listassem fatos, descobertas, invenções, livros ou quadros dos últimos vinte anos, cujo registro – ou a coisa em si – guardariam em 25 compartimentos de um cofre a ser enterrado em algum local de Paris, destinado aos arqueólogos do ano 3000.

XVI. CRITÉRIOS CIENTÍFICOS NAS DISCIPLINAS SOCIAIS E HUMANAS

O autor do presente texto espera não ser inconveniente ao confessar ter sentido um certo constrangimento, até mesmo um certo mal-estar, diante do anúncio da enquete determinada pela resolução da Conferência Geral da Unesco.[1] Parece-lhe grande demais o contraste entre o interesse aí manifestado pelas "principais tendências da pesquisa no campo das ciências sociais e humanas" e o descaso, abandono até, de que tais ciências são vítimas, precisamente onde o projeto foi apoiado com maior fervor.

Menos espetacular do que esse testemunho inesperado de boa vontade (desprovido de alcance prático, aliás, já que se situa no plano internacional, onde não existem meios de intervenção imediata), mas quão mais eficaz teria sido, no plano nacional, a oferta de locais de trabalho para pesquisadores dispersos e muitas vezes desencorajados por não disporem sequer de uma cadeira, uma mesa, e dos poucos metros quadrados indispensáveis ao exercício decente de um ofício, e pela inexistência ou insuficiência das bibliotecas, pela exiguidade dos financiamentos... Enquanto não formos libertados dessas preocupações extenuantes, não nos será possível evitar a impressão de que a questão do lugar dado às ciências sociais e humanas na sociedade

---

1. Publicado em *Revue Internationale des Sciences Sociales*, v. XVI, 1964, n. 4, pp. 579-97 (Lévi-Strauss 1964a). Reproduzido com autorização da Unesco. Texto escrito como resposta a uma enquete preliminar, decorrente da decisão da Conferência Geral da Unesco de estender às ciências sociais e humanas questões a respeito das principais tendências da pesquisa, já realizada junto às ciências exatas e naturais.

contemporânea foi, novamente, abordada pelo ângulo incorreto; de que se prefere dar-lhes uma satisfação de princípio na falta de satisfações reais, e contentar-se com a ilusão de que elas existem, em lugar de enfrentar a verdadeira tarefa, que seria a de lhes dar meios de existir.

O inconveniente seria menos grave e não passaria, afinal, de mais uma ocasião perdida, se os poderes públicos, nas escalas nacional e internacional, não pretendessem dividir com os próprios especialistas a responsabilidade por uma enquete de que eles serão duplamente vítimas: primeiro, porque representa sobretudo um álibi, e o supérfluo que promete terá de fazer as vezes de necessário; em seguida, porque requer sua participação ativa e, a não ser que se exponham à acusação de falta de civismo, terão de alocar algo de seu tempo, já corroído pelas dificuldades materiais em que os deixam debater-se, para se dedicarem a uma iniciativa cuja validade teórica é bastante duvidosa.

Não teríamos as mesmas dúvidas no tocante à enquete anterior, acerca das tendências da pesquisa no campo das ciências exatas e naturais. Mas a situação era outra: essas ciências existem há tanto tempo, têm fornecido provas tão numerosas e formidáveis de seu valor, que a questão de sua existência pode ser considerada resolvida. Não se coloca quanto a elas nenhuma questão de premissa: já que existem, é legítimo pedir-lhes que digam o que fazem e descrevam como o fazem.

Além disso, era cômodo introduzir na arquitetura das instituições nacionais e internacionais certo paralelismo entre as ciências exatas e naturais e investigações distintas, batizadas, convenientemente, de "ciências sociais e humanas": isso simplifica a nomenclatura e garante igualdade de tratamento, do ponto de vista material e moral, a docentes, pesquisadores e administradores que dedicam tempo e esforço comparáveis a um ou outro desses dois aspectos.

A dúvida surge quando razões de ordem prática, as quais – sempre convém lembrar – decorrem de uma convenção administrativa, são exploradas até suas últimas consequências em benefício de interesses profissionais, a menos que se trate simplesmente de preguiça intelectual. O autor deste texto consagrou sua vida inteira à prática das ciências sociais e humanas. Mas não lhe incomoda em nada reconhecer que entre elas e as ciências exatas e naturais não existe verdadeira paridade, que umas são ciências, as outras não, e que são designadas, apesar disso, pelo mesmo termo em virtude de uma ficção semântica e de uma esperança filosófica ainda não confirmada. Consequentemente, o paralelismo suposto pelas duas enquetes, já em sua formulação, trai uma visão imaginária da realidade.

Comecemos, pois, por tentar definir com precisão a diferença de princípio envolvida no emprego do termo "ciência" em ambos os casos. Ninguém duvida de que as ciências exatas e naturais sejam efetivamente ciências. Nem tudo o que se faz em seu nome, evidentemente, é de igual qualidade; alguns são grandes especialistas, outros são medíocres. Mas a conotação comum de todas as atividades que se desenvolvem sob a égide das ciências exatas e naturais não pode ser posta em causa. Na linguagem dos lógicos, diríamos que, no caso das ciências exatas e naturais, a definição "em extensão" se confunde com a definição "em compreensão": as características que fazem com que uma ciência mereça esse nome são as mesmas que, de modo geral, estão associadas ao conjunto das atividades concretas cujo inventário recobre empiricamente o campo das ciências exatas e naturais.

Quando passamos para as ciências sociais e humanas, no entanto, as definições em extensão e em compreensão deixam de coincidir. O termo "ciência" não passa de uma denominação fictícia que designa um grande número de atividades totalmente heteróclitas, das quais apenas umas poucas possuem caráter científico (se quisermos minimamente definir a noção de ciência do mesmo modo). Na verdade, muitos especialistas em investigações arbitrariamente reunidas sob o rótulo de ciências sociais e humanas seriam os primeiros a repudiar qualquer pretensão de fazerem obra científica, pelo menos não no mesmo sentido e com o mesmo espírito que seus colegas das ciências exatas e naturais. Distinções duvidosas, como aquela entre senso de minúcia e senso de geometria, têm-lhes servido para defender esse caso há bastante tempo.

Em tais condições, coloca-se uma questão preliminar. Posto que se pretende diagnosticar "as principais tendências da pesquisa nas ciências sociais e humanas", de quê exatamente estamos falando? Para manter-se fiel ao ideal de simetria implicitamente afirmado entre as duas enquetes, seria preciso tomar o objeto em extensão, como no outro caso. Mas isso obrigaria a enfrentar duas dificuldades. Como é impossível propor uma definição satisfatória do conjunto das matérias ensinadas nas faculdades de ciências sociais e de ciências humanas, será preciso não se limitar a elas. Tudo o que não for do âmbito das ciências exatas e naturais poderá, a partir daí, reivindicar seu pertencimento a ciências de outro tipo, cujo campo irá tornar-se praticamente ilimitado. Ademais, como o próprio critério de ciência irá confundir-se com o de investigações sem finalidade definida, não se poderá chegar a conclusão alguma quanto ao que motiva a enquete; sem delimitação possível, permanecerá teoricamente sem objeto.

Para se precaver contra esse risco, será portanto preciso começar a isolar, num campo cujos limites não coincidem, conforme se escolha defini-lo por seu conteúdo empírico ou pela ideia que dele se faz, a zona restrita em que as duas acepções se ajustam aproximadamente. As enquetes serão, assim, teoricamente comparáveis, mas deixarão de ser empiricamente homogêneas, pois ficará claro que apenas uma pequena parte das ciências sociais e humanas pode ser tratada do mesmo modo que se fazia, de direito, com o conjunto das ciências exatas e naturais.

A nosso ver, o dilema não tem saída. Porém, antes de iniciarmos a busca por uma solução inevitavelmente defeituosa, é útil passar rapidamente em revista certas causas acessórias da disparidade que se manifesta entre as ciências físicas e as ciências humanas.

Parece-nos, para começar, que as ciências físicas foram favorecidas, na história das sociedades, desde o princípio. Paradoxalmente, isso decorria do fato de que, por séculos ou mesmo milênios, os especialistas se ocuparam de problemas pelos quais a massa da população não se sentia concernida. O mistério que cercava suas investigações serviu-lhes de véu providencial, sob o qual puderam permanecer gratuitas durante muito tempo, em parte ou até (o que teria sido melhor) na totalidade. Graças a isso, os primeiros estudiosos puderam se interessar primeiro pelas coisas que acreditavam poder explicar, em vez de serem constantemente solicitados a explicar aquilo que interessava aos outros.

Desse ponto de vista, a infelicidade das ciências humanas é que o homem não pode deixar de se interessar por si mesmo. Em nome de tal interesse, recusou-se inicialmente a se oferecer à ciência como objeto de investigação, pois tal concessão tê-lo-ia obrigado a moderar e conter sua impaciência. A situação reverteu-se há alguns anos, sob efeito dos prodigiosos resultados obtidos pelas ciências exatas e naturais, e nota-se uma crescente expectativa em relação às ciências sociais e humanas, de que finalmente provém, por sua vez, sua utilidade. Perdoem-nos se vemos nessa resolução da Conferência Geral da Unesco uma demonstração dessa ansiedade suspeita, que apenas constitui outro perigo para nossas ciências. Pois não se leva em conta o fato de que ainda estão em sua pré-história. Supondo que um dia elas possam ser postas a serviço da ação prática, atualmente, elas não têm nada, ou quase nada, a oferecer. O único meio de permitir que existam é dar-lhes muito, mas, sobretudo, não lhes pedir nada.

Em segundo lugar, toda pesquisa científica postula um dualismo entre o observador e seu objeto. No caso das ciências naturais, o homem desempenha o papel de observador e tem o mundo por objeto. O campo no qual esse dualismo se verifica não é ilimitado, como descobriram a física e a biologia contemporâneas, mas é extenso o bastante para que o corpo das ciências exatas e naturais tenha-se desenvolvido nele livremente.

Se as ciências sociais e humanas são realmente ciências, devem preservar tal dualismo, e o fazem deslocando-o para o interior do próprio homem: o corte passa então entre o homem que observa e aquele ou aqueles que são observados. Mas não fazem senão respeitar o princípio. Pois, se tivessem de se modelar integralmente a partir das ciências exatas e naturais, não apenas teriam de fazer experiências com homens em vez de apenas observá-los (o que é teoricamente concebível, ainda que difícil de pôr em prática e de admitir moralmente), mas seria indispensável que tais homens não tivessem consciência de que experiências eram feitas com eles, sem o que a consciência que teriam delas modificaria de modo imprevisível o andamento da experimentação. A consciência surge, assim, como a inimiga secreta das ciências do homem, tanto enquanto consciência espontânea, imanente ao objeto da observação, como enquanto consciência refletida – consciência da consciência – no especialista.

As ciências humanas não estão totalmente desaparelhadas, sem dúvida, para contornar tal dificuldade. Os milhares de sistemas fonológicos e gramaticais que se oferecem ao exame dos linguistas, a diversidade das estruturas sociais, no tempo e no espaço, que alimenta a curiosidade de historiadores e etnólogos, constituem, como muitas vezes foi dito, experiências "feitas", cujo caráter irreversível em nada diminui o valor, tanto mais que atualmente se reconhece, contrariando o positivismo, que a função da ciência é menos prever do que explicar. Para sermos mais exatos, a explicação contém em si mesma um modo de previsão: a previsão de que noutra experiência "feita", que cabe ao observador descobrir onde está e ao especialista interpretar, estando presentes certas propriedades, outras estarão necessariamente ligadas a elas.

A diferença fundamental entre ciências físicas e humanas não reside, portanto, como se costuma afirmar, no fato de que apenas as primeiras podem fazer experiências e reproduzi-las idênticas a si mesmas em outros tempos e lugares. Pois as ciências humanas também podem fazê-lo; se não todas, pelo menos aquelas que – como a linguística e, em menor medida, a etnologia – são capazes de detectar elementos pouco numerosos e recorrentes, diversamente combinados num grande número de sistemas, por detrás da particularidade temporal e local de cada um.

Isso só pode significar que a faculdade de experimentar, seja *a priori* ou *a posteriori*, depende essencialmente do modo de definir e isolar o que se convier em entender por fato científico. Se as ciências físicas definissem seus fatos científicos com a mesma fantasia e o mesmo descuido que demonstra a maior parte das ciências humanas, elas também ficariam presas a um presente que não se reproduziria jamais.

Ora, se as ciências humanas exibem, nesse particular, uma espécie de impotência (que muitas vezes apenas encobre má vontade), é porque beiram constantemente um paradoxo, cuja ameaça percebem de modo confuso: toda definição correta de fato científico tem por efeito empobrecer a realidade sensível e, portanto, desumanizá-la. Consequentemente, na medida em que conseguem fazer obra verdadeiramente científica, nelas a distinção entre humano e natureza tem de ir-se atenuando. Se um dia se tornarem ciências de pleno direito, não mais se distinguirão das outras. De onde o dilema que as ciências humanas ainda não ousaram enfrentar, entre conservar sua originalidade e se inclinar diante da antinomia, então impossível de superar, entre consciência e experiência, ou pretender superá-la, mas desistindo de ocupar um lugar à parte no sistema das ciências e aceitando entrar, por assim dizer, "na fila".

Mesmo no caso das ciências exatas e naturais, não existe conexão automática entre a previsão e a explicação, muito embora não reste a menor dúvida de que seu avanço foi grandemente impulsionado pelo efeito conjugado desses dois faróis. Acontece de a ciência explicar fenômenos que não prevê, como no caso da teoria darwiniana. Acontece também de saber prever fenômenos que não é capaz de explicar, como a meteorologia. Contudo, cada visada pode, ao menos em teoria, ser corrigida ou verificada pela outra. As ciências físicas certamente não seriam o que são se encontros, ou coincidências, não tivessem ocorrido num considerável número de casos.

Se as ciências humanas parecem condenadas a seguir uma via medíocre e titubeante, é porque não se autorizam esse referenciamento duplo – por triangulação, diríamos – que permite ao viajante calcular a cada instante seu movimento em relação a pontos estáveis e obter deles informações. Até o momento, as ciências humanas tiveram de se contentar com explicações vagas e aproximadas, às quais falta, via de regra, o critério do rigor. E embora pareçam estar predispostas, por vocação, a cultivar a previsão que a opinião pública ávida não cessa de exigir delas, pode-se dizer, sem excessiva crueldade, que costumam errar.

Na verdade, a função das ciências humanas parece estar situada a meio caminho entre a explicação e a previsão, como se fossem incapazes de enveredar de modo decidido numa ou na outra direção. O que não quer dizer que tais ciências são inúteis teórica e praticamente, mas antes que sua utilidade se avalia por uma dosagem entre as duas orientações, que nunca admite uma delas completamente, mas, guardando um pouco de cada, engendra uma atitude original, na qual reside a missão própria das ciências humanas. Elas nunca – ou raramente – explicam até o final; não predizem com garantia alguma. Mas, compreendendo um quarto ou a metade e prevendo uma vez em duas ou quatro, não deixam de ser capazes de propiciar àqueles que as praticam, pela íntima solidariedade que instauram entre essas meias medidas, algo intermediário entre o conhecimento puro e a eficácia: a sabedoria, ou, em todo caso, uma certa forma de sabedoria que permite agir um pouco menos mal porque se compreende um pouco melhor, mas sem jamais poder determinar com exatidão o que se deve a um ou ao outro aspecto. Pois a sabedoria é uma virtude ambígua, que diz respeito tanto ao conhecimento quanto à ação, embora difira radicalmente de cada um deles tomado em separado.

Vimos que uma questão preliminar se impõe em relação às ciências sociais e humanas. Sua denominação não corresponde, ou corresponde apenas parcialmente, a sua realidade. De modo que é preciso começar por tentar introduzir um pouco de ordem na massa confusa que se apresenta ao observador sob o nome de ciências sociais e humanas; e, em seguida, determinar aquilo que, nelas, merece o epíteto de "científico", e por quê.

Em relação ao primeiro ponto, a dificuldade decorre do fato de o conjunto das disciplinas colocadas sob a rubrica de ciências sociais e humanas não se situarem, logicamente, no mesmo nível. Além disso, os níveis a que estão ligadas são numerosos, complexos e por vezes difíceis de definir. Algumas de nossas ciências têm por objeto o estudo de seres empíricos que são ao mesmo tempo *realia* e *tota*: sociedades que são ou foram reais, localizáveis em determinada porção do espaço ou do tempo, e cada uma delas encarada em sua globalidade. Terão sido reconhecidas a etnologia e a história.

Outras se dedicam a seres não menos reais, mas que correspondem a partes, ou aspectos, dos conjuntos evocados acima: a linguística estuda as línguas, o direito, as formas jurídicas, a ciência econômica, sistemas de produção e de troca, a ciência política, instituições de tipo igualmente particular. Mas tais categorias de fenômenos não possuem nada em comum, a não ser o fato de ilustrarem a condição parcial que os destaca das sociedades inteiras. Tomemos o exemplo da linguagem. Embora seja objeto de uma ciência como as outras, impregna-as todas: na ordem dos fenômenos sociais, nada pode existir sem ela. Os fatos linguísticos não podem, consequentemente, ser colocados no mesmo plano que os fenômenos econômicos ou jurídicos; os primeiros podem ocorrer na ausência dos últimos, mas não o contrário.

Por outro lado, se a linguagem é parte da sociedade, é coextensiva à realidade social, o que não pode ser dito dos demais fenômenos parciais que mencionamos. Por muito tempo, a ciência econômica abarcou apenas dois ou três séculos de história humana, a ciência jurídica uns vinte (o que continua sendo quase nada). Supondo-se que fosse possível a tais ciências flexibilizar suas categorias para pretender a uma competência mais vasta, nada garante que não sucumbissem, como ramos distintos do saber, sob o rigor do tratamento que teriam de impor a si mesmas.

Mesmo o paralelismo que traçamos sumariamente entre a história e a etnologia não resiste à crítica. Pois, pelo menos teoricamente, se toda sociedade humana é "etnografável" (ainda que muitas não o tenham sido, e jamais serão, porque não existem mais), nem todas são "historificáveis", em razão da inexistência de documentos escritos na esmagadora maioria delas. Não obstante, encaradas de outro ponto de vista, todas as disciplinas com objeto concreto – quer este seja parcial ou total – formam uma única categoria, se quisermos distingui-las de outros ramos das ciências sociais e humanas que buscam menos *realia* e mais *generalia*, como a psicologia social, e certamente também a sociologia, se lhe atribuirmos um objetivo e um estilo próprios, claramente distintos da etnografia.

Pensemos ainda na demografia, e o quadro se complica ainda mais. Do ponto de vista da absoluta generalidade e da imanência a todos os demais aspectos da vida social, o objeto da demografia, que são os números, situa-se no mesmo nível que a língua. Talvez por isso a demografia e a linguística são as duas ciências do homem que conseguiram ir mais longe no sentido do rigor e da universalidade. Curiosamente, são também elas que divergem ao máximo em relação à humanidade ou inumanidade do objeto, já que a linguagem é um atributo especificamente humano, ao passo que o número pertence, como modo constitutivo, a qualquer tipo de população.

Desde Aristóteles, lógicos têm-se debruçado periodicamente sobre a questão da classificação das ciências e, embora seus quadros estejam sujeitos à revisão à medida que aparecem novos ramos do saber e os antigos se transformam, fornecem uma base de trabalho aceitável. Os quadros mais recentes incluem as ciências humanas. Porém, de modo geral, decidem sumariamente a questão de seu lugar em relação às ciências exatas e naturais, e tomam-nas em bloco, reunidas sob dois ou três itens. Na verdade, a questão da classificação das ciências sociais e humanas nunca foi seriamente tratada.

Mas a breve recapitulação que apresentamos, no intuito de ressaltar os equívocos, confusões e contradições da nomenclatura, basta para mostrar que não se pode tentar nada com base nas divisões correntes. Portanto, será preciso começar por uma crítica epistemológica de nossas ciências, na esperança de detectar, para além de sua diversidade e heterogeneidade empíricas, um pequeno número de atitudes fundamentais cuja presença, ausência ou combinação dá conta da particularidade e complementariedade de cada uma delas melhor do que seu objetivo, confusa e abertamente proclamado.

Em obra anterior (Lévi-Strauss [1953c] 2008: 301-12), esbocei o que poderia ser tal análise das ciências sociais e humanas, conforme o modo como se situam em relação a dois pares de oposição: de um lado, a oposição entre observação empírica e construção de modelos e, do outro, uma oposição relativa à natureza de tais modelos, que podem ser mecânicos ou estatísticos, a depender de os elementos envolvidos serem ou não da mesma ordem de grandeza, ou de mesma escala, que os fenômenos que lhes cabe representar:

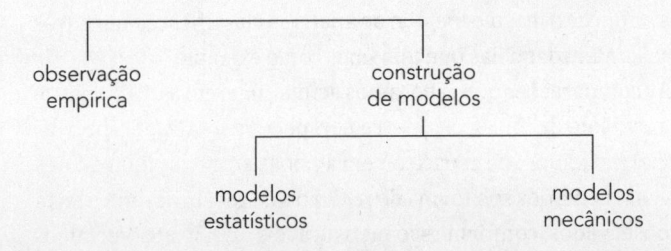

Apesar de sua simplicidade (ou por causa dela), esse esquema nos pareceu imediatamente permitir compreender – melhor do que o inventário de seus trabalhos – as posições respectivas e relativas dos quatro ramos das ciências humanas, entre as quais muitas vezes buscou-se fazer reinar a polêmica.

Se atribuirmos arbitrariamente o sinal + ao primeiro termo de cada par de opostos e o sinal - ao segundo, obteremos o quadro a seguir:

	História	Sociologia	Etnografia	Etnologia
observação empírica/ construção de modelos	+	–	+	–
modelos mecânicos/ modelos estatísticos	–	–	+	+

Vê-se, assim, que a etnografia e a história diferem da etnologia e da sociologia na medida em que as duas primeiras se baseiam na coleta e na organização de documentos, ao passo que as duas outras estudam antes modelos construídos a partir de tais documentos ou por meio deles. Em compensação, a etnografia e a etnologia têm em comum o fato de cada uma delas corresponder a uma das duas etapas de uma mesma pesquisa, que desemboca finalmente em modelos mecânicos, ao passo que a história (com as ciências ditas suas auxiliares) e a sociologia desembocam em modelos estatísticos, apesar de procederem cada qual a seu próprio modo.

Sugeríamos, finalmente, que recorrendo a outras oposições, como observação/experimentação, consciência/inconsciência, estrutura/medida, tempo mecânico e reversível/tempo estatístico e irreversível, poderíamos aprofundar e enriquecer suas relações e aplicar o mesmo método de análise à classificação de outras ciências além daquelas que tomamos como exemplo.

As comparações que esboçamos acima sugerem a utilização de um novo lote de oposições, entre perspectiva total e perspectiva parcial (no tempo, no espaço ou em ambos), entre os objetos de estudo, apreendidos sob forma de *realia* ou de *generalia*, entre os fatos observados, conforme são mensuráveis ou não etc. Veríamos então que, em relação a todas essas oposições, certas disciplinas têm seu lugar bem marcado, positiva ou negativamente, e que, num espaço de múltiplas dimensões (e por isso avesso às representações intuitivas), a cada uma delas corresponde um caminho original, que ora cruza, ora acompanha outros, e às vezes deles se afasta. Nada impede, aliás, que certas disciplinas, submetidas a esse teste crítico, percam sua unidade tradicional, e se dividam em duas ou mais subdisciplinas, que podem permanecer isoladas ou se juntar a outras, fundindo-se a elas. Finalmente, talvez seja possível descobrir caminhos logicamente possíveis (isto é, sem saltos), que corresponderiam ao traçado de ciências ainda por nascer, ou já latentes por detrás de pesquisas dispersas, cuja unidade não havia sido notada. A presença insuspeitada dessas lacunas explicaria a dificuldade que temos em discernir as linhas gerais – algumas de fato faltam – de uma organização sistemática de nosso saber.

Talvez pudéssemos assim finalmente compreender por que certas escolhas, certas combinações, são ou não, de fato ou de direito, compatíveis com as exigências da explicação científica, de modo que a primeira etapa desembocaria naturalmente na segunda, a qual poderíamos, então, iniciar.

Nessa segunda etapa, trata-se de "desnatar", por assim dizer, a massa confusa em que as ciências sociais e humanas se apresentam à primeira vista, para extrair, se não as disciplinas em si, pelo menos certas questões e modos de lidar com elas, que autorizem a aproximação entre as ciências do homem e as da natureza.

De saída, impõe-se, de modo absoluto, uma constatação: no conjunto das ciências sociais e humanas, só a linguística pode ser colocada em pé de igualdade com as ciências exatas e naturais. Por três motivos: a) tem um objeto universal, a linguagem articulada, que todos os grupos humanos possuem; b) seu método é homogêneo, ou seja, ela permanece igual qualquer que seja a língua específica a que for aplicada, moderna ou arcaica, "primitiva" ou "civilizada"; c) esse método se baseia em alguns princípios fundamentais, cuja validade é reconhecida unanimemente (a despeito de divergências secundárias) por todos os seus especialistas.

Não há outra ciência social ou humana que satisfaça integralmente tais requisitos. Limitemo-nos a três disciplinas cuja aptidão para isolar relações necessárias entre os fenômenos mais aproxima da linguística: o objeto da ciência econômica não é universal, mas estritamente circunscrito a uma pequena porção do desenvolvimento da humanidade; o método da demografia não é homogêneo, a não ser no caso específico dos grandes números; e os etnólogos estão longe de ter atingido entre eles a unanimidade de princípios que é hoje fato consumado para os linguistas.

De modo que consideramos que a enquete projetada pela Unesco só pode ser imediatamente aplicada à linguística, e talvez a algumas outras pesquisas "de ponta" que se apresentam aqui e ali no campo das ciências sociais e humanas, e que são declaradamente transposições do método linguístico.

O que fazer com o resto? O método mais razoável parece ser a realização de uma sondagem preliminar junto a especialistas de todas as disciplinas, solicitando-lhes uma resposta de princípio: consideram eles que os resultados obtidos em seu campo particular, ou pelo menos alguns deles, satisfazem aos mesmos critérios de validade que os aceitos pelas ciências exatas e naturais? Em caso afirmativo, pedir-se-á que enumerem tais resultados.

É de prever que nos encontraremos às voltas com uma lista de perguntas e questões das quais se dirá que existe certa "dose de comparabilidade" do ponto de vista da metodologia científica, concebida de modo mais geral. Tais amostras serão heteróclitas, e levarão provavelmente a duas constatações.

Em primeiro lugar, veremos que os pontos de contato entre ciências sociais e humanas, de um lado, e ciências exatas e naturais, do outro, nem sempre ocorrem nas disciplinas das duas ordens que tenderíamos a aproximar. Serão, às vezes, as mais "literárias" das ciências humanas que se mostrarão na vanguarda. Assim, ramos tradicionais das humanidades clássicas, como a retórica, a poética e a estilística já sabem recorrer a modelos mecânicos ou estatísticos, que lhes permitem tratar determinados problemas com métodos derivados da álgebra. Por utilizarem calculadoras eletrônicas, pode-se dizer que a estilística e a crítica textual estão em vias de aceder ao status de ciências rigorosas. Na corrida pelo rigor científico, é preciso desde já reservar o lugar de vários *outsiders*; e seria um grande equívoco crer que as ciências ditas "sociais" beneficiariam de saída de um avanço sobre certas ciências simplesmente chamadas de "humanas".

O estudo dessas aparentes anomalias será extremamente instrutivo. Permitirá constatar que, entre nossas disciplinas, as que mais se aproximam de um ideal propriamente científico são aquelas que melhor sabem se restringir à consideração de um objeto fácil de isolar, de contornos bem delimitados, e cujos diferentes estados, revelados pela observação, podem ser analisados por meio de umas poucas variáveis. Evidentemente, as variáveis sempre são muito mais numerosas nas ciências do homem do que costuma ocorrer nas ciências físicas. Por isso, buscaremos situar a comparação no nível em que o afastamento é relativamente pouco sensível. Por exemplo: entre as ciências físicas em que as variáveis são mais numerosas e as ciências humanas com o menor número delas. A obrigação que têm aquelas de lançar mão de modelos reduzidos (como os que a aerodinâmica testa em túneis de vento) permite compreender melhor o emprego que as ciências humanas devem fazer dos modelos e apreciar melhor a fecundidade dos métodos chamados "estruturais". Pois estes consistem em reduzir sistematicamente o número de variáveis, supondo, de um lado, para esse efeito, que o objeto em estudo forma um sistema fechado; e, do outro, buscando considerar apenas um tipo de variável por vez, para depois renovar a operação a partir de outros ângulos.

Em segundo lugar, a lista de amostras surpreenderá não apenas por sua diversidade: será também demasiado copiosa, de modo que os que forem encarregados de fazer as escolhas terão todos os motivos para se mostrarem indulgentes. Excetuam-se os casos, aos quais voltaremos, dos especialistas que se retiram deliberadamente da corrida, por julgarem que suas pesquisas são do âmbito da arte e não da ciência, ou de um tipo de ciência irredutível ao que as ciências exatas e naturais ilustram.

É de prever, contudo, que os exemplos serão muitos e de qualidade muito desigual. Será preciso triá-los, selecionar apenas alguns e recusar outros. Mas quem irá julgar? A questão é delicada, na medida em que se trata de localizar propriedades comuns às pesquisas no campo das ciências sociais e humanas, mas segundo normas que dependem, quando não diretamente das ciências exatas e naturais, pelo menos de uma epistemologia científica formulada no nível mais geral. O problema, portanto, é chegar a um *consenso* quanto ao que é científico ou não, e não apenas no seio das ciências sociais e humanas, que não estão qualificadas a legiferar de modo soberano, visto que, afinal, é justamente sobre a sua própria maturidade científica que será necessário se pronunciar, mas com o auxílio de representantes das ciências exatas e naturais.

Nossa ideia tende, portanto, a dar à enquete um movimento pendular. Com efeito, tudo se passa como se seus idealizadores tivessem simplesmente a intenção de sobrepor uma enquete à outra: segunda enquete – ciências sociais e humanas –, primeira enquete – ciências exatas e naturais. Nossa proposta, em suma, é substituir esse corte horizontal por um corte vertical, de modo que a segunda enquete prolongue a primeira, incorporando-lhe o espírito e parte dos resultados. Por outro lado, porém, a primeira enquete era total, ao passo que a segunda tem de ser seletiva, de modo que o conjunto formará um todo, mas irá se afinando:

ciências sociais e humanas

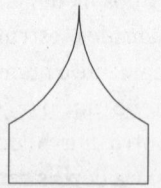

ciências exatas e naturais

O esquema acima não é arbitrário. Propomo-nos a demonstrar que reflete fielmente uma evolução que ocorreu nas ciências sociais e humanas ao longo dos últimos anos.

A distinção entre ciências sociais e ciências humanas responde a uma antiga preocupação. Talvez já se encontre esboçada implicitamente na organização do Institut de France, datada de um século e meio, em que os especialistas no estudo do homem se repartiram em duas academias, a das ciências morais e políticas e a das letras e literatura. Mas nada mais difícil de perceber do que o critério que preside a tal distinção. Para os fundadores do Institut de France, ao que parece, era de ordem histórica: numa academia, aqueles que se ocupam das obras humanas anteriores ao Renascimento e, na outra, os modernos. A distinção deixa de ser aplicável nas civilizações exóticas, onde essas categorias temporais têm outro significado ou são simplesmente abolidas (como no caso das sociedades estudadas pelos etnólogos). E nem se cogitou em repartir os filósofos entre as duas academias, conforme façam a história das antigas doutrinas ou meditem acerca de dados atuais.

Alguém poderia dizer que as ciências humanas são mais voltadas para a teoria, a erudição e a pesquisa pura, e as ciências sociais, para a prática, a observação e a pesquisa aplicada. Nesse caso, corre-se o risco de *ver* explodir cada uma das ciências, dependendo do tipo de pesquisa e das inclinações do especialista. A distinção também poderia ser buscada nos fenômenos, considerando que os que são estudados pelas ciências sociais emanam diretamente dos grupos, ao passo que as ciências humanas se dedicam primeiramente a obras criadas num regime de produção individual. Mas isso se revelaria imediatamente falso num número considerável de casos, e essa última tentativa nos leva a pôr o dedo na contradição inerente à própria distinção. Tudo o que é humano é social; a própria expressão "ciências sociais" representa um pleonasmo e devemos considerar viciada. Pois, ao se declararem "sociais", elas já implicam que tratam do homem; e é óbvio que, sendo primeiramente "humanas", são automaticamente "sociais".

Mas qual ciência não o é? Como escrevíamos há alguns anos:

> Mesmo biólogos e físicos mostram-se atualmente cada vez mais conscientes das implicações sociais de suas descobertas ou, melhor dizendo, de seu significado antropológico. O homem já não se contenta em conhecer; quanto mais conhece, mais se percebe conhecedor, e o verdadeiro objeto de sua pesquisa torna-se cada vez mais, com o passar do tempo, o par indissolúvel formado por uma humanidade que transforma o mundo e que transforma a si mesma no decorrer de suas operações (Lévi-Strauss 1954a).

O mesmo vale para o método. O da biologia recorre cada vez mais a modelos de tipo linguístico (código e informação genéticos) e sociológico (já que se fala atualmente numa verdadeira sociologia celular). Para os físicos, por sua vez, os fenômenos de interferência entre o observador e o objeto observado, muito mais do que um inconveniente prático que afeta o trabalho de laboratório, tornaram-se modo intrínseco do conhecimento positivo, que os aproxima singularmente de certos ramos das ciências sociais e humanas, como a etnologia, que reconhece e aceita o fato de ser prisioneira de um igual relativismo. As ciências sociais e humanas também possuem suas relações de incerteza, como entre estrutura e processo, por exemplo: só se pode perceber um ignorando o outro, e vice-versa; o que, diga-se de passagem, seria um modo cômodo de explicar a complementariedade entre história e etnologia.

É preciso reconhecer: a distinção entre ciências sociais e ciências humanas faz água por todos os lados. Nasceu e desenvolveu-se nos Estados Unidos, há menos de meio século; ainda subsiste em algumas de suas instituições (como os grandes conselhos nacionais de pesquisa); e ainda teve força suficiente para se impor à Unesco no momento de sua criação. Mas além de certos países não a terem jamais aceitado, como a França (que por sinal bem pode adotá-la, mas dando a ela, esperamos, um sentido totalmente diferente), o mais importante é que foi imediatamente criticada nos países anglo-saxões, por pensadores tão diferentes quanto o saudoso Robert Redfield, nos Estados Unidos, e, na Inglaterra, E. E. Evans-Pritchard: bastou que a antropologia fosse separada das ciências humanas e reunida às ciências sociais para que se sentisse exilada.

À guisa de solução melhor para esse velho problema, vemos surgir atualmente nos Estados Unidos uma nova terminologia, que agrupa as ciências segundo outros critérios. Parece-nos ser esse o sentido do aparecimento das *behavioral sciences*, ou ciências do comportamento humano. Ao contrário do que comumente se pensa, essa locução não designa de modo algum as antes ciências sociais. Nasce, na verdade, da crescente convicção, nos Estados Unidos como alhures, de que a expressão "ciências sociais" é ilegítima, e de que é melhor evitá-la.

O termo *behavioral sciences* foi formado a partir da palavra *behavior*, que, por razões peculiares à história das ideias do outro lado do Atlântico (o que basta para inviabilizar sua exportação), evoca a noção de um tratamento rigoroso dos fenômenos humanos. Na verdade, as *behavioral sciences* ocupam um campo situado, por assim dizer, na intersecção entre as ciências humanas e as ciências exatas e naturais. Congregam o conjunto das questões humanas que permitem ou exigem uma estreita colaboração com a biologia, a física e a matemática.

Isso está bastante claro num interessante documento intitulado *Strengthening behavioral sciences*, emitido por um subcomitê do *President's Science Advisory Committee*, que desempenha, junto ao Executivo dos Estados Unidos, um papel comparável ao que cabe, na França, à *Délégation générale à la recherche scientifique et technique*.[2] O documento foi publicado diversas vezes, notadamente pelas revistas *Science* (1952, v. 136) e *Behavioral Science* (1962, v. 7, n. 3), o que indica a importância que lhe foi dada.

O documento enfoca cinco tipos de pesquisas "capazes de ilustrar os sucessos obtidos e as questões que podemos esperar resolver num futuro próximo" (*Behavioral Science*, op. cit.: 277). São

---

2. Comparável ao Conselho Nacional de Desenvolvimento Científico e Tecnológico (CNPq) no Brasil. [N.T.]

elas, na ordem: a teoria da comunicação entre os indivíduos e os grupos, baseada no emprego de modelos matemáticos; os mecanismos biológicos e psicológicos do desenvolvimento da personalidade; a neurofisiologia do cérebro; o estudo do psiquismo individual e da atividade intelectual, fundado na psicologia animal e na teoria das máquinas calculadoras.

Nos cinco casos considerados, portanto, trata-se de pesquisas que supõem estreita colaboração entre certas ciências sociais e humanas (linguística, etnologia, psicologia, lógica, filosofia) e certas ciências exatas e naturais (matemática, anatomia e fisiologia humanas, zoologia). Esse modo de delimitar as questões é valioso, pois permite agrupar, tanto do ponto de vista teórico como do metodológico, todas as pesquisas "de ponta". Ao mesmo tempo, a perspectiva adotada é evidentemente incompatível com a distinção tradicional entre ciências físicas e ciências humanas, que deixa de lado o principal, a saber: que se as primeiras são hoje em dia ciências plenamente constituídas, às quais se pode, portanto, pedir que declarem suas "tendências", o mesmo não ocorre com as ciências humanas, em relação às quais coloca-se previamente a questão de sua capacidade científica. A insistência em manter a ficção do paralelismo entre elas corre o risco de encurralá-las na hipocrisia e numa ilusão de ótica.

Nosso temor é o de que, mais uma vez, as demonstrações de deferência para com as ciências sociais e humanas e o lugar lisonjeiro que lhes é reservado num programa conjunto tenham sobretudo valor de álibi. É legítimo perguntar às ciências exatas e naturais o que são. Mas as ciências sociais e humanas ainda não estão em condições de prestar contas. Se isso lhes for exigido ou se, politicamente, parecer hábil fazer de conta, não há de causar espanto o recebimento de balanços artificiosos.

Feito esse retorno às inquietações formuladas no começo deste texto, voltemos às *behavioral sciences* ou, mais precisamente, ao recorte original que a expressão supõe. É fácil perceber que este confirma e reforça nossas sugestões, já que postula uma atitude declaradamente seletiva diante das ciências sociais e humanas, graças à qual consegue restabelecer a ponte com as ciências exatas e naturais. A experiência justifica essa dupla orientação. De fato, não cremos que muitos desmintam a afirmação de que, atualmente, linguistas e etnólogos encontram assuntos de mútuo interesse mais facilmente com especialistas em neurologia cerebral ou etologia animal do que com juristas, economistas ou cientistas políticos.

Se uma nova repartição das ciências sociais e humanas entre as faculdades tivesse de ser feita, preferiríamos a esse dualismo implícito uma divisão em três grupos. Começaríamos por reservar os direitos daqueles, evocados acima, a quem o vocábulo "ciência" não inspira nenhuma inveja ou nostalgia; que veem no gênero particular de "ciência humana" que praticam investigações mais ligadas à erudição, à reflexão moral ou à criação estética. Não os consideramos, por sinal, atrasados, pois além de não haver ciência humana possível que não lance mão de tais reflexões – diríamos até: que não parta delas – vários campos de nossas ciências são ou demasiado complexos ou demasiado aproximados ou afastados do observador para serem encarados de outro modo. A rubrica "artes e letras" lhes conviria muito bem.

As duas outras faculdades teriam, assim, os títulos de "ciências sociais" e de "ciências humanas", contanto que finalmente algo de preciso fosse posto na base dessa distinção. Em termos gerais, a faculdade de ciências sociais congregaria o conjunto dos estudos jurídicos, tais como existem atualmente nas faculdades de direito, ao lado das ciências econômicas e políticas (o que foi feito apenas parcialmente no sistema francês) e certos ramos da sociologia e da psicologia social. Do lado das ciências humanas estariam a pré-história, a arqueologia, a história, a antropologia, a linguística, a filosofia, a lógica e a psicologia.

Assim, o único princípio concebível para uma distinção entre ciências sociais e ciências humanas transpareceria claramente. Reconheçamos: sob a coberta das ciências sociais, encontram-se todas as que aceitam sem restrições instalar-se no centro de sua própria sociedade, com tudo o que isso implica em termos de preparação dos alunos para uma atividade profissional, e de consideração de problemas do ponto de vista da intervenção prática. Não estamos afirmando que tais preocupações são as únicas, mas que existem e que são abertamente declaradas.

As ciências humanas, em contrapartida, são aquelas que se colocam fora de cada sociedade particular: seja por buscarem adotar o ponto de vista de uma sociedade qualquer ou o de um indivíduo qualquer em qualquer sociedade, seja porque, visando atingir uma realidade imanente ao homem, colocam-se aquém de todo indivíduo e de toda sociedade.

A relação entre ciências sociais e ciências humanas (que, sendo assim, apresenta-se muito mais como oposição do que como correlação) é a relação entre atitude centrípeta e atitude centrífuga. As primeiras às vezes aceitam partir de fora, mas para voltar para dentro. As outras seguem o caminho inverso: se ocorrer de se situarem na sociedade do observador, será para afastar-se dela o mais depressa possível, e inserir observações particulares num conjunto de alcance mais geral.

O que ao mesmo tempo indica a natureza da afinidade com as ciências exatas e naturais, na qual insistem as *behavioral sciences*, muito mais para o lado das ciências humanas do que para o das ciências sociais. Pois, efetivamente, as ciências que chamamos de "ciências humanas" podem se aparentar às ciências sociais pelo objeto; do ponto de vista do método, aproximam-se mais das ciências exatas e naturais, na medida em que recusam qualquer conivência com o objeto (que não lhes pertence); digamos, de forma vulgar, que à diferença das ciências sociais elas nunca estão "em conluio" com ele.

Proibindo-se qualquer complacência, nem mesmo de ordem epistemológica, para com seu objeto, as ciências humanas adotam o ponto de vista da imanência, ao passo que as ciências sociais, dando um lugar especial à sociedade do observador, a ela atribuem valor transcendental. Isso é bastante claro no caso dos economistas, que não hesitam em proclamar, para justificar a estreiteza de sua visada, que a racionalidade econômica constitui um estado privilegiado da natureza humana, surgido em determinado momento da história e em determinado ponto do mundo. É igualmente claro no caso dos juristas, que tratam um sistema artificial como se fosse real e que, para descrevê-lo, partem do postulado de que ele não encerra nenhuma contradição – e por isso foram comparados a teólogos. A transcendência a que se referem, implícita ou explicitamente, as ciências sociais não é, sabemos, de ordem sobrenatural. Mas é, digamos, "sobrecultural": isola uma cultura particular, coloca-a acima das demais, tratando-a como um universo separado que contém sua própria legitimação.

Não vai aí nenhuma crítica de nossa parte. Afinal, políticos, administradores, aqueles que desempenham funções sociais essenciais, como diplomatas, juízes e advogados, não podem colocar constantemente em causa a ordem particular no seio da qual sua atividade é exercida. E tampouco podem se expor aos riscos ideológicos e práticos de uma pesquisa realmente fundamental (o mais corriqueiro na história das ciências exatas e naturais), quando obriga a revogar certa representação do mundo, a abalar um corpo de hipóteses, a substituir um sistema de axiomas e postulados. Uma tal intransigência implica tomar distância da ação. A diferença entre ciências sociais e ciências humanas não é apenas de método; é também questão de temperamento.

Mas, como quer que se interprete essa diferença, a conclusão é a mesma: não existem, de um lado, as ciências exatas e naturais e, do outro, as ciências sociais e humanas. Existem duas abordagens, das quais apenas uma é científica no espírito: a das ciências exatas e naturais, que estudam o mundo, em que procuram se inspirar as ciências humanas, quando estudam o homem enquanto ser do mundo. A outra abordagem, ilustrada pelas ciências sociais, não deixa de operar com técnicas emprestadas das ciências exatas e naturais, mas as relações que então estabelecem com estas últimas são extrínsecas, não intrínsecas. Em relação às ciências exatas e naturais, as ciências sociais estão na posição de clientes, ao passo que as ciências humanas aspiram tornar-se discípulas.

Aproveitamos a ocasião para opinar a respeito de uma questão delicada, que já deu lugar a tomadas de posição retumbantes: as "tendências", objeto da enquete, devem ser as de uma ciência ocidental e contemporânea, ou devem ser incluídas aí todas as reflexões acerca do homem que apareceram em outras épocas e latitudes? Do ponto de vista teórico, é difícil perceber em nome de qual princípio seria possível tomar o primeiro partido. Mas o segundo levantaria dificuldades praticamente intransponíveis: o saber ocidental é duplamente acessível, já que existe em forma escrita e em línguas conhecidas pela maioria dos especialistas, ao passo que uma fração considerável do outro só existe na tradição oral, e o resto teria de ser previamente traduzido.

A fórmula que sugerimos permite eludir esse dilema. Nossa proposta é a de que sirvam de base para a enquete unicamente as pesquisas que satisfizerem a um critério externo: o da conformidade às normas do conhecimento científico tais como são geralmente admitidas, não apenas por especialistas das ciências sociais e humanas (o que produziria um círculo vicioso), mas também pelos das ciências exatas e naturais.

Partindo dessa base, parece ser realizável um amplo consenso. Mas logo irá se perceber que, se o critério de conhecimento científico só é passível de definição por referência à ciência do Ocidente (algo que, ao que parece, sociedade alguma contesta), as investigações sociais e humanas mais qualificadas não são todas ocidentais, longe disso. Os linguistas contemporâneos reconhecem facilmente que, no tocante a certas descobertas fundamentais, foram precedidos de vários séculos pelos gramáticos da Índia; e esse não é certamente o único campo no qual tenhamos de nos curvar ao saber do Oriente e do Extremo Oriente. Em outra ordem de ideias, os etnólogos estão atualmente convencidos de que mesmo sociedades de baixíssimo nível técnico e econômico, que desconhecem a escrita, em certos casos souberam dar a suas instituições políticas ou sociais um caráter consciente e deliberado que lhes confere um tom científico.

Passando da consideração dos resultados para a do objeto e do método, perceberemos entre ciências físicas, ciências sociais e ciências humanas relações que deixam de ser quantitativas e que devem ser cuidadosamente colocadas. As ciências sociais e as ciências humanas compartilham o objeto, que é o homem, mas seu parentesco para por aí. Em relação ao método, duas constatações se impõem. Tanto as ciências sociais como as ciências humanas buscam definir a si mesmas por referência às ciências exatas e naturais, que detêm os arcanos do método científico. Mas as relações entre as nossas ciências e as ciências canônicas são invertidas. Das ciências exatas e naturais, as ciências humanas tomaram a lição de que é preciso começar por descartar as aparências, se o que se aspira é compreender o mundo. As ciências sociais partem da lição simétrica, segundo a qual deve-se aceitar o mundo, se o que se quer é mudá-lo.

Tudo se passa, portanto, como se a unidade factícia das ciências sociais e humanas, animadas pelo mesmo desejo de medir-se com os fundamentos do saber científico, não resistisse à comparação com as ciências exatas e naturais. Elas se cindem, e só conseguem incorporar aspectos opostos de seu método: aquém da previsão, as ciências sociais regridem para uma forma bastante tosca de tecnologia (à qual é aplicado, certamente por isso, o nome maldoso de tecnocracia); além da explicação, as ciências humanas tendem a perder-se no limbo das especulações filosóficas.

Não é aqui o lugar de buscar saber como um método de dupla face pode ser praticado, com o sucesso que todos conhecemos, pelas ciências exatas e naturais, quando as ciências sociais e as ciências humanas só são capazes de conservar cada uma metade dele, que por sinal logo tratam de desnaturar. Afinal, a desigualdade não é surpreendente: só existe um mundo físico, cujas propriedades permaneceram as mesmas em todos os tempos e lugares, enquanto ao longo dos milênios, cá e lá, não pararam de surgir e desaparecer, como breves faíscas, milhares de mundos humanos. De todos esses mundos, qual é o mais válido? E se todos são válidos (ou nenhum é), onde se situa, por detrás deles ou diante deles, o verdadeiro objeto das ciências sociais e humanas? A diferença entre elas reflete a alternativa que as tormenta (à diferença das ciências exatas e naturais, que não têm por que sentir incertezas quanto a seu objeto): ou privilegiam um desses mundos, para poderem apreendê-lo, ou questionam-nos todos, em prol de uma essência comum que resta a descobrir ou de um universo único que, se for realmente único, virá fatalmente a confundir-se com o das ciências exatas e naturais.

Nas páginas precedentes, nada fizemos para mascarar essa divergência, que seremos talvez acusados por alguns de termos complacentemente exagerado. Efetivamente, parece-nos que atualmente as ciências sociais e as ciências humanas não têm interesse em esconder o que as divide e que a ambas pode inclusive ser benéfico prosseguir por caminhos separados por algum tempo. Se o progresso do conhecimento um dia demonstrar que as ciências sociais e humanas merecem ser chamadas de ciências, a prova virá da experiência: verificando que a terra do conhecimento científico é redonda e que, pensando afastar-se umas das outras para atingirem o estatuto de ciência positiva ainda que por vias opostas, sem perceberem, as ciências sociais e as ciências humanas acabarão se confundindo com as ciências exatas e naturais, das quais deixarão de se distinguir.

Convém, portanto, que o novo relatório dê à palavra "tendência" seu sentido mais rico e mais pleno; que se esforce em ser uma meditação ousada acerca do que ainda não existe, em vez de um balanço falseado por vergonha de exibir a insuficiência dos resultados obtidos; que, graças a um esforço construtivo em que a imaginação desempenhará seu papel, procure adivinhar as gestações latentes, a esboçar os delineamentos de evoluções indecisas; que se concentre menos em descrever o estado atual de nossas ciências do que em pressentir as vias que – quem sabe graças a ele – poderão trilhar as ciências do futuro.

XVII. AS DESCONTINUIDADES CULTURAIS E O DESENVOLVIMENTO ECONÔMICO E SOCIAL

1. A questão das descontinuidades culturais diante da etnografia e da história

Foi no século XVI que a questão das descontinuidades culturais se colocou à consciência ocidental, de modo brusco e dramático, com a descoberta do Novo Mundo.[1] Naquela época, porém, reduzia-se a uma alternativa bastante simples: ou os indígenas americanos são homens, e têm de se integrar, voluntariamente ou à força, à civilização cristã, ou sua humanidade pode ser contestada e, portanto, sua condição é animal. Seria preciso esperar até o século XVIII para que a questão fosse colocada em termos realmente históricos e sociológicos. Cumpre notar que, qualquer que fosse a solução proposta, todos os autores concordam quanto às premissas, isto é, quanto à possibilidade de comparar sociedades que hoje chamaríamos de primitivas com a civilização ocidental. Quer aquelas se situem, como crê Condorcet, no ponto de partida de uma evolução progressiva e ascendente, ou, como Diderot algumas vezes se permitiu sugerir, constituam um ápice, a partir do qual a humanidade só conheceu a decadência contínua, ou ainda, de acordo com o pensamento mais moderno e nuançado de Rousseau, seja preciso distinguir entre um estado de natureza,

---

1. Comunicação apresentada à "Mesa-redonda sobre as premissas sociais da industrialização", organizada pelo Conselho internacional de ciências sociais, em setembro de 1961. *Information sur les sciences sociales*, v. II-2, jun. 1963, Mouton, Haia-Paris, pp. 7-15 (Lévi-Strauss 1963). Republicado com a autorização do Conselho internacional de ciências sociais.

cuja noção é puramente teórica, e uma condição da humanidade ainda ilustrada em nossos dias pelos povos selvagens, que representaria uma espécie de *optimum* de equilíbrio entre o homem e a natureza, nenhuma dessas concepções discorda de que as descontinuidades culturais subsistem como testemunhos aparentes e vestígios de um desenvolvimento solidário.

A fragilidade dessa visão unitária do desenvolvimento da humanidade, ora concebida como progressão, ora como regressão, ou ainda como uma mistura complexa das duas fórmulas, viria a ser denunciada sobretudo por Auguste Comte. Assim, na 52ª lição do *Curso de filosofia positiva*, Comte chama a atenção para os perigos de uma teoria unitária do desenvolvimento social e cultural. É preciso, diz ele, estudar o desenvolvimento como propriedade específica da civilização ocidentawl, para só posteriormente adaptar as conclusões obtidas, se for o caso, à transformação, por fora, de outras sociedades. O marxismo confirma a especificidade das evoluções particulares:

"Quem quer que se empenhasse em reduzir a economia política da Terra do Fogo às mesmas leis por que se rege hoje a economia da Inglaterra não poderia, evidentemente, tirar alguma conclusão, a não ser uns quantos lugares-comuns da mais vulgar trivialidade" (Engels [1878] 1979: 127). Concordando nesse ponto com o positivismo, o marxismo vê no desenvolvimento uma propriedade intrínseca da civilização ocidental: "As velhas comunidades naturais [...] puderam viver milhares de anos [...] antes que o comércio com o mundo exterior engendrasse em seu seio as diferenças de patrimônio que deveriam acarretar a sua dissolução" (Engels ibid: 129).

Mas o pensamento marxista inova em dois pontos, de capital importância para a questão que nos interessa aqui. Em primeiro lugar, dá o devido crédito às velhas civilizações primitivas por descobertas sem as quais o desenvolvimento ocidental seria inconcebível, diante do que o alcance desse desenvolvimento, tal como podia ser apreciado no século XIX, é reduzido a modestas proporções: "essa 'primitivíssima antiguidade' [...] tem por ponto de partida a emancipação do homem das condições do reino animal e, por conteúdo, a superação de dificuldades tão grandes como jamais voltarão a se contrapor ao homem associado do futuro". (Engels ibid: 91). Em segundo lugar, e sobretudo, Marx derruba a perspectiva geralmente adotada em relação aos processos de industrialização e desenvolvimento. Segundo ele, a industrialização não é um fenômeno autônomo a ser introduzido de fora no interior de civilizações que permaneceram na passividade. Ao contrário, a industrialização é função, resultado indireto, da condição das sociedades ditas "primitivas", ou mais precisamente, da relação histórica entre elas e o Ocidente.

O problema fundamental do marxismo é saber por que e como o trabalho produz mais-valia. Raramente foi notado que a resposta de Marx a essa questão tem um caráter etnográfico. A humanidade primitiva era suficientemente reduzida para instalar-se apenas nas regiões do mundo cujas condições naturais garantiam um resultado positivo para seu trabalho. Ademais, é propriedade intrínseca da cultura – no sentido que os etnólogos dão ao termo – estabelecer entre mais-valia e trabalho uma relação tal que aquela sempre se acrescente a este. Por essas duas razões, uma de ordem lógica e a outra de ordem histórica, pode-se postular que, de saída, todo trabalho produz necessariamente mais-valia. A exploração do homem pelo homem vem mais tarde, e aparece concretamente, na história, na forma de exploração do colonizado pelo colonizador ou, dito de outro modo, pela apropriação, em benefício deste último, do excedente de mais-valia de que, como acabamos de ver, o primitivo dispõe de pleno direito:

> Suponha-se que um desses [cortadores de pão da Ásia oriental] necessite de doze horas de trabalho por semana para a satisfação de todas as suas necessidades. O que a graça da Natureza lhe dá diretamente é muito tempo de ócio. Para que o utilize de forma produtiva para si mesmo, toda uma série de circunstâncias históricas é requerida; para que o despenda como mais-trabalho para estranhos faz-se necessária coação externa. (Marx, *O capital*, II).[2]

Disso decorre, em primeiro lugar, que a colonização é lógica e historicamente anterior ao capitalismo e, em seguida, que o regime capitalista consiste em tratar os povos ocidentais do mesmo modo que o Ocidente tinha anteriormente feito com populações

---

2. Ed. bras. *O capital – crítica da economia política*, v. I, Livro Primeiro: *O processo de produção do Capital*, Tomo 2. São Paulo: Nova Cultural, 1996, p. 106.

indígenas. Portanto, para Marx, a relação entre capitalista e proletário não é senão um caso particular da relação entre colonizador e colonizado. Desse ponto de vista, seria quase possível sustentar que, no pensamento marxista, a ciência econômica e a sociologia nascem como dependências da etnografia. A tese é avançada com perfeita clareza n'*O Capital*, livro primeiro, tomo III, capítulo 31: a origem do regime capitalista remonta à descoberta de regiões auríferas e argentíferas da América, e posterior redução dos indígenas à escravidão, seguidas da conquista e pilhagem das Índias Orientais e, finalmente, da transformação da África numa "espécie de reserva comercial para a caça aos peles-negras". "Eis aí os procedimentos idílicos de acumulação primitiva que assinalam o alvorecer da era capitalista." Logo em seguida deflagra-se a guerra mercantil. "A escravidão dissimulada dos assalariados da Europa exigia como pedestal a escravidão escancarada no Novo Mundo."

Quer se aceite ou não as posições marxistas, essas são considerações importantes, pois chamam a atenção para dois aspectos da questão do desenvolvimento que os pensadores contemporâneos, de modo geral, tendem a desconsiderar.

Em primeiro lugar, as sociedades que hoje chamamos de "subdesenvolvidas" não o são por si mesmas, e seria equivocado concebê-las como exteriores ao desenvolvimento ocidental ou como tendo permanecido indiferentes diante dele. Na verdade, foram essas sociedades que, por sua destruição entre os séculos XVI e XIX, tornaram possível o desenvolvimento do mundo ocidental. Entre elas e este a relação é de complementaridade. Foi o próprio desenvolvimento, com suas exigências vorazes, que as fez tais como ele mesmo as descobre atualmente. Não se trata, portanto, de um encontro entre dois processos que teriam ocorrido isoladamente um do outro. A relação de estranheza entre as sociedades ditas subdesenvolvidas e a civilização mecânica consiste sobretudo no fato de que nelas a civilização mecânica encontra seu próprio produto ou, mais precisamente, a contrapartida das destruições que cometeu no âmago delas para instaurar sua própria realidade.

Em segundo lugar, a relação não pode ser concebida em abstrato. Não se pode desconsiderar o fato de ela vir-se manifestando de modo concreto, há vários séculos, na violência, na opressão e no extermínio. Também por isso a questão do desenvolvimento não é matéria para pura especulação. Qualquer análise dele ou solução que se proponha deve necessariamente levar em conta condições históricas irreversíveis e um clima moral que formam o que poderia ser chamado de "carga dinâmica" da situação colonial.

Jamais, consequentemente, o desenvolvimento pode ser considerado como fazia Malinowski: "Resultado do impacto de uma cultura mais elevada e mais ativa sobre uma cultura mais simples e mais passiva" (Malinowski 1945). "Simplicidade" e "passividade" não são atributos intrínsecos das culturas em questão, mas resultado da ação do desenvolvimento sobre elas, em seus primórdios. São uma situação criada pela brutalidade, pela pilhagem e pela violência, sem as quais as condições históricas desse desenvolvimento não teriam sido reunidas (se o tivessem sido de outro modo, a situação de contato teria sido totalmente diferente, completamente inimaginável para nós). Não há, nem pode haver, um "ponto zero da mudança" (Mair 1965, 1969), a menos que concordemos em fixá-lo no único momento em que realmente existiu, isto é, em 1492, às vésperas da descoberta do Novo Mundo que, destruindo primeiro esse Novo Mundo e, em seguida, vários outros, reuniria as condições do desenvolvimento em benefício do Ocidente, permitindo que esse desenvolvimento ocorresse, antes de ele vir se impor de fora a sociedades previamente saqueadas para que o desenvolvimento pudesse nascer e crescer de seus destroços.

O que vale para a grande história vale também para a pequena. Lidando com os problemas da industrialização dos países subdesenvolvidos, a civilização ocidental começa por encontrar neles a imagem deformada, e como que congelada ao longo dos séculos, das destruições que lhe foi preciso operar para existir. E, do mesmo modo, ainda que em escala menor, é equivocado pensar que o contato entre a civilização mecânica e essas populações que lhe haviam permanecido totalmente estrangeiras transcorre num plano abstrato. A bem dizer, muito antes de o contato assumido ocorrer, efeitos antecipados se fizeram sentir durante longos anos, de dois modos: ora na forma de uma segunda destruição à distância, ora na forma de uma aspiração, que também equivale a uma destruição.

Fala-se das devastações causadas pelas doenças introduzidas pelo homem branco em populações que ainda não desenvolveram nenhuma imunidade a elas com frequência o bastante para tornar desnecessário lembrar o extermínio de sociedades inteiras vitimadas por doenças, iniciado no século XVI e cujos lamentáveis efeitos ainda hoje é possível verificar. Do mesmo modo que o cavalo se espalhou pelas planícies da América do Norte muito mais depressa do que a civilização ocidental, atingindo as culturas indígenas como que por antecipação, os germes patogênicos viajam com incrível rapidez: mesmo nas regiões mais remotas do planeta, onde se poderia supor que haja sociedades intactas, seu efeito devastador é sentido vários anos, às vezes várias décadas antes da efetivação do contato propriamente dito.

O mesmo se pode dizer das matérias-primas e das técnicas. Em artigo intitulado "A revolução do machado" (1959), Alfred Métraux apresentou de que modo a adoção dos machados de ferro, ao facilitar e simplificar as atividades técnicas e econômicas, pode provocar uma verdadeira destruição das civilizações indígenas. Os Yir Yoront no norte da Austrália, estudados por Lauriston Sharp, perderam, com a adoção de ferramentas de metal, o conjunto de instituições econômicas, sociais e religiosas que estava relacionado à posse, utilização e transmissão dos machados de pedra. A adoção de ferramentas mais aperfeiçoadas acarretou o desabamento da organização social e a decomposição do grupo. E, na forma de ferramentas gastas ou estragadas, às vezes até de ínfimos pedacinhos, o ferro viaja mais depressa e mais longe do que os homens, ao sabor das guerras, casamentos e trocas comerciais.

Tais destruições à distância também podem ocorrer na forma de uma verdadeira aspiração de grupos indígenas por uma civilização que ainda mal os tocou. Stanner evocou recentemente um acontecimento antigo, que já viveram outros etnólogos, na Austrália, na América do Sul ou alhures. Por volta de 1930, fora alertado, por relatórios oficiais e oficiosos, da existência de tribos ainda completamente selvagens numa região remota da Austrália, para descobrir, *in loco*, que instalações precárias de europeus ou chineses, que vinham-se sucedendo na região havia cinco décadas, tinham conseguido dissolver a população indígena, que se tornara errante, em busca de instrumentos de metal, tabaco, chá, açúcar e roupas. Os supostos "selvagens" eram apenas as últimas populações do interior a serem aspiradas, como suas congêneres, pela frente pioneira, já social e moralmente decompostas. Nos territórios inexplorados não havia mais ninguém (Stanner 1960: 74-75).

2. As três fontes de resistência ao desenvolvimento

Tendo definido o quadro histórico concreto no qual se manifestam as descontinuidades culturais, podemos tentar, com menos riscos, buscar as causas profundas da resistência ao desenvolvimento.

Antes disso, porém, convém distinguir os casos, excepcionais por sinal, de casos em que a cultura indígena tradicional consegue se refugiar parcialmente numa espécie de "nicho" cultural definido pela civilização industrial.

O exemplo mais célebre é o dos Iroqueses do estado de Nova York, que há mais de meio século fornecem as melhores equipes especializadas na montagem de estruturas metálicas como pontes, arranha-céus etc. A vocação pode ser explicada, em parte, por um treinamento tradicional para vencer corredeiras e precipícios; e talvez esses índios tenham encontrado nessa atividade arriscada, geradora de prestígio e muito bem remunerada – e também intermitente, o que implica certo nomadismo – um substituto para suas antigas expedições de guerra.

Menos duradouro, mas igualmente digno de nota, foi o extraordinário florescimento das artes plásticas e gráficas na costa noroeste do Canadá e do Alasca, depois da instalação de estabelecimentos para o comércio de peles. Mais tempo de lazer, combinado à introdução de ferramentas de metal e um enriquecimento propício à especulação exacerbaram, durante aproximadamente cinquenta anos, uma orientação latente para as lutas de prestígio, nas quais a posse, a exibição e a destruição de objetos preciosos desempenhavam um papel central. É verdade que, nesse caso, a catástrofe demográfica, causada pela introdução das doenças europeias, agia momentaneamente no mesmo sentido, já que vários títulos nobiliários, por falta de herdeiros, tornavam-se objeto de cobiça e meio de ascensão social para uma classe de "novos ricos". Mas esses e alguns outros exemplos que poderíamos acrescentar-lhes não passam de curiosidades.

De modo geral, parecem ser três as causas profundas da resistência ao desenvolvimento. Primeiro, a tendência da maioria das sociedades primitivas a preferir a unidade à mudança. Em segundo lugar, um profundo respeito pelas forças naturais. E, finalmente, a aversão a se engajar num devir histórico.

a) O desejo de unidade

Invoca-se frequentemente o caráter não competitivo de certas sociedades, que chamamos primitivas, para explicar sua resistência ao desenvolvimento e à industrialização. Quanto a isso, é preciso ponderar que a passividade e a indiferença que têm impressionado os observadores podem ser consequência do traumatismo consecutivo ao contato, e não uma condição inicialmente dada. No entanto, é fundamental frisar que, com muita frequência, essa ausência de espírito competitivo não resulta de um estado induzido de fora ou de um condicionamento passivo anterior, mas antes de um progresso deliberado, que corresponde a certa concepção das relações entre o homem e o mundo e dos homens entre si. Vê-se o quanto atitudes tão diferentes das do mundo ocidental podem estar profundamente enraizadas no divertido exemplo proveniente de uma observação recentemente feita na Nova Guiné, entre os Gahuku-Kama. Estes indígenas aprenderam a jogar futebol com os missionários, mas, em vez de buscarem a vitória de um dos lados, multiplicam o número de partidas até que o número de derrotas e vitórias fique exatamente equilibrado. O jogo termina, não como entre nós, quando há um vencedor, mas quando se tem certeza de que não haverá perdedor (Read 1959: 429).

Observações inversas podem ser feitas em outras sociedades, mas igualmente incompatíveis com um real espírito competitivo, como, por exemplo, quando jogos tradicionais são realizados entre dois times que representam respectivamente os vivos e os mortos, e devem portanto terminar com a vitória dos primeiros.

São os mesmos Gahuku-Kama que, por sinal, como é comum na Nova Guiné, repartem as responsabilidades políticas entre o personagem do chefe e o do orador, sendo o papel deste último manifestar aberta e agressivamente os conflitos, ao passo que o chefe, ao contrário, intervém para apaziguar, pacificar e obter soluções intermediárias. Quanto a isso, é digno de nota que, na quase totalidade das sociedades ditas "primitivas", a ideia de voto de maioria seja inconcebível, sendo a coesão social e o bom entendimento no interior do grupo considerados preferíveis a qualquer inovação. Consequentemente, nelas só são tomadas decisões unânimes. Em certos casos, observados em várias regiões do mundo, as deliberações são precedidas por combates simulados, no decorrer do qual esvaziam-se antigas querelas. O voto só ocorre depois que o grupo, aliviado e renovado, tenha realizado em si as condições para a indispensável unanimidade.

b) O respeito pela natureza

A concepção que várias sociedades primitivas têm da relação entre natureza e cultura também pode explicar certa resistência ao desenvolvimento. Pois este implica reconhecer prioridade absoluta à cultura sobre a natureza, algo que não se verifica quase nunca fora da área da civilização industrial. A descontinuidade entre os dois reinos é universalmente reconhecida, sem dúvida, e não existe nenhuma sociedade, por mais modesta que seja, que não atribua um valor eminente às artes da civilização, por cuja descoberta e utilização a humanidade se distingue da animalidade. Contudo, entre os povos ditos "primitivos", a noção de natureza sempre apresenta um caráter ambíguo: a natureza é pré-cultura e também subcultura, mas é sobretudo o lugar em que o homem pode esperar entrar em contato com os ancestrais, os espíritos e os deuses. De modo que há na noção de natureza um componente "sobrenatural", e essa "sobrenatureza" está tão incontestavelmente acima da cultura quanto a própria natureza está abaixo dela.

Em tais condições, não é de espantar que as técnicas e objetos manufaturados sofram, no pensamento indígena, uma espécie de desvalorização, quando se trata do essencial, isto é, das relações entre o homem e o mundo sobrenatural. Tanto na Antiguidade clássica e não clássica como no folclore ocidental e nas sociedades indígenas contemporâneas, poderíamos encontrar inúmeros exemplos de proscrição de objetos manufaturados locais ou de objetos de introdução recente em todos os atos da vida cerimonial e nos vários momentos do ritual. Tal como ocorreu com a proscrição do empréstimo a juros pela Igreja Católica e pelo Islã, verifica-se aí uma profunda resistência ao que se poderia chamar de "instrumentalidade", que modela as atitudes, muito além do objetivo declarado de tal ou qual proibição.

Convém interpretar do mesmo modo a aversão a transações imobiliárias, mais do que como consequência imediata do regime econômico ou da propriedade coletiva do solo. Quando, por exemplo, comunidades indígenas miseráveis dos Estados Unidos, compostas de apenas algumas dezenas de famílias, rebelam-se diante da perspectiva de expropriações que envolvem indenizações da ordem de centenas de milhares, às vezes até mesmo milhões, de dólares, é porque, segundo os próprios interessados, certas terras são por eles concebidas como uma "mãe", que não podem trocar e da qual não podem se desfazer. Levando ainda mais longe o raciocínio, existem populações de coletores de grãos selvagens (os Menomini da região dos Grandes Lagos) que conhecem perfeitamente as técnicas agrícolas de seus vizinhos (os Iroqueses, no caso) e se recusam a aplicá-las a seu alimento principal (arroz selvagem), apesar de ser totalmente apropriado ao cultivo, porque não podiam "ferir sua mãe terra". Em tais casos, trata-se efetivamente de uma prioridade de princípio concedida à natureza sobre a cultura, que nossa civilização também conheceu no passado e que às vezes volta à tona, em períodos de incerteza e crise, mas que, nas sociedades ditas "primitivas", corresponde a um sistema de crenças e práticas solidamente construído.

É a mesma oposição, por sinal, que fundamenta teoricamente a divisão sexual do trabalho. Por mais variável que possa parecer quando se comparam sociedades umas às outras, ela comporta elementos constantes, que são diversamente interpretados, e cujas aplicações diferem em cada caso. Como a homologia entre as oposições *natureza/cultura* e *fêmea/macho*, em virtude da qual são reservadas às mulheres as formas de atividade concebidas como sendo da ordem da natureza (como o cuidado das roças) ou que colocam a artesã diretamente em contato com produtos ou objetos naturais (cerâmica modelada à mão, tecelagem-trançado), ao passo que os homens tendem a ser encarregados dos mesmos tipos de atividade, mas que requerem a intervenção da cultura, na forma de ferramentas e máquinas cuja fabricação atinge certo nível de complexidade (relativo, aliás, conforme as sociedades).

c) A recusa da história

Tendo em mente esses dois pontos, percebe-se que não há sentido em colocar a questão das sociedades "sem história". Não se trata de saber se as sociedades ditas "primitivas" possuem ou não uma história, no sentido que nós damos ao termo. Essas sociedades estão na temporalidade como todas as demais, e tanto quanto elas, mas à diferença do que ocorre entre nós recusam a história e se esforçam por esterilizar em seu germe tudo o que possa vir a ser algum devir histórico. Como diz um provérbio dos Lovedu da África do Sul, de modo nostálgico e significativo: o ideal é voltar para casa, porque ninguém jamais voltará para o ventre materno...

Nossas sociedades ocidentais são feitas para mudar, é esse o princípio de sua estrutura e de sua organização. As sociedades ditas "primitivas" assim nos parecem, sobretudo, porque foram concebidas por seus membros para durar. Sua abertura para o exterior é mínima, e impera nelas o que chamaríamos entre nós de "bairrismo". O estrangeiro, ainda que seja um vizinho próximo, é considerado sujo e grosseiro; chega-se a negar-lhe a condição de humano. Em compensação, a estrutura social interna possui uma trama mais cerrada e um ambiente mais rico do que em civilizações complexas. Nada nelas é deixado ao acaso, e o duplo princípio de que é preciso haver um lugar para cada coisa e de que cada coisa deve estar em seu lugar impregna toda a vida moral e social. Ele explica igualmente como sociedades de baixíssimo nível tecnológico podem atingir uma sensação de bem-estar e plenitude e o fato de cada uma delas considerar que oferece a seus membros a única vida que vale a pena ser vivida. Talvez lhes garantam, assim, mais felicidade. Mas, como essa felicidade se quer plena, cada forma tem de ser separada das demais e fixa de direito, ainda que nem sempre de fato.

XVIII. RAÇA E HISTÓRIA

1. Raça e cultura

Falar de contribuição das raças humanas à civilização mundial numa coleção[1] de brochuras destinadas a lutar contra o preconceito racial pode causar alguma surpresa. De nada teria valido dedicar tanto talento e esforço para mostrar que, no atual estágio da ciência, nada permite afirmar a superioridade ou a inferioridade intelectual de uma raça em relação a outra, se fosse apenas para devolver sub-repticiamente à noção de raça alguma consistência, parecendo demonstrar que os grandes grupos étnicos que compõem a humanidade teriam dado, *enquanto tais,* contribuições específicas ao patrimônio comum.

Nada mais afastado de nossas intenções do que tal empreita, cujo único resultado seria formular a doutrina racista às avessas. Buscar caracterizar as raças biológicas por propriedades psicológicas particulares é distanciar-se da verdade científica, quer se as defina positiva ou negativamente. Cumpre lembrar, no entanto, que Gobineau, que ficou na história como pai das teorias racistas, não concebia a "desigualdade das raças humanas" de modo quantitativo, mas qualitativo; para ele, as grandes raças que contribuíram para a formação da humanidade atual, que não podem ser ditas primitivas – branca, amarela, negra –, eram menos desiguais em valor absoluto

---

1. Coleção *La Question raciale devant la science moderne.* Paris: Unesco, 1952 (Lévi-Strauss 1952b). Republicado com a autorização da Unesco. O texto foi revisto e, em certos trechos, corrigido.

do que diversas em suas aptidões particulares. A tara da degenerescência, segundo ele, estava mais associada ao fenômeno da mestiçagem do que à posição de cada raça numa escala de valores comum a todas elas; estava, portanto, destinada a atingir a humanidade por inteiro, fadada, sem distinção de raça, a uma mestiçagem cada vez mais acentuada. Mas o pecado original da antropologia consiste em confundir a noção puramente biológica de raça (supondo que tal noção possa, mesmo nesse campo restrito, pretender à objetividade, o que a genética moderna contesta) e as produções sociológicas e psicológicas das culturas humanas. Bastou que Gobineau o cometesse para ver-se preso no círculo infernal que leva, de um equívoco intelectual que não exclui a boa-fé, à legitimação involuntária de todas as tentativas de discriminação e opressão.

Além disso, quando falamos, neste estudo, em contribuição das raças humanas à civilização, não queremos dizer que os aportes culturais da Ásia ou da Europa, da África ou da América, tirem qualquer originalidade do fato de esses continentes serem povoados, em termos gerais, por habitantes de estirpes raciais diferentes. Se houver alguma originalidade – o que é bem provável –, há de estar relacionada a circunstâncias geográficas, históricas e sociológicas, e não a aptidões ligadas à constituição anatômica ou fisiológica dos negros, amarelos ou brancos. Pareceu-nos, contudo, que justamente por concentrar seus esforços no estabelecimento dessa verdade negativa, esta série de brochuras podia correr o risco de, ao mesmo tempo, relegar ao segundo plano um aspecto igualmente importante da vida da humanidade: o fato de não transcorrer num regime de uniforme monotonia mas, ao contrário, em modos extraordinariamente diversos de sociedades e civilizações. Tal diversidade intelectual, estética, sociológica, não está ligada por nenhuma relação de causa e efeito à diversidade que existe, no plano biológico, entre certos aspectos observáveis dos grupos humanos. É apenas paralela a ela, em outro âmbito; mas, ao mesmo tempo, distingue-se dela por duas características importantes. Primeiro, é de outra ordem de grandeza. Existem muito mais culturas humanas do que raças humanas: aquelas contam-se em milhares, estas, em unidades. Duas culturas elaboradas por homens pertencentes à mesma raça podem diferir tanto, ou mais até, do que duas culturas de grupos racialmente afastados. Em segundo lugar, ao contrário da diversidade das raças, cujo principal interesse é a origem histórica e a distribuição no espaço, a diversidade entre as culturas coloca vários problemas, pois é possível se perguntar se ela constitui, para a humanidade, uma vantagem ou um inconveniente –, questão que, como um conjunto, se subdivide em muitas outras.

Finalmente, e sobretudo, devemos nos perguntar em que consiste tal diversidade, ou correremos o risco de *ver* os preconceitos racistas recém-arrancados de seu fundamento biológico reconstituídos em outro campo. Pois de nada valeria conseguir fazer com que o cidadão comum deixe de atribuir significado intelectual ou moral ao fato de ter a pele negra ou branca, o cabelo liso ou crespo, para permanecer silencioso diante de outra questão, que a experiência prova estar diretamente ligada àquela: se não existem aptidões raciais inatas, como se explica o fato de a civilização desenvolvida pelo homem branco ter realizado os imensos progressos conhecidos, enquanto as dos povos de cor ficaram para trás, umas a meio caminho, as outras com um atraso calculável em milhares ou dezenas de milhares de anos? Não se pode pretender ter resolvido pela negativa a questão da desigualdade das *raças* humanas sem enfrentar também a da desigualdade – ou diversidade – das *culturas* humanas, que a ela está intimamente ligada, de fato senão de direito, na opinião pública.

2. Diversidade das culturas

Para compreender como, e em que medida, as culturas humanas diferem entre si, se tais diferenças se anulam ou se contradizem, ou se contribuem para formar um conjunto harmonioso, é preciso inicialmente tentar inventariá-las. Mas aqui começam as dificuldades, pois é forçoso reconhecer que as culturas humanas não diferem umas das outras do mesmo modo, nem no mesmo plano. Inicialmente, estamos diante de sociedades justapostas no espaço, umas próximas, outras distantes, mas todas contemporâneas. Em seguida, devemos levar em conta formas da vida social que se sucederam no tempo, e que nos é vedado conhecer por experiência direta. Qualquer pessoa pode se transformar em etnógrafo e ir compartilhar *in loco* a existência de uma sociedade que lhe interesse. Contudo, ainda que se torne historiador ou arqueólogo, jamais entrará diretamente em contato com uma civilização extinta, mas somente através dos documentos escritos ou monumentos figurados que essa sociedade – ou outras – tiver deixado a seu respeito. Enfim, não devemos esquecer que as sociedades contemporâneas que desconhecem a escrita, como as que chamamos de "selvagens" ou "primitivas", também foram precedidas por outras formas, praticamente impossíveis de conhecer, mesmo de maneira indireta; um inventário consciencioso deve lhes reservar casas em branco, certamente muitíssimo mais numerosas do que as casas em que nos sentimos capazes de inscrever algo. Impõe-se uma primeira constatação: a diversidade das culturas humanas é, de fato no presente e de direito no passado, muito maior e mais rica do que jamais nos será dado conhecer.

Porém, mesmo imbuídos de um sentimento de humildade e conscientes dessa limitação, encontramos outras dificuldades. O que devemos entender por culturas diferentes? Algumas parecem sê-lo, mas, se tiverem divergido a partir de um tronco comum, não diferirão do mesmo modo que duas sociedades que não se relacionaram em momento nenhum de suas trajetórias. O antigo império dos Incas no Peru e o do Daomé, na África, diferem entre si de modo mais absoluto do que, digamos, a Inglaterra e os Estados Unidos contemporâneos, ainda que estas duas sociedades também devam ser tratadas como sociedades distintas. Inversamente, sociedades que entraram em contato estreito recentemente podem projetar a imagem de uma mesma civilização, quando chegaram a isso por vias diferentes, que têm de ser levadas em conta. Nas sociedades humanas, operam simultaneamente forças que trabalham em direções opostas: umas tendem a manter – e mesmo a acentuar – particularidades, enquanto as outras agem no sentido da convergência e do assemelhamento. O estudo das línguas fornece exemplos notáveis de tais fenômenos: ao mesmo tempo que línguas de mesma origem tendem a se diferenciar umas das outras (como o russo, o francês e o inglês), línguas de origens diversas, mas faladas em territórios contíguos, desenvolvem características comuns. O russo, por exemplo, diferenciou-se em certos aspectos de outras línguas eslavas, aproximando-se, pelo menos em certos traços fonéticos, das línguas fino-ugrianas e turcas faladas em sua vizinhança geográfica imediata.

Estudando tais fatos – e outros campos da civilização, como as instituições sociais, a arte e a religião, facilmente forneceriam outros tantos no gênero – somos levados a nos perguntar se as sociedades humanas não se definiriam, no tocante a suas relações recíprocas, por um certo *optimum* de diversidade, que não deveriam ultrapassar, mas abaixo do qual tampouco podem descer sem risco. Esse *optimum* variaria em função do número de sociedades, de seu contingente demográfico, de seu afastamento geográfico e dos meios de comunicação (materiais e intelectuais) que utilizam. Na verdade, a questão da diversidade não se coloca apenas quanto às culturas consideradas em suas relações recíprocas, existe também dentro de cada sociedade, nos grupos que a constituem: castas, classes, meios profissionais ou confessionais etc. desenvolvem diferenças às quais cada qual atribui extrema importância. Podemos nos perguntar se essa *diversificação interna* não tende a aumentar quando a sociedade se torna, noutros aspectos, mais volumosa e mais homogênea; talvez tenha ocorrido isso na Índia antiga, com seu sistema de castas tal como se desenvolveu a partir do início do domínio ariano.

Percebe-se que a noção de diversidade das culturas humanas não deve ser concebida de modo estático. Não se trata da diversidade de uma amostragem inerte ou de um catálogo ressecado. Os homens certamente teriam elaborado culturas diferentes em razão do distanciamento geográfico, das propriedades particulares do meio e por desconhecimento do restante da humanidade? Isso só poderia ser rigorosamente verdade se cada cultura ou cada sociedade tivesse surgido e se desenvolvido isoladamente em relação a todas as demais. Pois bem, nunca é esse o caso, exceto talvez em exemplos excepcionais como o dos Tasmanianos (e, ainda assim, por um período limitado). As sociedades humanas nunca estão sozinhas; mesmo as que parecem mais afastadas, ainda o são em grupos ou pacotes. Podemos supor sem exagero que as culturas norte--americanas e sul-americanas ficaram praticamente sem contato com qualquer outra parte do mundo durante dezenas de milhares de anos. Mas esse considerável pedaço de humanidade desgarrada consistia numa multidão de sociedades, grandes e pequenas, que mantinham umas com as outras constante contato. E assim, ao lado de outras diferenças, decorrentes do isolamento, existem aquelas decorrentes da proximidade: desejo de se opor, de se distinguir, de ser o que se é. Muitos costumes surgiram menos por alguma necessidade interna ou acaso favorável do que da simples vontade de não ficar por baixo, em relação a um grupo vizinho que submetesse a normas precisas algum campo de pensamento ou de atividade no qual não se tivesse pensado em impor regras. Consequentemente, a diversidade das culturas humanas não deve levar-nos a uma observação fragmentar ou fragmentada: é menos função do isolamento dos grupos do que das relações que os unem.

3. O etnocentrismo

Não obstante, parece que a diversidade humana quase nunca foi vista pelos homens como o que realmente é: um fenômeno natural, resultante das relações diretas ou indiretas entre as sociedades. Preferiram *ver* nela uma espécie de monstruosidade ou escândalo; nessas matérias, o progresso do conhecimento consistiu menos em dissipar essa ilusão em benefício de uma visão mais apurada do que em aceitá-la ou buscar modos de se conformar com isso.

A atitude mais antiga, certamente assentada em sólidas bases psicológicas, já que tende a reaparecer em cada um de nós quando confrontados a uma situação inesperada, consiste em repudiar, pura e simplesmente, as formas culturais morais, religiosas, sociais ou estéticas mais afastadas daquelas a que nos identificamos. "Modos selvagens", "isso não se faz entre nós", "deveria ser proibido" e outras tantas reações grosseiras traduzem esse arrepio, essa repulsa diante de modos de vida, de crença ou de pensamento que nos são estrangeiros. Na Antiguidade, por exemplo, confundia-se tudo o que não fazia parte da cultura grega (posteriormente greco-romana) na denominação de "bárbaro"; a civilização ocidental usaria mais tarde o termo "selvagem" no mesmo sentido. Por detrás desses epítetos, esconde-se a mesma opinião. É provável que a palavra "bárbaro" se refira, etimologicamente, à confusão e inarticulação do canto dos pássaros, em oposição ao valor significante da linguagem humana. E "selvagem" quer dizer "da selva", evocando também um modo de vida animal, por oposição à cultura humana. Em ambos os casos, expressa-se a recusa de admitir o próprio fato da diversidade cultural; prefere-se rejeitar para fora da cultura, na natureza, tudo o que não se conforma às normas que regem a vida de quem julga.

Esse ponto de vista simplório, mas profundamente enraizado na maior parte dos homens, não precisa ser discutido, já que esta brochura – bem como todas as desta mesma coleção – apresenta, justamente, sua refutação. Bastará notar aqui que encerra um paradoxo bastante significativo. Tal atitude de pensamento, em nome da qual os "selvagens" (ou todos aqueles que se decida considerar como tais) são relegados para fora da humanidade, é justamente a atitude mais marcante e mais distintiva dos próprios selvagens. Sabe-se, com efeito, que a noção de humanidade englobando, sem distinção de raça ou de civilização, todas as formas da espécie humana, surgiu muito recentemente e numa região delimitada. Mesmo onde parece ter atingido o auge de seu desenvolvimento, nada garante – a história recente é prova disso – que esteja a salvo de equívocos ou de retrocessos. Para vastas frações da espécie humana, contudo, essa ideia parece nunca ter existido. A humanidade cessa nas fronteiras da tribo ou grupo linguístico, às vezes até da aldeia. Tanto que um grande número de populações ditas primitivas se autodesignam por um nome que significa os "homens" (ou – mais discretamente, talvez? – os "bons", os "excelentes", os "completos"), implicando assim que as outras tribos, grupos ou aldeias não compartilham as virtudes ou mesmo a natureza humanas, compostas de "ruins", "malvados", "macacos" ou "lêndeas". Chega-se a destituir o estrangeiro do mais mínimo grau de realidade ao fazer dele um "fantasma" ou "assombração". O que produz curiosas situações, em que dois interlocutores trocam réplicas cruéis. Nas Antilhas, alguns anos após o descobrimento da América, enquanto os espanhóis despachavam comissões de inquérito para saber se os indígenas possuíam alma ou não, estes tratavam de submergir prisioneiros brancos, para verificar, com base numa longa e cuidadosa observação, se seus cadáveres apodreciam ou não.

Essa anedota ao mesmo tempo barroca e trágica ilustra bem o paradoxo do relativismo cultural (que encontraremos alhures sob outras formas): quanto mais se busca estabelecer discriminações entre as culturas, maior a proximidade em relação àquelas que se pretende recusar. Negar a humanidade aos seus representantes aparentemente mais "selvagens" ou "bárbaros" significa adotar uma de suas atitudes típicas. Bárbaro é, antes de tudo, o homem que crê na barbárie.[2]

---

2. Ver a interessante discussão dessa passagem por Raymond Aron (1970: 943-52).

Evidentemente, os grandes sistemas filosóficos e religiosos da humanidade – quer se trate do budismo, do cristianismo ou do islã, das doutrinas estoica, kantiana ou marxista – sempre se opuseram a tal aberração. Mas a mera declaração da igualdade natural entre todos os homens e da fraternidade que deve uni-los sem distinção de raça ou cultura tem algo de frustrante para o espírito, porque desconsidera a diversidade de fato que se impõe à observação. E não basta dizer que esta não afeta o âmago da questão para ficar liberado, na teoria e na prática, para agir como se ela não existisse. Tanto que o preâmbulo da segunda declaração da Unesco sobre a questão das raças observa acuradamente que o que convence o cidadão comum da existência das raças é a "evidência imediata dos sentidos, quando ele vê juntos um africano, um europeu, um asiático e um índio americano".

As grandes declarações dos direitos do homem possuem a mesma força e fragilidade de enunciar um ideal muito amiúde alheio ao fato de que o homem não realiza sua natureza numa humanidade abstrata, mas em culturas tradicionais de que grandes partes sobrevivem às mais revolucionárias transformações, o que sempre se explica em função de uma situação muito precisa no tempo e no espaço. Sujeito à dupla tentação de condenar experiências que o ferem afetivamente e de negar diferenças que não compreende intelectualmente, o homem moderno tem-se entregado a diversas especulações filosóficas e sociológicas para tentar atingir um ponto intermediário entre tais polos contraditórios, explicando a diversidade da cultura e ao mesmo tempo buscando suprimir aquilo que, nela, lhe parece escandaloso e chocante.

Por mais diversas e às vezes estranhas que possam ser, todas essas especulações se reduzem na verdade a uma única receita, que a expressão *falso evolucionismo* é certamente a mais apta a caracterizar. De que se trata? Justamente, de uma tentativa de suprimir a diversidade das culturas fingindo reconhecê-la plenamente. Pois se tratarmos os diferentes estados em que se encontram as sociedades humanas, antigas ou distantes, como *estágios* ou *etapas* de um desenvolvimento único, com o mesmo ponto de partida e dirigindo-se ao mesmo objetivo, é claro que a diversidade só pode ser aparente. A humanidade torna-se una e idêntica a si mesma; mas essas unidade e identidade só podem realizar-se progressivamente, e a variedade das culturas ilustra os momentos de um processo que dissimula uma realidade mais profunda ou adia sua manifestação.

A definição pode parecer sumária quando lembramos as imensas conquistas do darwinismo. Mas ele não está em questão, pois o evolucionismo biológico e o pseudoevolucionismo que temos aqui em vista são teorias muito diferentes. A primeira surgiu como uma vasta hipótese de trabalho, fundada em observações nas quais o espaço ocupado pela interpretação é bastante minguado. Assim, os diferentes tipos integrantes da genealogia do cavalo podem ser ordenados numa série evolutiva por duas razões: a primeira é que é preciso um cavalo para gerar um cavalo e, a segunda, que camadas de solo sobrepostas e, portanto, historicamente cada vez mais antigas, contêm esqueletos que variam gradualmente da forma mais recente para a mais arcaica. Torna-se assim altamente provável que o *Hipparion* seja realmente o antepassado do *Equus caballus*. O mesmo raciocínio evidentemente se aplica à espécie humana e a suas raças. Mas, quando passamos dos fatos biológicos para os fatos da cultura, as coisas se complicam especialmente. É possível coletar no solo objetos materiais e constatar que, de acordo com a profundidade das camadas geológicas, a forma ou a técnica de fabricação de determinado objeto varia progressivamente. No entanto, um machado, diferentemente de um animal, não dá fisicamente origem a outro machado. Afirmar, neste último caso, que um machado evoluiu a partir do outro constitui, portanto, uma fórmula metafórica e aproximativa, destituída do rigor científico ligado à expressão similar aplicada aos fenômenos biológicos. O que vale para objetos materiais, cuja presença física é atestada no solo, e pode ser datada, vale ainda mais para as instituições, crenças, gostos, cujo passado nos é em grande parte desconhecido. A noção de evolução biológica corresponde a uma hipótese dotada de um dos maiores coeficientes de probabilidade que se possa encontrar no campo das ciências naturais. A noção de evolução social ou cultural, por outro lado, oferece no máximo um procedimento sedutor, mas perigosamente cômodo, de apresentação dos fatos.

Essa diferença entre o velho e o falso evolucionismos, geralmente ignorada, pode ser explicada, aliás, por suas datas de aparição. Não há dúvida de que o evolucionismo sociológico recebeu um impulso vigoroso do evolucionismo biológico, mas existia antes dele. Sem remontar às concepções da Antiguidade, retomadas por Pascal, que comparavam a humanidade a um ser vivo que passa sucessivamente pelos estágios da infância, adolescência e maturidade, foi no século XVIII que floresceram os esquemas fundamentais que mais tarde seriam objeto de todo tipo de manipulação: as "espirais" de Vico, suas "três idades" anunciando os "três estados" de Comte, a "escada" de Condorcet. Os dois fundadores do evolucionismo social, Spencer e Tylor, elaboraram e publicaram suas teorias antes de *A origem das espécies* ou sem terem lido esta obra. Anterior ao evolucionismo biológico, que é uma teoria científica, o evolucionismo social costuma não passar de maquiagem falsamente científica de uma velha questão filosófica cuja chave nada indica que um dia seja possível obter pela observação e pela indução.

4. Culturas arcaicas e culturas primitivas

Sugerimos que cada sociedade pode, de seu próprio ponto de vista, repartir as culturas em três categorias: as que são suas contemporâneas mas situadas noutra parte do globo, as que se manifestaram aproximadamente no mesmo espaço, mas que a precederam no tempo e, finalmente, as que existiram antes dela e num espaço diferente daquele em que ela se situa.

Vimos que as possibilidades de conhecer esses três grupos são muito desiguais. No caso do último, e quando se trata de culturas sem escrita, sem arquitetura e tecnicamente rudimentares (caso da metade da terra habitada e por 90% a 99%, de acordo com a região, do tempo decorrido desde o início da civilização), pode-se dizer que nada conseguiremos saber delas, e que tudo o que for imaginado a seu respeito não passará de hipóteses gratuitas.

E, no entanto, é extremamente tentador buscar determinar, entre as culturas do primeiro grupo, relações equivalentes a uma ordem de sucessão no tempo. Como evitar *ver* em sociedades contemporâneas que desconhecem a eletricidade e a máquina a vapor a fase correspondente do desenvolvimento da civilização ocidental? Como não comparar as tribos indígenas, sem escrita ou metalurgia, que desenham figuras em paredes rochosas e fabricam utensílios de pedra, com formas arcaicas da mesma civilização, cuja semelhança pode ser comprovada nas cavernas da França e da Espanha? Foi por essa via, sobretudo, que o falso evolucionismo enveredou animadamente. Mas esse jogo sedutor a que nos entregamos quase irresistivelmente sempre que a ocasião se apresenta (os viajantes ocidentais não gostam de encontrar a "idade média" no Oriente, o "século de Luís XIV" na Pequim de antes da Primeira Grande Guerra, a "idade da pedra" entre os indígenas da Austrália ou da Nova Guiné?) é extraordinariamente pernicioso. Das civilizações extintas, conhecemos apenas alguns aspectos, tanto menos numerosos quanto mais antiga a civilização considerada, já que os aspectos que conhecemos são unicamente aqueles que conseguiram sobreviver à destruição do tempo. De modo que o procedimento consiste em tomar a parte pelo todo e concluir, a partir do fato de *certos* aspectos de duas civilizações (uma atual e a outra extinta) apresentarem semelhanças, pela analogia entre *todos* os aspectos. Ora, não só esse modo de raciocinar é logicamente insustentável como é desmentido pelos fatos em boa parte dos casos.

Até uma época relativamente recente, os Tasmanianos e os Patagões possuíam instrumentos de pedra lascada, e certas tribos australianas e americanas ainda os fabricam. Mas o estudo de tais instrumentos nos auxilia muito pouco a compreender o uso dos utensílios da época paleolítica. Não se sabe como eram usados os famosos bifaces, embora sua utilização devesse ser suficientemente precisa para que sua forma e sua técnica de fabricação tenham permanecido as mesmas durante 100 ou 200 mil anos, e num território que se estende da Inglaterra à África do Sul e da França à China. Para que serviam as extraordinárias peças levaloisianas triangulares e achatadas, encontradas às centenas nos sítios arqueológicos, de que nenhuma hipótese consegue dar conta? O que eram os supostos "bastões de comando" de osso de rena? Qual seria a tecnologia das culturas tardenoisianas, que deixaram um número incrível de minúsculos pedaços de pedra talhada, de formas geométricas infinitamente diversificadas, mas pouquíssimos utensílios na escala da mão humana? Todas essas dúvidas mostram que existe indubitavelmente entre as sociedades paleolíticas e certas sociedades indígenas contemporâneas uma semelhança: fazem uso de utensílios de pedra lascada. Porém, mesmo no plano da tecnologia, é difícil ir além disso, já que a operação do material, os tipos de instrumento e, portanto, sua finalidade, eram diferentes, e uns ensinam pouco quanto aos outros em relação a isso. O que poderiam nos ensinar quanto à linguagem, às instituições sociais ou às crenças religiosas?

Uma das interpretações mais populares entre as inspiradas pelo evolucionismo cultural trata as pinturas rupestres que nos foram deixadas pelas sociedades do paleolítico médio como figurações mágicas ligadas a rituais de caça. O raciocínio é o seguinte: as populações primitivas atuais têm ritos de caça, que costumam nos parecer desprovidos de valor utilitário; as pinturas rupestres paleolíticas, tanto por seu número como por sua localização, no mais profundo das cavernas, parecem-nos sem valor utilitário; seus autores eram caçadores; conclusão: serviam para rituais de caça. Basta enunciar essa argumentação implícita para perceber quanto é inconsequente. De todo modo, ela circula sobretudo entre os não especialistas, pois os etnógrafos, que conhecem por experiência essas populações primitivas que tão facilmente servem de "pau para toda obra" a um canibalismo pseudocientífico com pouco respeito pela integridade das culturas humanas, concordam em dizer que nada, nos fatos observados, permite formular qualquer hipótese acerca das evidências em questão. E já que falamos de pintura rupestre, note-se que, à exceção das pinturas rupestres sul-africanas (consideradas por alguns como obra de indígenas recentes), as "artes primitivas" se afastam tanto da arte magdaleniana ou aurignaciana quanto da arte europeia contemporânea. Pois tais artes se caracterizam por um altíssimo grau de estilização que atinge as deformações mais extremas, ao passo que a arte pré-histórica exibe um impressionante realismo. Seria talvez tentador *ver* nesse traço seu a origem da arte europeia, mas seria equivocado, pois a arte paleolítica foi seguida, no mesmo território, por outras formas que não apresentavam a mesma característica. A continuidade da localização geográfica não muda em nada o fato de, no mesmo solo, terem-se sucedido populações diferentes, que desconheciam ou desdenhavam a obra de seus predecessores, cada qual trazendo consigo crenças, técnicas e estilos opostos.

Pelo estado de suas civilizações, a América pré-colombiana, às vésperas da descoberta, evoca o período neolítico europeu. Mas essa comparação tampouco resiste ao exame: na Europa, a agricultura e a domesticação dos animais vêm juntas, ao passo que, na América, o desenvolvimento excepcional da primeira é acompanhado por uma quase completa ignorância (ou, em todo caso, extrema limitação) da segunda. Na América, o instrumental lítico se perpetua numa economia agrícola que, na Europa, esteve associada ao início da metalurgia.

É desnecessário multiplicar os exemplos. Pois as tentativas feitas para conhecer a riqueza e a originalidade das culturas humanas e para reduzi-las à condição de réplicas variavelmente atrasadas da civilização ocidental esbarram em outra dificuldade, muito mais séria: de modo geral (exceção feita à América, à qual voltaremos) todas as sociedades humanas têm atrás de si um passado aproximadamente da mesma ordem de grandeza. Para tratar determinadas sociedades como "etapas" do desenvolvimento de outras seria preciso, portanto, admitir que enquanto algo acontecia com estas, nada – ou quase nada – acontecia naquelas. Com efeito, costuma-se falar em "povos sem história" (às vezes para afirmá-los mais felizes). Essa fórmula elíptica significa apenas que sua história é e permanecerá sendo desconhecida, mas não que não existe. Durante dezenas e até centenas de milênios, lá também houve homens que amaram, odiaram, sofreram, inventaram, lutaram. Na verdade, não existem povos criança. Todos são adultos, mesmo os que não fizeram um diário de sua infância e adolescência.

Seria certamente possível dizer que as sociedades humanas utilizaram o tempo passado de maneira desigual, que para algumas delas teria sido até tempo perdido, que umas davam passos largos enquanto outras se arrastavam pelo caminho. Distinguiríamos assim dois tipos de história: uma história progressiva, aquisitiva, que acumula achados e invenções para construir grandes civilizações, e outra história, talvez igualmente ativa e operada com igual talento, mas na qual faltaria o dom de síntese que é privilégio da primeira. Cada inovação, em vez de ser acrescentada a inovações anteriores e orientada no mesmo sentido, dissolver-se-ia numa espécie de fluxo ondulante que nunca se afastaria de modo duradouro da direção primitiva.

Essa concepção parece-nos ser muito mais flexível e nuançada do que as visões simplistas que discutimos nos parágrafos acima. Poderíamos reservar-lhe um lugar em nossa tentativa de interpretação da diversidade das culturas, sem cometer injustiças contra nenhuma delas. Porém, antes de chegarmos a esse ponto, cumpre examinar várias questões.

5. A ideia de progresso

Começaremos por considerar as culturas pertencentes ao segundo dos grupos que distinguimos: as que precederam historicamente a cultura – qualquer que seja – em cuja perspectiva nos situamos. Sua situação é muito mais complicada do que nos casos anteriormente considerados. Pois a hipótese de uma evolução, que parece tão incerta e frágil quando utilizada para hierarquizar sociedades contemporâneas distantes no espaço, parece difícil de contestar neste caso e até diretamente comprovada pelos fatos. Sabemos, graças aos testemunhos concordantes de arqueólogos, pré-historiadores e paleontólogos, que a Europa atual foi inicialmente habitada por espécies variadas do gênero *Homo* que utilizavam instrumentos de pedra grosseiramente lascada; que essas primeiras culturas foram sucedidas por outras, nas quais o talho da pedra é refinado, e depois aliado ao polimento e ao trabalho de ossos e marfim; que surgem em seguida a cerâmica, a tecelagem, a agricultura e a criação de animais, progressivamente associadas à metalurgia, cujas etapas também é possível distinguir. De modo que essas formas sucessivas se ordenam num sentido de evolução e progresso; umas são superiores, outras inferiores. Mas, se isso é verdade, como evitar que tais distinções afetem inevitavelmente o modo como tratamos formas contemporâneas que apresentam afastamentos análogos entre si? Deste novo ângulo, nossas conclusões anteriores correm o risco de serem questionadas.

Os progressos realizados pela humanidade desde as suas origens são tão evidentes e incontestáveis que qualquer tentativa de discuti-los não passaria de um exercício de retórica. Entretanto, não é tão fácil como parece ordená-los numa série regular e contínua. Há algo como meio século, os especialistas empregavam, para representá-los, esquemas de admirável simplicidade: idade da pedra lascada, idade da pedra polida, idade do couro, do bronze, do ferro. Tudo muito cômodo. Suspeita-se atualmente que o polimento e o talho da pedra tenham coexistido em certos casos; quando a segunda técnica eclipsa completamente a primeira, não se trata do resultado de um progresso técnico espontaneamente gerado pela etapa anterior, mas de uma tentativa de copiar, em pedra, as armas e os utensílios de metal de civilizações "mais avançadas", mas contemporâneas de seus imitadores. Inversamente, a cerâmica, que se acreditava ligada à "idade da pedra polida", está associada à pedra lascada em certas regiões do norte da Europa.

Para nos limitarmos ao período da pedra lascada, dito paleolítico, pensava-se, até alguns anos atrás, que as diferentes formas dessa técnica – caracterizando as indústrias "de núcleo", "de lasca" e "de lâmina" – correspondiam a um progresso histórico em três etapas chamadas de paleolítico inferior, médio e superior. Hoje admite-se que essas três formas coexistiram, de modo que não constituem etapas de um progresso unidirecional, mas aspectos ou, como se diz, "faces" de uma realidade não estática, e sim sujeita a variações e transformações extremamente complexas. Com efeito, o já mencionado levaloisiano, cujo florescimento se situa entre o 250º e o 70º milênios antes da era cristã, atinge um grau de aperfeiçoamento na técnica do talho da pedra que só seria reencontrado no final do neolítico, de 245 a 65 mil anos mais tarde, e que teríamos dificuldade em reproduzir hoje em dia.

O que vale para as culturas vale também no plano das raças, sem que seja possível estabelecer (em razão das ordens de grandeza diferentes) nenhuma correlação entre ambos os processos: na Europa, o homem de Neandertal não precedeu as formas mais antigas de *Homo sapiens*, que lhe foram contemporâneas ou até anteriores. E não se exclui a possiblidade de tipos de hominianos os mais diversos terem coexistido no tempo – como "pigmeus" na África do Sul e "gigantes" na China e na Indonésia – e, em certas regiões da África, até no espaço.

Novamente, nada disso pretende negar a realidade de um progresso da humanidade, mas nos incita a concebê-lo com mais prudência. O desenvolvimento dos conhecimentos em pré-história e arqueologia tende a *distribuir no espaço* formas de civilização que tendíamos a imaginar como *distribuídas no tempo*. O que significa duas coisas. Primeiro, que o "progresso" (se é que o termo ainda convém para designar uma realidade muito diferente daquela a que fora inicialmente aplicado) não é nem necessário, nem contínuo; procede por saltos, pulos, ou, como dizem os biólogos, por mutações. Tais saltos nem sempre levam adiante na mesma direção, mas são acompanhados por mudanças de orientação, um pouco como o cavalo no jogo de xadrez, que tem sempre vários movimentos à disposição, mas nunca no mesmo sentido. A humanidade em progresso não se assemelha nem um pouco a um personagem subindo uma escada e acrescentando a cada movimento um novo degrau a todos aqueles que já conquistou definitivamente. Evoca, antes, um jogador que lança a sorte nos dados: a cada vez que os vê espalhados no feltro, a conta é diferente. O que se ganha de um lado pode se perder de outro, e é somente de vez em quando que a história é cumulativa, isto é, que as contas se adicionam para formar uma combinação favorável.

Essa história cumulativa não é privilégio de uma civilização ou de um período da história, como demonstra claramente o exemplo da América. O homem chega a esse imenso continente, em pequenos bandos nômades que atravessam o estreito de Bering graças às últimas glaciações, numa data que os conhecimentos arqueológicos atuais situam provisoriamente por volta do 20º milênio. Durante esse período, esses homens dão uma das mais notáveis demonstrações de história cumulativa do mundo: exploram minuciosamente os recursos de um meio natural novo, no qual domesticam espécies vegetais (ao lado de algumas espécies animais) das mais variadas para sua alimentação, seus remédios e seus venenos, e – fato único na história da humanidade – promovem substâncias venenosas como a mandioca a alimento de base, e outras a estimulantes ou anestésicos, colecionam certos venenos ou entorpecentes em função das espécies animais nas quais cada um deles exerce um efeito desejado e, enfim, levam indústrias como a tecelagem, a cerâmica e o trabalho dos metais preciosos ao seu mais alto grau de perfeição. Para apreciar essa imensa obra, basta medir a contribuição da América às civilizações do Velho Mundo. Comecemos por mencionar a batata, a borracha, o tabaco e a coca (base da anestesia moderna) que, de modos diversos, sem dúvida, constituem quatro pilares da cultura ocidental; e o milho e o amendoim, que revolucionariam a economia africana talvez antes de se generalizarem no regime alimentar europeu; em seguida, o cacau, a baunilha, o tomate, o abacaxi, pimentas e pimentões, várias espécies de favas, algodões e cucurbitáceas. E finalmente o zero, base da aritmética e, indiretamente, das matemáticas modernas, era conhecido e utilizado pelos Maias no mínimo meio milênio antes de sua descoberta pelos sábios indianos de quem a Europa o recebeu por intermédio dos árabes. Talvez por isso seu calendário fosse, na mesma época, mais exato do que o do Velho Mundo. Muita tinta já foi gasta tentando decidir se o regime político dos Incas era socialista ou totalitário; seja como for, aparentava-se às fórmulas mais modernas e tinha um avanço de séculos em relação a fenômenos europeus do mesmo tipo. A recente renovação do interesse pelo curare lembraria, se preciso fosse, que os conhecimentos científicos dos indígenas americanos, aplicados a tantas substâncias vegetais não utilizadas no restante do mundo, podem ainda dar a este valiosas contribuições.

6. História estacionária e história cumulativa

A precedente discussão do exemplo americano deve nos levar a aprofundar nossa reflexão acerca da diferença entre "história estacionária" e "história cumulativa". Será que não concedemos à América o privilégio da história cumulativa somente porque a reconhecemos como criadora de algumas contribuições que adotamos dela, ou que se parecem com as nossas? Qual seria nossa posição diante de uma civilização que se tivesse dedicado a desenvolver valores próprios, nenhum deles passível de interessar a civilização do observador? Este não seria levado a qualificar tal civilização de estacionária? Em outras palavras, a distinção entre as duas formas de história depende da natureza intrínseca das culturas a que é aplicada ou resulta da perspectiva etnocêntrica na qual sempre nos situamos para avaliar uma cultura diferente? Consideraríamos como cumulativa toda cultura que se desenvolvesse num sentido análogo ao da nossa, ou seja, cujo desenvolvimento fosse dotado de *significado* para nós. Ao passo que outras culturas nos pareceriam estacionárias, não porque o sejam necessariamente, mas porque sua linha de desenvolvimento não significa nada para nós, não é mensurável nos termos do sistema de referências que utilizamos.

É bem esse o caso, como mostra o exame, ainda que sumário, das condições nas quais aplicamos a distinção entre as duas histórias, não para caracterizar sociedades diferentes da nossa, mas no interior dela mesma. A aplicação é mais frequente do que se pensa. Pessoas idosas geralmente consideram estacionária a história que transcorre durante sua velhice, em oposição à história cumulativa que testemunharam em seus anos de juventude. Uma época na qual não estão mais ativamente engajadas, na qual não mais desempenham um papel, não tem sentido; não acontece nada, ou o que acontece só tem a seu *ver* aspectos negativos. Seus netos, enquanto isso, vivem o período com todo o fervor que seus ascendentes perderam. Adversários de um regime político não costumam reconhecer sua evolução; condenam-no em bloco, rejeitam-no para fora da história, como uma espécie de intervalo monstruoso que precisa terminar para que a vida possa retomar seu curso. Pensam de modo totalmente diferente seus partidários, sobretudo, note-se, à medida que ocupam posições importantes no funcionamento do aparelho. A historicidade ou, para dizer mais precisamente, a riqueza em eventos de uma cultura ou de um processo cultural não é função de suas propriedades intrínsecas, mas da situação em que nos encontramos em relação a elas, do número e da diversidade dos interesses que investimos neles.

A oposição entre culturas progressivas e culturas inertes parece, portanto, resultar basicamente de uma diferença de foco. Para quem olha por um microscópio "ajustado" para certa distância medida a partir da objetiva, os corpos situados aquém ou além, ainda que o afastamento não passe de centésimos de milímetros, aparecem confusos e borrados, ou simplesmente não são visíveis, e o olhar os atravessa. Outra comparação, empregada para explicar os primeiros rudimentos da teoria da relatividade, permitirá evidenciar a mesma ilusão. A fim de mostrar que a dimensão e a velocidade de deslocamento dos corpos não são valores absolutos, mas funções da posição do observador, lembra-se que, para um viajante sentado junto à janela de um trem, a velocidade e o comprimento dos outros trens variam conforme eles se desloquem no mesmo sentido ou num sentido diverso. Ora, cada membro de uma cultura é tão solidário dela quanto o passageiro ideal é de seu trem. Desde o nosso nascimento, aqueles que nos cercam instilam em nós, por uma série de procedimentos conscientes e inconscientes, um sistema complexo de referências composto de julgamentos de valor, motivações, focos de interesse e inclusive a visão reflexiva que a educação nos impõe do devir histórico de nossa civilização, sem a qual esta última seria impensável ou pareceria estar em contradição com comportamentos reais. Deslocamo-nos literalmente junto com esse sistema de referências, e as realidades culturais de fora só podem ser observadas através das deformações a que ele as sujeita, quando não nos impede, simplesmente, de *ver* o que quer que seja.

A distinção entre as "culturas que se movem" e as "culturas que não se movem" pode ser explicada, quase inteiramente, pela mesma diferença de posição que faz com que um trem em movimento se mova ou não para nosso viajante. Com uma diferença, é verdade, cuja importância poderá ser plenamente avaliada no dia longínquo, mas que certamente chegará, em que se buscar formular uma teoria da relatividade generalizada, mas num sentido diferente do de Einstein, isto é, aplicável tanto às ciências físicas como às ciências sociais: entre umas e outras, tudo parece ocorrer de modo simétrico, mas inverso. Para o observador do mundo físico (como mostra o exemplo do viajante), são os sistemas que evoluem no mesmo sentido que o seu que parecem imóveis, ao passo que os mais rápidos são os que avançam em sentidos diferentes. É o contrário com a cultura, pois nos parecem tão mais ativas quanto mais se deslocam no sentido da nossa, e estacionárias quando sua orientação diverge. Mas, no caso das ciências do homem, o fator *velocidade* possui apenas valor metafórico. Para tornar válida a comparação, é preciso substituí-lo por *informação e significação*. Sabe-se que é possível acumular muito mais informação a respeito de um trem que se move paralelamente ao nosso e numa velocidade próxima (como distinguir as caras dos passageiros, contá-los etc.) do que de um trem que nos ultrapassa ou que ultrapassamos a alta velocidade, ou que nos parece mais curto conforme circula em outra direção. No limite, passa tão depressa que só guardamos dele uma vaga impressão, esvaziada inclusive de sinais de velocidade; não passa de um embaralhamento temporário do campo visual; não é mais um trem, não *significa* mais nada. Parece assim haver uma relação entre a noção física de *movimento aparente* e outra noção, compartilhada pela física, pela psicologia e pela sociologia, a de *quantidade de informação* suscetível de "passar" entre dois indivíduos ou grupos, em função do grau de diferença entre suas respectivas culturas.

Sempre que tendermos a qualificar uma cultura humana como inerte ou estacionária devemos, portanto, nos perguntar se o aparente imobilismo não resulta de nossa ignorância quanto a seus verdadeiros interesses, conscientes ou inconscientes, e se, tendo critérios diferentes dos nossos, essa cultura não seria vítima, em relação a nós, da mesma ilusão. Ou seja, pareceríamos desinteressantes um para o outro, simplesmente porque não nos parecemos.

A civilização ocidental devotou-se inteiramente, nos últimos dois ou três séculos, a colocar à disposição do homem meios mecânicos cada vez mais potentes. Se adotarmos esse critério, a quantidade de energia disponível *per capita* pode ser vista como expressão do grau de desenvolvimento das sociedades humanas. A civilização ocidental em sua forma norte-americana ficará no topo, com as sociedades europeia, soviética e japonesa em seguida e, na rabeira, uma massa de sociedades asiáticas, africanas e americanas confundidas. Ora, essas centenas ou até milhares de sociedades ditas "insuficientemente desenvolvidas" e "primitivas", que acabam se fundindo num conjunto confuso quando encaradas do ponto de vista que acabamos de citar (e que não é apropriado para qualificá-las, já que a tal linha de desenvolvimento lhes falta ou ocupa entre eles um lugar bastante secundário), estão longe de ser idênticas. De outros pontos de vista, estão nas antípodas umas das outras. A depender da perspectiva adotada, as classificações decorrentes seriam portanto diversas.

Se o critério tivesse sido a capacidade de superar meios geográficos extremamente hostis, seriam certamente os Esquimós, de um lado, e os Beduínos, do outro, que levariam o prêmio. A Índia, melhor do que qualquer outra civilização, foi capaz de elaborar um sistema filosófico-religioso, e a China, um modo de vida, capazes ambos de reduzir as consequências psicológicas do desequilíbrio demográfico. Já faz treze séculos, o Islã formulou uma teoria da solidariedade entre todas as formas da vida humana – técnica, econômica, social, espiritual – que o Ocidente só redescobriria muito recentemente, com certos aspectos do pensamento marxista e o surgimento da etnologia moderna. Sabe-se o lugar de destaque que essa visão profética permitiu aos árabes ocuparem na vida intelectual da Idade Média. O Ocidente, senhor das máquinas, demonstra conhecimentos muito elementares acerca da utilização e dos recursos dessa máquina suprema que é o corpo humano. Nesse campo, ao contrário, assim como no campo correlato das relações entre o corpo e o espírito, o Oriente e Extremo Oriente têm um avanço de alguns milênios, tendo produzido os vastos compêndios teóricos e práticos como a ioga da Índia, as técnicas de respiração chinesas e a ginástica visceral dos antigos Maori. A agricultura sem terra, que entrou recentemente em voga, foi praticada durante séculos por certos povos polinésios que também teriam podido ensinar ao mundo a arte da navegação, e que sacudiram-no profundamente no século XVIII, ao lhe revelarem um tipo de vida social e moral mais livre e mais generoso do que se pensava possível.

Em tudo o que diz respeito à organização da família e à harmonização das relações entre grupo familiar e grupo social, os australianos, atrasados no plano econômico, ocupariam um lugar tão adiantado em relação ao restante da humanidade que foi preciso recorrer a certas formas da matemática moderna para compreender os sistemas de regras elaborados por eles de modo consciente e deliberado. Foram eles que descobriram que os laços de casamento formam a trama na qual as demais instituições sociais não passam de bordados; pois mesmo nas sociedades modernas, onde o papel da família tende a diminuir, a intensidade dos laços familiares não é menor, apenas se exerce num círculo mais estreito, nas fronteiras do qual cedem lugar a outros laços, envolvendo outras famílias. A articulação das famílias por meio de intercasamentos pode levar à formação de grandes articulações entre alguns conjuntos, ou pequenas articulações entre inúmeros conjuntos; pequenas ou grandes, são essas articulações que mantêm o edifício social e lhe dão flexibilidade. Costumeiramente com grande lucidez, os australianos fizeram a teoria desse mecanismo e o inventário dos principais métodos que permitem realizá-lo, com as vantagens e inconvenientes associados a cada um deles. Além disso, ultrapassaram o plano da observação empírica para atingir o conhecimento de algumas das leis que regem o sistema. Tanto que não é exagero saudar neles, não apenas os precursores de toda sociologia familiar, como também os verdadeiros responsáveis pela introdução do rigor especulativo no estudo dos fatos sociais.

A riqueza e a ousadia da invenção estética dos melanésios, seu talento para integrar na vida social os produtos mais obscuros da atividade inconsciente do espírito, constituem um dos mais altos pontos atingidos pelo homem nessas direções. A contribuição da África é mais complexa, e também mais obscura, pois foi apenas recentemente que se começou a suspeitar a importância de seu papel como *melting pot* cultural do Velho Mundo, lugar onde todas as influências vieram fundir-se para retomar movimento ou se manterem em reserva, mas sempre transformadas em novos sentidos. A civilização egípcia, cuja importância para a humanidade é bem conhecida, só é inteligível como obra conjunta da Ásia e da África. E os grandes sistemas políticos da África antiga, seus edifícios jurídicos, suas doutrinas filosóficas por muito tempo escondidas dos ocidentais, suas artes plásticas e sua música, que exploram metodicamente todas as possibilidades oferecidas por cada meio de expressão, são outros tantos indícios de um passado extraordinariamente fértil. Diretamente comprovado, aliás, pela perfeição das antigas técnicas do bronze e do marfim, que superam de longe tudo o que o Ocidente fazia nesses campos na mesma época. Já evocamos a contribuição americana, não é preciso voltar a isso aqui.

Aliás, não são tanto esses aportes isolados que devem reter nossa atenção, pois podem dar a ideia, duplamente falsa, de uma civilização mundial composta como uma roupa de arlequim. Já foram suficientemente repisados os pioneirismos: fenícios para a escrita, chineses para o papel, a pólvora e a bússola, indianos para o vidro e o aço... Tais elementos são menos importantes do que o modo como cada cultura os agrupa, os seleciona ou os exclui. E o que faz a originalidade de cada uma delas reside antes em seu modo particular de resolver problemas, de pôr em perspectiva certos valores, que são aproximadamente os mesmos para todos os homens: pois todos os homens, sem exceção, possuem linguagem, técnicas, arte, conhecimentos positivos, crenças religiosas, organização social, econômica e política. Mas a dosagem é diferente para cada cultura, e a etnologia moderna dedica-se cada vez mais a captar as origens ocultas dessas opções, em vez de fazer inventários de traços isolados.

7. Lugar da civilização ocidental

Poder-se-á objetar contra essa argumentação por seu caráter teórico. É possível, dirão, no plano de uma lógica abstrata, que cada cultura seja incapaz de julgar corretamente outra já que uma cultura não pode escapar de si mesma e sua apreciação permanece, consequentemente, prisioneira de um relativismo implacável. Basta olhar ao redor, prestar atenção ao que se passa no mundo há um século, para que tais especulações desmoronem. Longe de ficarem fechadas em si mesmas, todas as civilizações reconhecem, uma após a outra, a superioridade de uma delas, que é a civilização ocidental. Não vemos o mundo inteiro adotar progressivamente suas técnicas, seu modo de vida, suas distrações e até suas roupas? Assim como Diógenes provava o movimento andando, é o próprio andamento das culturas humanas que, das vastas massas asiáticas até as tribos perdidas das florestas brasileiras ou africanas, prova, por uma confluência unânime sem precedentes na história, que uma das formas de civilização é superior a todas as demais: nas assembleias internacionais, os países "subdesenvolvidos" não acusam os outros de ocidentalizá-los, mas sim de não lhes darem os meios de se ocidentalizarem mais rapidamente.

Tocamos aqui no ponto mais sensível de nosso debate: qual o sentido de defender a originalidade das culturas humanas contra elas mesmas? Além disso, é extremamente difícil para um etnólogo estimar com justeza um fenômeno como a universalização da cultura ocidental, por várias razões. Primeiro, a existência de uma civilização mundial é um fato provavelmente único na história, ou cujos precedentes estariam numa pré-história longínqua da qual não sabemos praticamente nada. Em seguida, reina uma grande incerteza quanto à consistência do fenômeno em questão. É fato que, há um século e meio, a civilização ocidental, como um todo ou em alguns de seus elementos-chave, como a industrialização, tende a se disseminar pelo mundo; e que, quando outras culturas buscam preservar algo de sua herança tradicional, a tentativa geralmente se reduz às superestruturas, isto é, aos aspectos mais frágeis e que podemos esperar sejam varridos pelas profundas transformações em curso. Mas o fenômeno está em andamento, e não sabemos qual será seu resultado. Culminará numa ocidentalização integral do planeta, com variantes russa e americana? Surgirão formas sincréticas, cuja possibilidade se percebe no mundo islâmico, na Índia e na China? Ou o movimento de fluxo já está chegando ao fim e vai recuar, com o mundo ocidental prestes a sucumbir, como os monstros pré-históricos, a uma expansão física incompatível com os mecanismos internos que garantem sua existência? É com todas essas ponderações em mente que tentaremos avaliar o processo que ocorre diante de nós e do qual somos, consciente ou inconscientemente, agentes, auxiliares ou vítimas.

Começaremos por observar que essa adesão ao modo de vida ocidental ou a alguns de seus aspectos está longe de ser tão espontânea quanto gostariam de crer os ocidentais. Resulta menos de livre escolha do que de falta de opção. A civilização ocidental instalou seus soldados, seus comércios, suas plantações e missionários no mundo inteiro; interveio, direta ou indiretamente, na vida das populações de cor; subverteu completamente seus modos tradicionais de existência, seja impondo o seu ou instaurando condições que provocavam a derrocada das balizas existentes sem substituí-las por outra coisa. Aos povos subjugados ou desorganizados só restava, portanto, aceitar as soluções de substituição que lhes eram propostas ou, se não estivessem dispostos a isso, esperar aproximar-se delas o suficiente para poder combatê-las no mesmo plano. Não havendo essa desigualdade na relação de forças, as sociedades não se entregam com tanta facilidade. Seu *Weltanschauung* está mais próximo do das pobres tribos do leste do Brasil pelas quais o etnógrafo Curt Nimuendaju foi adotado e cujos membros, a cada vez que ele retornava após uma estadia nos centros civilizados, choravam de pena dele, pensando nos sofrimentos que devia ter passado longe do único lugar – a aldeia deles – em que achavam que a vida valia a pena ser vivida.

Todavia, a formulação dessa reserva apenas desloca a questão. Se não é o consentimento que funda a superioridade ocidental, não seria então a maior energia de que ela dispõe, e que, precisamente, permitiu-lhe forçar o consentimento? Eis o âmago da questão. Pois tal desigualdade de forças não compete à subjetividade coletiva, como os fatos de adesão que evocávamos acima. É um fenômeno objetivo que só pode ser explicado por causas objetivas.

Não se trata aqui de empreender um estudo de filosofia das civilizações; é possível discorrer por volumes a respeito da natureza dos valores professados pela civilização ocidental. Destacaremos apenas os mais evidentes, os menos sujeitos à controvérsia. Parecem ser dois: de um lado, a civilização ocidental busca, nas palavras de Leslie White, aumentar continuamente a quantidade de energia disponível por habitante e, do outro, proteger e prolongar a vida humana, e, se quisermos resumir, podemos considerar o segundo aspecto como uma modalidade do primeiro, já que a quantidade de energia disponível cresce, em termos absolutos, com a duração e a integridade da existência individual. Para evitar qualquer discussão, também admitimos desde já que essas características podem vir acompanhadas de fenômenos compensadores, que lhes servem de certo modo de freio, como os grandes massacres que são as guerras mundiais e a desigualdade que reina na repartição da energia disponível entre os indivíduos e entre as classes.

Isso posto, constata-se imediatamente que, se a civilização ocidental de fato se consagrou a essas tarefas com um exclusivismo em que talvez resida sua fraqueza, ela certamente não é a única. Todas as sociedades humanas, desde os tempos mais remotos, agiram no mesmo sentido, e foram sociedades muito distantes e muito arcaicas, que seriam facilmente comparadas aos "selvagens" de hoje, que realizaram nesse campo os progressos mais decisivos, e que continuam sendo, até o momento, a parte mais importante do que chamamos de civilização. Dependemos ainda das enormes descobertas que marcaram o que é chamado, sem exagero algum, de revolução neolítica: agricultura, criação de animais, cerâmica, tecelagem... Nos últimos oito ou dez mil anos, tudo o que fizemos foi aperfeiçoar essas "artes da civilização".

É verdade que alguns têm a lastimável tendência de reservar o privilégio do esforço, da inteligência e da imaginação às descobertas recentes, ao passo que as que foram feitas pela humanidade em seu período "bárbaro" seriam fruto do acaso, de modo que ela teria, afinal, pouco mérito nisso. Essa aberração nos parece tão grave, e tão disseminada, e tão capaz de impedir uma visão exata da relação entre as culturas, que julgamos indispensável dissipá-la completamente.

8. Acaso e civilização

Lê-se em tratados de etnologia – e não dos piores – que o homem deve o conhecimento do fogo ao acaso de um raio ou de um incêndio no mato; que o achado de um animal acidentalmente assado desse modo revelou-lhe o cozimento dos alimentos; que a invenção da cerâmica resulta do esquecimento de uma bolinha de argila perto de uma fogueira. É como se o homem tivesse inicialmente vivido numa espécie de idade do ouro tecnológica, em que as invenções eram colhidas com a mesma facilidade que frutas e flores. Para o homem moderno estariam reservadas as fadigas do labor e as iluminações de gênio.

Essa visão ingênua resulta de uma total ignorância da complexidade e diversidade das operações implicadas nas técnicas mais elementares. Para fabricar um instrumento de pedra lascada que funcione, não basta bater numa pedra até fazê-la explodir – foi fácil perceber isso no dia em que se tentou reproduzir os principais tipos de utensílio pré-histórico. Descobriu-se então, e também observando a mesma técnica entre os povos que ainda a dominam, a complicação dos procedimentos requeridos, que chegam até à fabricação preliminar de verdadeiros "instrumentos de talhe", como martelos com contrapeso, para controlar o impacto e a direção, e dispositivos amortecedores para evitar que a vibração quebrasse a ponta lascada. Além disso, é preciso possuir um vasto conjunto de noções quanto aos locais de origem, procedimentos de extração, resistência e estrutura dos materiais utilizados, ter o treinamento muscular apropriado e conhecer os gestos e os "macetes" etc. Numa palavra, uma verdadeira "liturgia" que corresponde, *mutatis mutandis*, aos diversos capítulos da metalurgia.

Do mesmo modo, pode acontecer de incêndios naturais grelharem ou assarem carne, mas é muito dificilmente concebível (excetuado o caso dos fenômenos vulcânicos, cuja distribuição geográfica é restrita) que cozinhem na água ou no vapor; e esses métodos de cozimento são tão universais quanto os outros. Não há, portanto, razão de excluir o ato inventivo, que foi certamente indispensável para estes métodos, quando se trata de explicar aqueles.

A cerâmica fornece um excelente exemplo, porque uma crença muito difundida garante que não há nada mais simples do que modelar uma bolinha de argila e fazê-la endurecer no fogo. Tentem. Primeiro, é preciso achar as argilas próprias para o cozimento; um grande número de condições naturais tem de estar reunido, mas nunca é o bastante, pois nenhuma argila não misturada com algum corpo inerte, escolhido em função de suas características particulares, daria um recipiente utilizável após o cozimento. É preciso elaborar técnicas de modelagem que permitam realizar o *tour de force* que consiste em manter o equilíbrio por um tempo considerável e ao mesmo tempo modificar um corpo maleável que não "segura". E, finalmente, é preciso descobrir o combustível particular, a forma do forno, o tipo de calor e a duração do cozimento que permitirão torná-lo sólido e impermeável, contornando todos os riscos de rachadura, despedaçamento e deformação. Muitos outros exemplos poderiam ser dados.

Todas essas operações são demasiado numerosas e complexas para que o acaso possa explicá-las. Cada uma delas, tomada em separado, não significa nada, e só sua combinação, imaginada, desejada, buscada e experimentada, permite o sucesso. O acaso certamente existe, mas por si só não produz resultado algum. Durante mais ou menos 2500 anos, o mundo ocidental soube da existência da eletricidade, sem dúvida descoberta por acaso, mas esse acaso permaneceu estéril até as experiências intencionais e guiadas pelas hipóteses de gente como Ampère e Faraday. O papel do acaso não terá sido maior na invenção do arco, do bumerangue ou da zarabatana, no surgimento da agricultura ou da criação de animais, do que na descoberta da penicilina – na qual sabemos que ele interveio. De modo que cumpre distinguir cuidadosamente entre a transmissão de uma técnica de uma geração à outra, que costuma ser feita com relativa facilidade graças à observação e ao treino cotidiano, e a criação ou aprimoramento das técnicas dentro de cada geração, que sempre supõe a mesma potência imaginativa e os mesmos esforços obstinados por parte de alguns indivíduos, qualquer que seja a técnica específica que se tenha em mente. As sociedades que chamamos de primitivas não são menos ricas em Pasteurs e Palissys do que as outras (cf. Lévi-Strauss 1962b: 21-25).

Voltaremos a encontrar o acaso e a probabilidade mais adiante, mas em outro lugar e desempenhando outro papel. Não apelaremos a eles para explicar preguiçosamente o nascimento de invenções prontas, mas para interpretar um fenômeno situado em outra ordem de realidade: o fato de, apesar de uma dose de imaginação, de invenção e de esforço criativo que temos todas as razões de supor ser constante através da história da humanidade, essa combinação só determinar mutações culturais importantes em certos períodos e lugares. Pois, para atingir esse resultado, os fatores puramente psicológicos não bastam. Estes devem primeiramente estar presentes, com uma orientação similar, em um número suficiente de indivíduos para que um criador tenha imediatamente garantido um público, e essa condição, por sua vez, depende da reunião de um número considerável de outros fatores, de natureza histórica, econômica e sociológica. De sorte que, para explicar as diferenças no caminho das civilizações, seríamos levados a invocar um conjunto de causas tão complexas e disparatadas que seriam ininteligíveis, seja por razões práticas ou mesmo por razões teóricas, tal como o surgimento, impossível de evitar, de perturbações ligadas às técnicas de observação. Na verdade, para desatar um emaranhado formado de fios tão numerosos e tão tênues, seria necessário nada menos do que submeter a sociedade considerada (e também o mundo a seu redor) a um estudo etnográfico global e de cada instante. Deixando de lado a enormidade da empresa, sabe-se que os etnógrafos, apesar de trabalharem numa escala infinitamente mais reduzida, muitas vezes ficam limitados em suas observações pelas mudanças sutis que sua mera presença basta para introduzir no grupo humano que é objeto de seu estudo. No nível das sociedades modernas, sabe-se também que sondagens de opinião pública modificam a orientação dessa mesma opinião pelo simples fato de serem feitas, despertando na população um fator de autorreflexão que não existia anteriormente.

Tal situação justifica a introdução, nas ciências sociais, da noção de probabilidade, presente já há bastante tempo em certos ramos da física, como a termodinâmica. Voltaremos a isso. Por ora, basta lembrar que a complexidade das descobertas modernas não resulta de uma maior frequência ou disponibilidade de gênios entre nossos contemporâneos. Muito pelo contrário, já que reconhecemos que, ao longo dos séculos, cada geração só precisaria acrescentar algo ao capital legado pelas gerações anteriores para progredir. Nove décimos de nossa riqueza devem-se a elas, e talvez até mais, se avaliarmos – como foi feito por diversão – a data de surgimento das principais descobertas em relação à data aproximada do início da civilização. Constata-se assim que a agricultura nasce numa fase recente, correspondente a 2% do período considerado, a metalurgia a 0,7%, o alfabeto a 0,35%, a física galileana a 0,035% e o darwinismo a 0,009% (White 1949: 356). A revolução científica e industrial do Ocidente por completo equivale a um período de algo como meio milésimo da vida passada da humanidade. Razão suficiente para sermos prudentes antes de afirmar que está destinada a mudar completamente o seu sentido.

Não é menos verdade – e essa nos parece ser a formulação definitiva que podemos dar de nossa questão – que, no que se refere às invenções técnicas (e à reflexão científica que as torna possíveis), a civilização ocidental mostrou-se mais cumulativa do que as demais; que, dispondo do mesmo capital neolítico inicial, soube trazer aprimoramentos (escrita alfabética, aritmética e geometria), dos quais esqueceu alguns rapidamente, aliás; e que, após um período de estagnação que se estende por 2 mil ou 2,5 mil anos (do primeiro milênio antes da era cristã até por volta do século XVIII), revelou-se repentinamente como berço de uma revolução industrial que, por seu alcance, universalidade e efeito, só tivera como equivalente longínquo a revolução neolítica.

Consequentemente, duas vezes em sua história, e a algo como 10 mil anos de intervalo, a humanidade soube acumular uma multiplicidade de invenções orientadas no mesmo sentido, e tanto seu número como sua continuidade se concentraram num lapso de tempo suficientemente curto para que altas sínteses técnicas fossem realizadas, sínteses que acarretaram mudanças significativas nas relações que o homem tem com a natureza e que, por sua vez, possibilitaram outras mudanças. A imagem de uma reação em cadeia, desencadeada por catalizadores, serviria para ilustrar esse processo que, até o momento, ocorreu duas vezes, e duas vezes apenas, na história da humanidade. Como isso ocorreu?

Primeiro, não devemos esquecer que outras revoluções, apresentando as mesmas características cumulativas, podem ter ocorrido alhures e noutros momentos, mas em campos diferentes da atividade humana. Explicamos acima por que nossa própria revolução industrial junto com a revolução neolítica (que a precedeu no tempo, mas decorre das mesmas preocupações) são as únicas que podem nos parecer como tais, pois nosso sistema de referências permite avaliá-las. Todas as outras mudanças, que sem dúvida ocorreram, aparecem apenas na forma de fragmentos, ou profundamente deformadas. Podem não *fazer sentido* para o homem ocidental moderno (em todo caso, não pleno sentido), podem até ser para ele como se não existissem.

Em segundo lugar, o exemplo da revolução neolítica, a única que o homem ocidental moderno é capaz de conceber com clareza suficiente, deve inspirar-lhe alguma modéstia quanto à superioridade que poderia ficar tentado a invocar em favor de uma raça, região ou país. A revolução industrial nasceu na Europa ocidental, depois apareceu nos Estados Unidos, e em seguida, no Japão; desde 1917 ela se acelera na União Soviética e amanhã há de surgir noutro lugar; a cada meio século, seu fogo brilha mais intensamente em um ou outro de seus centros. Na escala dos milênios, o que são as questões de pioneirismo de que nos vangloriamos tanto?

Num intervalo de mil ou 2 mil anos, a revolução neolítica desencadeou-se simultaneamente na bacia do Egeu, no Egito, no

Oriente Médio, no vale do Indo e na China; e desde que começou a ser utilizado o carbono radioativo para datar os períodos arqueológicos, desconfia-se que o neolítico americano, mais antigo do que se pensava antigamente, não deve ter começado muito depois do que no Velho Mundo. É provável que três ou quatro pequenos vales pudessem reivindicar um pioneirismo de alguns séculos nesse concurso. O que sabemos atualmente, afinal? E, no entanto, temos certeza de que a questão do pioneirismo não tem importância, precisamente porque o surgimento simultâneo das mesmas revoluções tecnológicas (seguidas de perto por revoluções sociais), em territórios tão vastos e em regiões tão afastadas umas das outras, indica claramente que não dependeram do gênio de uma raça ou de uma cultura, mas de condições tão gerais que são exteriores à consciência dos homens. Podemos portanto afirmar que, se a revolução industrial não tivesse aparecido primeiro na Europa ocidental e setentrional, teria ocorrido um dia nalgum outro ponto do globo. E se, como parece, ela deve se estender à totalidade da terra habitada, cada cultura há de introduzir nela tantas contribuições particulares, que os historiadores dos milênios vindouros, acertadamente, julgarão sem importância a questão de saber quem pode se arrogar um pioneirismo de um ou dois séculos.

Isso posto, cabe introduzir uma nova limitação, senão à validade, pelo menos ao rigor da distinção entre história estacionária e história cumulativa. Não somente tal distinção é relativa a nossos interesses, como já demonstramos, como nunca chega a ser clara. No caso das invenções técnicas, não há dúvida de que nenhum período, nenhuma cultura, é absolutamente estacionária. Todos os povos possuem e transformam, aperfeiçoam ou esquecem técnicas suficientemente complexas para lhes permitir dominar seu meio; caso contrário, teriam desaparecido há muito tempo. De modo que a diferença nunca é entre história cumulativa e não cumulativa – toda história é cumulativa, com diferenças de grau. Sabe-se, por exemplo, que os antigos chineses e os esquimós tinham desenvolvido muito as artes mecânicas; faltou muito pouco para que atingissem o ponto em que a "reação em cadeia" é disparada, determinando a passagem de um tipo de civilização para outro. O exemplo da pólvora de canhão é bem conhecido: os chineses tinham resolvido, tecnicamente falando, todos os problemas colocados por ela, exceto o de sua utilização visando resultados massivos. Os antigos mexicanos não desconheciam a roda, ao contrário do que se costuma dizer, conheciam-na o suficiente para fabricar bichos com rodinhas para as crianças; faltaria apenas um passo para terem uma carroça.

Em tais condições, a questão da relativa raridade (para cada sistema de referências) de culturas "mais cumulativas" em relação às "menos cumulativas" reduz-se a um problema conhecido, da alçada do cálculo de probabilidades. O problema é o mesmo quando se trata de determinar a probabilidade relativa de uma combinação complexa em relação a combinações do mesmo tipo, mas de menor complexidade. Na roleta, por exemplo, séries de dois números consecutivos (como 7 e 8, 12 e 13, 30 e 31) são bastante frequentes, séries de três algarismos são raras, e de quatro, muito mais. Apenas uma vez num número extremamente elevado de jogadas poderá eventualmente ocorrer uma série de seis, sete ou oito algarismos conforme à ordem natural dos números. Se nossa atenção estiver voltada exclusivamente para as séries longas (se apostarmos, por exemplo, numa série de cinco números consecutivos), as séries mais curtas equivalerão, para nós, a séries não ordenadas. Como se esquecêssemos que só se distinguem das nossas por um valor fracionário e que, encaradas sob outro ângulo, talvez também apresentem grandes regularidades. Levemos adiante nossa comparação. Um jogador que pusesse todas as suas fichas em séries cada vez mais longas poderia se desanimar, após milhares ou milhões de jogadas, por nunca *ver* aparecer a série de nove números consecutivos, e achar que deveria ter parado antes. Mas nada garante que outro jogador, seguindo a mesma fórmula de aposta, mas em séries de outro tipo (por exemplo, certo tipo de alternância entre vermelho e preto ou par e ímpar) não festejasse combinações significativas onde o primeiro jogador via apenas desordem. A humanidade não evolui num sentido único. E se, num certo plano, parece estacionária ou regressiva, isso não significa que, de outro ponto de vista, não seja a sede de transformações importantes.

O grande filósofo escocês do século XVIII, Hume, certa feita tratou de dissipar o falso problema que se colocam muitas pessoas quando se perguntam por que todas as mulheres não são belas, mas apenas uma minoria. Ele mostra com facilidade que a questão não tem nenhum sentido. Se todas as mulheres fossem pelo menos tão bonitas quanto a mais bela delas, achá-las-íamos todas banais e reservaríamos o qualificativo para a pequena minoria que ultrapassasse o modelo comum. Do mesmo modo, quando estamos interessados em certo tipo de progresso, reservamos o mérito às culturas que o realizam no mais alto grau, e ficamos indiferentes diante das demais. Portanto, o progresso nunca é senão o máximo de progresso num sentido predeterminado pelo gosto de cada um.

9. A colaboração das culturas

Devemos, finalmente, considerar nossa questão de um último ângulo. Um jogador como aquele de que falávamos nos parágrafos anteriores, que só apostasse em séries longas (como quer que conceba tais séries) teria todas as chances de se arruinar. Não aconteceria o mesmo com uma coalizão de apostadores que jogassem nas mesmas séries em valor absoluto, mas jogando em várias roletas e que se concedessem o privilégio de compartilhar os resultados favoráveis das combinações de cada um. Pois, se eu tiver tirado sozinho 21 e 22, e precisar do 23 para continuar minha série, há evidentemente muito mais chances de que saia em alguma de dez mesas do que numa única.

Essa situação se assemelha muito à das culturas que conseguiram realizar as formas mais cumulativas de história. Essas formas extremas nunca foram o feito de culturas isoladas, mas sim de culturas que combinaram, voluntária ou involuntariamente, seus respectivos jogos e efetivaram, de diversos modos (migrações, empréstimos, trocas comerciais, guerras) as *coalizões* cujo modelo imaginamos há pouco. E aqui colocamos o dedo no disparate que é declarar uma cultura superior a outra. Pois, se estivesse só, uma cultura jamais poderia ser "superior"; como um jogador isolado, só conseguiria séries curtas de alguns elementos, e a probabilidade de uma série longa "sair" em sua história, ainda que fosse teoricamente concebível, seria tão mínima que seria preciso dispor de um tempo infinitamente mais longo do que o que corresponde ao desenvolvimento da humanidade como um todo para vê-lo ocorrer. Mas – dissemos acima – nenhuma cultura está só. A cultura sempre é dada em coalizão com outras, e é isso que lhe permite construir séries cumulativas. A probabilidade de surgir uma série longa entre elas depende naturalmente da extensão, da duração e da variabilidade do regime de coalizão.

Dessas observações decorrem duas consequências.

Ao longo deste estudo, perguntamo-nos diversas vezes por que a humanidade permaneceu estacionária durante nove décimos ou até mais de sua história: as primeiras civilizações datam de 200 a 500 mil anos, e as condições de vida só se transformam no decorrer dos últimos 10 mil anos. Se nossa análise estiver correta, não é porque o homem paleolítico fosse menos inteligente, menos capaz do que seu sucessor neolítico, mas simplesmente porque, na história humana, uma combinação de grau n levou um tempo de duração t para sair. Poderia ter ocorrido muito antes, ou muito depois. O fato não tem mais significado do que o número de lances que um jogador tem de esperar para *ver* determinada combinação se produzir: pode ser imediatamente, no milésimo lance, no milionésimo, ou nunca. Mas, durante todo esse tempo, a humanidade, como o jogador, não para de especular. Às vezes sem querer, e sem nunca se dar conta disso claramente, "faz negócios" culturais, lança-se em "operações civilização", nem sempre coroadas de sucesso. Ora beira o sucesso, ora põe em risco as aquisições anteriores. As grandes simplificações autorizadas por nossa ignorância quanto à maior parte dos aspectos das sociedades pré-históricas permitem ilustrar essa marcha hesitante e ramificada, pois nada é mais notável do que os arrependimentos que levam do apogeu levaloisiano à mediocridade musteriana, dos esplendores do aurignaciano e do solutrense à rudeza do magdaleniano, e depois aos contrastes extremos apresentados pelos diversos aspectos do mesolítico.

O que vale para o tempo vale também para o espaço, mas deve expressar-se de outro modo. A chance de uma cultura totalizar esse conjunto complexo de invenções de todas as ordens que chamamos civilização é função do número e da diversidade das culturas com as quais ela colabora na elaboração – em geral involuntária – de uma estratégia conjunta. Número e variedade, digamos. A comparação entre o Velho e o Novo Mundos às vésperas da descoberta ilustra bem essa dupla necessidade.

A Europa do começo do Renascimento era lugar de encontro e fusão das influências as mais diversas: as tradições grega, romana, germânica e anglo-saxã, e influências árabe e chinesa. A América pré-colombiana não tinha menos contatos culturais, quantitativamente falando, já que as culturas americanas se relacionavam e as duas Américas formam juntas um imenso continente. Mas, enquanto as culturas que se fecundam mutuamente em solo europeu são produto de uma diferenciação em curso há várias dezenas de milênios, as da América, cujo povoamento é mais recente, tiveram menos tempo para divergir, e apresentam um panorama mais homogêneo. Assim, embora não se possa dizer que o nível cultural do México ou do Peru, no momento da descoberta, fosse inferior ao da Europa (vimos inclusive que, em certos aspectos, era-lhe superior), os diversos aspectos da cultura talvez estivessem ali menos bem articulados. Ao lado de feitos notáveis, as civilizações pré-colombianas estão cheias de lacunas, têm "furos", por assim dizer. Além disso, apresentam o espetáculo, menos contraditório do que parece, da coexistência de formas precoces e formas abortivas. Sua organização pouco flexível e pouco diversificada parece explicar sua derrocada diante de um punhado de conquistadores. E a causa profunda pode ser buscada no fato de que a "coalizão" cultural americana reunia parceiros menos diferentes entre si do que os do Velho Mundo.

Não existe, portanto, sociedade cumulativa em si e por si. A história cumulativa não é propriedade de certas raças ou de certas culturas, que assim se distinguiriam das demais. Resulta de seu *comportamento* mais do que de sua *natureza*. Exprime determinada modalidade de existência das culturas que não é senão seu *modo de estarem juntas*. Nesse sentido, pode-se dizer que a história cumulativa é a forma de história característica desses superorganismos sociais constituídos por grupos de sociedades, ao passo que a história estacionária – se existisse – seria a marca do modo de vida inferior que é o das sociedades solitárias.

A única fatalidade, a única tara, que possa afetar um grupo humano e impedi-lo de realizar plenamente sua natureza, é ser só.

Percebe-se assim o que costuma haver de canhestro e insatisfatório para o espírito nas tentativas geralmente consideradas suficientes para justificar a contribuição das raças e das culturas humanas à civilização. Enumeram-se traços, desfiam-se questões de origem, reconhecem-se pioneirismos. Por mais bem-intencionados que sejam, tais esforços são vãos, porque erram o alvo triplamente. Primeiro, o mérito de uma invenção concedido a esta ou aquela cultura nunca é indiscutível. Em segundo lugar, as contribuições culturais sempre podem ser repartidas em dois grupos. De um lado, temos traços, aquisições isoladas cuja importância é fácil aquilatar e que são de caráter limitado. É fato que o tabaco veio da América, mas afinal, e apesar de toda a boa vontade exercida nesse sentido pelas instituições internacionais, não nos é possível enchermo-nos de gratidão para com os índios americanos a cada cigarro que fumamos. O tabaco é um acréscimo requintado à *art de vivre*, assim como outras aquisições são úteis (a borracha, por exemplo); graças a eles, temos prazeres e confortos suplementares, mas, se não existissem aqui, as raízes de nossa civilização não seriam abaladas por isso. E em caso de grave necessidade, teríamos conseguido descobri-los ou colocar outra coisa no lugar.

No polo oposto (existe, evidentemente, toda uma série de formas intermediárias), há contribuições de caráter sistêmico, isto é, que correspondem ao modo próprio como cada sociedade escolheu expressar e satisfazer o conjunto das aspirações humanas. A originalidade e a natureza insubstituível desses estilos de vida, ou *patterns*, como dizem os anglo-saxões, é inegável, mas representam escolhas exclusivas e é difícil conceber que uma civilização possa esperar gozar do modo de vida de outra, a menos que desista de ser ela mesma. As tentativas de compromisso, na verdade, só podem ter dois resultados: ou a desorganização e derrocada do sistema de um dos grupos, ou uma síntese original, mas que consiste na emergência de um terceiro sistema, irredutível em relação aos outros dois. A questão, por sinal, não é saber se uma sociedade pode ou não se aproveitar do estilo de vida de suas vizinhas, mas se, e em que medida, pode conseguir compreendê-las, ou mesmo conhecê-las. Vimos que essa pergunta não possui nenhuma resposta categórica.

Finalmente, não há contribuição sem beneficiário. Mas se existem culturas concretas, que podemos situar no tempo e no espaço, e afirmar que "contribuíram" e continuam a fazê-lo, o que é essa "civilização mundial", supostamente beneficiária de todas essas contribuições? Não é uma civilização distinta de todas as outras, e que goze do mesmo coeficiente de realidade. Quando falamos de civilização mundial, não designamos uma época da história, ou um grupo humano; evocamos uma noção abstrata, à qual atribuímos valor moral, ou lógico; moral, caso se trate de um objetivo que propomos para as sociedades existentes, lógico, se pretendermos agrupar no mesmo vocábulo os elementos comuns que a análise permite localizar entre as diferentes culturas. Em ambos os casos, é preciso reconhecer que a noção de civilização mundial é bastante pobre e esquemática, e que seu conteúdo intelectual e afetivo não apresenta grande densidade. Querer avaliar contribuições culturais que carregam uma história milenar, e todo o peso dos pensamentos, sofrimentos, desejos e labores dos homens que as fizeram existir, referindo-as exclusivamente ao marco de uma civilização mundial, fórmula ainda vazia, seria empobrecê-las muito, retirar-lhes a substância e ficar somente com um corpo macilento.

Buscamos, ao contrário, demonstrar que a verdadeira contribuição das culturas não consiste numa lista de suas invenções próprias, mas no *afastamento diferencial* que há entre elas. A gratidão e a humildade que pode e deve sentir cada membro de determinada cultura para com todas as demais têm por fundamento uma única convicção: a de que as outras culturas são diferentes da sua, dos modos mais diversos, mesmo que a natureza última de tais diferenças lhe escape ou que, apesar de todos os seus esforços, só consiga ter delas um vislumbre.

Por outro lado, consideramos a noção de civilização como uma espécie de conceito-limite, ou modo abreviado de designar um processo complexo. Pois, se nossa demonstração for válida, não há e nem pode haver uma civilização mundial no sentido absoluto que se costuma dar à expressão, uma vez que civilização supõe a coexistência de culturas que apresentem o máximo de diversidade entre si; civilização é, na verdade, tal coexistência. A civilização mundial só poderia ser a coalizão, em escala mundial, de culturas que mantenham cada qual sua originalidade.

10. O duplo sentido do progresso

Estaríamos diante de um estranho paradoxo? Tomando os termos no sentido que lhes demos, vimos que todo *progresso* cultural é função de uma *coalizão* entre culturas. Tal coalizão consiste no compartilhamento (consciente ou inconsciente, voluntário ou involuntário, intencional ou acidental, desejado ou imposto) das *chances* que cada cultura encontra em seu desenvolvimento histórico; chegamos à conclusão de que a fecundidade da coalizão aumenta em função da diversidade entre as culturas envolvidas. Isso posto, de fato parecemos estar diante de condições contraditórias. Pois a *aposta conjunta* de que resulta todo progresso deve acarretar como consequência, mais cedo ou mais tarde, uma *homogeneização* dos recursos de cada jogador. Se a diversidade é a condição inicial, temos de reconhecer que as chances de ganho tornam-se cada vez menores conforme a partida se alonga.

Parece haver apenas dois remédios para essa consequência inelutável. Um deles é cada um dos jogadores provocar *afastamentos diferenciais* em seu próprio jogo. É possível, já que cada sociedade (o "jogador" de nosso modelo teórico) é composta de uma coalizão de grupos – confessionais, profissionais, econômicos – e a aposta social é formada pelas de todos esses componentes. As desigualdades sociais são o exemplo mais notável dessa solução. As grandes revoluções que escolhemos como ilustração, a neolítica e a industrial, não somente foram acompanhadas por uma diversificação do corpo social, como bem percebera Spencer, como também pela instauração de status diferenciados entre os grupos, principalmente do ponto de vista econômico. Observou-se há tempos que as descobertas neolíticas tinham rapidamente acarretado uma diferenciação social, com o surgimento, no Oriente antigo, de grandes concentrações urbanas, dos estados, das castas e das classes. A mesma observação se aplica à revolução industrial, condicionada pelo aparecimento de um proletariado e desembocando em formas novas e aperfeiçoadas de exploração do trabalho humano. Até o momento, tendia-se a tratar essas transformações sociais como consequência das transformações técnicas, e postular entre elas uma relação de causa e efeito. Se nossa interpretação estiver correta, a relação de causalidade (com a sucessão temporal que implica) deve ser abandonada – como em geral tende a fazer, aliás, a ciência moderna – em prol de uma correlação funcional entre os dois fenômenos. Note-se, aliás, que o reconhecimento do fato de que o progresso técnico teve por correlato histórico o desenvolvimento da exploração do homem pelo homem pode levar-nos a conter as manifestações de orgulho que com tanta frequência nos inspira o primeiro dos dois fenômenos nomeados.

O segundo remédio é, em larga medida, condicionado pelo primeiro: consiste em introduzir na coalizão, por bem ou por mal, novos parceiros, dessa vez externos, cujas "apostas" sejam bem diferentes das que caracterizavam a associação inicial. Essa solução também foi tentada, e, se a palavra capitalismo permite identificar em termos gerais a primeira, as palavras imperialismo ou colonialismo ajudam a ilustrar a segunda. A expansão colonial do século XIX permitiu à Europa industrial renovar (e certamente não apenas em seu próprio benefício) um ímpeto que, sem a introdução dos povos sujeitados no circuito, corria o risco de ter-se esgotado muito mais rapidamente.

Como se vê, em ambos os casos o remédio equivale a alargar a coalizão, ou por diversificação interna, ou pela incorporação de novos parceiros; no final das contas, trata-se sempre de aumentar o número de jogadores, isto é, de retornar à complexidade e à diversidade da situação inicial. Mas vê-se igualmente que essas soluções só podem desacelerar provisoriamente o processo. Só pode haver exploração dentro de uma coalizão; entre os dois grupos, dominante e dominado, existem contatos e ocorrem intercâmbios. A um dado momento, e apesar da relação unilateral que aparentemente os une, deverão, consciente ou inconscientemente, conjugar suas apostas e, progressivamente, as diferenças que os opõem tenderão a diminuir. As melhorias sociais, de um lado, e a acessão gradual dos povos colonizados à independência, do outro, nos colocam diante do desenrolar desse fenômeno. E embora haja ainda um longo caminho pela frente em ambas direções, sabemos que as coisas caminham inevitavelmente nesse sentido. Talvez devêssemos, na verdade, interpretar como uma terceira solução o aparecimento no mundo de regimes políticos e sociais antagonistas. É concebível que uma diversificação, renovando-se a cada vez num plano diferente, permita manter indefinidamente, através de formas variáveis e que nunca cessarão de surpreender os homens, o estado de desequilíbrio de que depende a sobrevivência biológica e cultural da humanidade.

Seja como for, é difícil não *ver* como contraditório um processo que pode ser resumido como segue: para progredir, os homens precisam colaborar e, no decorrer dessa colaboração, vão vendo se homogeneizarem gradualmente os aportes cuja diversidade inicial era justamente o que tornava a colaboração frutífera e necessária.

Mesmo que essa contradição seja insolúvel, é o dever sagrado da humanidade manter os dois termos em mente o tempo todo, nunca perder um deles de vista, em benefício exclusivo do outro; evitar, evidentemente, particularismos cegos com tendência a reservar o privilégio da humanidade a uma raça, cultura ou sociedade, mas também jamais esquecer que nenhuma fração da humanidade dispõe de fórmulas aplicáveis ao conjunto, e que uma humanidade igualada num modo de vida único é inconcebível, porque seria uma humanidade ossificada.

Nesse sentido, as instituições internacionais têm diante de si uma tarefa imensa, e carregam pesadas responsabilidades, mais complexas do que se pensa, em ambos os casos. Pois a missão das instituições internacionais é dupla: trata-se de liquidar, por um lado, e de despertar, do outro. Primeiro, devem ajudar a humanidade a reabsorver, de modo tão indolor e seguro quanto possível, as diversidades mortas, resíduos sem valor de modos de colaboração cuja presença, em estágio de vestígios putrefatos, constitui um risco permanente de infecção para o corpo internacional. Devem desbastar, amputar se preciso for, e facilitar o nascimento de outras formas de adaptação.

Mas, ao mesmo tempo, devem permanecer obsessivamente atentas ao fato de que, para possuir o mesmo valor funcional que os anteriores, esses novos modos não podem reproduzi-los ou serem concebidos no mesmo padrão, ou não passarão de soluções cada vez mais insossas e finalmente ineficazes. É preciso que saibam, ao contrário, que a humanidade é rica em possibilidades imprevistas, cada uma das quais, ao despontar, encherá os homens de espanto; que o progresso não é feito à imagem confortável da "mesmice melhorada" em que preguiçosamente procuramos descansar, mas sim repleto de aventuras, rupturas e escândalos. A humanidade está constantemente às voltas com dois processos contraditórios, um tendendo a instaurar a unificação, enquanto o outro visa manter ou repor a diversificação. A posição de cada época ou de cada cultura no sistema, a orientação segundo a qual ela se posiciona nele, fazem com que apenas um dos dois processos lhe pareça fazer sentido, sendo o outro aparentemente a negação do primeiro. Mas dizer – como poderíamos estar inclinados a fazer – que a humanidade se desfaz ao mesmo tempo que se faz, ainda corresponderia a uma visão incompleta. Pois, em dois planos e em dois níveis opostos, trata-se bem de dois modos diferentes de se *fazer*.

A necessidade de preservar a diversidade das culturas, num mundo ameaçado pela monotonia e pela uniformidade, certamente não escapou às instituições internacionais. Elas devem compreender também que, para atingir esse objetivo, não bastará valorizar tradições locais e conceder uma sobrevida aos tempos idos. É o fato da diversidade que tem de ser salvo, não o conteúdo histórico que cada época lhe deu e que nenhuma delas pode perpetuar para além de si mesma. É preciso, portanto, escutar o trigo germinando, incentivar potencialidades ocultas, despertar todas as vocações para viver juntos que a história guarda; é preciso também estar preparado para encarar sem surpresa, sem rejeição e sem revolta o inusitado que tais novas formas sociais de expressão não poderão deixar de apresentar. A tolerância não é uma posição contemplativa, dispensando indulgências ao que foi ou é. É uma atitude dinâmica, que consiste em prever, compreender e promover o que quer ser. A diversidade das culturas humanas está atrás de nós, à nossa volta e à nossa frente. A única exigência que nos é dado fazer-lhe (geradora, para cada indivíduo, dos deveres correspondentes) é a de que se realize de modo que cada uma de suas formas seja uma contribuição à maior generosidade das outras.

BIBLIOGRAFIA GERAL

ADAMSON, Thelma

1934. "Folk-Tales of the Coast Salish". *Memoirs of the American Folklore Society*, 28. Nova York.

ADLER, Alfred & Michel CARTRY

1971. "La Transgression et sa dérision". *L'Homme – Revue Française d'Anthropologie*, v. 11, n. 3.

AFANÁSSIEV, Aleksándr Nikoláevitch

[1855-1863] 1958. *Naródnie rúskie skázki A. N. Afanássieva*. [Os contos populares russos de Afanássiev], 3 v. Moscou.

ALBISETTI, Cesar

1948. "Estudos complementares sobre os Bororos orientais". *Contribuições missionárias, publicações da Sociedade Brasileira de Antropologia e Etnologia*, n. 2-3. Rio de Janeiro.

ALBISETTI, Cesar & Antonio COLBACCHINI, *ver* Colbacchini.

ALBISETTI, Cesar & Angelo Jayme VENTURELLI

1962-69. *Enciclopédia Bororo*. 2 v. Campo Grande: Faculdade Dom Aquino de Filosofia, Ciências e Letras/Instituto de Pesquisas Etnográficas.

ARON, Raymond

1970. "Le Paradoxe du même et de l'autre", in J. Pouillon & P. Maranda. *Échanges et communications: Mélanges offerts à Claude Lévi-Strauss à l'occasion de son 60ᵉ anniversaire*, v. 2. Paris/Haia: Mouton.

AVESTA. Edição francesa: Darmesteter, J. *Le Zend-Avesta*. 3 v. Paris, 1893, repr. 1960.

BANNER, Horace

1957. "Mitos dos índios Kayapó". *Revista de Antropologia*, v. 5, n. 1.

BARBEAU, Marius

    1929. *Totem Poles of the Gitksan*. Ottawa: National Museum of Canada.

    1950. *Totem Poles*. Ottawa: National Museum of Canada. 2 v.

BARBEAU, GARFIELD & WINGERT, *ver* Garfield.

BARNARD, Mary

    1966. *The Mythmakers*. Athens: Ohio University Press.

BECKWITH, Martha Warren

    1938. "Mandan-Hidatsa Myths and Ceremonies". *Memoirs of the American Folklore Society*, 32. Boston.

BÉDIER, Joseph

    1893. *Les Fabliaux*. Paris.

BEHAVIORAL SCIENCES SUBPANEL OF THE PRESIDENT'S SCIENCE ADVISORY COMITTEE

    1962. "Strengthening the Behavioral Sciences". *Behavioral Science*, v. 7, n. 3, jul. 1962. [Publicado também em *Science*, v. 136, n. 3512, abr. 1962.]

BEYNON, William

    1941. "The Tsimshians of Metlakatla". *American Anthropologist*, n. s., v. 43.

BOAS, Franz

    1891. "Dissemination of Tales Among the Natives of North America". *Journal of American Folklore*, v. 4.

    1895a. *Fifth Report on the Indians of British Columbia*. Ipswich: British Association for the Advancement of Science (Reports of the British Association for the Advancement of Science, 65).

    1895b. *Indianische Sagen von der Nord-Pacifischen Küste Amerikas*. Berlim: A. Ascher. (Sonder-Abdruck aus den Verhandlungen der Berliner Gesellschaft für Anthropologie, Ethnologie und Urgeschichte 1891-95)

    1897. *The Social Organization and the Secret Societies of the Kwakiutl Indians*. Washington: United States National Museum (Report for 1895).

    1902. *Tsimshian Texts*. Bureau of American Ethnology – Bulletin 27. Washington: Smithsonian Institution.

    1911 (org.). *Handbook of American Indian Languages*. Parte 1. Bureau of American Ethnology – Bulletin 40. Washington: Smithsonian Institution.

    1912. *Tsimshian Texts* (*New series*). Leyden: Brill. (Publications of the American Ethnological Society, III).

    1916. "Tsimshian Mythology". 31st *Annual Report of the Bureau of American Ethnology* (1909-1910). Washington: Smithsonian Institution.

    1917 (org.). "Folk-tales of Salishan and Sahaptin Tribes". *Memoirs of the*

American Folklore Society, 11. Nova York.

1918. *Kutenai Tales*. Bureau of American Ethnology – Bulletin 59. Washington: Smithsonian Institution.

1925. "Stylistic Aspects of Primitive Literature". *Journal of American Folklore*, v. 38.

1932. "Current Beliefs of the Kwakiutl". *Journal of American Folklore*, v. 45.

BOAS, Franz & George HUNT

1902. "Kwakiutl Texts II". *Memoirs of the American Museum of Natural History*. Leiden/ Nova York.

BOWERS, Alfred W.

1950. *Mandan Social and Ceremonial Organization*. Chicago.

1965. *Hidatsa Social and Ceremonial Organization*. Bureau of American Ethnology – Bulletin 194. Washington: Smithsonian Institution.

BRAUDEL, Fernand

1958. "La Longue durée". *Annales – Histoire, Sciences Sociales*, n. 4.

1959. "Histoire et sociologie", in G. Gurvitch. *Traité de sociologie*. Paris: PUF [ed. bras.: G. Gurvitch. *Tratado de sociologia*. São Paulo: Martins Fontes, 1977].

CASAGRANDE, Joseph Bartholomew.

1960 (ed.). *In the Company of Man. Twenty Portraits by Anthropologists*. Nova York: Harper & Row.

CHAMBERLAIN, Alexander Francis

1892. *Report on the Kootenay Indians of Southeastern British Columbia*. Londres. (Reports of the British Association for the Advancement of Science, 62).

CHANTRE Y HERRERA, José

1901. *Historia de las misiones de la Compañía de Jesús en el Marañón español* (1637-1767). Madri: Imprenta de Avrial.

CLINE, Walter B.

1938 (ed.). *The Sinkaietk or Southern Okanagon of Washington*. Menasha: George Banta. (General Series in Anthropology, 6).

COLBACCHINI, Antonio

1919. *A tribu dos Boróros*. Rio de Janeiro: Papelaria Americana.

1925. *I Boróros Orientali "Orarimugudoge" del Matto Grosso* (Brasile). Turim: Società Editrice Internazionale. (Contributi Scientifici delle Missioni Salesiane del Venerabile Don Bosco, I).

COLBACCHINI, Antonio & Cesar ALBISETTI

1942. *Os boróros orientais orarimogodogue do planalto oriental de Mato Grosso*. São Paulo/Rio de Janeiro: Nacional.

COMTE, Auguste

1830-1842. *Cours de philosophie positive* [ed. bras.: *Curso de filosofia positiva*, trad. José Arthur Giannotti. São Paulo: Nova Cultural, 2000].

CROCKER, J. Christopher

1969. "Reciprocity and Hierarchy among the Eastern Bororo". *Man*, n. s., v. 4, n. 1.

CURTIN, Jeremiah & John N. B. HEWITT

1918. "Seneca Fiction, Legends, and Myths. *32nd Annual Report of the Bureau of American Ethnology (1910-1911)*. Washington: Smithsonian Institution.

DEACON, Arthur Bernard

1934. *Malekula: A Vanishing People in the New Hebrides*. Londres: Routledge.

DÉMEUNIER, Jean-Nicholas

1776. *L'Esprit des usages et des coutumes des différents peuples, ou Observations tirées de voyageurs et des historiens*. 3 v. Londres.

DIAMOND, Stanley

1960 (ed.). *Culture in History: Essays in Honor of Paul Radin*. Nova York: Columbia University Press.

DORSEY, George Amos

1905. *The Cheyenne*. Chicago: Field Columbian Museum (Anthropological Series, IX).

DORSEY, George Amos & Alfred Louis KROEBER

1903. *Traditions of the Arapaho*. Chicago: Field Columbian Museum (Anthropological Series, 5).

DOUGLAS, Mary

1952. "Alternate Generations Among the Lele of the Kasai, Southwest Congo". *Africa*, v. 22, n. 1.

1963. *The Lele of the Kasai*. Londres: Oxford University Press.

DRIVER, Harold E.

1939. "Culture Element Distributions X. Northwest California". *Anthropological Records*, v. 1, n. 6.

DRUCKER, Philip

1965. *Cultures of the North Pacific Coast*. San Francisco.

DURKHEIM, Émile

[1895] 1950. *Les Règles de la méthode sociologique*, 11ª. ed. Paris: PUF [ed. bras.: *As regras do método sociológico*, trad. Paulo Neves. São Paulo: Martins Fontes, 2003].

1896-1897. "La Prohibition de l'inceste et ses origines". *Année Sociologique*, v. 1.

[1900] 1953. "La Sociologie et son domain scientifique", in A. Cuvillier (ed.). *Où va la Sociologie française?* Paris: M. Rivière.

[1912] 1925. *Les Formes élémentaires de la vie religieuse*. Paris: PUF [ed. bras.: *As formas elementares da vida religiosa*, trad. Paulo Neves. São Paulo: Martins Fontes, 2003].

DURLACH, Theresa Mayer

1928. *Relationship Systems of the Tlingit, Haida, and Tsimshian*. Nova York: American Ethnological Society/Stechert & Co. (Publications of the American Ethnological Society, 11).

ELMENDORF, William W.

1960. *The Structure of Twana Culture*. With Comparative Notes on the Structure of Yurok Culture by Alfred Kroeber. *Research Studies, Monographic Supplement* 2. Pullman: Washington State University.

EMMONS, George T.

1910. "Niska", in F. W. Hodge (ed.). *Handbook of American Indians North of Mexico*. Bureau of American Ethnology - Bulletin 30, v. 2. Washington: Smithsonian Institution.

ENGELS, Friedrich

1878. *Anti-Dühring* [ed. bras.: *Anti-Dühring*. Rio de Janeiro: Paz e Terra, 1990].

ERLICH, Victor

1955. *Russian Formalism*. Haia: Mouton & Co.

ESPINAS, Alfred

1901. "Être ou ne pas être, ou Du Postulat de la sociologie". *Revue Philosophique de la France e de l'Étranger*, v. 51.

ÉTIENNE, Pierre

1970. "Essai de représentation graphique de l'alliance matrimoniale". *L'Homme – Revue Française d'Anthropologie*, v. 10, n. 4.

EVANS-PRITCHARD, Edward Evan

1951. *Social Anthropology*. Londres: Cohen & West.

1961. *Anthropology and History*. Manchester: Manchester University Press.

FARRAND, Livingston

1900. "Traditions of the Chilcotin Indians". *Memoirs of the American Museum of Natural History*, 4. Leiden/Nova York.

FENTON, William N.

1953. *The Iroquois Eagle Dance. An Offshot of the Calumet Dance*. Bureau of American Ethnology – Bulletin 156. Washington: Smithsonian Institution.

FEWKES, Jesse Walter

1903. "Hopi Katcinas, Drawn by Native Artists". *21st Annual Report of the Bureau of American Ethnology (1899-1900)*. Washington: Smithsonian Institution.

FLETCHER, Alice C. & Francis LA FLESCHE

1911. "The Omaha Tribe". *27th Annual Report of the Bureau of American Ethnology (1905-1906)*. Washington: Smithsonian Institution.

FORTES, Meyer

1949. "Time and Social Structure: An Ashanti Case Study", in M. Fortes (ed.). *Social Structure. Studies Presented to A. R. Radcliffe-Brown*. Oxford: Clarendon Press.

FORTUNE, Reo F.

1932. *The Sorcerers of Dobu*. Nova York: Dutton.

FOSTER, George M.

1959. "The Potter's Wheel: An Analysis of Idea and Artifact in Invention". *Southwestern Journal of Anthropology*, v. 15, n. 2.

FRAZER, James G.

1911-1915. *The Golden Bough. A Study in Magic and Religion*. 12 v. Londres.

1936. *Aftermath. A Supplement to the Golden Bough*. Londres: Macmillan.

GARFIELD, Viola E.

1939. *Tsimshian Clan and Society*. Seattle (University of Washington Publications in Anthropology, v. 7, n. 3).

GARFIELD, Viola E. & Paul S. WINGERT

1966. *The Tsimshian Indians and their Arts*. Seattle: University of Washington Press.

GARFIELD, Viola E., WINGERT, Paul S. & Marius BARBEAU

1951. *The Tsimshian: Their Arts and Music*. Nova York (Publications of the American Ethnological Society, XVIII).

GILLIN, John Philip

1936. *The Barama River Caribs of British Guiana*. Cambridge: Peabody Museum/Harvard University (Papers of the Peabody Museum v. 14, n. 2).

GILMORE, Melvin R.

1919. "Uses of Plants by the Indians of the Missouri River Region". *33rd Annual Report of the Bureau of American Ethnology (1911-1912)*. Washington: Smithsonian Institution.

GOBINEAU, Arthur de

1853-1855. *Essai sur l'inégalité des races humaines*. Paris.

GODDARD, Pliny Earle

[1928] 1934. *Indians of the Northwest Coast*. Nova York: American Museum of Natural History. (Handbook Series, 10.)

GODEL, Robert

1957. *Les Sources manuscrites du Cours de linguistique générale de Ferdinand de Saussure*. Genebra: E. Droz.

GOETHE, Johann Wolfgang von

[1790] 1829. *Essai sur la métamorphose des plantes*, trad. F. de Gingins Lassaraz. Genebra.

GOLDSCHMIDT, Walter

1951. "Nomlaki Ethnography".*University of California Publications in American Archaeology and Ethnology*, v. 42, n. 4.

GUIART, Jean

1958. *Espiritu Santo (Nouvelles-Hébrides)*. Paris: Plon (L'Homme. Cahiers d'ethnologie, de géographie et de linguistique).

1963. *Structure de la chefferie en Mélanesie du Sud*. Paris: Musée de L'Homme (Travaux et Mémoirs de L'Institut d'Ethnologie, n. 66).

GUINARD, Rev. J. E.

1930. "Witiko among Tête-de-Boule". *Primitive Man*, v. 3, n. 3.

GUNTHER, Erna

1927. *Klallam Ethnography*. Seattle: University of Washington Press (University of Washington Publications in Anthropology, v. 1, n. 5).

HAEBERLIN, Herman K.

1924. "Mythology of Puget Sound". *Journal of American Folklore*, 37.

HEIM, Roger

1963. *Les Champignons toxiques et hallucinogènes*. Paris: N. Boubée.

1967. *Nouvelles Investigations sur les champignons hallucinogènes*. Paris: Muséum National d'Histoire Naturelle.

HEIM, Roger & R. Gordon WASSON

1958. *Les Champignons hallucinogènes du Mexique*. Paris: Muséum National d'Histoire Naturelle.

HEUSCH, Luc de

1958. *Essai sur le symbolisme de l'inceste royal en Afrique*. Bruxelas: Institut de Sociologie Solvay.

1965. "Vers une mytho-logique?". *Critique*, v. XXI, n. 219-20.

1971. *Porquoi l'épouser? et autres essais*. Paris: Gallimard.

HIATT, Lester Richard

1965. *Kinship and Conflict: A Study of an Aboriginal Community in Northern Arnhem Land*. Canberra: The Australian National University.

HILL-TOUT, Charles

1899. "Notes on the N'tlakápamuq of British Columbia, a Branch of the Great Salish Stock of North America". *Reports of the British Association for the Advancement of Science*, 69.

1900. "Notes on the SK. gómic of British Columbia". RBAAS, 70.

1904a. "Ethnological Report on the Stseélis and Sk.aúlits tribes of the Halõkmēlem Dovosopm pf the Salish of British Columbia". *Journal of the Royal Anthropological Institute*, v. 34.

1904b. "Report on the Ethnology of the Síciatl of British Columbia, a Coast Division of the Salish Stock". *Journal of the Royal Anthropological Institute*, v. 34.

1907. *British North America: 1. The Far West, the Home of the Salish and Dene*. Londres: A. Constable and Company (The native races of the British Empire).

HODGE, Fredrick Webb

1910. *Handbook of American Indians North of Mexico*. Bureau of American Ethnology – Bulletin 30. 2 v. Washington: Smithsonian Institution.

HOFFMAN, Walter James

1884. "Selish Myths". *Bulletin of the Essex Institute*, v. 15 (1883). Salem.

HUBERT, Henri & Marcel MAUSS

1899. "Essai sur la nature et la fonction sociale du sacrifice". *Année Sociologique*, v. 2 [republicado em Hubert & Mauss, *Mélanges d'histoire des religions*. Paris: Alcan, 1929. Ed. bras.: *Sobre o sacrifício*. São Paulo: Ubu Editora, 2017].

1902-03. "Esquisse d'une théorie générale de la magie". *Année Sociologique*, v. 7 [republicado em: M. Mauss, *Sociologie et Anthropologie*. Paris: PUF, 1950. Ed. bras.: *Sociologia e antropologia*. São Paulo: Ubu Editora, 2017].

HUME, David

1741-42. *Essays, Moral and Political*. Edimburgo [ed. bras.: *Investigação sobre o entendimento humano e ensaios morais, políticos e literários*, trad. Leonel Vallandro. São Paulo: Abril, 1984].

JACOBS, Melville

1934-37. *Northwest Sahaptin Texts*. 2 v. Nova York: Columbia University Press (Columbia University Contributions to Anthropology, 19).

JENNESS, Diamond

1934. "Myths of the Carrier Indians of British Columbia". *Journal of American Folklore*, v. 47.

1943. *The Carrier Indians of the Bulkley River – Their Social and Reli-*

gious Life. Bureau of American Ethnology – Bulletin 133. Washington: Smithsonian Institution.

JONES, Livingstone F.

1914. *A Study of the Thlingets of Alaska*. Nova York.

KOHL, Johann-Georg

[1860] 1956. *Kitchi Gami – Wanderings Round Lake Superior*. Minneapolis.

KRAUSE, Aurel

[1885] 1956. *Die Tlinkit Indianer [The Tlingit Indians] – Results of a Trip to the Northwest Coast of America and the Bering Straits*. Seattle.

KROEBER, Alfred Louis

1904. "The Arapaho. III, Ceremonial Organization". *Bulletin of the American Museum of Natural History*, v. 18, n. 2.

KROEBER, Alfred Louis & George Amos, DORSEY, *ver* Dorsey

KUIPERS, Aert H.

1967. "The Squamish Language". *Janua Linguaru – Series practica*, v. 73, n. 1-2. Haia/Paris.

LEACH, Edmund

1961. *Rethinking Anthropology*. Londres: Athlone Press [ed. bras: *Repensando a antropologia*, trad. José Luís dos Santos. São Paulo: Perspectiva, 1974].

1970. *Lévi-Strauss*. Londres [ed. bras.: *As ideias de Lévi-Strauss*, trad. Álvaro Cabral. Cultrix, 1977].

LEHMANN-NITSCHE, Robert

1919a. "Mitología sud-americana I – El Diluvio según los Araucanos de la Pampa". *Revista del Museo de la Plata*, v. 24.

1919b. "Mitología sud-americana II – La Cosmogonia según los Puelche de la Patagonia". *Revista del Museo de la Plata*, v. 24.

LÉRY, Jean de

1578. *Histoire d'un voyage fait en la terre du Brésil* [ed. bras.: *História de uma viagem feita à terra do Brasil, também chamada América*. Rio de Janeiro: Fundação Darcy Ribeiro/Batel, 2009].

LÉVI-STRAUSS, Claude

1945. "L'Analyse structurale en linguistique et en anthropologie". *Word: Journal of the Linguistic Circle of Nova York*, v. 1, n. 2 [republicado em *Anthropologie Structurale*. Paris: Plon, 1958. Ed. bras.: "A análise estrutural em linguística e antropologia", in *Antropologia estrutural*, trad. Beatriz Perrone-Moisés. São Paulo: Ubu Editora, 2017, doravante AE].

[1949] 1967. *Les Structures élémentaires de la parenté*, 2ª. edição revista. Paris/Haia: Mouton.

1952a. "Les Structures sociales dans le Brésil central et oriental". *Proceedings of the 29th Congress of Americanists*, in Sol Tax. *Indian Tribes of Aboriginal America*. Chicago: University of Chicago Press [republicado em AE, 1958].

1952b. *Race et histoire*. Paris: Unesco [republicado em *Anthropologie Structurale deux*, 1973].

1953a. "Conference of Anthropologists and Linguists". *Supplement to International Journal of American Linguistics*, v. 19, n. 2.

1953b. "Recherches de mythologie américaine (1)". *Annuaire de l'École Pratique des Hautes Études* (*sciences religieuses*), 1952-1953.

1953c. "Social Structure", in A. L. Kroeber (org.). *Anthropology Today*. Chicago: University of Chicago Press [republicado como "La Notion de structure en ethnologie", in *Anthropologie Structurale*, 1958].

1954a. "Place de l'anthropologie dans les sciences sociales et problèmes posés par son enseignement", in Unesco. *Les Sciences sociales dans l'enseignement supérieur*. Paris: Blondin.

1954b. "Recherches de mythologie américaine (2)". *Annuaire de l'École Pratique des Hautes Études* (*sciences religieuses*), 1953-1954.

1955a. "Rapport entre la mythologie et le rituel". *Annuaire de l'École Pratique des Hautes Études* (*sciences religieuses*), 1954-1955.

1955b. "The Structural Study of Myth". *Myth, a Symposium – Journal of American Folklore*, v. 78, n. 270, out.-dez. [republicado como "La Structure des mythes" em *Anthropologie structurale*, 1958].

1956a. "Les Organisations dualistes existent-elles?". *Bijdragen tot de Taal-, Land-, en Volkerkunde*, Deel, v. 112, n. 2 [republicado em *Anthropologie structurale*, 1958.

1956b. "Les Trois humanismes". *Demain*, n. 35.

1958a. *Anthropologie structurale*. Paris: Plon [ed. bras.: AE, trad. Beatriz Perrone-Moisés. São Paulo: Ubu Editora, 2017].

1958b. "Dis-moi quels Champignons...". *L'Express*, 10 abr. 1958.

1959. "La Geste d'Asdiwal". *Annuaire de l'École Pratique des Hautes Études* (*sciences religieuses*), 1958-1959. *Les Temps Modernes*, n. 179, 1962 [republicado em *Anthropologie Structurale deux*, 1973].

1960a. "Ce que l'Ethnologie doit à Durkheim". *Annales de l'Université de Paris*, n. 1, 1960.

1960b. "Four Winnebago Myths. A Structural Sketch", in S. Diamond (ed.). *Culture in History: Essays in Honor of Paul Radin*. Nova York: Columbia University Press.

1960c. "La Structure et la forme. Réflexions sur un ouvrage de Vladimir Propp". *Cahiers de l'Institut de sciences économiques appliquées*, n. 9 (Série m, n. 7) [publicado também como "L'Analyse morphologique des contes russes", no *International Journal of Slavic Linguistics and Poetics*, 3, 1960].

1960d. *Leçon inaugurale faite le mardi 5 janvier 1960*. Paris: Collège de France – Chaire d'Anthropologie sociale.

1960e. "On Manipulated Sociological Models". *Bijtragen tot de Taal-, Land- en Volkenkunde*, v. 116, n. 1

1961a. "La Chasse rituelle aux aigles". *Annuaire de l'École Pratique des Hautes Études (sciences religieuses)*, 1959-1960.

1961b. "Résumé des cours (1960-1961)". *Annuaire du Collège de France*, 61e année.

1962a. "Jean-Jacques Rousseau, fondateur des sciences de l'homme", in S. Baud-Bovy; R. Derathé; R. Dottrens et al. *Jean Jacques-Rousseau*. Neuchâtel: La Baconnière.

1962b. *La Pensée sauvage*. Paris: Plon.

1962c. *Le Totémisme aujourd'hui*. Paris: PUF.

1963. "Les Discontinuités culturelles et le développement économique et social". *Information sur les sciences sociales*, v. 2.

1964a. "Critères scientifiques dans les disciplines sociales et humaines". *Revue internationale des sciences sociales*, v. 16, n. 4.

1964b. *Mythologiques I: Le cru et le cuit*. Paris: Plon. [ed. bras.: *Mitológicas 1: O cru e o cozido*, trad. Beatriz Perrone Moisés. São Paulo: Cosac Naify, 2004].

1965a. "Civilisation urbaine et santé mentale". *Les Cahiers de l'Institut de la vie*, n. 4.

1965b. "L'Art en 1985". *Arts*, n. 713.

1965c. "Structuralisme et critique littéraire". *Paragone*, Nuova Serie-2, n. 182, Letteratura.

1965d. "Témoins de notre temps". *Le Figaro Littéraire*, 25 de novembro de 1965.

1966a. "À propos d'une Rétrospective". *Arts*, n. 60.

1966b. *Mythologiques II. Du miel aux cendres*. Paris: Plon [ed. bras.: *Mitológicas 2: Do mel às cinzas*, trad. Carlos Eugênio Marcondes de Moura e Beatriz Perrone-Moisés. São Paulo: Cosac Naify, 2005].

1966c. "The Work of the Bureau of American Ethnology and its Lessons", in S. Dillon Ripley (ed.). *Knowledge Among Men: Eleven Essays on Science, Culture and Society Commemorating the 200°. Anniversary of the Birth of James Smithson.* Nova York: Simon & Schuster.

1967. "Le Sexe des astres", in *To Honor Roman Jakobson. Essays on the occasion of his seventieth birthday.* Haia: Mouton.

1968a. *Mythologiques III. L'Origine des manières de table.* Paris: Plon [ed. bras.: *Mitológicas 3: A origem dos modos à mesa,* trad. Beatriz Perrone-Moisés. São Paulo: Cosac Naify, 2006].

1968b. "Religions comparées des peuples sans écriture", in *Problèmes et méthodes d'histoire des religions – Mélanges publiés par la section des sciences religieuses à l'occasion du centenaire de l'École pratique des hautes études.* Paris: PUF.

1969. "Resumé des cours (1968-1969)". *Annuaire du Collège de France,* 70ᵉ année.

1970. "Les Champignons dans la culture. À propos d'un livre de R. Gordon Wasson". *L'Homme – Revue Française d'Anthropologie,* v. 10, n. 1.

1971a. "Comment meurent les Mythes", in *Science et conscience de la société – Mélanges en l'honneur de Raymond Aron,* v. 1. Paris: Calmann-Lévy. *Esprit,* 39.

1971b. *Mythologiques IV. L'Homme nu.* Paris: Plon [ed. bras.: *Mitológicas 4: O homem nu,* trad. Beatriz Perrone-Moisés. São Paulo: Cosac Naify, 2011].

1971c. "Rapports de symétrie entre rites et mythes des peuples voisins", in T. O. Beidelman (ed.). *The Translation of Culture – Essays to E. E. Evans-Pritchard.* Londres: Tavistock Publications.

1972a. "Compte rendu d'enseignement". *Annuaire du Collège de France,* 72ᵉ année.

1972b. "Compte rendu de M. Detienne: Les Jardins d'Adonis". *L'Homme – Revue Française d'Anthropologie,* v. 12, n. 4.

1973. "Réflexions sur l'atome de parenté". *L'Homme – Revue Française d'Anthropologie,* v. 13, n. 3

1991. *Histoire de Lynx.* Paris: Plon.

LÉVY-BRÜHL, Lucien

1949. *Les Carnets.* Paris: PUF.

LIENHARDT, R. Godfrey

1964. *Social Anthropology.* Londres: Oxford University Press.

LIVINGSTONE, Frank B.

1958. "Anthropological Implications of Sickle Cell Gene Distribution in West Africa". *American Anthropologist,* n. s., v. 60, n. 3.

MCKENNAN, Robert A.

1959. *The Upper Tanana Indians*. New Haven (Yale University Publications in Anthropology, 55).

MAIR, Lucy

1965. "How Small Scale Societies Change", in J. Gould (ed.). *Penguin Survey of the Social Sciences*. Londres: Penguin.

1969. *Anthropology and Social Change*. Londres: Athlone.

MALINOWSKI, Bronislaw

1929. *The Sexual Life of Savages in North-Western Melanesia*. 2 v. Londres/Nova York: Routledge/Haloyon.

1945. *The Dynamics of Culture Change: An Inquiry into Race Relations in Africa*. New Haven: Yale University Press.

MALLERY, Garrick

1893. "Picture-Writing of the American Indians". 10th *Annual Report of the Bureau of American Ethnology (1888-1889)*. Washington: Smithsonian Institution.

MARX, Karl

[1867-94] 1950-54. *Le Capital: Critique de l'économie politique*, trad. Joseph Roy, 5 v.

Paris: Éditions Sociales [ed. bras.: *O capital: crítica da economia política*. 5 v., trad. Regis Barbosa e Flávio R. Kothe. São Paulo: Nova Cultural, 1996].

MATTHEWS, Washington

1887. "The Mountain Chant: A Navajo Ceremony". 5th *Annual Report of the Bureau of American Ethnology (1883-1884)*. Washington: Smithsonian Institution.

MAUSS, Marcel

1899. *Ver* HUBERT & MAUSS 1899.

1902-03. *Ver* HUBERT & MAUSS 1902-03

1924a. "Essai sur le Don. Forme et raison de l'échange dans les sociétés archaïques". *Année Sociologique*, n. s., v. 1 [republicado em: *Sociologie et Anthropologie*. Paris: PUF, 1950. Ed. bras.: *Sociologia e antropologia*, trad. Paulo Neves. São Paulo: Ubu Editora, 2017].

1924b. "Rapports réels et pratiques de la psychologie et de la sociologie". *Journal de psychologie normale et pathologique*, n. 21 [republicado em: *Sociologie et Anthropologie*. Paris: PUF, 1950. Ed. bras.: *Sociologia e antropologia*, trad. Paulo Neves. São Paulo: Ubu Editora, 2017].

MAXIMILIANO, Príncipe de Wied

[1839-1841] 1843. *Travels in the Interior of North America*. Londres.

MAYBURY-LEWIS, David

1960. "The Analysis of Dual Organizations: A Methodological Critique". *Bijdragen tot de Taal-, Land- en Volkenkunde*, v. 116, n. 1.

MEAD, Margaret

1935. *Sex and Temperament in Three Primitive Societies*. Nova York: Mentor [ed. bras.: *Sexo e temperamento*, trad. Rosa Krauz, 4ª. ed. São Paulo: Perspectiva, 2006].

MEGGITT, Mervyn J.

1962. *Desert People: A Study of the Walbiri Aborigines of Central Australia*. Sidney: Angus & Robertson.

MERLEAU-PONTY, Maurice

1960. *Signes*. Paris: Gallimard [ed. bras.: *Signos*, trad. Maria Ermantina Galvão Gomes Pereira. São Paulo: Martins Fontes, 1991].

MÉTRAUX, Alfred

1939. "Myths and Tales of the Matako Indians (The Gran Chaco, Argentina)". *Etnologiska studier*, 9.

1946. "Myths of the Toba and Pilagá Indians of the Gran Chaco". *Memoirs of the American Folklore Society*, XL. Filadélfia.

1959. "La Révolution de la hache". *Diogène*, 25.

MURPHY, Robert Francis

1958. "Mundurucú Religion". *University of California Publications in American Archaeology and Ethnology*, v. 49, n. 1.

NIMUENDAJÚ, Curt

1939. *The Apinayé*. Washington: The Catholic University of America Press. (Anthropological Series, n. 8) [ed. bras.: *Os Apinayé*. Belém: Museu Paraense Emilio Goeldi, 1982].

1942. *The Serenté*. Los Angeles: The Southwest Museum (Publications of the F. W. Hodge Anniversary Publication Fund, v. 4).

1946. "The Eastern Timbira". *University of California Publications in American Archaeology and Ethnology*, v. 41.

1952. "The Tukuna". *University of California Publications in American Archaeology and Ethnology*, v. 45.

OLSON, Ronald L.

[1927-1936] 1967. *The Quinault Indians and Adze, Canoe and House Types of the Northwest Coast*. Seattle: University of Washington Press.

OPLER, Morris Edward

1960. "Myth and Practice in Jicarilla Apache Eschatology". *Journal of American Folklore*, v. 73.

PETITOT, Émile

1887. *Traditions indiennes du Canada nord-ouest*. Paris.

PHINNEY, Archie

1934. *Nez Percé Texts*. Nova York: Columbia University Press (Columbia University Contributions to Anthropology, XXV).

PIRKOVA-JAKOBSON, Svatava

1958. "Introduction" a V. Propp, "Morphology of the Folktale", parte III. Austin: University of Texas Press.

POSPISIL, Leopold J.

1959-1960. "The Kapauku Papuans and their Kinship Organization". *Oceania*, v. 30, n. 3.

POUILLON, Jean & Pierre MARANDA

1970 (ed.). *Échanges et communications: Mélanges offerts à Claude Lévi-Strauss à l'occasion de son 60e anniversaire*. 2 v. Paris/Haia: Mouton.

PROPP, Vladimir

[1928] *Morfológuia Skázki*. Leningrado [edição americana: 1958. "Morphology of the Folktale", parte III (com introdução de Svatava Pirkova-Jakobson). *International Journal of American Linguistics*, vol. 24, n. 4, oct. 1958: V. Propp, "Morphology of the Folktale", parte III, International Journal of American Linguistics, vol. 24, n. 4, out. 1958; Publication Ten of the Indiana University Research Center in Anthropology, Folklore and Linguistics, out. 1958; Second Revised Edition, University of Texas Press, Austin-Londres, 1968].

RADCLIFFE-BROWN, Alfred Reginald

1958. *Method in Social Anthropology*. Chicago: University of Chicago Press.

RADIN, Paul

1923. "The Winnebago Tribe". 37th *Annual Report of the Bureau of American Ethnology (1915-1916)*. Washington: Smithsonian Institution.

1933. *Method and Theory of Ethnology*. Nova York: McGraw-Hill.

1945. *The Road of Life and Death*. Nova York: Pantheon.

1949. *The Culture of the Winnebago: as Described by Themselves*. Baltimore: Waverly (Special Publications of the Bollingen Foundation, n. 1).

RAND, Rev. Silas Tertius

1894. *Legends of the Micmacs*. Nova York/Londres: Longmans, Green & Co.

RAY, Verne Frederick

1933. "Sanpoil Folk Tales". *Journal of American Folklore*, v. 46.

1939. *Cultural Relations in the Plateau of Northwestern America*. Los Angeles: Southwest Museum. (Publications of the F. W. Hodge Anniversary Publication Fund, v. 3.)

[1933] 1954. *The Sanpoil and Nespelem: Salishan Peoples of Northeastern Washington*. New Haven: Human Relations Area Files.

READ, Kenneth E.

1959. "Leadership and Consensus in a New Guinea Society". *American Anthropologist*, n. s., v. 61, n. 3.

REDFIELD, Robert

1950. "Social Science among the Humanities". *Measure*, v. 1.

1953. "Relations of Anthropology to the Social Sciences and to the Humanities", in A. L. Kroeber (org.). *Anthropology Today*. Chicago: University of Chicago Press.

REICHARD, Gladys A.

1947. "An Analysis of Cœur d'Alene Indian Myths". *Memoirs of the American Folklore Society*, 41. Filadélfia.

Relations des Jésuites, ed. de Québec. 6 v. 1858.

RICHARDS, J. F.

1914. "Cross Cousin Marriage in South India". *Man*, v. 14.

ROBBINS, Wilfred William; HARRINGTON, John Peabody
& Barbara FREIRE-MARRECO

1916. *Ethnobotany of the Tewa Indians*. Bureau of American Ethnology – Bulletin 55. Washington: Smithsonian Institution.

ROSMAN, Abraham & Paula RUBEL

1971. *Feasting with mine Enemy – Rank and Exchange among North West Coast Societies*. Nova York/Londres: Columbia University Press.

1972. "The Potlatch: A Structural Analysis". *American Anthropologist*, n. s., v. 74, n. 3.

ROTH, Walter E.

1915. "An Inquiry into the Animism and Folklore of the Guiana Indians". 30th *Annual Report of the Bureau of American Ethnology* (1908-1909). Washington: Smithsonian Institution.

1924. "An Introductory Study of the Arts, Crafts and Customs of the Guiana Indians". 38th *Annual Report of the Bureau of American Ethnology* (1916-1917). Washington: Smithsonian Institution.

ROUSSEAU, Jean-Jacques

1774-1783. *Collection complète des œuvres de –*. 12 v. Londres.

SAPIR, Edward

1915. "A Sketch of the Social Organization of the Nass River Indians".

Museum Bulletins of the Canada Department of Mines, Geological Survey, XIX. Ottawa.

SAUSSURE, Ferdinand de

1916. *Cours de linguistique générale*. Paris: Payot [ed. bras.: *Curso de linguística geral*, trad. Isaac Nicolau Salum, 27ª ed. São Paulo: Cultrix, 2006].

SHAPIRO, Warren

1969. "Asymmetric Marriage in Australia and Southeast Asia". *Bijdragen tot de Taal-, Land- en Volkenkunde*, v. 125, n. 1.

SHARP, Lauriston

1952. "Steel Axes for Stone Age Australians". *Human Organization*, v. 11, n. 2.

SKINNER, A. & J. V. SATTERLEE

1915. "Folklore of the Menomini Indians". *Anthropological Papers of the American Museum of Natural History*, v. 13, n. 3. Nova York.

SPENCER, Robert F.

1959. *The North Alaskan Eskimo*. Bureau of American Ethnology – Bulletin 171. Washington: Smithsonian Institution.

STANNER, William Edward Hanley

1960. "Durmugam, a Nangiomeri (Australia)", in J. B. Casagrande (ed.). *In the Company of Man. Twenty Portraits by Anthropologists*. Nova York: Harper & Brothers.

STEVENSON, Matilda Coxe

1904. "The Zuñi Indians: Their Mythology, Esoteric Fraternities and Ceremonies". *23rd Annual Report of the Bureau of American Ethnology* (1901-1902). Washington: Smithsonian Institution.

STEWARD, Julian

1949 (ed.). *Handbook of South American Indians*. 7 v. Washington: Smithsonian Institution/Government Printing Office.

SWANTON, John R.

1905a. "Contributions to the Ethnology of the Haida". *Memoirs of the American Museum of Natural History*, 8. Nova York.

1905b. *Haida Texts and Myths: Skidegate dialect*. Bureau of American Ethnology – Bulletin 29. Washington: Smithsonian Institution.

1908. "Haida Texts – Masset dialect". *Memoirs of the American Museum of Natural History*, 14. Nova York.

1909. *Tlingit Myths and Texts*. Bureau of American Ethnology – Bulletin 39. Washington: Smithsonian Institution.

1952. *Indian Tribes of North America*. Bureau of American Ethnology – Bulletin 145. Washington: Smithsonian Institution.

TEIT, James A.

1898. "Traditions of the Thompson River Indians of British Columbia". *Memoirs of the American Folklore Society*, 6. Nova York.

1900. "The Thompson Indians of British Columbia". *Memoirs of the American Museum of Natural History*, 2. Leiden/Nova York.

1906. "The Lilloet Indians". *Memoirs of the American Museum of Natural History*, 4. Nova York.

1909. "The Shuswap". *Memoirs of the American Museum of Natural History*, 4. Leiden/Nova York.

1912. "Mythology of the Thompson Indians". *Memoirs of the American Museum of Natural History*, 12. Leiden/Nova York.

1930. "Ethnobotany of the Thompson Indians of British Columbia", editado por E. v. Steedman. *45th Annual Report of the Bureau of American Ethnology* (1927-1928). Washington: Smithsonian Institution.

THEVET, André

1557. *Les Singularités de la France antarctique* [ed. bras.: As singularidades da França Antártica, trad. Eugenio Amado. Belo Horizonte/São Paulo: Livraria Itatiaia/Editora da Universidade de São Paulo, 1978].

TOMASHEVSKY, Boris

1928. "La Nouvelle École d'histoire littéraire en Russie". *Revue des Études Slaves*, v. 8.

TURNER, Terence S.

1966. *Social Structure and Political Organization among the Northern Cayapo*. Tese de doutoramento. Cambridge: Harvard University.

VESSELÓVSKI, Aleksándr Nicolaiévitch

[1913] 1940. *Istorítcheskaia poétika*. Leningrado: Institut Literatúri.

VOEGELIN, Erminie W.

1942. "Culture Element Distributions: XX Northeast California". *Anthropological Records*, v. 7, n. 2.

VOLKOV, R. M.

1924. *Skazka, Roziskânia po siujetoslojêniu naródnoi skázki, tomo I. Skazka velikorúskaia, ukráinskaia, bielorúskaia* [O conto. Pesquisas sobre a formação do enredo no conto popular, tomo I. O conto russo, ucraniano, bielorusso]. Odessa: Editora Estatal da Ucrânia.

WALKER JR., Deward E.

1968. *Conflict and Schism in Nez Percé Acculturation*. Pullman: Washington State University Press.

WASSON, R. Gordon

1958. *Ver* HEIM & WASSON.

1968. *Soma, Divine Mushroom of Immortality*. Nova York: Harcourt, Brace & World (Ethno-mycological Studies n. 1).

1972. "Soma and the Fly-Agaric. Mr. Wasson's Rejoinder to Professor Brough". *Ethno-mycological Studies*, n. 2.

WASSON, Valentina P. & R. GORDON

1957. *Mushrooms, Russia and History*. 2 v. Nova York: Pantheon.

WAUGH, Frederick Wilkerson

1916. *Iroquois Foods and Food Preparation*. Ottawa: Government Printing Bureau (Canada Department of Mines, Geological Survey, Memoir 86, n. 12).

WEDGEWOOD, C. H.

1929. "Cousin Marriage", in *Encyclopaedia Brittanica*, 14ª ed.

WHITE, Leslie A.

1949. *The Science of Culture*. Nova York: Farrar, Straus.

WILLIAMS, Francis Edgar

1932. "Sex Affiliation and its Implications". *Journal of the Royal Anthropological Institute*, v. 62.

WISSLER, Clark & C. DUVALL

1908. "Mythology of the Blackfoot Indians". *Anthropological Papers of the American Museum of Natural History*, 2.

ÍNDICE REMISSIVO

ÍNDICE DE FIGURAS

SOBRE O AUTOR

CLAUDE LÉVI-STRAUSS nasceu em Bruxelas em 28 de novembro de 1908, durante uma estada de seus pais, pintores franceses, na cidade. Nos anos de guerra, entre 1914 e 1918, sua família viu-se obrigada a mudar para Versalhes, onde o avô materno era rabino. Completou os anos escolares em Paris, ingressando em 1927 na faculdade de Direito (Place du Panthéon) e, ao mesmo tempo, no curso de Filosofia da Sorbonne. Formado em ambas, logo assumiu seu primeiro cargo de professor no liceu de Mont-de-Marsan (sudoeste da França), em 1932.

Dois anos depois, recebia o convite para participar da missão francesa ao Brasil para a criação da Universidade de São Paulo: aos 26 anos seria professor na Faculdade de Filosofia, Ciências e Letras junto com Georges Dumas, Roger Bastide, Fernand Braudel, entre outros, ocupando a cadeira de sociologia. Seus cursos incluíam um amplo leque de temas, de sociologia primitiva a antropologia urbana, passando por linguística e antropologia física. Durante sua permanência no país, fez expedições ao interior, entre os Bororo, os Kadiwéu (1935) e os Nambikwara (1938), recontadas anos mais tarde em *Tristes trópicos*, seu livro mais difundido. Delas extraiu também o material para o seu primeiro artigo de peso, sobre os Bororo, publicado pela Société des Américanistes em 1936, considerado seu cartão de entrada para o círculo dos americanistas, entre os quais estavam Robert Lowie e Alfred Métraux. Foi durante a estada brasileira, e sobretudo devido à experiência de campo que o legitimou, que o professor de filosofia de liceu se tornou um etnólogo.

No retorno à Europa em 1939, Lévi-Strauss encontrou-se com o ambiente hostil que antecedeu a Segunda Guerra e, em pouco tempo, teve que se exilar nos Estados Unidos: Métraux e Lowie o convidaram – dentro do programa da Fundação Rockefeller que ajudava intelectuais europeus ameaçados pelo nazismo – a assumir o posto de professor na New School for Social Research de Nova York, no curso de sociologia contemporânea da América do Sul. Essa viagem teve implicações fundamentais em sua obra. Na New York Public Library, onde passava as manhãs, descobriu a etnologia americana de Boas, Kroeber, Mead, Linton etc., a muitos dos quais teve acesso pessoal, graças ao seu reconhecimento como etnólogo americanista. A estada nova-iorquina rendeu-lhe ainda a convivência com alguns dos surrealistas históricos também exilados – como André Breton, Marcel Duchamp, André Masson e Max Ernst.

Mas foi a oportunidade de conhecer Roman Jakobson, e assistir a suas conferências sobre linguística estrutural, o ponto-chave para todo o desenvolvimento futuro de sua obra. Jakobson tornou-se para ele uma espécie de tutor, incentivador e comentador das provas d'*As estruturas elementares do parentesco*, que começava a escrever em 1943 em forma de comunicações, e que defenderia como tese de doutorado na França, quando retornou em 1948. Ali se encontravam as origens do estruturalismo, pensamento que dominaria a cena francesa nos anos 60, ao qual Lévi-Strauss seria para sempre associado.

As Mitológicas – sua obra maior, em quatro volumes, na qual põe em prática seus preceitos teóricos – foram escritas entre as décadas de 1950 e 60. Já com vários livros publicados – entre eles *O pensamento selvagem* e *Antropologia estrutural* –, Lévi-Strauss absorveu-se então nessa imensa empreitada: "A série mobilizou meu espírito, meu tempo, minhas forças durante mais de vinte anos. Eu acordava todo dia às cinco ou seis da manhã [...] Eu realmente vivi em um outro mundo".

Sua trajetória profissional foi pontuada a partir de então pelos mais prestigiosos cargos concedidos a um intelectual francês: foi Mestre de pesquisa no Centre National de Recherche Scientifique (CNRS), subdiretor do Musée de l'Homme, um dos fundadores da renomada revista de antropologia *L'Homme* (1961), secretário-geral do Conselho Internacional de Ciências Sociais; em 1959, foi eleito, com apoio de Merleau-Ponty, para a cadeira de Antropologia Social do Collège de France; em 1973, sua eleição para a Academia Francesa terminou de consagrá-lo. Em 1960, fundou o Laboratoire d'Anthropologie Sociale, onde trabalharia o resto de sua vida.

Em 2008, ano de seu centenário, Lévi-Strauss viu parte de sua obra incluída na prestigiosa coleção literária "Pléiade" da editora Gallimard. Faleceu em 30 de outubro de 2009.

LIVROS

La Vie familiale et sociale des indiens Nambikwara. Paris: Société des Américanistes, 1948.

Les Structures élémentaires de la parenté. Paris: PUF, 1949. (nova edição revista La Haye/Paris: Mouton, 1967)

Race et Histoire. Paris: UNESCO, 1952.

Tristes tropiques. Paris: Plon, 1955. (nova edição revista e corrigida, 1973)

Anthropologie structurale. Paris: Plon, 1958. (nova edição revista, 1974)

Entretiens avec Claude Lévi-Strauss (com Georges Charbonnier). Paris: Plon, 1961.

Le Totémisme aujourd'hui. Paris: PUF, 1962.

La Pensée sauvage. Paris: Plon, 1962.

Mythologiques I: Le Cru et le cuit. Paris: Plon, 1964.

Mythologiques II: Du miel aux cendres. Paris: Plon, 1967.

Mythologiques III: L'Origine des manières de table. Paris: Plon, 1968.

Mythologiques IV: L'Homme nu. Paris: Plon, 1971.

Anthropologie structurale deux. Paris: Plon, 1973. (nova edição, 1996)

La Voie des masques. Genève: Skira, 1975. (edição revista e aumentada: Plon, 1979)

L'Identité. Paris: Grasset, 1977.

Myth and Meaning: Five Talks for Radio. Toronto: Univesity of Toronto, 1978.

Le Regard éloigné. Paris: Plon, 1983.

Paroles données. Paris: Plon, 1984.

La Potière jalouse. Paris: Plon, 1985.

De près et de loin (com Didier Eribon). Paris: Odile Jacob, 1988.

Des symboles et leurs doubles. Paris: Plon, 1989.

Histoire de Lynx. Paris: Plon, 1991.

Regarder, écouter, lire. Paris: Plon, 1993.

Saudades do Brasil. Paris: Plon, 1994.

Saudades de São Paulo. São Paulo: Companhia das Letras, 1996.

Loin du Brésil: entretien avec Véronique Mortaigne. Paris: Chandeigne, 2005.

Claude Lévi-Strauss – Œuvres. Paris: Gallimard Bibliothèque de la Pléiade, 2008.

L'Anthropologie face aux problèmes du monde moderne. Paris: Seuil, 2011.

L'Autre face de la lune. Paris: Seuil, 2011.

ENSAIOS NÃO REUNIDOS EM LIVRO

"Contribution à l'étude de l'organisation sociale des indiens Bororo". *Journal de la Société des Américanistes*, 1936.

"Guerre et commerce chez les Indiens de l'Amérique du Sud". Nova York: *Rennaissance*, v. 1, fasc. 1, 1943.

"Introduction à l'oeuvre de Marcel Mauss", in Marcel Mauss, *Sociologie et anthropologie*. Paris: PUF, 1950.

"Le Père Noël supplicié". *Les Temps Modernes*, n. 77, 1952.

"Diogène couché". *Les Temps Modernes*, n. 110, 1955.

"'Les Chats' de Charles Baudelaire" [com Roman Jakobson]. *L'Homme – Revue française d'Anthropologie*, v. 11, n. 1, 1962.

"Le Triangle culinaire". *L'Arc*, n. 26. Aix-en-Provence: 1965.

"Retours en arrière". *Les Temps Modernes*, n. 598, 1988.

EM PORTUGUÊS

As estruturas elementares do parentesco, trad. Mariano Ferreira. Petrópolis: Vozes, 1982.

Tristes trópicos, trad. Rosa Freire D'Aguiar. São Paulo: Companhia das Letras, 1996.

Antropologia estrutural, trad. Beatriz Perrone-Moisés. São Paulo: Ubu Editora, 2017.

Entrevistas com Claude Lévi-Strauss (a Georges Charbonnier), trad. Nícia Adam Bonatti. Papirus, 1989.

Totemismo hoje. São Paulo: Abril Cultural, Coleção "Os Pensadores", 1976.

O pensamento selvagem, trad. Tânia Pellegrini. Campinas: Papirus, 1997.

Mitológicas 1: O cru e o cozido, trad. Beatriz Perrone-Moisés. São Paulo: Cosac Naify, 2004.

Mitológicas 2: Do mel às cinzas, trad. Carlos Eugênio Marcondes de Moura e Beatriz Perrone-Moisés. São Paulo: Cosac Naify, 2005.

Mitológicas 3: A origem dos modos à mesa, trad. Beatriz Perrone-Moisés. São Paulo: Cosac Naify, 2006.

Mitológicas 4: O homem nu, trad. Beatriz Perrone-Moisés. São Paulo: Cosac Naify, 2011.

Antropologia estrutural dois, trad. Beatriz Perrone-Moisés. São Paulo: Ubu Editora, 2017.

Via das máscaras, trad. Manuel Ruas. Lisboa: Presença, 1979.

Mito e significado, trad. Antonio Marques Bessa. Lisboa: Edições 70, 1978.

O olhar distanciado, trad. Carmen de Carvalho. Lisboa: Edições 70, 1983.

Minhas palavras, trad. Carlos Nelson Coutinho. São Paulo: Brasiliense, 1986.

A oleira ciumenta, trad. Beatriz Perrone-Moisés. São Paulo: Brasiliense, 1986.

De perto e de longe (entrevistas a Didier Eribon), trad. Lea Mello. São Paulo: Cosac Naify, 2005.

História de Lince, trad. Beatriz Perrone-Moisés. São Paulo: Companhia das Letras, 1993.

Olhar, escutar, ler, trad. Beatriz Perrone-Moisés. São Paulo: Companhia das Letras, 1996.

Saudades do Brasil. São Paulo: Companhia das Letras, 1994.

Saudades de São Paulo. São Paulo: Companhia das Letras, 1996.

O suplício do Papai Noel, trad. Denise Bottmann. São Paulo: Cosac Naify, 2008.

A Antropologia diante dos problemas do mundo moderno. São Paulo: Companhia das Letras, 2012.

A outra face da lua. São Paulo: Companhia das Letras, 2012.

ENSAIOS NÃO REUNIDOS EM LIVROS

"Contribuição para o estudo da organização social dos índios Bororo". *Revista do Arquivo Municipal*, ano 3, v. 27, 1936.

"Guerra e comércio entre os índios da América do Sul". *Revista do Arquivo Municipal*, ano 8, v. 87, 1942.

"Introdução à obra de Marcel Mauss", in Marcel Mauss, *Sociologia e antropologia*. São Paulo: Ubu Editora, 2017.

"O triângulo culinário", in *Lévi-Strauss*. São Paulo: L'Arc Documentos, 1968.

"Sempre haverá o inacessível" [Entrevista a Manuela Carneiro da Cunha]. *Folha de S.Paulo*, Caderno Mais!, 16 nov. 1991.

"Lévi-Strauss nos 90: voltas ao passado". *Mana*, v. 4, n. 2, 1998.

"Lévi-Strauss nos 90, a antropologia de cabeça para baixo" [Entrevista a Eduardo Viveiros de Castro]. *Mana*, v. 4, n. 2, 1998.

"Claude Lévi-Strauss aos 90" [Entrevista a Beatriz Perrone-Moisés]. *Revista de Antropologia*, v. 42, n. 1-2, 1999.

SOBRE A OBRA DE CLAUDE LÉVI-STRAUSS

ALMEIDA, Mauro W. "Simmetry and entropy: mathematical metaphors in the work of Lévi-Strauss". *Current Anthropology*, n. 31, 1990.

ARAGÃO, Luiz T. "O inconsciente em Claude Lévi-Strauss, ou a dimensão inconsciente nos fenômenos culturais". *Unb – Trabalhos em Ciências Sociais, Série Antropologia*, n. 91, 1990.

AUGÉ, Marcel. *The anthropological circle. Symbol, function, history*. Paris: Cambridge University Press/Maison des Sciences de l'Homme, [1979] 1982.

BADCOCK, C. R. *Lévi-Strauss: Structuralism and Sociological Theory*. Londres: Hutchinson, 1975.

BELLOUR, Raymond & Catherine CLÉMENT (eds.). *Lévi-Strauss* [textos de B. Pignaud, J. Pouillon, P. Clastres, R. Barthes, J. Lyotard, C. Lévi-Strauss, L. de Heusch, A. Glucksmann, C. Ramnoux, J. le Goff, P. Vidal-Naquet, B. Bucher, M. Zéraffa, C. Clément]. Paris: Gallimard, 1979.

BERTHOLET, Denis. *Claude Lévi-Strauss* [biografia]. Paris: Plon, 2003.

BERTING, J. & H. PHILIPSEN. "Solidarity, stratification, and sentiments: the theory of unilateral cross-cousin marriage according to the theories of Lévi-Strauss, Leach, and Homans & Schneider". *Bijdragen tot de Taal-, Land- en Volkenkunde*, n. 116, 1960.

BONTE, Pièrre. L'Échange est-il un universel? *L'Homme*, n.154-55, 2000.

BOON, James A. *From Symbolism to Structuralism: Lévi-Strauss in a Literary Tradition*. Oxford: Basil Blackwell, 1971/Nova York: Harper & Row, 1973. *Other Tribes, Other Scribes: Symbolic Anthropology in the Comparative Study of Cultures, Histories, Religions, and Texts*. Cambridge: Cambridge University Press, 1982. "Review article: structuralism routinized, structuralism fractured". *American Ethnologist*, n. 11, 1984. "Lévi-Strauss, Wagner, romanticism: a reading back", in *Romantic motives: essays on anthropological sensibility* (ed.) G.S. Jr. History of Anthropology. Madison: University of Wisconsin Press, 1989.

BOON, J. & David SCHNEIDER. "Kinship vis-à-vis myth: contrasts in Lévi-Strauss' approaches to cross-cultural comparison". *American Anthropologist*, n. 76, 1974.

BOURDIEU, Pierre. "Esquisse d'une théorie de la pratique", in *Esquisse d'une théorie de la pratique (précédé de trois études d'ethnologie kabyle)*. Genève: Librairie Dorz, 1972.

BRETON, Stéphane. "De l'illusion totémique à la fiction sociale". *L'Homme*, n. 151, 1999.

CAIXETA DE QUEIROZ, Ruben & Renarde FREIRE NOBRE (org.). *Lévi-Strauss: leituras brasileiras*. Belo Horizonte: Editora UFMG, 2008.

CAZIER, Jean-Philippe. *Abécédaire de Claude Lévi-Strauss* (dir. Jean-Philippe Cazier). Paris: Sils Maria, 2008.

CLÉMENT, Catherine. *Lévi-Strauss ou la structure et le malheur*. Paris: Seghers, 1970. *Claude Lévi-Strauss*. Paris: PUF, 2002.

COLLARD, Chantal. "Femmes échangées, femmes échangistes: à propos de la théorie de l'alliance de Claude Lévi-Strauss". *L'Homme*, n. 154-55, 2000.

COSTA LIMA, Luiz. *O estruturalismo de Lévi-Strauss* [textos de L. Costa Lima, E. Paci, E. Renzi, P. Ricoeur, N. Ruwet]. Petrópolis: Vozes, 1968.

COURTÈS, Jean. *Claude Lévi-Strauss et les contraintes de la pensée mythique. Une lecture sémiotique des "Mythologiques"*. Tours: Mame, 1973.

DEBAENE, Vincent. "Preface" a *Claude Lévi-Strauss – Œuvres*. Paris, "Bibliothèque de la Pléiade", Gallimard, 2008.

DELEUZE, Gilles. *Logique du sens*. Paris: Minuit, 1969. *Différence et répétition*. Paris: PUF [1968] 1981.

DELRIEU, Alain. *Lévi-Strauss lecteur de Freud (le droit, l'inceste, le père, et l'échange des femmes)*. Paris: Point Hors Ligne, 1993.

DELRUELLE, Edouard. *Lévi-Strauss et la philosophie*. Bruxelas: Éditions Universitaires, 1989.

DESCOMBES, Vincent. *La Denrée mentale*. Paris: Minuit, 1995. *Les Institutions du sens*. Paris: Minuit, 1996.

DÉSVEAUX, Emmanuel. "Du dénicheur à la potière", in *Anthropologie: état des lieux (L'Homme 97-98)*. Paris: Navarin/Le Livre de Poche, 1986. *Quadratura americana, essai d'anthropologie lévi-straussienne*. Genève: Georg, 2001.

DUARTE, Luiz F.D. "Classificação e valor na reflexão sobre identidade social", in *A aventura antropológica: teoria e pesquisa* (ed.) R.C.L. Cardoso. Rio de Janeiro: Paz e Terra, 1986.

DUCHET, Michèle. *Le partage des savoirs: discours historique, discours ethnologique*. Paris: Editions La Découverte, 1984.

FLEISCHMANN, E. "L'esprit humain selon Claude Lévi-Strauss". *Archives Européennes de Sociologie*, n. VII, 1966.

GEORGIN, Robert. *De Lévi-Strauss à Lacan*. Petit Roeulx (Belgique): Ecrits/Cistre 1983.

GEERTZ, Clifford. *A interpretação das culturas*. Rio: Guanabara, [1967] 1989. *Obras e vidas: o antropólogo como autor*. Rio de Janeiro, UFRJ, [1988] 2003.

GODELIER, Maurice. *L'Énigme du don*. Paris: Fayard, 1996.

GOLDMAN, Marcio. *Alguma antropologia*. Rio de Janeiro: Relume Dumará, 1999.

HAWKES, Terence. *Structuralism and Semiotics*. Londres: Methuen, 1977.

HAYES, Nelson & Tanya HAYES (dir.). *Claude Lévi-Strauss: The Anthropologist as Hero* [textos de S. de Gramont, H.S. Hughes, E. Leach, F. Huxley, H. Nutini, B.

Scholte, D. Maybury-Lewis, C.M. Turnbull, R.F. Murphy, G. Steiner, S. Sontag, P. Caws, R.L. Zimmerman, L. Abel]. Cambridge, Mass.: MIT Press, 1970.

HÉNAFF, Marcel. *Claude Lévi-Strauss*. Paris: Belfond, 1991.

HÉRITIER, Françoise. *L'Exercice de la parenté*. Paris: Gallimard/Le Seuil, 1981.

HERZFELD, Michael. "Lévi-Strauss in the Nation-State". *Journal of American Folklore*, v. 98, 1985.

IZARD, Michel & Pierre SMITH (eds.). *La Fonction symbolique*. Paris: Gallimard, 1979.

JOSSELIN DE JONG, J. P. B. *Lévi-Strauss's Theory on Kinship and Marriage*. Leiden, Brill, 1952.

KORN, Francis & Rodney NEEDHAM. *Lévi-Strauss on the Elementary Structures of Kinship: a Concordance to Pagination*. Londres: RAI, 1969.

KORN, Francis. *Elementary Structures Reconsidered. Lévi-Strauss on Kinship*. Berkeley: University of California Press, 1973.

LEACH, Edmund (ed.). *The Structural Study of Myth and Totemism*. Londres: Tavistock Publications, 1967. *Lévi-Strauss*. Chicago: University of Chicago Press, 1970. *Ideias de Lévi-Strauss*. São Paulo: Cultrix, 1973.

LÉPINE, Claude. *O inconsciente na antropologia de Lévi-Strauss*. São Paulo: Editora Ática, 1979.

MACKSEY, Richard & Eugenio DONATO (eds.). *The Structuralist Controversy: The Languages of Criticism and the Sciences of Man*, 1970.

MAKARIUS, Raoul & Laura MAKARIUS. *Structuralisme ou ethnologie; pour une critique radicale de l'anthropologie de Lévi-Strauss*. Paris: Éditions Anthropos.

MARANDA, Pierre (ed.). *The Double Twist: From Ethnography to Morphodynamics*. Toronto: University of Toronto Press, 2002.

MANIGLIER, Patrice. "L'Humanisme interminable de Claude Lévi-Strauss". *Les Temps Modernes*, n. 609, juin-août 2000; *Le Vocabulaire de Lévi-Strauss*. Paris: Ellipses, 2002; "Des us et des signes. Lévi-Strauss : philosophie pratique". *Revue de Métaphysique et de Morale*, 2005/1, n. 45; *La Vie énigmatique des signes: Saussure et la naissance du structuralisme*. Scheer, 2006.

MARC-LIPIANSKY, Mireille. *Le Structuralisme de Lévi-Strauss*. Paris: Payot, 1973.

MARQUEZ, Luis V. Abad. *La mirada distante sobre Lévi-Strauss*. Madri: Siglo XXI, 1995.

MERLEAU-PONTY, Maurice. "De Mauss a Claude Lévi-Strauss", in *Merleau--Ponty*. São Paulo: Abril Cultural, Coleção Os Pensadores, 1980.

MERQUIOR, José Guilherme. *A estética de Lévi-Strauss*, trad. de Juvenal Hahne Jr. Rio de Janeiro: Tempo Brasileiro, 1975.

De Praga a Paris: o surgimento, a mudança e a dissolução da ideia estrutura-lista. Rio de Janeiro: Nova Fronteira, 1991.

MOORE, Tim. *Lévi-Strauss and the Cultural Sciences*. Birmingham: University Centre for Contemporary Cultural Studies. Occasional studies, n. 4, 1971.

MOSKO, Mark. "The canonic formula of myth and nonmyth". *American Ethnologist*, 1990.

MURPHY, Robert. *The dialectics of social life: alarms and excursions in anthropological theory*. Nova York: Columbia University Press, [1971] 1980.

PACE, David. *Claude Lévi-Strauss, o guardião das cinzas*, trad. Maria Clara Fernandes. Rio de Janeiro: Bertrand Brasil, 1992.

PANNOF, Michel. *Les Frères ennemis: Roger Caillois et Claude Lévi-Strauss*. Paris: Payot, 1993.

PANDOLFO, Maria do Carmo Peixoto & Celina Maria Moreira de MELLO. *Estrutura e mito: introdução a posições de Lévi-Strauss*. Rio de Janeiro: Tempo Brasileiro, 1983. /Fortaleza: Universidade Federal do Ceará.

PAZ, Octavio. *Deux transparents. Marcel Duchamp et Claude Lévi-Strauss*. Paris: Gallimard, 1970.; *Claude Lévi-Strauss ou o festim de Esopo*, trad. Sebastião Uchoa Leite. São Paulo: Perspectiva, 1997.

PEIXOTO, Fernanda Arêas. "Lévi-Strauss no Brasil: a formação do etnólogo". *Mana*, n. 4, v. 1, 1998; "O nativo e o narrativo – os trópicos de Lévi-Strauss e a África de Michel Leiris" in *Antropologia francesa no século XX*. Antonio Motta, Julie A. Cavignac, Miriam P. Grossi (orgs.). Recife: Fundação Joaquim Nabuco/Editora Massangana, 2006.

PINGAUD, Bernard. *Claude Lévi-Strauss*. Paris: Gallimard, 1979.

PONTES, Heloisa. "Os mistérios do número 8 e a aula inaugural de Lévi-Strauss no Collège de France", in Catani, A. & Martinez, P. (org.), *Sete ensaios sobre o Collège de France*. São Paulo: Cortez, 1999.

POUILLON, Jean & Pierre MARANDA (dir.). *Échange et communications: mélanges offerts à Claude Lévi-Strauss à l'occasion de son 60e anniversaire* [coletânea de textos]. La Haye: Mouton: 1970.

PRADO JÚNIOR, Caio. *O estruturalismo de Lévi-Strauss [e] o marxismo de Louis Althusser*. São Paulo: Brasiliense, 1971.

ROSSI, Ino. *The Logic of Culture: Advances in Structural Theory and Methods*, 1982.

ROSSI, Ino (dir.). *The Unconscious in Culture. The Structuralism of Claude Lévi-Strauss in perspective* [coletânea de textos]. Nova York: E.P. Dutton & Co., 1974.

ROSSI, Ino (ed.). *Structural Sociology*. Nova York: Columbia University Press, 1982.

SCHEFFLER, Harold. "The Elementary Structures of Kinship by Claude Lévi--Strauss: a Review Article". *American Anthropologis*, n. 72, 1970.

SCHOLTE, Bob. "The Structural Anthropology of Claude Lévi-Strauss", in J. Honigmann (ed.) *Handbook of social and cultural anthropology*. Chicago: Rand McNally, 1973.

SCHWARCZ, Lilia K. Moritz. "História e etnologia. Lévi-Strauss e os embates em região de fronteira". *Revista de Antropologia*, v. 42, 1999.

SCUBLA, Lucien. *Lire Lévi-Strauss: le déploiement d'une intuition.* Paris: Odile Jacob, 1998.

SHANKMAN, Paul. "Le Rôti et le bouilli: Lévi-Strauss' Theory of Cannibalism". *American Anthropologist*, n. 71, 1969.

SIMONIS, Yvan. *Claude Lévi-Strauss, ou la passion de l'inceste – introduction au structuralisme.* Paris: Aubier-Montaigne, 1968 (Champs-Flammarion, 1980).

SPERBER, Dan. *Le Structuralisme en anthropologie.* Paris: Seuil, 1968. *Le Savoir des anthropologues: trois essais.* Paris: Hermann, 1982. *Le Symbolisme en general.* Paris: Hermann, 1974.

STEINMETZ, R. "Le Matérialisme biologique de Lévi-Strauss". *Revue Philosophique*, n. 4, 1984.

SZTUTMAN, Renato. "Lévi-Strauss e o desafio americanista". *Novos Estudos Cebrap*, n. 61, 2001; "Ética e profética nas Mitológicas de Lévi-Strauss". Horizontes Antropológicos, v. 15, 2009.

VIVEIROS DE CASTRO, Eduardo. "As categorias de sintagma e paradigma nas análises míticas de Claude Lévi-Strauss". *Revista Tempo Brasileiro*, n. 32, 1973."Une mauvaise querelle". *L'Homme*, n. 129, 1994; "Claude Lévi--Strauss, fundador do pós-estruturalismo". *Tempo Brasileiro*, v. 175, 2008.

PUBLICAÇÕES DEDICADAS A LÉVI-STRAUSS E SUA OBRA

Annales Économies, sociétés, civilisations, n. 6, 1964.

L'Arc. "Claude Lévi-Strauss" [textos de P. Clastres e outros], n. 26, 1965.

Bastidiana. "Roger Bastide: Claude Lévi-Strauss – du principe de coupure aux courts-circuits de la pensée", n. 7-8, juil.-déc 1994.

Cahiers de l'Herne: Claude Lévi-Strauss. Paris: Éditions de l'Herne, n. 82, 2004.

Critique. "Claude Lévi-Strauss" [textos de M. Abeles, A. Cohen-Solal, M. Deguy, F. Héritier, J. Jamin, F. Mâche, J. Petitot, E. Roudinesco, E. Terray, N. Watchtel], t. LV, n. 620-21, 1999.

Esprit: "La Pensée sauvage et le structuralisme", n. 322, 1963; "Structuralisme: idéologie et méthode", n. 360, 1967; "Le Mythe aujourd'hui", n. 402,

1971; "Claude Lévi-Strauss: une anthropologie bonne à penser", n. 301, 2004.

Magazine Littéraire: "Claude Lévi-Strauss", n. 58, 1971; "Claude Lévi-Strauss", n. 223, 1985; "Claude Lévi-Strauss: esthétique et structuralisme", n. 311, 1993; "Lévi-Strauss – l'ethnologue ou la passion des autres", hors-série, 2003. "Claude Lévi-Strauss, le penseur du siècle", n. 475, 2008.

Le Nouvel Observateur. "Lévi-Strauss et la pensée sauvage", (hors-série) 2003. "Lévi-Strauss – le dernier des géants", mai. 2008.

Revue Internationale de Philosophie. "La notion de structure", n. 73-74, 1965.

Revista de Antropologia, número dedicado aos 90 anos de Lévi-Strauss, v. 42. São Paulo: FFLCH-USP, 1999.

Le Siècle de Lévi-Strauss. Paris: Le Nouvel Observateur/CNRS Éditions/Saint-Simon, 2008 (Introdução de Jean Daniel e textos de P. Maniglier, E. Viveiros de Castro e outros).

Les Temps Modernes. "Problèmes du structuralisme", n. 246, 1966; "Claude Lévi-Strauss", n. 628, 2004.

Yale French Studies. "Structuralism", n. 36-37, 1966.

Esta tradução foi originalmente publicada pela editora Cosac Naify em 2008.

COORDENAÇÃO EDITORIAL Florencia Ferrari
ASSISTENTE EDITORIAL Mariana Schiller
PREPARAÇÃO Luísa Valentini
REVISÃO Maria Fernanda Alvares e Gustavo Godoy
DESIGN Elaine Ramos
ASSISTENTE DE DESIGN Livia Takemura
COMPOSIÇÃO Jussara Fino
PRODUÇÃO GRÁFICA Aline Valli
REDESENHO DAS FIGURAS Anna Ferrari

Nesta edição, respeitou-se o novo Acordo Ortográfico da Língua Portuguesa.

Dados Internacionais de Catalogação na Publicacão (CIP)
(Câmara Brasileira do Livro, SP, Brasil)

Lévi-Strauss, Claude [1908-2009]
Antropologia estrutural dois: Claude Lévi-Strauss
Título original: *Anthropologie structurale deux*
Tradução: Beatriz Perrone-Moisés
1ª edição
São Paulo: Ubu Editora, 2017
432 pp.

ISBN 978 85 92886 39 4

CDD 301

Índices para catálogo sistemático:
1. Antropologia estrutural: Sociologia 301

UBU EDITORA
Largo do Arouche 161 sobreloja 2
01219 011 São Paulo SP
(11) 3331 2275
ubueditora.com.br
professor@ubueditora.com.br
/ubueditora

COLEÇÃO ARGONAUTAS

Marcel Mauss
Sociologia e antropologia

Henri Hubert & Marcel Mauss
Sobre o sacrifício

Claude Lévi-Strauss
Antropologia estrutural

Claude Lévi-Strauss
Antropologia estrutural dois

Pierre Clastres
A sociedade contra o Estado

Roy Wagner
A invenção da cultura

Marilyn Strathern
O efeito etnográfico

Alfred Gell
Arte e agência

Gayle Rubin
Políticas do sexo

Manuela Carneiro da Cunha
Cultura com aspas

Eduardo Viveiros de Castro
A inconstância da alma selvagem

Mauro W. B. Almeida
Caipora e outros conflitos ontológicos

FONTES Avenir Next e More